JN007784

はじめに

行きたい学校、
自分で発見。

　中学生のみなさん。みなさんは、やがてくる進学先の高校選びをどんな基準で行いますか？　もうその準備は始めていますか？

　「公立高校に行きたいんだけれど、私立高校に比べると学校の様子がよく見えなくて、結局勉強の成績だけで学校を選んでしまいそう。」といった声をよく耳にします。でも、今、公立高校が変わろうとしています。それも大きく変わろうとしています。多種多様な学科を設けたり、学校が独自にカリキュラムを工夫したりと、「画一的な教育」というイメージから、生徒の個性や特技を生かす柔軟な教育体制に整えようとしているのです。

　本書は、変わりゆく公立高校の姿を、入試システムの視点から、そして学校単位での視点からとらえ、わかりやすくご案内します。

　高校の３年間。それはたったの３年間かもしれませんが、皆さんの将来を方向づける大切な期間となるのです。どの高校で充実した３年間を送るかは、本書でじっくり研究してください。

2025 神奈川県公立 高校

公立高校入試完全ガイド　2025年

神奈川県

この本の使い方

＜使用上のご注意＞

★学校や学科の再編・統合などの計画により、本ガイドの内容に変更が生じる場合があります。再編・統合に関する最新の情報は、神奈川県教育委員会のホームページなどでご確認ください。今後も課程・学科等の改編、再編・統合等の改編が実施される可能性があります。

　神奈川教育委員会ホームページ　https://www.pref.kanagawa.jp/kyouiku/index.html

★入学時におけるカリキュラムには変更が生じている場合があります。各校の最新の案内資料やホームページなどでご確認ください。

★通信制課程の入試実施方法については、教育委員会や学校へお問い合わせいただくか、教育委員会や学校のホームページなどでご確認ください。

＜知りたい学校の探し方＞

★各学校を紹介したページは、それぞれの課程に応じ、「全日制」と「定時制・通信制」に大きく分かれます。そしてどちらのグループも、学校はすべて旧学区別に配列しています。
★各学校を紹介したページを探す場合には、p.6 ～の総合インデックスもしくは p239 ～の総索引をご覧ください。

＜ガイドページの見方＞

各学校を紹介したページは、次のようにご覧ください。

学校名

単位制・課程

単位制	＝単位制高校の場合に表示
定時制	＝定時制の場合に表示
通信制	＝通信制の場合に表示

※定時制・通信制の
ページのみに記載

ホームページ
学校のホームページのアドレスです。（アドレスは移動している場合があります。ご注意ください。）

所在地、アクセス方法
所在地、電話番号が記されています。また、学校の最寄り駅もわかります。

カリキュラム
設置されている学科やコースごとの内容などを紹介。

行事
文化祭や体育祭など、生徒に人気の高い行事、伝統となっている行事について紹介。

部活動
設置されている部・同好会の名称や活動の様子などを紹介。

学科名
設置されている学科が記されています。

トピックス
上記の各項目の他に、学校の雰囲気が伝わってくるような話題を、「トピックス」として紹介します。

学校見学
学校の空気に触れられるチャンスを紹介。興味のある学校には、受験前にぜひ一度、足を伸ばしてみましょう。

進路
進路指導や卒業生の進路先などの情報がわかります。

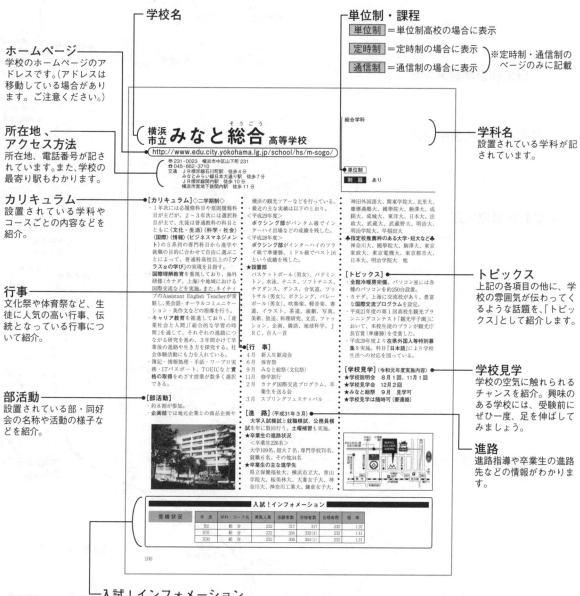

横浜
市立 **みなと総合** 高等学校
http://www.edu.city.yokohama.lg.jp/school/hs/m-sogo/

総合学科

単位制
制服 あり

入試！インフォメーション

入試！インフォメーション

＜受検状況＞
入試の選抜状況が数字でわかります。（単一学科設置校を中心に最大過去３年分を掲載。）なお、倍率は、受検者数から受検後取消者数を引いた数をもとに算出されています。（受検後取消者がいる場合には受検者数欄にその数をカッコで記載しています。）また、合格者数には第２希望を含んでいる場合があります。

旧相模原北部津久井学区

旧大和座間綾瀬学区

旧厚木海老名愛甲学区

旧秦野伊勢原学区

旧県西学区

旧平塚学区

神奈川県

津久井●

城山● 橋本
相原 橋本

相模川

上溝
●相模田名 上溝

愛川● 上溝南●

相武台下

厚木北●
厚木商業●
厚木東●

厚木西● ●厚木 海老名 厚木

本厚木

愛甲石田 厚木清南

伊勢原● 伊志田●

伊勢原

秦野曽屋●

秦野● 平塚湘風

秦野● ●秦野 平塚農商●

秦野総合 平塚江●

平塚工科 平塚 高浜

大磯 ●大磯

二宮

大雄山 大井 二宮●

栢山 二宮

山北 国府津
山北●

松田

吉田島●
足柄

小田原城北工業●

西湘●
小田原東●
小田原● 小田原

旧相模原南部学区　　旧川崎北部学区　　旧横浜北部学区

旧川崎南部学区

旧横浜東部学区

旧横浜中部学区

旧横浜西部学区

旧横浜臨海学区

旧横浜南部学区

旧鎌倉藤沢学区

旧茅ケ崎学区

旧横須賀三浦学区

公立高校マップ

総合インデックス

この総合インデックスでは、掲載されている学校名を、課程や学科ごとに整理しています。整理の方法は以下の通りです。

① 全日制普通科
② 全日制普通科(クリエイティブスクール)
③ 全日制専門学科
④ 全日制単位制普通科
⑤ 全日制単位制普通科(専門コース)
⑥ 全日制単位制専門学科
⑦ 全日制単位制総合学科
⑧ 定時制普通科
⑨ 定時制専門学科
⑩ 定時制単位制普通科
⑪ 定時制単位制総合学科
⑫ 通信制単位制普通科

※各項目内に県立高校と市立高校がある場合には、県立高校、市立高校の順序で記しています。
※①では、平成16年度入試まで用いられていた学区で整理しています。
※専門学科については、学科ごとに整理しています。なお、設置されている学科の関係から複数の箇所に校名が記されている学校もあります。また、示された学科名の各欄には、それに類する学科が設置されている学校を含めて記しています。

① 全日制普通科

各高校の難易度と併願校選択例一覧

- 主に全日制の普通科設置校（普通科に類する学科を含む学校については一部掲載）について、平成16年度入試まで用いられていた学区で整理し掲載しています。（各項目内に県立高校と市立高校がある場合には、県立高校、市立高校の順序で記しています。）
- 併願校には共学校、男子校、女子校が含まれています。また、併願校名は選択例であり、必ずしもその学校を受験した場合に合格の可能性が高いことを示すものではありません（選択例には私立を第一志望にした場合の学校も含んでいます）。併願校の難易度は、推薦、一般などの受験種別や男女により異なる場合があります。

＜難易度の目安＞

　ＡＡ～Ｅ－２の15段階でだいたいのランクを示しています。なお、目安となる偏差値については40ページをご参照ください。

校　名	難易度	併　願　校　選　択　例
旧横浜東部学区		
鶴見	C-1	多摩大目黒、鶴見大附属、東京、文教大付属、横浜創英、横浜富士見丘学園
鶴見総合	E-1	大森学園、東京実業、白鵬女子、横浜学園、横浜創学館
横浜翠嵐	AA	慶應義塾、桐蔭学園、東京学芸大附属、山手学院、法政大第二
城郷	D-1	松蔭、橘学苑、武相、横浜商科大、横浜清風
神奈川総合	A-3	桜美林、青稜、中央大附属横浜、日本大、日本大藤沢
港北	B-3	麻布大附属、東京、横浜翠陵、横浜創英、横浜隼人、横浜富士見丘学園
新羽	D-3	武相、横浜学園、横浜清風、横浜創学館、品川翔英
岸根	C-3	文教大付属、横浜商科大、横浜翠陵、横浜清風、横浜隼人、横浜富士見丘学園
（横浜市立）東	B-3	桜美林、多摩大目黒、鶴見大附属、横浜創英、横浜隼人
（横浜市立）横浜SF	A-2	青稜、中央大附属横浜、桐蔭学園、東京工業大附属科学技術、横浜隼人
旧横浜北部学区		
霧が丘	D-1	自由ヶ丘学園、橘学苑、横浜商科大、横浜清風、横浜創英
白山	E-1	普通：駒沢学園女子、日本体育大荏原、武相、横浜学園、横浜創学館
市ケ尾	B-2	桜美林、駒澤大、朋優学院、横浜翠陵、横浜創英、横浜富士見丘学園
元石川	C-1	麻布大附属、鶴沼、多摩大目黒、横浜翠陵、横浜創英、横浜富士見丘学園
田奈	－	柏木学園、清心女子、白鵬女子、横浜学園
川和	A-2	青稜、中央大附属横浜、日本大、法政大第二、山手学院
荏田	C-3	駒場学園、横浜商科大、横浜翠陵、横浜清風、立正大付属立正、横浜富士見丘学園
新栄	D-2	橘学苑、武相、横浜商科大、横浜清風、横浜創学館
旧横浜西部学区		
希望ケ丘	A-3	日本大藤沢、法政大第二、山手学院、横浜隼人、東京学芸大附属
旭	D-2	駒場学園、藤沢翔陵、横浜商科大、横浜清風、横浜創学館
横浜旭陵	E-1	柏木学園、英理女子学院、フェリシア、武相、横浜学園
松陽	B-3	鶴沼、湘南工科大附属、日本大藤沢、横浜創英、横浜隼人、横浜富士見丘学園
横浜緑園	D-3	柏木学園、蒲田女子、英理女子学院、横浜商科大、横浜清風
瀬谷	C-2	鶴沼、相模女子大、湘南工科大学附、横浜商科大、横浜隼人、横浜富士見丘学園
旧横浜中部学区		
横浜平沼	A-3	青稜、中央大附属横浜、東海大付属相模、日本大、横浜隼人
光陵	A-3	中央大附属横浜、日本大、法政大学第二、山手学院、横浜隼人
保土ケ谷	D-3	柏木学園、横浜学園、横浜商科大、横浜清風、横浜創学館
舞岡	D-1	湘南学院、湘南工科大附属、横浜商科大、横浜清風、横浜創学館
上矢部	D-3	鶴沼、橘学苑、横浜学園、横浜清風、横浜創学館
横浜桜陽	D-3	橘学苑、緑ヶ岡女子、横浜学園、横浜清風、横浜創学館
金井	C-3	アレセイア湘南、鶴沼、湘南工科大附属、青稜、横浜清風
（横浜市立）桜丘	B-2	日本大、山手学院、横須賀学院、横浜創英、横浜隼人、横浜富士見丘学園
（横浜市立）戸塚	B-3	普通（一般）：鶴沼、湘南学院、東海大付属相模、横須賀学院、横浜創英、横浜富士見丘学園
旧横浜南部学区		
横浜南陵	D-1	湘南学院、横須賀学院、横浜、横浜清風、横浜創学館
永谷	E-1	柏木学園、白鵬女子、横浜学園、横浜清風、横浜創学館
横浜国際	B-1	鶴沼、青稜、相洋、山手学院、横浜翠陵、横浜富士見丘学園
横浜清陵	C-3	北鎌倉女子学園、湘南学院、横浜、横浜清風、横浜創学館
柏陽	AA	鎌倉学園、中央大附属横浜、東京学芸大附属、日本大藤沢、山手学院

校　名	難易度	併 願 校 選 択 例
横浜栄	C-1	鵠沼、湘南工科大附属、横須賀学院、横浜清風、横浜創英、横浜富士見丘学園
(横浜市立)南	B-2	鵠沼、朋優学院、横須賀学院、横浜、横浜隼人、横浜富士見丘学園
旧横浜臨海学区		
横浜緑ケ丘	A-2	鎌倉学園、青稜、法政大学第二、山手学院、横須賀学院
横浜立野	D-1	鵠沼、湘南学院、横浜商科大、横浜清風、横浜創英
横浜氷取沢	C-2	北鎌倉女子学園、湘南学院、横須賀学院、横浜創学館、横浜隼人、横浜富士見丘学園
釜利谷	―	旭丘、清心女子、白鵬女子、横浜学園、横浜創学館
金沢総合	D-1	鎌倉女子大、湘南学院、緑ヶ岡女子、横浜清風、横浜創学館
(横浜市立)みなと総合	C-3	橘学苑、横浜翠陵、横浜清風、横浜創英、横浜隼人、横浜富士見丘学園
(横浜市立)金沢	B-1	湘南工科大附属、日本大、横須賀学院、横浜創英、横浜隼人、横浜富士見丘学園
旧川崎南部学区		
川崎	D-3	大森学園、橘学苑、東京実業、白鵬女子、横浜清風
大師	E-1	柏木学園、橘学苑、武相、白鵬女子、横浜学園
新城	C-1	多摩大学目黒、東京、文教大付属、朋優学院、横浜創英、横浜富士見丘学園
住吉	C-3	駒場学園、鶴見大附属、東京、横浜商科大、立正大付属立正
(川崎市立)川崎	D-3	蒲田女子、大森学園、東京実業、横浜清風、横浜創英
(川崎市立)幸	D-3	英理女子学院、橘学苑、東京実業、日本体育大荏原、平塚学園
(川崎市立)橘	C-1	駒場学園、多摩大目黒、鶴見大附属、東京、横浜創英
(川崎市立)川崎総合科学	B-3	英理女子学院、東洋大京北、日本工業大駒場、白鵬女子、朋優学院
旧川崎北部学区		
川崎北	D-2	大西学園、駒場学園、湘南学院、英理女子学院、橘学苑
多摩	A-2	桜美林、青稜、中央大附属横浜、桐蔭学園、山手学院
生田	B-2	駒澤大、青稜、東京、多摩大附属聖ケ丘、東京都市等々力
百合丘	C-3	駒場学園、相模女子大、日本体育大荏原、横浜商科大、横浜清風
生田東	D-3	大西学園、柏木学園、橘学苑、日本学園、日本体育大荏原
菅	E-1	大西学園、柏木学園、自由ヶ丘学園、大東学園、フェリシア
麻生	C-3	向上、駒場学園、相模女子大、英理女子学院、橘学苑
麻生総合	E-1	柏木学園、蒲田女子、光明学園相模原、品川エトワール、フェリシア
(川崎市立)高津	D-1	大西学園、駒場学園、鶴見大附属、東京、横浜清風
旧横須賀三浦学区		
横須賀	A-3	湘南学院、青稜、法政大第二、三浦学苑、横須賀学院
横須賀大津	B-3	鵠沼、湘南学院、聖和学院、三浦学苑、横須賀学院
横須賀南	―	三浦学苑、横浜学園
追浜	B-1	北鎌倉女子、湘南学院、日本大、三浦学苑、横須賀学院
津久井浜	C-3	湘南学院、三浦学苑、緑ヶ丘女子、横須賀学院、横浜
逗葉	D-2	湘南学院、三浦学苑、緑ヶ丘女子、横浜、横浜創学館
三浦初声	D-3	普通：湘南学院、三浦学苑、緑ヶ丘女子、横浜学園、横浜創学館
(横須賀市立)横須賀総合	C-3	湘南学院、三浦学苑、緑ヶ丘女子、横須賀学院、横浜
旧鎌倉藤沢学区		
鎌倉	A-3	鵠沼、日本大藤沢、山手学院、横浜翠陵、横浜隼人
七里ガ浜	B-3	鵠沼、湘南工科大附属、平塚学園、文教大付属、横浜創英、横浜富士見丘学園
大船	B-2	鵠沼、湘南工科大附属、日本大藤沢、平塚学園、横浜隼人、横浜富士見丘学園
深沢	C-3	アレセイア湘南、鎌倉女子大、鵠沼、湘南工科大附属、相洋
湘南	AA	桐蔭学園、日本大藤沢、平塚学園、山手学院
藤沢西	C-1	アレセイア湘南、鵠沼、湘南工科大附属、平塚学園、藤沢翔陵
湘南台	C-2	鵠沼、向上、湘南工科大附属、横浜翠陵、横浜隼人、横浜富士見丘学園
藤沢清流	D-1	アレセイア湘南、鵠沼、湘南工科大附属、藤沢翔陵、横浜商科大
藤沢総合	D-2	鎌倉女子大、鵠沼、相洋、藤沢翔陵、横浜清風
旧茅ケ崎学区		
茅ケ崎	C-2	アレセイア湘南、鵠沼、湘南工科大附属、相洋、平塚学園
茅ケ崎北陵	B-1	鵠沼、湘南工科大附属、日本大藤沢、平塚学園、横浜隼人、横浜富士見丘学園
鶴嶺	C-2	アレセイア湘南、鵠沼、湘南工科大附属、平塚学園、横浜隼人、横浜富士見丘学園
茅ケ崎西浜	D-3	旭丘、光明学園相模原、相洋、藤沢翔陵、横浜清風
寒川	E-1	旭丘、柏木学園、相洋、立花学園、藤沢翔陵
旧平塚学区		
平塚江南	A-2	鎌倉学園、鵠沼、日本大藤沢、平塚学園、山手学院
高浜	D-3	旭丘、鎌倉女子大、相洋、立花学園、横浜創学館
平塚湘風	E-2	旭丘、柏木学園、向上、相洋、立花学園
大磯	B-3	アレセイア湘南、向上、湘南工科大附属、相洋、平塚学園

校　名	難易度	併　願　校　選　択　例
二宮	E - 1	アレセイア湘南、柏木学園、光明学園相模原、相洋、立花学園
旧秦野伊勢原学区		
秦野	B - 2	向上、相洋、立花学園、平塚学園、横浜隼人
秦野曽屋	D - 1	旭丘、向上、相洋、立花学園、平塚学園
秦野総合	E - 1	旭丘、柏木学園、向上、相洋、立花学園
伊勢原	D - 3	柏木学園、向上、光明学園相模原、相洋、立花学園
伊志田	C - 2	向上、湘南工科大附属、相洋、立花学園、横浜隼人
旧県西学区		
西湘	C - 1	アレセイア湘南、鶴沼、向上、相洋、日本大三島
小田原	A - 3	中央大附属横浜、桐蔭学園、桐光学園、平塚学園、山手学院
小田原東	E - 1	普通：旭丘、柏木学園、相洋、立花学園
足柄	D - 1	旭丘、向上、相洋、立花学園、平塚学園
大井	－	旭丘、柏木学園、相洋、立花学園
山北	D - 3	旭丘、光明学園相模原、相洋、立花学園
旧厚木海老名愛甲学区		
厚木	A - 2	桐蔭学園、桐光学園、山手学院、横浜隼人
厚木東	C - 3	向上、相模女子大、相洋、立花学園、横浜隼人
厚木北	D - 3	普通：向上、光明学園相模原、立花学園、横浜商科大、横浜創学館
厚木西	D - 1	麻布大附属、向上、光明学園相模原、立花学園、横浜商科大
厚木清南	D - 3	旭丘、柏木学園、光明学園相模原、立花学園、横浜商科大
海老名	B - 2	麻布大附属、向上、相模女子大、日本大藤沢、横浜隼人
有馬	C - 3	向上、湘南工科大、立花学園、横浜商科大、横浜隼人
愛川	E - 2	旭丘、柏木学園、光明学園相模原、立花学園、フェリシア
旧大和座間綾瀬学区		
大和	B - 1	青稜、東海大付属相模、日本大藤沢、法政大第二、横浜隼人
大和南	D - 3	アレセイア湘南、柏木学園、向上、横浜商科大、横浜清風
大和東	－	柏木学園、光明学園相模原、藤沢翔陵、横浜学園、横浜商科大
大和西	C - 2	麻布大附属、鶴沼、向上、相模女子大、横浜隼人
座間	B - 3	鶴沼、向上、相洋、東海大付属相模、横浜隼人
座間総合	D - 3	柏木学園、光明学園相模原、立花学園、フェリシア、横浜商科大
綾瀬	D - 3	向上、光明学園相模原、立花学園、横浜商科大、横浜清風
綾瀬西	E - 1	柏木学園、光明学園相模原、立花学園、フェリシア、白鵬女子
旧相模原南部学区		
麻溝台	C - 1	麻布大附属、桜美林、向上、東海大付属相模、横浜隼人
相模原弥栄	B - 2	普通：麻布大附属、桜美林、錦城、東海大付属相模、八王子学園八王子
上鶴間	D - 3	柏木学園、光明学園相模原、英理女子学院、八王子実践、横浜商科大
旧相模原北部津久井学区		
上溝	D - 1	麻布大附属、鶴沼、向上、光明学園相模原、八王子実践
相模原	A - 2	桜美林、帝京大、桐蔭学園、東海大付属相模、八王子学園八王子
上溝南	C - 3	麻布大附属、光明学園相模原、日本大明誠、八王子実践
橋本	C - 3	麻布大附属、向上、光明学園相模原、八王子実践、横浜創英
相模田名	E - 1	柏木学園、光明学園相模原、立川女子、フェリシア、八王子実践
津久井	E - 2	旭丘、柏木学園、光明学園相模原、フェリシア、八王子実践
城山	E - 1	柏木学園、光明学園相模原、フェリシア、八王子実践

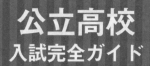

入学時、そして入学後の誰もが気になるお金の話

公立高校で「かかるお金」を考える

　古くから、私立高校は公立高校と比較して、費用がかかると言われてきました。実際に、高校の進学先を選ぶ際に、そうした経済的な負担の比較から、公立高校を希望先として選択する人がたいへん多くいたことは事実と言えましょう。

　しかしながら、「公立高校は費用がかからない」と言っても、かかるお金がそれなりにあることは察しがつきます。そして、たとえ授業料無償化が進んでも、かかるお金がすべてなくなるわけではありません。

　それでは実際に、どういうものに、どれくらいの費用がかかるのでしょうか。意外にもこんなことにお金がかかるのかといったことから、もしもの場合のお金のやりくりや工夫まで、高校入学時やその後の学校生活のお金にまつわる話をご紹介します。

「公立高校」への進学……かかるお金の実際は \\\\\\

近年、私立高校における授業料の補助制度の拡充が進み、経済的負担が少なくなってきました。（下記参照）

公立高校と私立高校
年間の授業料補助の比較（全日制）

● 公立高校
11万8,800円（月額9,900円）＜全額＞
▲世帯の年収910万円未満が対象
● 私立高校
39万6,000円（月額33,300円）
＜支援上限＞
▲世帯の年収590万円未満が対象
※令和2年4月から、私立高校授業料実質無償化がスタート

（参考：文部科学省HP公表リーフレット）

それでも、公立高校は私立高校に比べると、入学後にかかる費用が比較的抑えられ

る、そんなイメージを持っている方が少なくないかもしれません。実際には、入学時、そして入学後に、どのような費用がかかるのかを見てみることにしましょう。

まず、受検料や入学料を簡単にみておきます。東京都、神奈川県、埼玉県、千葉県の全日制各校とも共通です（呼称は都県により異なります）。

受検料 ¥2,200　入学料 ¥5,650

さて、気になるのは、入学後のさまざまな出費です。文部科学省では「子供の学習費調査」というものを隔年で発表しています。これは、学校に子どもを通学させている保護者が、学校教育や学校外活動のために使った1年間の費用の実態をとらえたものです。この中から「学校教育費」を取り上げてみます。

公立高校の場合では約28万円。私立と比較すると一見、安く感じられます。しかし、

「子供の学習費調査の結果について」（平成30年度・文部科学省）

内容	公立高校	私立高校
授業料	25,378円 (9.0%)	230,026円 (32.0%)
修学旅行・遠足・見学費	35,579円 (12.7%)	53,999円 (7.5%)
学校納付金等	55,360円 (19.7%)	215,999円 (30.0%)
図書・学用品・実習材料費等	41,258円 (14.7%)	42,675円 (5.9%)
教科外活動費	40,427円 (14.4%)	56,224円 (7.8%)
通学関係費	79,432円 (28.3%)	114,043円 (15.9%)
その他	3,053円 (1.1%)	6,085円 (0.8%)
合計	280,487円	719,051円

表にはありませんが、同じ調査における公立中学校の約13万円（給食費は含まず）と比較すると、授業料を除いても中学のおよそ2倍の金額になります。

何にそんなにかかるのでしょうか。首都圏のある公立高校に通う高校生（女子）の実例（下表）を紹介します。

総額ではおよそ24万円。購入するものは学校、学年によって変わりますので、例えば制服のない学校では、当然、制服の費用がかからないことになります。（その分、洋服代がかかるかもしれませんが。）

修学旅行は、下記例の積立金が繰り越され、費用は2年次でさらに追加されます。総額では約13万円。これは沖縄が目的地の場合の例ですので、海外へとなると、かかる費用はさらに大きくなります。

公立中学との大きな違いということでは、学校への交通手段や距離によっては通学定期の購入に費用が生じることも大事なポイントです。

このように、中学と比較すると、たとえ公立と言っても何かと費用がかさむことが伺えます。そこで、単純に節約というだけではなく、何か工夫できることがないか調べてみることもお勧めです。（COLUMN1参照）

公立高校入学初年度にかかる費用

内容		金額	備考
学校生活	制服　女子・夏・一式	13,000円▷	スカート（スラックス選択可）、Yシャツ、リボン、送料
	制服　女子・冬・一式	34,000円▷	ブレザー、スカート（スラックス選択可）、Yシャツ、リボン、送料
	体育用品	21,000円▷	ジャージ上下、ハーフパンツ、シャツ、体育館シューズ
	体育祭のTシャツ	1,000円▷	クラスごとに作成
学習・校外活動	教科書	37,000円▷	コースにより異なる
	補助教材	1,000円▷	コースにより必要
	芸術鑑賞費	2,000円	
	宿泊研修・遠足	16,000円	
	模試・英検	8,000円	
積立金・諸会費	積立金	50,000円▷	¥25,000を前期・後期の2回に分けて納入
	生徒会費	5,000円▷	コースにより必要
	PTA会費	6,000円▷	総合補償保険料を含む
	修学旅行（積立）	46,000円	

費用は概算。上記の他、選択科目での材料費、手帳代、写真代、健康センター掛金など。
この学校の2、3年生では、予備校の衛星通信講座約4千円（実施全3科を受講の場合）、模擬試験約2万5千円（計5回、一部任意）などが、進路関連の費用としてかかる。

進学・通学のためのお金の工面

≫国の教育ローンの活用

国の教育ローンの一つに教育一般貸付というものがあります。これは家庭の教育費負担を軽減し、子どもの進学・在学を応援する公的な融資制度です。融資対象は、保護者世帯の年間収

子供の数	年間収入
子供が1人	790万円
子供が2人	890万円
子供が3人	990万円
子供が4人	1090万円
子供が5人	1190万円

入が、原則として、右記の表の額以下の場合とされています。(緩和措置あり)
入学金、授業料、教科書代などの費用に充てるため、学生一人につき最大350万円（外国の教育施設に3ヵ月以上在籍する資金なら最大450万円）を借りることができます。利率は、年1,66%（母子家庭等は年1,26%）〈※令和2年3月17日現在〉。
返済期間は15年以内（母子家庭等の場合は18年以内）とされており、子供が在学中は利子のみの返済にすることも可能です。日本政策金融公庫のHPに返済シミュレーションのコーナーがあり、各月の返済額や返済総額を試算してくれます。
「国の教育ローン」は1年中いつでも申し込むことができ、また、日本政策金融公庫のHPから申し込むことも可能です。

≫奨学金事業の活用

独立行政法人日本学生支援機構が、奨学金事業を実施しています。これは経済的理由で修学が困難な優れた学生に学資の貸与を行い、また、経済・社会情勢等を踏まえ、学生等が安心して学べるよう、「貸与」または「給付」を行う制度です。なお、奨学金は「国の教育ローン」と重複して利用することも可能です。奨学金の申し込み基準や申し込み方法等は、独立行政法人日本学生支援機構のHPで確認できます。

≫年金担保貸付事業国の教育ローンの活用

独立行政法人福祉医療機構が、年金担保貸付事業を実施しています。厚生年金保険、国民年金、労災保険など様々な公的制度がありますが、これらの制度から年金を受けている人（例えば夫が亡くなって遺族年金を受けているとか、事故で障害が残り障害年金を受けているなど）は、年金を受ける権利を担保にして、最大で200万円を借りることができます。これを入学金や授業料などの教育資金に充てるという方法があります。
この制度でお金を借りると、借入の申し込みの際に指定した額が、年金額から天引きされ、返済に充てられていきます。直接、福祉医療機構へ返済金の支払いを行うものではありません。連帯保証人が必要となりますが、信用保証機関を利用し保証料を支払うことで、個人の連帯保証人が不要になります。「独立行政法人福祉医療機構代理店」の表示がある金融機関等で相談や申し込みができます。
※年金担保貸付事業の申込受付は令和4年3月末で終了とされていますが、これは申込受付を終了するだけであり、令和4年3月末までに申し込みが受け付けられた年金担保貸付については、その返済期間や返済方法は、これまで通りの取扱いとなります。

≫遺族補償年金前払一時金の活用

労災保険の遺族（補償）年金を受ける場合については、前払一時金制度を利用するという選択肢があります。遺族（補償）年金を受けることになった遺族は、まとまったお金を必要とすることが多いので、年金の前払として、一時金（最大で死亡した人の賃金日額の1000日分相当額）を請求することができます。この前払一時金制度を利用して、入学金や授業料を工面するという方法もあります。

コラム〈COLUMN1.2〉：特定社会保険労務士　梅本達司
ティースリー社会保険労務士事務所　所長／一般社団法人日本ホワイト企業審査協会　理事／
社労士試験受験対策講座シャロッシータゼミナール　主任講師／「サザエさん一家の公的保険」など、著書多数

部活動の費用も中学とはケタ違い

昨今、大学に入学するときに、ノートパソコンの用意が必要になり、大きな出費の一つと言えます。高校入学後にかかる大きな費用というと、部活動への参加があげられます。もちろん、参加する部活動によって差はありますが、運動部か文化部かでの差はなく、それなりにお金の準備が必要です。かかる費用を実例でみてみましょう。

部活動での年間費用（吹奏楽部の例）

内容	金額
部費	36,000円
合宿費用	33,000円
定期演奏会費	5,000円
Tシャツ・トレーナー	5,000円
楽譜	1,000円
合計	80,000円

費用は概算。他に、楽器メンテナンス、教則本などの費用、大会や演奏会、野球部の試合応援への交通費など。内容により複数回費用がかかるものも。

中学と比べると何かと活動の規模や範囲が大きくなり、成長とともに費用も大きくなることを実感させられます。

さらに、部活動によっては道具の購入に思わぬ費用がかかることもあります。高価なものに目が向けば思わぬ出費となります。

かかる費用を自分自身でまかなおうと、アルバイトを考えるケースがあるかもしれません。たとえ学校が認める場合でも、高校生のアルバイトには潜む危険は多く、十分に注意が必要です。（COLUMN2上段参照）

部活動に参加しない場合でも、趣味や活動にお金をかけたい人も少なからずいることでしょう。また、時間的な余裕があると、安易にアルバイトを考えることがあるかもしれません。しかし、高校生活を送る中であくまでも優先されるものが学業であることは、大前提と言えます。

ところで、トラブルに直面するケースは、何もアルバイトばかりではありません。親にも思わぬ形で予想外の事態が生じることがあります。それでも、そうした場合に対処できる知識があるのとないのとでは大違いです。（COLUMN2下段参照）

部活動の種類によっては、大会参加のための交通費や道具の購入など、意外に大きな出費となる。

COLUMN 2

アルバイトで遭遇するトラブルと対処法

≫学生アルバイトでも労災認定は受けられる

学生アルバイトでも、通勤途中の事故や仕事が原因で負傷等をした場合は、労災保険制度の適用があり、ちゃんと保険給付を受けることができます。

健康保険制度の医療給付の場合は、原則として医療費の3割を自己負担しなければなりませんが、労災保険の医療給付を受ける場合には、自己負担がなく、原則として医療費の全額について労災保険制度がカバーしてくれます。また、労災保険には、休業（補償）給付・休業特別支給金という給付があり、労働基準監督署に請求し、ケガで働けない状態であることの認定を受けると、賃金日額の8割相当額の所得保障が行われます。仮に、負傷した直後にアルバイトを辞めた（退職した）としても、労災保険の保険給付を受ける権利は退職によって変更されませんので、この休業補償給付・休業特別給付金の支給は引き続き行われます。

アルバイト先の会社に知識がなく、アルバイトだからという理由で労災保険に関する手続きを行ってくれないようであれば、直接、労働基準監督署の労災保険課に相談してみましょう。

≫アルバイト先がいわゆるブラック企業だったら

労働基準法では、親権者もしくは後見人または行政官庁は、労働契約が未成年者に不利であると認める場合においては、将来に向かってこれを解除することができるとしています。

不利であるかどうかは親権者等が判断すればよく、未成年者の意に反する解除も認められます。ですから、親からみて、不利な働き方をさせられていると判断したのであれば、たとえ子供がその会社で働き続けたいという意向であっても、労働契約の解除をすることができます。もちろん、その会社が退職を認めないなどと言っても、退職させることができます。そして、このような場合でも、会社は、退職するまでに働いた分の賃金を支払う義務があります。もし、この支払を会社が拒否した場合は、労働基準法の賃金全額払いの原則違反になりますので、その旨を会社側に伝え、それでも支払いをしないのであれば、労働基準監督署へ相談または違反についての申告をすることをお勧めします。

こんな「もしも」と対処法

≫子育て中にリストラされた場合の保険加入！

リストラされ無職となってしまった場合は、年金制度の加入は、国民年金の第1号被保険者となります。しかし、失業状態であれば、この保険料を支払っていくのも大変です。

国民年金の場合、失業・倒産などにより保険料を納付することが困難と認められる者については、保険料の免除を受けることができます。ただし、黙って待っていても免除は行われません。本人が市区町村へ免除申請を行う必要があります。

医療保険の加入については、原則として、国民健康保険の被保険者になります。国民健康保険には被扶養者という扱いはありませんので、扶養家族も国民健康保険の被保険者になります。ただし、健康保険には任意継続被保険者という制度があり、所定の条件を満たしている場合には、退職後も引き続き健康保険への加入が認められます。その条件とは、次の①と②の2つになります。

①退職日までに継続して2か月以上健康保険の被保険者であったこと
②退職後20日以内に、任意継続被保険者となることの申請をすること

任意継続被保険者になれば、その扶養家族についても、引き続き健康保険の被扶養者とされます。

任意継続被保険者と国民健康保険の被保険者のどちらを選択した方が得かは、一概には言えません。通常は、どちらを選択すれば、保険料負担が軽くなるのかを確認して選ぶことになります。

ただし、失業などの特別の事情で収入が著しく減少している場合には、国民健康保険の保険料が減額・免除されることがあるのでその点も確認して選ぶ必要があります。

なお、任意継続被保険者となった日から2年を経過すると、任意継続被保険者ではなくなってしまいます。つまり、任意継続被保険者でいることができるのは、最長でも2年間となります。

これが
神奈川県公立高校の
入試システムだ!!

　神奈川県では、教育委員会が中心となり特色ある公立高校づくりを進めています。この流れの中で、入試制度をはじめとするさまざまな点において毎年のように変化が生じており、今後もこうした改革は変化の大小を問わず続いていくことでしょう。入試における選抜方法・学力検査の内容はもちろんのこと、授業展開や履修科目の選び方など、さまざまなニーズに対応できるようなしくみが生まれています。学校の存在意義すら変わってきているといっても過言ではないでしょう。こうした改革は、個々人が自分に合った学校選びができるようになることを目標としています。

　公立高校を志望する皆さんは、その変化の内容や学校の特色をしっかりと理解し、適切な戦略を立てなければなりません。この章では、改革が進む公立高校入試の変化の内容を、くわしく紹介します。是非、参考にして来るべき受験に備えてください。

1 ‖ 神奈川県の公立入試改革と入試の変更点

　神奈川県では，社会の変化や生徒の多様化，少子化の進行など，県立高校をめぐるさまざまな課題に対応するため，これからの県立高校のあり方を示し，その実現のための取り組みを明らかにした総合的な計画「県立高校改革推進計画」を発表し，10年間に渡る取り組みを行ってきました。この計画に基づいては，個性を伸ばす教育の推進，豊かな心や望ましい社会性の育成を基本にすえ，単位制による高校など「新しいタイプの高等学校」の設置拡大を含め，多様な教育の提供や柔軟な学びのシステムの実現，さらには開かれた高校づくりの推進など，県立高校が将来を担う生徒にとって魅力ある場となるよう，新しい時代にふさわしい県立高校をめざした改革が推進されてきました。「県立高校改革推進計画」は計画期間が終了しましたが，県立高校改革の取り組みは現在も続いています。

　入試制度については，平成16年に，「希望者全員が志願できる学力検査を伴わない前期選抜」と「学力検査等による後期選抜」の2つの選抜の機会を設け，個性を生かす制度になりました。また，平成17年からは，"高校で学ぶ希望をもつ子どもたちが，自らの進路希望に基づいて，特色に応じた学校を主体的に選択できる"ようにするため，学区制が撤廃され，県内のどこからでも希望の高校に志願できるようになりました（横浜市立および川崎市立の高校の一部を除く）。平成21年度の入試からは，後期選抜において学力検査を行わないクリエイティブスクールの試みが行われています。また，通信制課程の後期選抜の志願条件に，志願時に国・公・私立高校の合格者でないことが新たに加わりました。さらに，平成22年度からは，後期選抜において，普通科専門コースを設置する学校で，同じ学校における別のコースを第2希望として志願できるようになりました。さらに平成25年度からは，選抜の機会を一体化し全課程を同日程で実施する「共通選抜」と，夜間の定時制と通信制の「定通分割選抜」が設定されました。このように，入試制度も変化を続けていますので，その制度・しくみ・変更点をしっかりとチェックしておく必要があります。

　そして「県立高校改革実施計画Ⅰ期」を経て，「県立高校改革実施計画Ⅱ期」の取り組みとして，令和5年度までには下記のような改編が実施されました。また，「県立高校改革実施計画Ⅲ期」も策定され令和6年度以降も様々な改編が予定されています。

―県立高校改革実施計画Ⅱ期―
　★令和3年度
　◎改革内容
　　神奈川総合高校
　　　舞台芸術科を新設

★令和４年度
◎改編内容
＜専門学科での学科改編＞
　横須賀工業高校
　　建設科を設置
　海洋科学高校
　　船舶運航科・水産食品科・海洋無線技術科・海洋資源環境科に改編

★令和５年度
◎再編・統合
　瀬谷高校・瀬谷西高校（※学年制全日制／普通科）
　・令和５年度新校としてスタート（瀬谷西は令和３年度募集停止）
　・瀬谷高校の敷地・施設を活用
　逗葉高校・逗子高校（※学年制全日制／普通科）
　・令和５年度新校としてスタート（逗子は令和３年度募集停止）
　・逗葉高校の敷地・施設を活用
　城山高校・相模原総合高校（※単位制全日制／普通科）
　・令和５年度新校としてスタート（相模原総合は令和３年度募集停止）
　・城山高校の敷地・施設を活用

★令和６年度
◎再編・統合
厚木東高校・厚木商業高校（※学年制全日制普通科）
　・令和６年度新校としてスタート
　・令和５年度に１・２年生は新校に在籍変更
　・厚木東高校の敷地・施設を活用

―県立高校改革実施計画Ⅲ期―
　★令和７年度
　＜専門学科の改編＞
　　二俣川看護福祉高校
　　　普通科・福祉科に改編

　★令和８年度
　◎再編・統合
田奈高校・麻生総合高校（※単位制全日制／総合学科）
・令和８年度新校としてスタート（麻生総合は令和８年度募集停止）
・田奈高校の敷地、施設を活用
小田原城北工業高校・大井高校（※全日制／普通科・機械科・電気科・建設科・デザイン科）
・令和８年度統合
・令和８年度に１・２年生は統合校に在籍変更

・小田原城北工業高校の敷地、施設を活用
・普通科はクリエイティブスクールとして設置
◎募集停止
横浜翠嵐高校（定時制）普通科／向の岡工業高校（定時制）単位制総合学科／
磯子工業高校（定時制）単位制総合学科／茅ケ崎高校（定時制）普通科／
秦野総合高校（定時制）単位制総合学科／伊勢原高校（定時制）普通科
・令和8年度募集停止
・他の定時制課程の志願状況に応じて募集を再開する場合がある
◎改編
＜専門学科の改編＞
神奈川工業高校（定時制）
普通科を設置し単位制／普通科・機械科・電気科・建設科に改編
＜普通科への改編＞
神奈川工業高校（定時制）
単位制／総合学科を単位制／普通科に改編

★令和9年度
◎再編・統合
旭高校・横浜旭陵高校（※全日制／普通科）
・令和9年度統合（横浜旭陵は令和7年度募集停止）
・旭高校の敷地、施設を活用
横浜桜陽高校・永谷高校（※単位制全日制／普通科）
・令和9年度統合（永谷は令和7年度募集停止）
・横浜桜陽高校の敷地、施設を活用
藤沢清流高校・深沢高校（※単位制全日制／普通科）
・令和9年度統合（深沢は令和7年度募集停止）
・藤沢清流高校の敷地、施設を活用

2 新しいタイプの高校とは

◆◆◆ 単位制普通科高校 ◆◆◆

① 学年の区分は，どうなっているの？

　3年間で必要な単位を修得すれば卒業できるので，従来の高校のように，1年・2年・3年のような学年の区分がありません。したがって，留年もなく，自分のペースに合わせて学習の計画を立て，授業に参加することになります。

　授業は当然クラスごとではなく，同じ科目を選んだ生徒であれば，年齢に関係なく一緒に学習することになります。

② 部活動はあるの？

　学年の区分はないのですが，ホームルームやロングホームルームはあります。また，部活動や学校行事もあります。

③ 何単位を取れば，卒業できるの？

　高校では，通常目安として，50分の授業を1年間（35回）行って，1単位と数えています。この計算に基づき，3年間で74単位以上取得すると卒業が認められます。

④ 時間割は，どうなっているの？

　普通科目を中心として，特色のある選択科目が設けられています。その中から，自分で学習計画を立て，時間割を作成します。つまり，自分の興味や関心，進路を考慮した上で学習を進めることになります。

　自分で学習計画を立てることや時間割を作成することは，はじめての体験で，迷うこともあるかもしれませんが，オリエンテーションや個別相談でアドバイスを受けることができるようになっています。

⑤ 科目にはどんなものがあるの？

　科目の種類は大きく分けて，高校生が必ず学習しなければならない必修科目と，自分の興味や関心に合わせて選ぶことのできる選択科目があります。2年次，3年次へと進級するとともに進路の実現へ向け，選択科目の履修を増やしていきます。

必 修 科 目	選 択 科 目	
	自 由 選 択 科 目	学校設定科目（自由選択科目）
数学Ⅰ・現代の国語・公共など ↓ 基本事項・基礎を中心に学習	数学Ⅲ・国語表現・ 英語コミュニケーションⅢなど ↓ 教養の充実を図り，得意分野の拡充を目的に選択	古典研究・数学研究・ デジタルデザインなど ↓ 自分の興味や関心・進路に合わせて選択

◆◆　◆◆　フレキシブルスクール　◆◆　◆◆

① どのような特色がある学校なの？

　フレキシブルスクールも前で説明した"単位制による普通科高校"ですが，大きな特徴として，90分授業を1日6時限開講するという長い授業時間帯を設けています。

　自分の生活のリズム・スタイルや学習ペースに合わせて，午前・午後・夜間の時間帯の中から，選択した時間帯を中心に，2～3時限学習をするといった，より柔軟なシステムを取り入れている新しいタイプの学校です。通信教育による科目も合わせて学べる学校もあります（厚木清南高校）。柔軟＝フレキシブルから，この名前がつけられました。

② フレキシブルスクールでは，どんなことが学習できるの？

　進路希望に応じた科目，応用・発展的な科目や一般教養的な科目，生活に役立つ実践的な科目など，さまざまな選択科目が設置されています。

　また，得意な分野を伸ばしたい，基礎をじっくり学びたい，学校外での社会体験活動を行いたいといった，一人ひとりの学習ニーズや生活スタイルに応じた柔軟な授業があります。

③ 実際にはどのような時間割が考えられるの？

　基本科目を中心に学習した上で，自分のスタイルに合わせて1日2～3時限の授業を選択します。

午前の時間帯の3時限までを中心にして，じっくり学び，午後はボランティア活動に参加したい！

からだのリズムを考えて，午前は2時から出席して，3年で卒業できる時間割を作りたい！

午前はアルバイトの時間を確保して，午後の授業を中心に学び，3年で卒業を目指したい！

【隆君の例】　【美香さんの例】　【洋君の例】

授業時限	科目	月	火	水	木	金		月	火	水	木	金		月	火	水	木	金
1	特色科目	■	■	■	■													
2	基本科目	■	■	■	■	■		■	■	■	■	■						
3	基本科目			■				■	■	■	■	■						
4	特色科目								■					■	■	■	■	■
5	基本科目													■	■	■	■	■
6	特色科目																	

▲ 1日6時限の授業と科目選択例

④　フレキシブルスクールの内容例

高 校 名	県立川崎高校	厚木清南高校
特　徴	全日制と定時制を一体化した1日6時限（90分授業）の幅広い授業時間帯や，多彩な科目を設置し，一人ひとりの学び方や興味・関心・進路希望に応じた学習活動を支援 ●発展的な内容や芸術系・国際系生活・福祉系の内容を学習する科目を設置し，進学を目指す生徒に対応 ●習熟度別や個別指導など，一人ひとりの特性を生かした学習も充実	全日制・定時制・通信制を一体化し，1日6時限（90分授業）の授業時間帯を設置。通信制との併設を生かして，生徒個々の個性を伸ばし，自己の可能性を見出すための多様な学習の場を提供 ●習熟度別授業，少人数学習など，一人ひとりの効果的な学びの表現を目指す ●専門性を深める内容や進路に即した学習科目などを用意
特色のある学習内容	（系と主な科目） 国際系 　中国語，韓国朝鮮語 　スペイン語 　プラクティカルイングリッシュ 　国際理解・国際交流 芸術系 　オーケストラ 　キーボード実習 　陶芸 　漫画表現 　素描，素描研究 環境科学系 　野菜 　なんでも科学実験 生活・福祉系 　コミュニケーショントレーニング 　スポーツトレーニング 　社会福祉基礎 　一般教養	学校外活動による単位修得 （20単位まで） 　長期休業中のボランティア活動 　数学検定 　英語検定 　提携する専門学校での学び 　コミックテクニック， 　グローバルビジネス
集 中 講 座	社会福祉実習入門	スキー キャンプ　他

⑤　卒業に必要な単位数は？　また，３年よりもっと時間をかけて卒業してもいいの…？

　　単位制による普通科高校ですから，卒業の条件は，高校に３年以上在籍し，必要な単位数：単位以上を取得すれば卒業となります。

　　また，自分のペースや生活スタイルに合わせて，３年よりもっとじっくり学習に取り組んで卒業することもできます。

⑥　卒業後の進路は？

　⇒普通科目を中心に学習して，大学に進学。さらに専門的な研究を行う。

　⇒特色のある分野を中心に学習して，専門学校に進み，より深く学習を行う。

　⇒一般教養を深めて就職し，社会人として活躍する。

◆◆◆　専門学科　◆◆◆

①　どのような特徴があるの？

　　将来のスペシャリストとして必要な専門的知識・技術の基本を身につけるため，専門科目を 25 単位以上学習します。

　　専門学科には，農業・水産・工業・商業・家庭・看護・福祉・理数・体育・音楽・美術・国際・国際関係・総合産業に関する学科があり，さらにそれぞれ小さな学科をもっています。

②　専門学科では，どんなことを学習するの？

　農業：植物栽培，動物飼育，食品製造・流通，環境に関する学習をします。

　　園芸科学科－野菜・草花・果樹などの栽培や流通，バイオテクノロジーの技術について学びます。

　　畜産科学科－牛・豚・鶏・実験動物（マウス，ウサギ）などの飼育や健康管理，飼料栽培，畜産物の加工と流通について学びます。

　　環境緑地科－身近な緑地環境と暮らしとのかかわりや，森林環境保全について学びます。

　　食品科学科－食品の製造・栄養・微生物の利用・食品の化学分析や流通について多面的に学びます。

　　農業総合科－農産物の生産・加工や食品の流通，販売まで，農業を総合的に学びます。

　商業：国際化，情報化に対応したビジネス活動やコンピュータの活用を学習します。

　　総合ビジネス科・商業科－ビジネス業務や事務，マーケティングなど，広く商業について学びます。

　　ビジネス教養科－簿記・情報処理・商業計算から，コミュニケーションスキルやビジネスマナーまで，ビジネスの多様な場面に必要な専門知識・技術の基本を学びます。

　　スポーツマネジメント科－スポーツとそのマネジメント，健康に関する学習や実践的な活動を通して，スポーツの振興発展に寄与する人材を育成します。

　工業：「ものづくり」の喜びを体験しながら，基礎から先端技術までの学習をします。

　　機械科－身の回りには，生活を便利にする物がたくさんあります。それらを作り出す機械について基本から最新技術まで学びます。

電気科−電気を利用している発電機，モーター，コンピュータ，テレビ，電話，鉄道などのしくみを学びます。

化学科−プラスチック，医薬品，洗剤，ガラスなど，生活に役立つ物を作ったり，新しい材料の開発や環境に関することを学びます。

建設科−住宅，高層ビル，橋，海底トンネルなどの建造物や冷暖房装置の計画・設計などを総合的に学びます。

デザイン科−生活に関するあらゆる製品のデザインについて学びます。また，生活に身近な製品，雑誌，ポスターなどの情報内容を視覚化することについて学びます。

総合技術科−幅広い視野を持つ工業人を育成するため，工業の基礎・基本を学んだ後，興味や希望に応じて，系に分かれて専門的な内容を学びます。

水産：漁業，水産，食品，情報など海にかかわる仕事の基本を学習します。卒業後，専攻科で専門的な学習を深めることもできます。

船舶運航科−船舶の運航，漁業生産，エンジンのメンテナンスなどの技術を学ぶ。

水産食品科−様々な食品の加工技術や衛生管理，製品の販売を通して接客や流通を学ぶ。

無線技術科−携帯電話やドローンなどの情報通信分野や最先端の造船技術を学ぶ。

生物環境科−水産生物の飼育や養殖技術，海洋環境について学ぶ。

看護：看護をこころざす者として必要な生理学，医学と看護について学習します。

看護科−看護の基礎科目を学び，看護・医療系への進学を目指します。また，病院で直接患者さんに接し，授業で学んだことを実践します。

福祉：これからの社会に求められる福祉の専門職として，福祉の基礎から専門技術まで学びます。

福祉科−社会福祉，医学，介護技術などを，実習をとおして総合的・体験的に学び，ホームヘルパーの資格や介護福祉士の受験資格の取得なども目指します。

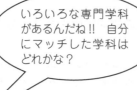

いろいろな専門学科があるんだね!! 自分にマッチした学科はどれかな？

◆◆ ◆◆ 総合学科 ◆◆ ◆◆

① どのような特徴があるの？

　普通科・専門学科(工業科・商業科・農業科など)という枠にとらわれずに，普通科の内容と専門学科の内容を総合的に学ぶことができます。自分の個性・適性を生かし，将来の進路を考え，学びたい科目を選択することができるのが大きな特徴です。したがって，体験的な学習や実習を重視した授業展開や少人数学習を基本とした単位制の教育課程です。

　学びたい科目の選択は，シラバスを参考にして，生徒各自が自分の進路目標にそって決定します。

② 具体的には，どのような科目があるの？

　幅広い普通科目と専門科目の中から主体的に科目を選択して学習し，進路への自覚を深め，学ぶ意欲を高めることができるのが総合学科の特色ですが，ここでは神奈川県の金沢総合高校を例にとって見てみましょう。

❶ 必履修科目

　数学Ⅰ・公共・体育（すべての高等学校で履修することになっています）などの必修科目は当然あります。卒業するためには必ず履修しなければなりません。

❷ 総合選択科目

　多様な選択科目を，まとまりある学習を可能にするため，体系性や専門性などに関連ある科目によって構成した系列（総合選択科目群）で構成されています。自分の将来の進路を念頭に科目を選択します。

❸ 自由選択科目

　総合選択科目以外の選択科目で，系列にとらわれない科目や基礎的な科目などが設置されています。自分の興味・関心，進路目標に応じて選択して履修できる科目です。

③ 総合選択科目にはどんな系列があるの？

　金沢総合高校では，次の4つの系列を設置し，約110の講座があります。もちろん，コース制ではありませんので，系列にとらわれずに，自由に選択できます。ただし，ある程度は系列を重視して科目を選択した方が，より深い学習が進められるといえるでしょう。

❶ グローバル教養系列→人文・社会・自然科学・国際関係について学び，グローバルな視点や社会に貢献する能力を養う。

❷ 情報ビジネス系列→コンピュータやビジネスについて学び，専門的なスキルを向上させる。

❸ 生活デザイン系列→家庭・福祉・環境について学び，実践的な学習を通して豊かな生活環境を手にする力を育てる。

❹ 芸術スポーツ系列→文化・芸能・スポーツについて幅広く学習する。

④ 大学や短大には進学できるの？

　自分の将来の進路や職業，興味・関心に合わせて，自ら時間割を作成しますので，大学や短大，専門学校にも十分進学可能です。また，就職にも対応することができます。

●●● 新たなタイプの専門高校 ●●●

① 新たなタイプの専門高校にはどんな種類があるの？

「県立高校改革推進計画」のもと設置された新たなタイプの専門高校には，総合技術高校（平塚工科高校，藤沢工科高校，川崎工科高校，商工高校），総合産業高校（神奈川総合産業高校），総合ビジネス高校（小田原東高校※平成29年度，普通科を併置，商工高校），国際情報高校（横浜国際高校※平成29年度，国際科に改編），海洋科学高校（海洋科学高校），集合型専門高校（相模原弥栄高校，横須賀明光高校※平成30年度，国際科の募集停止）の6種類があります。

② これらの新たな専門高校の設置の目的は？

総合技術高校は，幅広い視野をもつ工業人の育成，総合的な視野をもって活躍する人材の育成をめざして設置された工業専門高校です。

総合産業高校は，幅広く産業をとらえ，科学技術という視点から産業を総合的に学ぶことをめざして設置された専門高校です。

総合ビジネス高校は，ビジネスについての理念や心構えを身につけ，起業家精神に富んだ人材を養うことをめざして設置された専門高校です。

国際情報高校は，国際人としてのコミュニケーション能力やIT活用能力を身につけた人材の育成を目的として設置された専門高校で，横浜国際高校として開校しました。現在，同校の国際情報科は国際科となり，県立高校全体のグローバル教育の中心となることをめざしています。また，国際バカロレア資格（国際的な大学入学資格）が取得できる専門高校です。

海洋科学高校は，多様化する海洋関連産業で活躍することのできるスペシャリストを育てるために設置された専門高校です。

集合型専門高校は，1校に複数の分野の専門学科を配置して，多様化する学習ニーズや産業のボーダーレス化に対応できるようにした新しいタイプの専門高校です。

③ 新たなタイプの専門高校の特徴はどんなところ？

総合技術高校は，1年次で，工業分野の基礎・基本を共通に学び，2年次以降，専門的な系やコースにわかれて学習します。一人ひとりの目的に応じて，専門性を深める，進学して継続的に学ぶといった希望に対応できるのが特徴です。

総合産業高校は，高齢化・国際化・情報化の進展，科学技術の高度化，地球環境問題への視点の必要性といった社会の変化に対応する学習が中心となります。単位制を採用しているため，生徒は自ら科目を選択することになります。卒業後は，大学に進学してさらに継続的・発展的に学習するほか，専門分野をいっそう深化させるなど，多様なニーズに対応できるのが特徴といえます。

総合ビジネス高校では，1年次に商業の基礎・基本を共通に学び，2年次以降で専門的な系（流通ビジネス系，会計ビジネス系，情報ビジネス系，国際ビジネス系など）に分かれて学びます。その結果，進学して継続的に学びたい，あるいは専門性を深めたいなどの一人ひとりの希望に対応できることが特徴です。

海洋科学高校では，海洋技術や海洋レクリエーション産業など，海洋に関する内容を専門的に学びます。また，航海実習やマリンスポーツなどの体験学習を重視します。進

学も視野に入れた，多様な専門科目・選択科目が設置されていることも特徴です。

　集合型専門高校では，音楽科，美術科，スポーツ科学科といった複数の学科が設置され，自分の所属する学科以外の科目も選択して学ぶことができ，横断的な分野の専門知識や技能を習得できるという特徴があります。

2 入学者選抜の制度を探る

● 実際の選抜方法を知る

1 入学者選抜の現在

　神奈川県公立高校の入学者選抜は，平成 24 年度まで，前期選抜→後期選抜という流れで実施されていました。平成 25 年度からは，この二つの選抜の特性を踏まえながら，選抜機会を一つにして全課程の選抜を同日程で行う，「共通選抜」という形で実施されることになりました。また，夜間の定時制課程と通信制課程では，「定通分割選抜」も実施されます。

　それぞれの選抜の概要を紹介すると次のようになりました。

　令和 6 年度からは、これまで共通の検査として実施していた面接が特色検査の 1 つとして位置付けを改めることや、定通分割選抜の実施時期をこれまでより数日間繰り下げ、定通分割選抜の二次募集は実施しないなど、入試制度の一部変更がありました。

＜共通選抜＞
　・全日制課程，定時制課程，通信制課程で実施。
　・全日制課程，夜間以外の定時制の課程での募集人員は定員の 100％。
　・夜間の定時制と通信制の課程での募集人員は定員の 80％。
　・共通の検査として，学力検査を実施。
　・特色に応じて，学校ごとに特色検査を実施する場合がある。
　・クリエイティブスクールでは特色検査，通信制の課程では作文と特色検査を実施。学力検査は実施しない。

＜定通分割選抜＞
　・「共通選抜」実施後に夜間の定時制と通信制の課程で実施。
　・定時制の課程は，学力検査を実施。特色に応じて，学校ごとに特色検査を実施。
　　通信制の課程は，作文を実施。特色を応じて，学校ごとに特色検査を実施。
　・募集人員は募集定員から「共通選抜」の募集人員を引いた数。但し，「共通選抜」で募集人員に満たなかった場合にはその人員分も募集に加える。
　・定時制と通信制の課程の同時志願は不可。

2 特色検査の実施

　各受検者の能力や特性を見る検査として，「特色検査」が行われます。これは，共通の検査以外に各高校がその学校の特色に応じて実施できる検査です。当然のことながらその結果は選考資料の一つとなります。

　検査の内容は実技検査，自己表現検査，面接で，具体的な内容は各高校で設定されます。実

技検査は，与えられた題材のデッサン，口頭による英問英答，スポーツ種目の技能検査，楽器の演奏など，自己表現検査は，中学校までの学習を教科横断的に活用して設問に対する答えや考えの記述，与えられたテーマに基づくスピーチによる発表，指定したテーマについてのグループ討論などが例として挙げられます。

　実施10年目となる令和6年度の共通選抜では，実技検査は全日制で10校，自己表現検査は全日制で28校，定時制で1校が，実施しました。次年度入試の実施校とその実施内容については，県教育委員会ホームページでも公開される募集案内で確認してみましょう。

3 ▐▐▐ 共通選抜のしくみを理解しよう

　選抜にあたっては，おもに「数値を重視した選考」を行います。すなわち，調査書の評定（2・3年）と検査点（学力検査・特色検査）の比率が学校ごとに，定められているため，自分の調査書の評定を十分に考慮した上で，調査書の評定の比率が高い学校を志望校とするのか，検査点の比率が高い学校を志望校とするのかを慎重に見きわめる必要があるといえます。

調査書の評定と検査の得点が，合否を左右するしくみなのね！

　次に，実際の選抜方法ですが，通信制を除いた共通選抜では，"2段階選抜"を実施します。まず，第1次選考として，定員のうちの90%を調査書の評定と実施した検査の結果で選抜します。次に，第2次選考として，調査書の評定を用いずに募集人員までを選抜します。募集定員の割合について，これまでの選抜方法と比較すると次ページのグラフのようになります。

　クリエイティブスクールの選抜では，「面接」と「自己表現検査」が実施され，学力検査は行われません。調査書の観点別学習状況と，各高校で実施した検査の結果を資料として，総合的選考を行います。その際，調査書の評定は選考の資料にはなりません。フロンティアスクールの県立相模向陽館高校および県立横浜明朋高校でも，調査書の評定は使用せず，実施した検査の結果と調査書の観点別学習状況を資料として活用し，総合的に選考します。

　なお，共通選抜実施後，欠員がある場合には，二次募集を行います。選抜にあたっては，学力検査（3科目）を実施するほか，面接を行う場合もあります。選考は，実施した検査の結果と調査書による総合的選考となります。

〈平成24年度まで〉

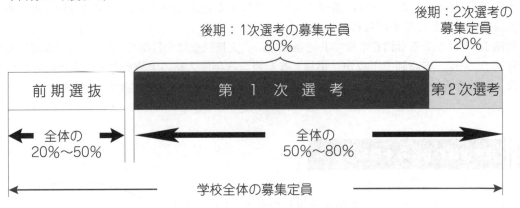

後期：1次選考の募集定員
80%

後期：2次選考の
募集定員
20%

| 前 期 選 抜 | 第 1 次 選 考 | 第 2 次選考 |

全体の
20%〜50%

全体の
50%〜80%

学校全体の募集定員

〈平成25年度から〉

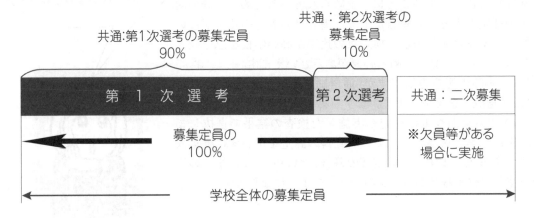

共通:第1次選考の募集定員
90%

共通：第2次選考の
募集定員
10%

| 第 1 次 選 考 | 第 2 次選考 | 共通：二次募集 |

募集定員の
100%

※欠員等がある
場合に実施

学校全体の募集定員

※募集定員は全日制と一部の定時制について

　選抜の合否を左右する重要な資料となる調査書には，どのような内容が記入されるのかを細かく見てみましょう。

第11号様式　令和4年度以降の卒業（見込）者用　　**調　査　書**　　※ 受検番号

志願先高等学校	○○○○ 立 ○○ 科	○○○○ 高等学校（コース・部）

学籍の記録	フリガナ	○○○○ ○○○○		性別 ○	入学年月	平成・令和 ○ 年 4 月　第　学年　○○○○ 中学校 入学・編入学
	氏 名	○○　○○			転入学年月	平成・令和　年　月　中学校　第　学年　転入学
	生年月日	平成 ○○ 年 ○ 月 ○ 日生			卒業年月	令和 ○ 年 3 月　同 中学校　卒業見込・卒業
	現住所	○○市○○町　○○丁目○番○号　○○マンション○○				

各教科の学習の記録

教科	観点別学習状況	2年 評価	2年 評定	3年 評価	3年 評定
国語	知識・技能	A		B	
	思考・判断・表現	B	4	B	3
	主体的に学習に取り組む態度	A		B	
社会	知識・技能	B		A	
	思考・判断・表現	B	3	B	4
	主体的に学習に取り組む態度	B		A	
数学	知識・技能	B		B	
	思考・判断・表現	C	2	B	3
	主体的に学習に取り組む態度	C		A	
理科	知識・技能	A		A	
	思考・判断・表現	B	4	A	5
	主体的に学習に取り組む態度	A		A	
音楽	知識・技能	B		B	
	思考・判断・表現	B	3	A	4
	主体的に学習に取り組む態度	B		A	
美術	知識・技能	B		B	
	思考・判断・表現	A	4	A	4
	主体的に学習に取り組む態度	A		A	
保健体育	知識・技能	A		A	
	思考・判断・表現	A	5	A	5
	主体的に学習に取り組む態度	A		A	
技術・家庭	知識・技能	A		A	
	思考・判断・表現	A	5	A	5
	主体的に学習に取り組む態度	A		A	
外国語（英語）	知識・技能	A		A	
	思考・判断・表現	B	4	B	4
	主体的に学習に取り組む態度	A		A	
	小計 ※				(×2.0)
	計 ※				

総合的な学習の時間の記録

学年	学習活動の内容	活動状況及び所見
2年	身近な環境問題について考える。	身近な環境問題として，プラスチックごみによる海洋汚染の現状と，それが生体に与える影響について調べ，発表した。
3年	地域に住む様々な国の人々を知る。	地域に住む諸外国の人々へのインタビューをもとに，それぞれの国の文化や，日本で暮らして感じていること等をまとめ，発表した。

総合所見及び諸活動の記録

特別活動等の記録

国語係（1年）
旅行委員（2年）
美化委員（3年）
文化祭実行委員（3年）
柔道部（1～3年）

行動の記録及び所見

委員会活動や学校行事において，常にリーダーシップを発揮し活躍した。特に，3年次には美化委員として清掃活動に積極的に取り組んだ。
柔道部では，部長として部員をよくまとめた。
また，思いやりの気持ちにあふれており，友人からの信頼も厚い。

本書の記載事項に誤りのないことを証明する。

　　　　　　　　　令和 ○ 年 ○ 月 ○ 日

中学校名　○○○○ 中学校

校長氏名　○○ ○○　　㊞

記載者氏名　△△ △△　　㊞

※記入例は神奈川県教育委員会発行募集案内より

1) 各教科の学習の記録 ●●●●

　評価欄と評定欄があり，評価欄は，A・B・Cの３段階で各教科の観点別学習状況の評価が記入されます。評定欄は，各教科とも５段階評定により，学習指導要領に示す目的に照らして，その実現状況を総括的に評価した評点を記入します。記入の対象となる学年は，第２学年と第３学年ですが，第３学年は，12月末までの評点となります。

　評点の記入にあたっては，絶対評価ですから，「十分満足できると判断されるもののうち，特に高い程度のもの」を５，「十分満足できると判断されるもの」を４，「おおむね満足できると判断されるもの」を３，「努力を要すると判断されるもの」を２，「一層努力を要すると判断されるもの」を１とします。

2) 総合的な学習の時間の記録欄 ●●●

　学習活動の内容の欄には，総合的な学習の時間に生徒が行った学習活動の具体的な内容が記入されます。また，活動状況及び所見の欄には，総合的な学習の時間の指導の目標や内容にもとづいた評価の観点において，学習状況等に顕著なものがある場合のその特徴や，活動の中で生徒の身につけた技能・能力について記入することになっています。

3) 特別活動等の記録欄 ●●●

　中学校３年間を通じた，特別活動（学級活動，生徒会活動，学校行事），部活動の所属が活動学年とともに記入されます。

4) 行動の記録及び所見欄 ●●●

　行動の記録及び所見の欄には，中学３年間を通じての，学校生活全般にわたる行動の状況，すぐれた活動などについて，具体的な事実をもとにした所見が記入されます。

　以上のように，調査書の記入には，学習面・生活面などのあらゆる観点から評価されることになっています。なお，平成25年度から，中学における活動の経歴や役職，大会等の記録，各種資格の取得等，活動実績の点数化がなくなったことにより，参考事項欄，特記事項欄はなくなりました。

▲生徒会活動

▲ボランティア活動

▲授業

▲部活動

▲総合学習

5 ▎▎共通選抜の学力検査の実施方法

学力検査は，全日制では，外国語（英語）・国語・数学・理科・社会の原則5教科を受検。特色検査を実施する場合には3教科にまで減らす場合があります。定時制は原則3教科です（理社を実施する場合があります）。外国語（英語）では，全日制・定時制を問わず，リスニングテストを実施します。

また，特色に応じて特色検査（面接・実技検査・自己表現活動）を実施する場合がありますので，合わせて注意するべき事項となります。

時　　刻	教　科　等	所要時間
8：50～9：10	検査についての注意	20分
9：20～10：10	外国語（英語）	50分
10：30～11：20	国　語	50分
11：40～12：30	数　学	50分
12：30～13：15	昼　食	45分
13：20～14：10	理　科	50分
14：30～15：20	社　会	50分

▲令和6年度実施　学力検査の時間割

なお，クリエイティブスクールでは，学力検査は行われません。

6 ▎▎共通選抜の選考方法

ここで選考方法についても見ておきます。選考には，実施した検査と調査書の評定が活用されます。選考に用いられる数値やその扱いについても知っておきましょう。（クリエイティブスクール，県立横浜国際高校，県立横浜明朋高校，県立相模向陽館高校は除きます。）

★調査書の評定

A値＝（第2学年の9教科の評定の合計）＋（第3学年の9教科の評定の合計）×2

　・第3学年の評定は2倍した数値を用います。

　・各教科の評定について，一定の範囲（3教科まで各2倍以内）で重点化した数
　　値とする場合があります。

★学力検査の結果

B値＝学力検査（3～5教科）の各教科の得点合計

　・各教科の得点について，一定の範囲（2教科まで各2倍以内）で重点化した数
　　値とする場合があります。

★調査書の学習の記録における観点別学習状況の評価

C値＝第3学年の9教科の「主体的に学習に取り組む態度」の評価の合計

　・以下の通り，評価を数値に換算して用います。

観点別学習状況の評価	換算値
A	3
B	2
C	1

　・第3学年の「主体的に学習に取り組む態度」の評価について，一定の範囲（3
　　教科まで各2倍以内）で重点化した数値とすることができる。

◎第1次選考

★合計数値S1

この数値により募集人員の90％までを選考します。

S1＝a×f＋b×g

・A値・B値をそれぞれ100点満点に換算した数値を，それぞれa，bとします。

・f，gは合計が10となるそれぞれ2以上の整数として，各高校ごとに決定します。

※特色検査を実施した場合は，その結果（D値）を加え，特色検査に対する係数（i）を各学校で定めます。

S1＝a×f＋b×g＋d×i

・D値を100点満点に換算した数値を，dとします。

・iは1以上5以下の整数

◎第2次選考

★合計数値S2

「第1次選考」及び「資料の整わない者の選考」において合格となっていない者の中から，この数値により募集人員まで選考します。

S2＝b×g＋c×h

・B値・C値をそれぞれ100点満点に換算した数値を，それぞれb，cとします。

・g，hは合計が10となるそれぞれ2以上の整数として，各高校ごとに決定します。

※特色検査を実施した場合は，その結果（D値）を加え，特色検査に対する係数（i）を各学校で定めます。

S2＝b×g＋c×h＋d×i

・D値を100点満点に換算した数値を，dとします。

・iは1以上5以下の整数

7 ┃ 定通分割選抜の実施方法について

　公立高校における学びの場が幅広くなることを目的として，定時制の課程（夜間）および通信制の課程では，「**定通分割選抜**」が実施されます。

　共通選抜（二次募集）とは募集期間・志願変更期間が同じですが，各募集の実施校を1校ずつ同時に志願が可能です。

　実施方法の概要は次のようになります。

・国公私立の高校（高等専門学校を含む）に合格している人は志願することができません。

・定員の20%を募集。（共通選抜で募集人員に満たない学校はその分を定通分割選抜の募集人員に加算。）

・募集は各学校の課程，学科別に実施。志願は一つの課程，学科，コース等に限る。志願変更は期間中に1回可能。

・検査は定時制が学力検査（3科目）。通信制は作文。定時制・通信制ともに，特色に応じ，特色検査を実施。

・調査書の評定と検査の結果をもとに選考。通信制は調査書と検査の結果をもとに総合的に選考。

まとめ〜入学者選抜の流れ〜

これまで，公立高校の改革を選抜方法に着目して説明してきましたが，最後に令和７年度入試の共通選抜をもとに選抜の流れをまとめておきます。

共 通 選 抜	全日制・定時制（夜間以外）	定時制（夜間）・通信制
募 集	すべての高校の全日制・定時制・通信制で実施します。	
募集人員	募集定員の100%	募集定員の80%
志 願	志願は1校です。志願変更が1回に限りできます。連携募集は志願変更ができません。入学願書等を志願先の高校に提出します。	
2/14・17・18 → **検 査**	学力検査（国語・数学・理科・社会・外国語〈英語〉の５教科が原則。定時制は原則３教科），面接および必要に応じて各校が実施する特色検査（実技検査・自己表現検査）を行います。	学力検査（国語・数学・外国語〈英語〉の３教科が原則），面接および必要に応じて各校が実施する検査（実技検査・自己表現検査）を行います。通信制は面接または作文。
選 考	【第１次選考】〈募集人員の90%〉調査書の評定，実施した検査の結果を基に算出した数値により選考を行います。【第２次選考】〈募集人員の10%〉資料の一部が整わない者に配慮し，各校ごとに定めた選考基準により選考を行います。	
2/28 → **合格発表**	万一，不合格であっても，二次募集・定通分割選抜に応募できます。	

※「定時制（夜間以外）」は下記の６校。「定時制（夜間）」はこれらを除く定時制高校です。
　県立横浜明朋，県立川崎定時制，県立厚木清南定時制，県立相模向陽館，市立横浜総合，市立川崎定時制
※県立相模向陽館では，面接シートの代わりに課題レポートを提出します。
※クリエイティブスクール（県立田奈，県立釜利谷，県立大楠，県立大井，県立大和東）に関して，日程は他の全日制課程と同じですが，学力検査ではなく，面接及び特色検査が行われます。
※学力検査の問題は全日制と定時制で異なります。また，外国語（英語）には，全日制・定時制とも，リスニングテストがあります。
※クリエイティブスクールの選考では調査書の評定は使わず，観点別学習状況を活用します。フロンティアスクール（県立横浜明朋および県立相模向陽館）の選考においても調査書の評定は使わず，必要に応じて観点別学習状況を活用し総合的に選考します。

神奈川県の入試制度をよく理解できたわね!!

よーし！あとは合格へ向かってまっしぐらだ!!

〈参考資料〉

神奈川県公立高校　受検料・入学料

① 受検料

区　　分	県　　立	横 浜 市 立	川 崎 市 立	横 須 賀 市 立
全日制の課程	2,200 円	2,200 円	2,200 円	2,200 円
定時制の課程	950 円	650 円	950 円	950 円
通信制の課程	無　料	－	－	－

② 入学料

区　　分	県　　立	横 浜 市 立	川 崎 市 立	横 須 賀 市 立
全日制の課程	5,650 円	5,650 円	5,650 円	5,650 円
定時制の課程	2,100 円	1,200 円	2,100 円	2,100 円
通信制の課程	無　料	－	－	－

※表内の額は，令和6年3月の時点での額です。今後，改定されることもあります。

神奈川県公立高校難易度一覧

ランク		目安となる偏差値	公立高校名
AA		75 ～ 73	横浜翠嵐
			湘南
		72 ～ 70	柏陽
			厚木, 川和, 市横浜市立横浜サイエンスフロンティア(理数), 横浜緑ケ丘
A	1	69 ～ 67	相模原, 多摩
	2		希望ケ丘
			小田原, 神奈川総合(個性化／国際文化), 光陵, 平塚江南, 大和, 横須賀
	3	66 ～ 64	鎌倉, 横浜平沼
			横浜国際(国際)
B	1		市横浜市立金沢, 茅ケ崎北陵, 横浜国際(国際バカロレア)
		63 ～ 61	市ケ尾, 追浜
	2		海老名, 市横浜市立桜丘
			生田, 相模原弥栄, 新城, 秦野, 市横浜市立南
	3	60 ～ 58	大船, 神奈川総合(舞台芸術), 座間, 七里ガ浜, 松陽, 市横浜市立戸塚(一般)
			市川崎総合科学(科学), 港北, 市横浜市立東, 横須賀大津
			麻溝台, 市川崎市立橘, 藤沢西, 横浜栄, 市横浜市立横浜商業(国際学)
C	1	57 ～ 55	大磯, 鶴見, 元石川
			相模原弥栄(美術), 湘南台, 西湘, 市横浜市立みなと総合(総合), 市横浜市立戸塚(音楽)
			伊志田, 相模原弥栄(音楽), 市川崎市立橘(国際), 鶴嶺, 横浜瀬谷
	2	54 ～ 51	相模原弥栄(スポーツ科学), 住吉, 大和西, 市横須賀市立横須賀総合(総合), 横浜氷取沢
			厚木王子, 上溝南, 岸根, 茅ケ崎, 市横浜市立横浜商業(商業)
			荏田, 橋本, 深沢
			有馬, 金井, 津久井浜, 横浜清陵
	3		麻生, 神奈川総合産業(総合産業), 上溝, 市川崎市立川崎総合科学(情報工学／総合電気／電子機械／建設工学／デザイン), 市川崎市立高津, 藤沢清流, 市横浜市立横浜商業(スポーツマネジメント), 横浜立野
D	1	50 ～ 47	金沢総合(総合), 城郷, 二俣川看護福祉(看護), 舞岡, 百合丘
			厚木西, 霧が丘, 秦野曽屋, 横浜南陵
	2		相原(食品科学), 旭, 足柄, 神奈川工業(機械／建設／電気／デザイン), 上矢部(美術), 川崎北, 逗子葉山, 藤沢総合(総合)
			相原(畜産科学／環境緑地), 伊勢原, 川崎, 新栄, 市川崎市立橘(スポーツ)
	3	46 ～ 43	相原(総合ビジネス), 綾瀬, 生田東, 上矢部, 市川崎市立幸(普／ビジネス教養), 白山(美術), 横浜緑園
			上鶴間, 市川崎市立川崎(生活科学／福祉), 座間総合(総合), 高浜, 茅ケ崎西浜, 新羽, 大和南
			厚木北, 相模田名, 相模原城山, 商工(総合技術／総合ビジネス), 中央農業(園芸科学／畜産科学／農業総合), 二宮, 白山, 二俣川看護福祉(福祉), 保土ケ谷, 山北, 横浜桜陽
E	1	42 ～ 38	小田原城北工業(機械／建設／電気／デザイン), 菅, 平塚農商(都市農業／都市環境／食品科学／農業総合／総合ビジネス), 三浦初声
			厚木王子(総合ビジネス), 厚木北(スポーツ科学), 厚木清南, 綾瀬西, 磯子工業(機械／電気／建設／化学), 小田原東(普／総合ビジネス), 海洋科学(船舶運航／水産食品／無線技術／生物環境), 鶴見総合(総合), 秦野総合(総合), 吉田島(都市農業／食品加工／環境緑地／生活科学)
			麻生総合(総合), 川崎工科(総合技術), 寒川, 大師, 津久井(福祉), 永谷, 藤沢工科(総合技術), 平塚工科(総合技術), 向の岡工業(機械／建設／電気), 横須賀工業(機械／電気／建設／化学), 横浜旭陵
			平塚湘風, 三浦初声(都市農業)
			愛川, 津久井
	2	37 ～	

＊( )内は学科・コースを示します。市は市立を意味します。

＊データが不足している高校，または学科・コースなどにつきましては掲載していない場合があります。

＊クリエイティブスクールの5校(田奈，釜利谷，横須賀南，大井，大和東)につきましては，掲載していません。

＊公立高校の入学者は，「学力検査の得点」のほかに，「調査書点」や「面接点」などが大きく加味されて選抜されます。上記の内容は想定した目安ですので，ご注意ください。

＊公立高校入学者の選抜方法や制度は変更される場合があります。また，統廃合による閉校や学校名の変更，学科の変更などが行われる場合もあります。教育委員会などの関係機関が発表する最新の情報を確認してください。

学校ガイド

＜全日制　旧横浜東部学区＞

学校を紹介したページの探し方については、2ページ
「この本の使い方＜知りたい学校の探し方＞」を参照して
ください。

県立 鶴見(つるみ) 高等学校

https://www.pen-kanagawa.ed.jp/tsurumi-h/

〒230-0012　横浜市鶴見区下末吉6-2-1
☎ 045-581-4692
交通　ＪＲ京浜東北線鶴見駅、京浜急行線京急鶴見駅　バス
　　　東急東横線綱島駅　バス

普通科

制　服　あり

[カリキュラム] ◇二学期制◇

・1年次は芸術以外を全員が共通して学習する。国・数・英を重視して、基礎学力の定着をはかる。
・2年次では、文系・理系の系統別の科目選択制を導入するとともに、数学と英語で少人数制を実施している。
・3年次では、論理国語、論理・表現Ⅲ、体育、英語コミュニケーションⅢ以外は、26科目を超える多様な科目から選び、各自の進路にあわせて科目選択する。

[部活動]

・約7割が参加。ラクロス部と陸上競技部は全国大会出場の実績がある。
・最近の主な実績は以下のとおり。
＜令和5年度＞
　スポーツクライミング部が県総体優勝(リード競技)、全国選抜大会出場を果たした。サッカー部が関東県予選の2次予選3回戦に進出し県総体と選手権県予選でも2次予選に進出した。
＜令和4年度＞
　ラクロス部が秋季関東大会ベスト8、陸上競技部が関東新人大会出場などの成績を収めた。サッカー部が選手権県予選で2次予選2回戦に進出した。吹奏楽部が横浜吹奏楽コンクールで銀賞を受賞した。

★設置部

水泳、バドミントン、剣道、ソフトテニス、硬式野球、テニス、卓球、ラグビー、サッカー、バスケットボール、陸上競技、バレーボール、ラクロス、柔道、ハンドボール、ダンス、ＳＯＳ(軽音楽)、写真、漫画研究、吹奏楽、生物、美術、華道、茶道、書道

[行　事]

4月	新入生歓迎会
5月	体育祭
7月	鶴陵祭(文化祭)
9月	球技大会、修学旅行
11月	合唱コンクール
2月	マラソン大会
3月	3年生を送る会

[進　路] (令和5年3月)

・職業に対する理解を深めるために、様々な業界から卒業生を招いて職業講演会を実施している。
・3年間にわたって計画的に学習サポートシステムや模擬試験を実施。そのデータを踏まえた進路指導を行っている。また、個人面談は随時実施。
・外部講師による分野別説明会を行っている。
・神奈川大との高大連携を実施。大学体験プログラムを行っている(1年)。
・志望校への意欲を高めるべく、大学のオープンキャンパスには積極的に参加(2・3年)。
・希望者に対してはインターンシップやボランティア活動を紹介。

★卒業生の進路状況

＜卒業生304名＞
大学230名、短大5名、専門学校21名、就職2名、その他46名

★卒業生の主な合格実績

富山大、鹿児島大、琉球大、横浜市立大、水産大学校、防衛大学校、青山学院大、学習院大、工学院大、國學院大、駒澤大、芝浦工業大、昭和薬科大、成蹊大、成城大、専修大、中央大、東京電機大、東京都市大、東京農業大、東京理科大、東洋大、法政大、明治大、明治学院大、立教

大
♣指定校推薦枠のある大学・短大など♣

横浜市立大、青山学院大、学習院大、中央大、東京理科大、法政大、明治大　他

[トピックス]

・昭和16年に旧制鶴見中学校として開校。校舎は県立三ツ池公園に隣接し、自然豊かな環境を体育や部活動、生物の授業、レクリエーションなどに活かしている。
・「自主自立」および「文武両道」を校是とし、学習・部活動の両面に力を注いでいる。
・「Challengeする生徒を応援する」校風で、体育祭などの学校行事は生徒主体で運営されている。
・少人数制授業、各種講習、校外活動等を通し、個人の興味・関心や進路希望に対応している。
・全教室に冷暖房を完備。

[学校見学] (令和5年度実施内容)

★学校説明会　8・11月各1回
★鶴陵祭　7月　見学可
★学校見学は夏期・冬期休業中に実施

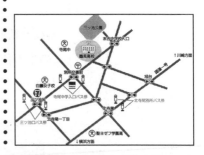

入試！インフォメーション

受検状況	年　度	学科・コース名	募集人員	志願者数	受検者数	合格者数	倍　率
	R6	普　通	319	411	402(3)	319	1.26
	R5	普　通	318	436	428	318	1.35
	R4	普　通	318	474	469	319	1.46

県立 鶴見総合（つるみそうごう）高等学校

https://www.pen-kanagawa.ed.jp/tsurumisogo-ih/

〒230-0031　横浜市鶴見区平安町2-28-8
☎ 045-506-1234
交通　京浜急行線鶴見市場駅　徒歩17分
　　　京浜急行線京急鶴見駅　徒歩22分
　　　ＪＲ京浜東北線・東海道線・南武線川崎駅、京浜急行線京急川崎駅　バス
　　　ＪＲ京浜東北線鶴見駅　バスまたは徒歩22分

単位制
制服　あり

[カリキュラム] ◇二学期制◇

・平成29年度より**年次進行型**の教育課程となった。
・1年次は全員が**共通の必履修科目**を学ぶ。2年次以降の科目選択や進路について考えるために、1年次には全員が「**産業社会と人間**」を含む「**未来探索Ⅰ**」を履修する。
・2、3年次には必履修科目以外に**系列科目**が設置され（2年次は10単位、3年次は15～20単位）、自分で科目を選択し、卒業に必要な単位（80単位以上）を修得するシステム。
・系列科目には**100に近い選択科目**があり、グローバル教養、情報ビジネス、生活デザイン、芸術スポーツの4系列に区分される。**グローバル教養**には「国語表現」「多文化社会概論」「中国語入門・発展」など、**情報ビジネス**には「メディアとサービス」「ビジネス基礎」など、**生活デザイン**には「社会福祉基礎」「フードデザイン」など、**芸術スポーツ**には「演劇入門・発展」「スポーツⅣ（ヒップホップダンス）」などの科目がある。
・基礎学力充実のため、**習熟度別学習**、**少人数授業**、ティームティーチングを導入している。
・**技能審査**、**校外講座**など、学校外の学修で一定の成果をあげた場合、単位として認定される。
・1、2年次に学ぶ「**未来探索Ⅰ・Ⅱ**」では体験活動を重視しており、職業人インタビューや上級学校訪問、プレゼンテーションなどのプログラムが用意されている。3年次の「未来探索Ⅲ」では集大成としての**課題研究**を行う。

[部活動]

　最近の主な実績は以下のとおり。
＜令和4年度＞
　柔道部が関東予選の団体戦で県ベスト16となった。
＜令和元年度＞
　和太鼓部が関東大会に出場。
★設置部
　陸上競技、バレーボール、バスケットボール、ソフトテニス、バドミントン、サッカー、卓球、剣道、柔道、テニス、ダンス、硬式野球、女子サッカー、美術、写真、吹奏楽、茶道、漫画研究、パソコン、英語、放送、軽音楽、料理、陶芸、和太鼓、かるた

[行　事]

4月　新入生オリエンテーション
6月　体育祭
10月　翔麗祭（文化祭）、課題研究発表会、修学旅行（2年）
3月　球技大会

[進　路]（令和5年3月）

・一人ひとりのニーズに応じた**相談体制**が整っている。
・外国人支援の**学習サポート**を定期的に実施。
★卒業生の進路状況
　＜卒業生266名＞
　大学49名、短大5名、専門学校109名、就職30名、その他33名
★卒業生の主な合格実績
　桜美林大、神奈川大、神奈川工科大、関東学院大、共立女子大、湘南工科大、専修大、多摩大、中央大、鶴見大、田園調布学園大、桐蔭横浜大、東海大、東京造形大、横浜商科大

[トピックス]

・**多文化共生による国際交流・国際理解**を重視している。また、三者面談における通訳手配や日本語のレベルに合わせた少人数編制の個別対応授業、日本語能力検定対策など、様々な形で**外国人生徒**（例年、80名ほどが在籍）への支援を行っている。
・「**未来探索**」ではキャリア形成に主眼をおいた指導を展開。各プログラムで理解を深め、個人・三者面談を重ねて適切な進路選択をはかる。

[学校見学]（令和5年度実施内容）

★学校説明会　9・11月各1回（在県外国人生徒対象説明会は11月実施）
★翔麗祭　10月　限定公開
★学校見学は夏休み期間中に実施（要電話予約）

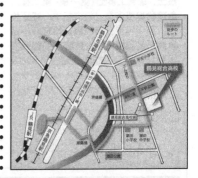

入試！インフォメーション

受検状況	年度	学科・コース名	募集人員	志願者数	受検者数	合格者数	倍率
	R6	総合学科	219	266	262(1)	219	1.20
	R5	総合学科	258	285	282	258	1.09
	R4	総合学科	258	280	280	258	1.08

県立 神奈川工業 (かながわこうぎょう) 高等学校

https://www.pen-kanagawa.ed.jp/kanagawa-th/

〒221-0812　横浜市神奈川区平川町19-1
☎045-491-9461
交通　東急東横線東白楽駅　徒歩3分
　　　JR 京浜東北線・横浜線東神奈川駅　徒歩8分
　　　京浜急行線京急東神奈川駅　徒歩10分

機械科
建設科
電気科
デザイン科

制　服　あり

[カリキュラム] ◇三学期制◇

・専門高校であるが、卒業後の進路希望に対応できるよう専門科目と普通科目の割合を選択科目により柔軟に変えられるようなカリキュラムとなっている。工業高校ながら4割近い進学率を誇る。また、各種資格試験に対応した講習もあり、就職に有利な学習を行うこともできる。
・**機械科**では、機械に関する基礎・基本を、メカトロニクス技術や情報処理技術、金属加工などの実習・実験を通して深く学んでいく。
・**建築科**では、建築物の構造や製図の描き方、施工方法などを学習し、卒業後には2級建築士の受験資格を手にすることができる。
・**電気科**では、電気回路、プログラミング、ロボット技術などを学習し、電気に関する様々な知識と技能を学ぶ。
・**デザイン科**では2年次まで**ビジュアル**、**プロダクト**、**環境構成**に関するデザインを全員が共通して学ぶ。
・資格取得・検定のための講習や補習を実施しており、**ITパスポート**、**海上無線通信士**、**ガス溶接技能講習**、**基本情報技術者**、**第三種電気主任技術者**、**特殊無線技士**、**二級ボイラー技士**、**電気工事士**(第一種・第二種)、**危険物取扱者**などの資格や、**英語検定**、**漢字検定**、**機械製図検定**、**小型車両系建設機械運転技能**、**色彩検定**、**情報技術検定**、**数学検定**、**ラジオ・音響技能検定**、**グラフィックデザイン検定**などに合格することが可能。

[部活動]

令和4年度は、**相撲部**がインターハイ、関東大会(10年連続)に出場した。**水泳部**がインターハイで準優勝した。

★設置部(※は同好会)

陸上競技、サッカー、ラグビー、ハンドボール、野球、バスケットボール、バレーボール、バドミントン、弓道、卓球、剣道、柔道、相撲、テニス、ゴルフ、水泳、ワンダーフォーゲル、ダンス、水球、映画研究、音楽、写真、鉄道研究、陶芸、アマチュア無線、茶道、ロボティクス、クリエイション、吹奏楽、放送、美術、eスポーツ、※手芸、※イラスト・漫画、※ものづくり、※ソフトボール、※園芸・料理

[行事]

遠足(4月)、体育祭(6月)、修学旅行(2年)、文化祭(10月)、球技大会(12月)などを行っている。

[進路](令和5年3月)

4年制大学等への進学や企業への就職に向けた**理工教育**を推進し、将来の国際社会で活躍するスペシャリストの育成をめざしている。

★卒業生の進路状況
　＜卒業生273名＞
　大学63名、短大1名、専門学校28名、就職172名、その他9名
★卒業生の主な合格実績
　金沢工業大、桜美林大、神奈川大、工学院大、女子美術大、多摩美術大、東京電機大、東洋大、日本大、横浜美術大
♣指定校推薦枠のある大学・短大など♣
　神奈川大、成蹊大、東海大、東京電機大、東洋大、日本大　他

[トピックス]

・明治44年に開校した、県で最古の工業高校。令和3年に創立110周年をむかえた。愛称は「神工(かなこう)」。
・進学にも就職にも強い。指定校推薦や公募制、AO入試など様々な入試制度を活用して、多くの生徒が大学や専門学校に進学している。また、長い伝統により企業から信頼を得ており、国内有数の大企業をはじめとして、大変多くの企業からの求人がある。多くの卒業生が本校で学んだことを生かして様々な官公庁に就職し、力を発揮している。
・平成7年に**10階建ての校舎**が完成し、全国レベルで見てもトップクラスの設備を誇る学校となった。冷暖房は完備。それぞれの科の授業内容に対応した実習室の数や規模も充実している。学生食堂や図書館、室内温水プールなど、隣接する神奈川総合高校との共有スペースもある。
・**デザイン科**は全国高校デザインコンクールの学校賞部門で文部科学大臣賞を何度も獲得している。
・地域交流として、近隣の幼稚園に出向き、おもちゃの修理を行っている。
・令和4年度入学生より**新制服**。

[学校見学](令和5年度実施内容)

★学校説明会　7・9・11・12月各1回

入試！インフォメーション

受検状況	年度	学科・コース名	募集人員	志願者数	受検者数	合格者数	倍率
	R6	機械	79	98	95	80	1.20
		建設	79	90	90(1)	80	1.11
		電気	119	130	126(1)	120	1.06
		デザイン	39	53	53	40	1.33

県立 **神奈川総合** 高等学校
（かながわそうごう）

https://www.pen-kanagawa.ed.jp/kanagawasohgoh-h/

〒221-0812　横浜市神奈川区平川町19-2
☎ 045-491-2000
交通　東急線東白楽駅　徒歩3分
　　　JR京浜東北線・横浜線東神奈川駅　徒歩8分
　　　京浜急行線京急東神奈川駅　徒歩10分

普通科　個性化コース
　　　　国際文化コース
舞台芸術科

| 単位制 |

| 制　服 | なし |

［カリキュラム］◇二学期制◇

・授業は必履修科目・選択必履修科目、自由選択科目、フィールド科目の3つに大きく分かれる。生徒は興味・関心、進路希望により学習する科目を選び、自分だけの「**時間割オーダーメイド**」ができる。

★普通科

個性化コースの生徒は多様な科目の中から選択し、関心のある分野の勉強を極めることで個性を伸ばすことができるようになっている。
国際文化コースは語学の学習だけでなく、広く世界各地の文化に対する理解を深めることをめざす。語学の授業も英語の他に、**中国語、ドイツ語、フランス語、ハングル、スペイン語**のなかから1つを選択履修する。さらに、国際理解のための科目も選択履修するようになっている。

★舞台芸術科

「舞台芸術を幅広く学ぶ」学科として、演劇を中心に音楽や美術、情報や映像などの学びを通じて文化芸術に関する感性を高めるとともに、他者認識や自己認識の能力の向上などをめざし、豊かなコミュニケーション能力や表現力を育成する。
夏休みや冬休みには集中講座として、キャンプやスキーなどの**校外実習**を実施している。また、**高大連携**の一環として、横浜国立大、専修大、洗足学園大等へ行って講義を受けた場合にも、単位として認められる。
「**テーマ学習**」「**テーマ研究Ⅰ・Ⅱ**」は3年間かけて自分の設定したテーマを研究し発表するもので「神奈総」らしい科目といえる。

［部活動］

約8割が参加。
＜令和4年度＞
デザイン部が全国ファッションデザインコンテストで文部科学大臣賞、**ミュージカル＆演劇部**が県演劇発表会で優秀賞、**Solidクラフト部**と**美術部**が県高校美術展で高文連会長賞、**放送部**が県総合文化祭で各部門5位などの成績を収めた。

★設置部（※は同好会）

バレーボール、バスケットボール、バドミントン、サッカー、ダンス（Chiffons、GACHACK、※9Beatz）、水泳、ワンダーフォーゲル、弓道、テニス、合気道、吹奏楽、合唱、弦楽合奏、軽音楽、美術、イラスト、文芸、天文、ミュージカル＆演劇、デザイン、競技かるた、写真、放送、茶道、CG総合、Solidクラフト、国際支援、自然科学、書道、新聞、※陸上、※ESS、※JAZZ楽団、※剣道

［行　事］

・**翔鷗祭**（文化祭）を中心に、新入生歓迎会、新入生デイキャンプ、パートナー校交流（英米独仏西中韓など）、研修旅行、卒業生を送る会など1年を通して数多くの行事が開催されている。
・**翔鷗祭・スポーツ大会・環境シンポジウム**などの各種行事はボランティアの生徒で企画・運営される。

［進　路］（令和5年3月）

★卒業生の進路状況

＜卒業生255名＞
大学203名、短大0名、専門学校15名、就職0名、その他37名

★卒業生の主な合格実績

北海道大、東北大、九州大、埼玉大、千葉大、東京外国語大、東京藝術大、東京工業大、横浜国立大、神奈川県立保健福祉大、金沢美術工芸大、横浜市立大、早稲田大、慶應義塾大

♣指定校推薦枠のある大学・短大など♣

横浜市立大、早稲田大、慶應義塾大、上智大、中央大、法政大、立教大　他

［トピックス］

・平成7年に開校。神奈川県で初めての**単位制普通科**の高校。学年の枠を取りはらっているため、一つの授業を様々な年齢の人たちが受けるのも当たり前の光景になっている。
・**国際文化コース**には、国籍の異なる生徒や海外帰国子女も数多く、国際的な雰囲気をかもしだしている。
・校内の生徒による活動は全て生徒が自発的に参加し、企画運営している。愛称は「**神奈総（かなそう）**」。
・隣接の神奈川工業高校との**共有スペース**として、図書館、食堂がある。
・器楽合奏室、10Fスタジオ、バイオ学習室、CG学習室、平面・立体造形学習室、3Fアトリエ室など、**特徴的な学習施設**を誇る。
・温水プール、弓道場、多目的ホール等の施設は**授業にも活用**される。
・令和元年から、神奈川県の**グローバル教育研究推進校**に指定されている。

［学校見学］（令和5年度実施内容）

★学校説明会　10・12月各1回
★翔鷗祭　9月　見学可（要予約）
★舞台芸術科説明会　6・8・11月各1回

入試！インフォメーション

受検状況	年　度	学科・コース名	募集人員	志願者数	受検者数	合格者数	倍　率
		普通〈個性化〉	119	188	182(1)	119	1.52
	R6	普通〈国際文化〉	89	120	116(2)	89	1.28
		舞台芸術	30	45	44	30	1.47

県立 横浜翠嵐 高等学校
よこはますいらん

普通科

https://www.pen-kanagawa.ed.jp/yokohamasuiran-h/

〒221-0854　横浜市神奈川区三ツ沢南町 1-1
☎ 045-311-4621
交通　JR・東急線・京浜急行線・横浜市営地下鉄横浜駅　バスまたは徒歩20分
　　　東急線反町駅　徒歩18分
　　　横浜市営地下鉄三ツ沢下町駅　徒歩12分

制　服　あり

[カリキュラム] ◇二学期制◇
・二学期制は昭和26年以来の伝統。
・1年次の授業では幅広い基礎教養の習得を目指す。
・2年次より文系・理系に分かれる。
・3年次は、一部選択科目を取り入れ、受験科目に対応した学習が可能。
・2年次の数学Ⅱ・Bと英語表現Ⅱおよび3年次の英語表現Ⅱにおいて小集団・習熟度別授業を導入している。
・95分授業をベースに、一部45分・50分授業も組み込みながら、各教科・科目の特性を活かした授業を展開しつつ、週35時間の授業時間を確保している。

[部活動]
・約9割が参加。
・最近の主な実績は以下のとおり。
<令和5年度>
卓球部が団体戦で関東予選県7位、新人戦県ベスト16、サッカー部が関東県予選と選手権県予選で2次予選進出などの成績を収めた。
<令和4年度>
科学部が科学の甲子園神奈川県大会総合2位、日本地学オリンピック1次予選突破、化学グランプリ2022銀賞、文芸部が俳句甲子園全国大会出場、放送委員会がeiga world cup 2022全国大会出場、剣道部が県総体男子団体ベスト16などの成績を収めた。
★設置部（※は同好会）
陸上競技、水泳、バレーボール、バスケットボール、ソフトテニス、体操競技、バドミントン、サッカー、ハンドボール、卓球、剣道、山岳、硬式テニス、野球、ダンス、音楽、演劇、生物、科学、茶道、美術、書道、クイズ研究、吹奏楽、棋道、弦楽、ポピュラーソング、漫画研究、文芸、数学研究、IT研究、写真、競技かるた、天文、放送委員会、※フィールドワーク、※鉄道研究、※柔道

[行　事]
　6月の翠翔祭（文化祭）と9月の体育祭をはじめ、多彩な行事があり、生徒が熱心に取り組んでいる。
4月　学習オリエンテーション（1年）
5月　球技大会
6月　翠翔祭（文化祭）
7月　芸術鑑賞会
9月　体育祭
10月　修学旅行（2年）、校外研修（1年）
11月　球技大会

[進　路]（令和5年3月）
・進学率がほぼ100%と高く、進路指導にも力が入る。進路指導室には過去問題集が充実。インターネットに接続できるコンピュータもあり、情報提供に十分配慮している。自習室は個別ブースとなっている。
・年間で3期（6月～7月、10月～11月、12月～1月）、各期5日程度のスケジュールで土曜日に講座を開講。各教科の「ベーシック」と「ハイレベル」講座や、受験対策に直結した講座など、複数設置される。
★卒業生の進路状況
<卒業生358名>
大学291名、短大0名、専門学校1名、就職1名、その他65名
★卒業生の主な合格実績
東京大、京都大、北海道大（医）、東北大、名古屋大、大阪大（医）、九州大、お茶の水女子大、埼玉大、千葉大、筑波大（医）、東京医科歯科大（医）、東京外国語大、東京学芸大、東京藝術大、東京工業大、一橋大、横浜国立大、東京都立大、横浜市立大（医）、防衛医科大学校（医）、早稲田大、慶應義塾大（医）

[トピックス]
・大正3年に旧制横浜二中としてうぶ声をあげて以来、100年以上の歴史を誇る伝統ある進学校。滝沢又市初代校長の言葉に由来する「大平凡主義」を守りつつ、自主性を重んじた自由な校風を築いている。
・国際理解教育を推進。米国メリーランド州エレノア・ルーズベルト高校と姉妹校協定を結んでおり、相互訪問を毎年実施。また、国際交流委員会を中心に、神奈川朝鮮中高級学校と交流したり、大使館を訪問するなどの活動をしている。
・すべてのホームルーム教室に冷房を設置。
・平成29年、学力向上進学重点校に指定された。

[学校見学]（令和5年度実施内容）
★学校見学会　8月2回
★学校説明会　9月2回、12月1回
★翠翔祭　6月　見学可

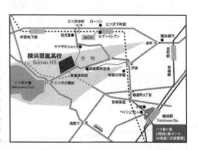

入試！インフォメーション

受検状況	年　度	学科・コース名	募集人員	志願者数	受検者数	合格者数	倍　率
	R6	普　通	359	770	742(33)	361	1.98
	R5	普　通	358	708	686(40)	360	1.79
	R4	普　通	358	804	775	358	2.07

県立 城郷(しろさと) 高等学校

https://www.pen-kanagawa.ed.jp/shirosato-h/

〒221-0862　横浜市神奈川区三枚町364-1
☎ 045-382-5254、5256
交通　横浜市営地下鉄片倉町駅　徒歩10分

普通科

| 制　服 | あり |

[カリキュラム] ◇三学期制◇

・基礎学力を重視し、数学Ⅰ・Ⅱ、英語コミュニケーションⅠ・Ⅱ、論理・表現Ⅰ・Ⅱで習熟度別学習を導入。
・2・3年次には、進路に応じた選択科目を用意。3年次には6単位分の自由選択枠がある。
・総合的な探究の時間では、「自分で問題を見つけて解決していく力」を身に付ける。1年次に情報の集め方や問の立て方、意見のまとめ方、発表の仕方などを学ぶ。2年次にグループでプレ課題研究、3年次に個人で課題研究を行う。

[部活動]

・希望制。約6割が参加。
・最近の主な実績は以下のとおり。
＜令和4年度＞
弓道部が国体予選の女子個人で県7位に入賞した。
＜令和3年度＞
弓道部が国体予選の男子個人で県3位、総体予選の男子団体で県5位に入賞し、関東個人選抜大会に女子個人で出場した。
★設置部（※は同好会）
陸上競技、バレーボール、バスケットボール、サッカー、テニス、剣道、弓道、バドミントン、硬式野球、卓球、ダンス、英語、軽音楽、茶道、PC、漫画研究、美術、放送、演劇、自然科学、吹奏楽、コーラス、書道、競技かるた、※家庭科、※文芸、※写真

[行　事]

・城峰祭(きほうさい)と呼ばれる文化祭は、生徒会の主導で行われる1年を通じて最大のイベントである。
・修学旅行(沖縄)は民家宿泊やコース別体験学習を行う。
5月　遠足
6月　体育祭
9月　城峰祭(文化祭)
10月　修学旅行(2年)
12月　球技大会
3月　球技大会

[進　路] (令和5年3月)

・進路説明会などを学年別や進路希望別に開き、きめ細かい指導を行っている。
・進路選択意識向上のため上級学校説明会を実施。進路講演会では実力診断テストの分析や入学試験対策・面接対策などを行う。出張出前講座で大学や専門学校の模擬授業を体験する。この他、社会人講話やインターンシップ、上級学校訪問、進路講演会「卒業生に聞く」などを行う。
★卒業生の進路状況
＜卒業生246名＞
大学145名、短大9名、専門学校66名、就職14名、その他12名
★卒業生の主な進学先
青山学院大、麻布大、桜美林大、大妻女子大、学習院大、神奈川大、神奈川工科大、鎌倉女子大、関東学院大、恵泉女学園大、工学院大、国学院大、国士館大、駒澤大、相模女子大、産業能率大、湘南工科大、専修大、玉川大、鶴見大、田園調布学園大、東海大、東京都市大、東洋大、日本大、日本体育大、明治大、横浜商科大、立教大、早稲田大
♣指定校推薦枠のある大学・短大など♣
桜美林大、神奈川大、関東学院大、工学院大、国士舘大、産業能率大、専修大、拓殖大、玉川大、帝京大、東海大、東京女子大、文教大、立正大　他

[トピックス]

・昭和62年1月開校。平成28年に創立30周年記念式典を開催した。
・校舎には各階ごとにラウンジがあり、生徒のいこいの場になっている。
・令和2年度より、インクルーシブ教育実践推進校。

[学校見学] (令和5年度実施内容)

★学校説明会　10・11月各1回
★部活動体験会　10・11月各1回
★中学3年生対象インクルーシブ教育実践推進校特別募集説明会　6月2回　9月1回
★中学1・2年生対象インクルーシブ教育実践推進校特別募集説明会　10月2回

入試！インフォメーション

受検状況	年　度	学科・コース名	募集人員	志願者数	受検者数	合格者数	倍　率
	R6	普　通	239	345	337(2)	239	1.42
	R5	普　通	238	341	338	238	1.42
	R4	普　通	238	317	312	239	1.30

県立 港北 高等学校

普通科

https://www.pen-kanagawa.ed.jp/kohoku-h/

〒222-0037　横浜市港北区大倉山 7-35-1
☎ 045-541-6251
交通　東急線大倉山駅　徒歩 18 分、横浜市営地下鉄新羽駅　徒歩 16 分
　　　JR 横浜線新横浜駅　徒歩 25 分

制　服　あり

[カリキュラム] ◇三学期制◇

・50分×6コマ授業（週1日7コマ）、週31時限。
・1年次は芸術を除いて全員が共通の科目を学習。
・2年次は必修選択を2科目分設置。
・3年次は**文系・理系**に分かれて学習。必修選択に加え古典基礎やデザイン、子どもの発達と保育など、2科目分の自由選択が設置される。

[部活動]

・約8割が参加。
・最近の主な実績は以下のとおり。

＜令和5年度＞
放送部がNHK杯全国高校放送コンテストと全国高校総合文化祭に、**書道部**が全国高校総合文化祭に、**水泳部**がインターハイにそれぞれ出場した。**軽音楽部**は全国高校生音楽コンテストで準グランプリに輝いた。

＜令和4年度＞
放送部がNHK杯全国高等学校放送コンテスト全国大会朗読部門第3位・5位、**水泳部**が全国高等学校総合体育大会男子100m平泳ぎ出場、**陸上競技部**が全国高等学校総合体育大会女子やり投げ出場、**軽音楽部**が全国高等学校軽音楽コンテスト決勝4位、**吹奏楽部**が全日本高等学校吹奏大会in横浜出場。

★設置部（※は同好会）
陸上競技、バレーボール、バスケットボール、バドミントン、サッカー、硬式野球、テニス、卓球、水泳、剣道、ダンス、吹奏楽、軽音楽、書道、美術、茶華道、調理、漫画研究・文芸、写真、放送、囲碁・将棋、天文、コンピューター、※柔道

[行　事]

体育祭、**思港祭**（文化祭）、**球技大会**はすべて生徒会の実行委員会が運営。**体育祭**では応援合戦、**思港祭**ではクラスや部活動の発表が見どころ。調理部のカレーとマドレーヌには長い行列ができる。

5月　遠足
6月　体育祭
7月　球技大会
9月　思港祭
10月　修学旅行（2年）
2月　3年生を送る会
3月　球技大会

[進　路]（令和5年3月）

・大学訪問、分野別ガイダンスなど、生徒一人ひとりに対して**3年間を見通したきめ細やかな進路指導**を実施。進路実現に向け、生徒全員が受ける基礎テスト・実力テストを活用して学力向上を図り、**約9割の生徒が四年制大学・短大に進学**している。
・日々の授業の他に長期休業中の講習・補習を設け、学習習慣の形成を図る学習サポートを実施。**自学力の育成**を目指している。

★卒業生の進路状況
　＜卒業生308名＞
　大学273名、短大3名、専門学校10名、就職1名、その他21名

★卒業生の主な進学先
茨城大、宮崎大、琉球大、神奈川県立保健福祉大、東京都立大、横浜市立大、早稲田大、青山学院大、学習院大、國學院大、駒澤大、成蹊大、成城大、専修大、中央大、東京理科大、東洋大、日本大、法政大、武蔵大、明治大、明治学院大、立教大

♣指定校推薦枠のある大学・短大など♣
横浜市立大、青山学院大、学習院大、中央大、法政大、明治大、明治学院大、立教大　他

[トピックス]

・緑に囲まれ、鶴見川からの夕焼けの風景は絶景。落ち着いた校風と楽しい学校行事に、毎日明るく生活できる伝統校として、地域からも信頼度抜群の校風を保っている。
・平坦な道のりで通いやすい。自転車通学者は約29%と多い。
・講義形式の授業だけでなく、グループ学習や発表・教え合いなど、生徒が能動的に参加する**アクティブ・ラーニング**の視点による授業を展開。これからの時代を生き抜くために必要な「**自ら主体的に学び続ける力（自学力）**」の育成に重点を置いている。
・平成30年に50周年を迎えた。

[学校見学]（令和5年度実施内容）

★学校説明会　8・11・12月各1回
★思港祭　9月　見学可
★学校見学は長期休業中（夏冬）に可

入試！インフォメーション

受検状況	年　度	学科・コース名	募集人員	志願者数	受検者数	合格者数	倍　率
	R6	普　通	319	423	412(8)	319	1.28
	R5	普　通	358	427	414	359	1.14
	R4	普　通	358	427	414	359	1.14

県立 新羽 (にっぱ) 高等学校

https://www.pen-kanagawa.ed.jp/nippa-h/

☎ 223-0057　横浜市港北区新羽町1348
☎ 045-543-8631
交通　横浜市営地下鉄北新横浜駅　徒歩13分
　　　ＪＲ横浜線新横浜駅、東急東横線綱島駅・大倉山駅　バス

普通科

| 制　服 | あり |

[カリキュラム] ◇三学期制◇

・1年次は芸術科目（音楽、美術のどちらかを選択）以外は全員同じ科目を履修。
・2年次は、数学Ｂ・音楽Ⅱ・美術Ⅱ・情報産業と社会の中の1科目を、また、物理基礎と地学基礎のいずれかを選択。
・3年次は**文系・理系**に分かれて学ぶ。文系・理系ともに8単位分を用意された選択科目の中から選ぶ。また、自由選択科目の中から最大10単位を選び、進路に応じた学習を行う。
・神奈川大と**学外連携事業**を実施。大学で講義を受けた場合に単位として認定されたり、大学講師による出前授業が行われたりする。

[部活動]

・最近の主な実績は以下のとおり。
<令和4年度>
　吹奏楽部が横浜吹奏楽コンクールＢ編成の部で銅賞、**写真部**が写真コンクール入選、**柔道部**が県公立大会で団体2位、63kg級優勝などの成績を収めた。県大会に**剣道部**、**卓球部**、**サッカー部**などが進出した。
<令和3年度>
　サッカー部が高校総体県2次予選進出（ベスト27）、**陸上部**が県高校新人陸上大会で男子110mH7位入賞、**女子バドミントン部**が高校総体県予選ベスト32などの成績を収めた。

★設置部
　陸上競技、剣道、テニス、バスケットボール、バドミントン、卓球、サッカー、野球、バレーボール、柔道、ダンス、合唱、吹奏楽、茶道、写真、美術、演劇、軽音楽、コンピューター、漫画研究、ボランティア、パティシエ、囲碁・将棋、文芸、イラストデザイン、競技かるた

[行　事]

4月	遠足
5月	体育祭
9月	飛翔祭（文化祭）
10月	修学旅行（2年）
12月	ウインターライブ、球技大会
3月	球技大会

[進　路]（令和5年3月）

・全国模試は全生徒が対象。
・就職希望者に対して夏季休業中にインターンシップの斡旋や面接指導を実施。
・公務員希望者に対して公務員試験対策講座（外部講師）、自己ＰＲ文指導、小論文指導を実施。
・看護系進学希望者に対して夏季休業中の看護医療系ガイダンスや1日看護体験を実施。
・保護者を対象とした進路セミナーも行っている。
・広く、設備が整った（個別机、円テーブル、エアコン、カーペット）自習室を開設。

★卒業生の進路状況
　<卒業生380名>
　大学171名、短大31名、専門学校144名、就職11名、その他23名

★卒業生の主な進学先
　神奈川大、神奈川工科大、鎌倉女子大、関東学院大、相模女子大、湘南工科大、鶴見大、桐蔭横浜大、東海大、東京都市大、二松學舍大、日本大、武蔵大、横浜商科大

♣指定校推薦枠のある大学・短大など♣
　桜美林大、神奈川大、鎌倉女子大、関東学院大、工学院大、国士舘大、駒沢女子大、産業能率大、鶴見大、桐蔭横浜大、東京工芸大、二松學舍大、横浜薬科大　他

[トピックス]

・昭和52年創立。鶴見川が近くを流れ、豊かな自然に囲まれていながら、ほど遠くない場所に日産スタジアムや横浜アリーナなどの近代的な施設もあり、たいへん恵まれた環境にある。
・「**誠実・清楚・明朗**」を校訓とし、生徒はおおらかで素直な傾向を持つ。また、教育方針には「**学力の充実**」「**徳育の充実**」「**社会性の育成**」の3つをあげる。
・生徒による地域清掃（**クリーン運動**）を実施。
・ICTを活用した授業、学校行事を実施。すべてのHR教室に**大型テレビモニター**を設置。

[学校見学]（令和5年度実施内容）

★学校説明会　10・11月各1回（要予約）
★飛翔祭　9月　招待制

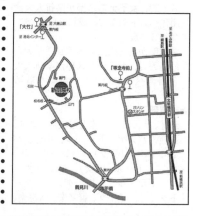

入試！インフォメーション

受検状況	年　度	学科・コース名	募集人員	志願者数	受検者数	合格者数	倍　率
	R6	普　通	399	478	471(1)	399	1.19
	R5	普　通	398	486	481(3)	398	1.20
	R4	普　通	398	476	474	400	1.18

県立 岸根（きしね）高等学校

https://www.pen-kanagawa.ed.jp/kishine-h/

〒222-0034　横浜市港北区岸根町370
☎ 045-401-7872
交通　JR横浜線新横浜駅　徒歩15分
　　　横浜市営地下鉄岸根公園駅　徒歩10分

制　服　あり

[カリキュラム] ◇三学期制◇

・基礎学力をしっかり身につけた上で発展的学習を行うことを教育の主眼に置き、国語、数学、社会、理科、英語の5教科を重視。芸術（1年次）の授業は音楽I、美術I、書道Iから選ぶ選択制。
・3年次には進路に応じ、豊富な**選択科目**（必修選択10単位、自由選択最大8単位）の中から選んで学ぶ。
・大学などの**校外講座**、ボランティア活動、インターンシップ等の**就業体験活動**が単位として認定されている（35時間相当で1単位）。

[部活動]

・約7割が参加。
・最近の主な実績は以下のとおり。
<令和4年度>
　軽音楽部が県高校軽音楽コンクールで準グランプリ、関東甲信越地区グランプリ大会4位、**演劇部**が県大会優秀賞、**サッカー部**が関東大会県予選2次予選進出、**女子バドミントン部**が関東大会県予選団体ベスト16、**男子バドミントン部**が県総体団体ベスト32、**女子テニス部**が県新人大会団体ベスト32などの成績を収めた。
<令和3年度>
　演劇部が南関東大会優秀賞、県大会最優秀賞、**女子テニス部**が県新人大会団体ベスト32などの成績を収めた。
★設置部
　野球、サッカー、陸上競技、テニス、剣道、バスケットボール、卓球、バドミントン（男女）、バレーボール、ハンドボール（男女）、アメリカンフットボール、体操、ダンス、アートクリエイティブ、軽音楽、吹奏楽、演劇、囲碁将棋、茶道、競技かるた、メディア研究

[行　事]

　運動会や**岸高祭**（文化祭）はメインの行事ということで、毎年たいへん盛り上がる。

4月	社会見学
6月	体育祭
7月	球技大会
9月	岸高祭（文化祭）
11月	修学旅行（2年）

[進　路]（令和5年3月）

・進路オリエンテーションや先輩セミナー、保育園実習やインターンシップに加えて、1年生で進路講演会や職業人インタビュー、2年生で分野別進路説明会や系統別進路説明会、学校別進路説明会、3年生で模擬面接や推薦入試説明会、共通テスト説明会などを行っている。
・模擬試験やインターンシップを活用した自己理解・進路選択指導を実施。実力テストを行って、各学年とも面談や進路選択に活用している。また、7・8月にはインターンシップに参加することができる。

★卒業生の進路状況
　<卒業生309名>
　大学217名、短大9名、専門学校71名、就職1名、その他11名
★卒業生の主な合格実績
　青山学院大、神奈川大、神奈川工科大、鎌倉女子大、関東学院大、國學院大、駒澤大、相模女子大、湘南医療大、湘南工科大、成蹊大、成城大、専修大、多摩大、玉川大、多摩美術大、鶴見大、中央大、桐蔭横浜大、東海大、東洋大、日本大、法政大、明治大、明治学院大、横浜創英大、横浜薬科大、立教大

[トピックス]

・縄文、弥生の昔から栄えた由緒ある緑の地に昭和58年に開校。スクールカラーも**緑**である。
・緑豊かな落ち着いた環境の中、**明るくのびやかな校風**である。
・テニスコートが5面あり、公式戦の試合会場としてもしばしば利用される。
・近隣の保育園・幼稚園・小学校・中学校をはじめ、**地域との交流**が盛んで、隣接する篠原西小学校との生徒交流や篠原中学校での「**音楽交流会**」などを行っている。文化祭では、地域の人々が企画・運営する「すこやか祭り」も同時に行われる。

[学校見学]（令和5年度実施内容）

★学校説明会　10・12月各1回
★夏休み学校見学会　7月24日〜28日の平日10時から
★岸高祭　9月　見学可
★学校見学は随時可（要連絡）

入試！インフォメーション

受検状況	年　度	学科・コース名	募集人員	志願者数	受検者数	合格者数	倍　率
	R6	普　通	319	428	420(2)	319	1.31
	R5	普　通	318	473	466(2)	318	1.46
	R4	普　通	318	450	444	319	1.38

横浜市立東高等学校

<ruby>東<rt>ひがし</rt></ruby>

https://www.edu.city.yokohama.jp/sch/hs/higashi/

〒230-0076　横浜市鶴見区馬場3-5-1
☎ 045-571-0851
交通　ＪＲ京浜東北線鶴見駅、京浜急行線生麦駅、
　　　ＪＲ横浜線・東急線菊名駅　バス

普通科

単位制

制　服　あり

[カリキュラム] ◇三学期制◇

- ・1年次は、全員が芸術を除いて共通の科目を学習。
- ・2年次は、世界史探究、日本史探究、数学Bから1科目選択する必修選択のほか、2科目4単位分の自由選択科目群を用意。普通履修科目の増加により、基礎的・基本的学習の充実を図る。
- ・3年次は、「論理国語」「体育」「英語コミュニケーションⅢ」「論理・表現Ⅲ」以外、すべて選択科目群の中から選んで学習し、進路希望の実現をめざす。
- ・学校が指定する学習科目と自由選択科目のよりよいバランスが、本校の考える単位制である。
- ・総合的な探究の時間を「イーストタイム」とし、世界規模の課題の現状と解決に向けた取り組みを学ぶ。

[部活動]

- ・約8割の生徒が参加。
- ・県大会等で多数の部活が活躍。
- ・最近の主な実績は以下のとおり。

<令和4年度>
ラクロス部と**チアリーディング部**が全国大会で優勝した。**ダンス部**が全国大会に、**弓道部**が関東大会に出場した。

体育祭

<令和3年度>
ラクロス部が関東大会で準優勝した。県高校総合文化祭で**書道部**が特選を、**美術部**が奨励賞を受賞した。**サスティナブル研究部**は化粧品メーカーのSDGs講座を通して洗顔パウダーのパッケージデザインに取り組んだ。

★設置部
陸上競技、サッカー、バレーボール、バスケットボール、硬式野球、弓道、ウォーキング、ラクロス、テニス、ハンドボール、バドミントン、水泳、ダンス、チアダンス、フットサル、パワーリフティング、吹奏楽、軽音楽、放送、料理、写真、サスティナブル研究、美術、漫画研究、書道、英会話、茶道

[行　事]

6月	体育祭
7月	スポーツレクリエーション大会
9月	東高祭（文化祭）
10月	修学旅行（2年）
12月	生徒会冬企画
3月	スポーツレクリエーション大会、芸術鑑賞

[進　路] (令和5年3月)

- ・多様な進路に対応するため、総合的な学習の時間を使って、**進路講演会**、**進路ガイダンス**などを行っている。
- ・長期休業中には補習も実施。
- ・進路指導室・閲覧室を設置している。

★卒業生の進路状況
<卒業生273名>
大学239名、短大1名、専門学校14名、就職0名、その他19名

★卒業生の主な進学先
お茶の水女子大、群馬大、帯広畜産大、新潟大、広島大、鹿児島大、神奈川県立保健福祉大、東京都立大、横浜市立大、早稲田大、慶應義塾大、青山学院大、学習院大、上智大、中央大、東京理科大、法政大、明治大、立教大

♣指定校推薦枠のある大学・短大など♣
横浜市立大、青山学院大、東京理科大、明治大、明治学院大、神奈川大、専修大、東海大、日本大　他

[トピックス]

- ・学校教育理念は「あたりまえのことをあたりまえに出来る人間」「物事を正しく判断し、他人に迷惑をかけない人間」の育成。
- ・教育活動の中で、社会貢献活動と国際理解教育に重点を置く。**横浜市ESD推進校**に指定されている。平成30年7月に**ユネスコスクール**に認定された。
- ・グループごとに英語で留学生と議論し発表するプログラム、「**グローカル・シチズンシップ・キャンプ**」を1年次に実施。

[学校見学] (令和5年度実施内容)
★学校施設見学会　8月2回、9月1回
★学校説明会（公開授業）　11月1回

入試！インフォメーション

受検状況	年　度	学科・コース名	募集人員	志願者数	受検者数	合格者数	倍　率
	R6	普　通	268	328	322(5)	268	1.18
	R5	普　通	268	409	405(6)	268	1.49
	R4	普　通	268	394	386	269	1.43

横浜市立 横浜サイエンスフロンティア高等学校

よこ　はま

https://www.edu.city.yokohama.lg.jp/school/hs/sfh/

〒230-0046　横浜市鶴見区小野町6
☎ 045-511-3654
交通　JR鶴見線鶴見小野駅　徒歩3分
　　　京浜急行線花月総持寺駅　徒歩17分

理数科

| 単 位 制 |
| 制 服 | あり |

[カリキュラム]◇三学期制◇

・教科の特性により**100分授業と50分授業**を組み合わせる（1日7時間授業に相当）。
・特に理数科目と国語・英語に重点を置き、国公立大学や難関私立大学への進学、さらには大学・大学院での研究へと発展する高い学力を持った人材を育成。
・3年次には各自の目標に沿った幅広い選択科目が用意され、理系のみならず、文系進学にも対応。
・サイエンスリテラシーでは、1年次全員がグループ研究や**生命科学分野、物性科学分野、ナノテク材料科学・化学分野、情報通信・数理分野、地学分野、グローバルスタディーズ分野**の先端科学6分野の実験・実習を体験。
・2年次では各自が研究テーマを設定し、研究成果を発表。

[部活動]

・学校設定科目の「**サイエンスリテラシー**」の研究成果で「**令和5年度スーパーサイエンスハイスクール生徒研究発表会**」にて文部科学大臣表彰を受賞する（2年連続）など、各分野で研究発表が高く評価されている。
・令和5年度は**ロボット探究部**が世界大会2位入賞を果たした。

★設置部

硬式野球、サッカー、陸上競技、バレーボール、バドミントン、テニス、ソフトテニス、水泳、剣道、卓球、ボクシング、バスケットボール、ダンス、天文、茶道、英語、音楽、軽音楽、数学・物理、文芸、理科調査研究、棋道、自然科学、情報工学、航空宇宙工学、写真研究、美術、ロボット探究、演劇、クイズ研究、競技かるた

[行　事]

体育祭、蒼煌祭（文化祭）、バンクーバー姉妹都市交流プログラム、マレーシア研修、サイエンスイマージョンプログラムなどを実施。

[進　路]（令和5年3月）

・通年の**朝学習**や**土曜講習**の他、**夏期講習**を実施。
・**横浜市立大学チャレンジプログラム**として、理学部に7名程度の**特別入学枠**が設置されている。

★卒業生の進路状況
　＜卒業生225名＞
　大学175名、短大0名、専門学校1名、就職1名、その他48名

★卒業生の主な進学先
東京大、北海道大、東北大、九州大、群馬大（医）、千葉大、筑波大、電気通信大、東京海洋大、東京学芸大、東京藝術大、東京工業大、東京農工大、一橋大、横浜国立大、弘前大（医）、新潟大（医）、神奈川県立保健福祉大、東京都立大、横浜市立大（医）、福島県立医科大（医）、名古屋市立大（医）、防衛大学校、防衛医科大学校、早稲田大、慶應義塾大

♣指定校推薦枠のある大学・短大など♣

横浜市立大、早稲田大、慶應義塾大、東京理科大　他

[トピックス]

・「**先端科学技術の知識を活用して、世界で幅広く活躍する人間**」の育成をめざす。研究機関や大学、企業の研究者などの方々を**スーパーアドバイザー**や**科学技術顧問**に迎え、教科「サイエンスリテラシー」「サタデーサイエンス」などで講義や実験・研究指導を直接受けることができ、学習環境に恵まれている。
・文部科学省から**スーパーサイエンスハイスクール（SSH）**に指定され、「サイエンス」を幅広く学習・研究することが可能で、シンガポール、英国、米国、豪州での海外研修や小笠原や沖縄への国内研修の場も広がり、**グローバル・リーダー**を育成する高校として注目されている。
・令和4年度より「**SSH科学技術人材育成重点枠**」に指定され、海外の大学との連携を強めていく計画と実践を行っている。

[学校見学]（令和5年度実施内容）

★学校見学　7・10月各1回
★オープンスクール　6・11月各1回
★蒼煌祭　9月　見学可（要申込・1日最大4000名）

■■■■ 入試！インフォメーション ■■■■

受検状況	年　度	学科・コース名	募集人員	志願者数	受検者数	合格者数	倍　率
	R6	理　数	158	264	254(5)	158	1.59
	R5	理　数	158	253	251(10)	158	1.53
	R4	理　数	158	247	240	158	1.49

神奈川県
公 立
高校

学校ガイド

＜全日制　旧横浜北部学区＞

学校を紹介したページの探し方については、2ページ
「この本の使い方＜知りたい学校の探し方＞」を参照して
ください。

県立 霧が丘 高等学校（きりがおか）

https://www.pen-kanagawa.ed.jp/kirigaoka-h/

〒226-0016　横浜市緑区霧が丘6-16-1
☎ 045-921-6911
交通　JR横浜線十日市場駅、東急線青葉台駅、
　　　JR横浜線・東急線長津田駅、相模鉄道三ツ境駅・鶴ヶ峰駅　バス

普通科

制　服　あり

[カリキュラム] ◇三学期制◇

・1年次は芸術を除いて全員が共通の科目を学ぶ。論理・表現Ⅰは、**発信型の英語力習得**に向けて学習を行う。
・2年次からは、必修選択Ⅰ（芸術・古典探究）、必修選択Ⅱ（化学・物理・日本史探究・世界史探究・自己と社会Ⅱ）の科目選択を行い、進路に向けた学習を開始。数学Ⅱでは**少人数クラス編成**により基礎力の育成の徹底を図る。
・3年次は必修科目を論理国語、体育など数科目に抑え、古典探究、日本史探究といった受験科目から、幼児教育音楽、フードデザインなどといった約30もの**選択科目（少人数制）**を設けて、生徒の多彩な進路に対応している。
・放課後や土曜日に講習を、また、夏休みには講習や入試対策講座を行うなど学力向上に取り組んでいる。
・**「能動的生徒参加型の授業」**を各教科で取り入れ、「思考の活性化」と「コミュニケーション力の育成」をめざしている。例えば英語ではペアワークやグループワーク、英語検定対策などを行っている。

[部活動]

・約7割が参加。
・最近の主な実績は以下のとおり。
＜令和5年度＞
　吹奏楽部が県吹奏楽コンクールで金賞を受賞し、東関東大会に出場した。
　男子バスケットボール部が横浜地区大会でブロック優勝を遂げた。
＜令和4年度＞
　ソフトテニス部が女子団体で関東県予選ベスト16、県新人戦ベスト16に

進出した。

★設置部（※は同好会など）

バスケットボール、バドミントン、サッカー、テニス、バレーボール（女）、ハンドボール、剣道、硬式野球、陸上競技、山岳、ソフトテニス、卓球、ダンス、茶華道、合唱、軽音楽、吹奏楽、API、文芸、家庭科研究、美術、写真、総合映像研究、※ボランティア

[行　事]

5月	遠足
6月	体育祭
7月	クラスマッチ（球技大会）
9月	霧高祭（文化祭）
10月	修学旅行（2年）
3月	クラスマッチ（球技大会）

[進　路]（令和5年3月）

総合的な探究の時間を利用して、上級学校訪問・福祉講座を実施。

★卒業生の進路状況
＜卒業生364名＞
大学221名、短大16名、専門学校99名、就職6名、その他22名

★卒業生の主な合格実績
青山学院大、神奈川大、神奈川工科大、鎌倉女子大、関東学院大、工学院大、駒澤大、相模女子大、芝浦工業大、湘南医療大、湘南工科大、専修大、中央大、鶴見大、田園調布学園大、桐蔭横浜大、東海大、東京電機大、東京都市大、東洋大、獨協大、日本大、日本体育大、横浜商科大、横浜創英大

[トピックス]

・日々、「チャレンジする生徒の育成」を目指し、生徒一人ひとりを大切にした丁寧な指導をしている。
・夏休み中に数多くの補習・講習の講座を設け、生徒たちの学力向上をはかっている。また、3年生を対象に**土曜講習**や**入試対策講座**を行い、進路希望実現をめざしている。
・「大学入学共通テスト」に向け、**英検やGTECなど**を視野に入れた英語授業を行っている。
・2020年度入学生より、新制服となった。

[学校見学]（令和5年度実施内容）

★学校説明会　7・8・10・11月各1回
★部活動見学　10月
★霧高祭　9月

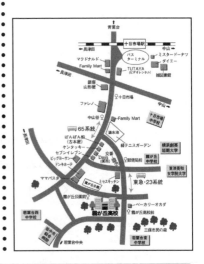

入試！インフォメーション

受検状況	年度	学科・コース名	募集人員	志願者数	受検者数	合格者数	倍率
	R6	普通	319	398	392(1)	319	1.23
	R5	普通	318	424	421(2)	318	1.32
	R4	普通	318	337	332	318	1.04

県立 白山 高等学校
（はくさん）

普通科
美術科

https://www.pen-kanagawa.ed.jp/hakusan-h/

〒226-0006　横浜市緑区白山4-71-1
☎ 045-933-2231
交通　ＪＲ横浜線鴨居駅・中山駅、相模鉄道西谷駅・鶴ヶ峰駅　バス

| 制　服 | あり |

[カリキュラム]　◇三学期制◇

・基礎学力の育成をめざしたカリキュラムであり、1年次の英語・数学では小集団・習熟度別授業を行う。
・普通科、美術科ともに「英語コミュニケーションⅠ～Ⅲ」を学習し、コミュニケーションを重視した外国語の授業を行う。
・発表・発信を授業に取り入れプレゼンテーション能力の向上をめざす。
・在学中に取得した資格を卒業単位の一部として認めている。
・英語検定、書写検定、漢字検定、ビジネス文書実務検定などの指導を実施。

★普通科

・1年次は英語・数学で10単位の習熟度別小集団学習を行う。2年次に数学を選択必修化し、国語に基礎力定着をめざす科目を新設。3年次は類型選択により個に応じた学びに応える。
・夏休みの補習・講習や英検・漢検の受検指導などにより、高校生基礎力の定着を支援する。

★美術科

・普通科美術コースの伝統を受け継ぎ、3年次に平面表現、立体造形、デザイン、伝統工芸の4専攻を設けるなど、一人ひとりの個性を伸ばす。
・専門学科美術科の教育課程を編成して創造的な表現力を高め、進路実現を図る。
・土曜日を利用した集中講座を年間5～6回実施。

[部活動]

・野球部は令和2年度の秋季大会で県ベスト8となり、センバツ大会の21世紀推薦枠に選ばれたことがある。
・書道部は全国高校総合文化祭の文化連盟賞を6年連続で受賞した実績がある。
・令和4年度は、美術部が全国高校文化祭に出品した。

★設置部（※は同好会など）

バスケットボール、バドミントン、バレーボール、テニス、アメリカンフットボール、サッカー、水泳、野球、剣道、※卓球、ダンス、演劇、軽音楽、吹奏楽、美術、文芸、茶道、パソコン、イラストレーション、放送、書道、ハンドメイド、※料理、※陸上競技、※ボードゲーム

[行　事]

・社会見学、体育祭、球技大会、修学旅行、楓祭（文化祭）などを実施。
・美術科では古美術研修（1年、奈良・京都）、「17歳の表現」展（2年）、白山美術展（3年）なども実施。

[進　路]

・大学進学から就職まで様々な進路希望に対応するべく、総合的な探究の時間を用いて、計画的なキャリア教育を行っている。また、補習・講習が充実している。
・近年は大学や専門学校などへの進学希望者が増加傾向にある。

★卒業生の進路状況（令和5年3月）

＜卒業生295名＞
大学88名、短大19名、専門学校123名、就職26名、その他39名

★卒業生の主な進学先

桜美林大、神奈川大、神奈川工科大、関東学院大、相模女子大、女子美術大、多摩美術大、鶴見大、東海大、東京造形大、東洋学園、横浜美術大、和光大

♣指定校推薦枠のある大学・短大など♣

桜美林大、神奈川大、工学院大、女子美術大、玉川大　他

[トピックス]

・丘の上のアートの風薫る学校。スクールミッションは「社会を生き抜く知恵と心を持った人づくり」。
・制服はヒロミチ・ナカノのデザイン。女子はスラックスもある。
・専門教室として、PC教室、CG室、陶芸室、絵画室、工芸室などが整備されている。
・県内随一の大きさを誇る穴窯を使用した穴窯焼成を2泊3日で年2回実施。本格的な陶芸指導である。
・「ふれあい活動」を推進。生徒、保護者、教育、地域が協力し合い、清掃活動などを行う。
・令和6年度よりインクルーシブ教育実践推進校となる。

[学校見学]（令和5年度実施内容）

★学校説明会　7・9・11月各1回
★授業体験・部活動体験　8月1回

入試！インフォメーション

受検状況	年　度	学科・コース名	募集人員	志願者数	受検者数	合格者数	倍　率
	R6	普　通	239	277	269	239	1.13
		美　術	39	47	45(1)	39	1.13
	R5	普　通	318	284	284(1)	283	1.00
		美　術	39	58	55(1)	39	1.38

県立 市ケ尾 高等学校（いちがお）

普通科

https://www.pen-kanagawa.ed.jp/ichigao-h/

〒225-0024　横浜市青葉区市ヶ尾町1854
☎ 045-971-2041
交通　東急線市が尾駅　バスまたは徒歩15分
　　　小田急線柿生駅　バス

制　服　あり

[カリキュラム] ◇三学期制◇

・1、2年次は、文系科目、理系科目、芸術科目をバランスよく学習する。1年次の論理・表現Iは少人数制授業で実施。2年次には、必修選択科目を含む8単位がA〜Cコースにわかれる。進路希望、興味関心にあわせてコースを選択する。

・3年次は、必修選択科目6単位がA〜Dコースにわかれる。さらに最大10単位の**自由選択科目**が用意され、より専門性の高い学習で進路の実現を目指す。

・6時間授業と7時間授業を併用し、授業時間を確保している。

[部活動]

・約8割が参加。委員会活動も盛ん。
＜令和5年度＞
　ダンス部が日本高校ダンス部選手権全国大会出場（7年連続）、**陸上競技部**が関東大会出場、**女子フットサル部**が県選手権大会優勝を遂げた。**野球部**が春季大会で、**ハンドボール部**と**バドミントン部**が関東予選で、**バスケットボール部**が県総体でそれぞれ県ベスト16に進出した。**書道部**が全国高校総合文化祭特別賞、**軽音楽部**が県軽音楽コンテスト4位の成績を収めた。
＜令和4年度＞
　ダンス部がMUSIC DAYS 2022 FINAL準グランプリ、日本高校ダンス部選手権全国大会出場、**陸上競技部**が関東大会・関東新人大会出場、**女子フットサル部**が県U-17カップ優勝・準優勝などを遂げた。**書道部**が全国高校総合文化祭に出品した。
★設置部（※は同好会など）
ソフトボール、サッカー、バレーボール、水泳、バトン、硬式野球、バスケットボール、バドミントン、ダンス、ハンドボール、陸上競技、硬式テニス、ソフトテニス、卓球、剣道、フットサル、ジャグリング、山岳、吹奏楽、美術、漫画研究、囲碁将棋、茶道、演劇、合唱、生物、書道、軽音楽、ＥＳＳ、写真、文芸、華道、家庭科、※競技かるた

[行　事]

・**新入生歓迎会**（4月）や**球技大会**（7、12、3月）、**白鷺祭**（9月）などの行事は、生徒が自主的に運営。

4月	遠足
5月	芸術鑑賞会
6月	体育祭
7月	球技大会（12月・3月にも実施）
9月	文化祭、修学旅行（2年、四国・関西方面）

[進　路]（令和5年3月）

・総合的な探究の時間を利用してキャリア教育を推進している。

・平日や夏期・冬期休業中に補習を実施している。

・条件を満たした場合、就業体験やボランティア活動を単位認定する。

★卒業生の進路状況
　＜卒業生386名＞
　大学337名、短大1名、専門学校9名、就職1名、その他38名

★卒業生の主な合格実績
宇都宮大、筑波大、横浜国立大、豊橋技術科学大、神奈川県立保健福祉大、川崎市立看護大、東京都立大、横浜市立大、早稲田大、慶應義塾大、青山学院大、学習院大、國學院大、駒澤大、上智大、成蹊大、成城大、専修大、中央大、津田塾大、東京理科大、東洋大、日本大、法政大、明治大、明治学院大、立教大

[トピックス]

・昭和49年に開校。すべてにおいて「**活気あふれる学校**」である。文武両道の精神の下、学習や部活動に精一杯取り組んでいる。

・**校章**は、学校周辺の市ヶ尾古墳群や稲荷前古墳などの史跡にちなみ、古代の八陵鏡をデザインした。古来、鏡は人の心を映し、正すものとされている。

・美術部、書道部、ダンス部、サッカー部、ジャグリング部が地域の施設訪問や地域行事に参加している。

・HR教室はすべてエアコンが完備。

[学校見学]（令和5年度実施内容）

★学校説明会　8・12月各1回
★オープンスクール　10月1回
★文化祭　9月
★平日の学校見学は隔週水・金曜日実施（要Web予約）

入試！インフォメーション

受検状況	年　度	学科・コース名	募集人員	志願者数	受検者数	合格者数	倍　率
	R6	普　通	399	486	470(8)	399	1.16
	R5	普　通	398	513	497(8)	398	1.23
	R4	普　通	398	592	583	399	1.45

県立 田奈(たな) 高等学校

https://www.pen-kanagawa.ed.jp/tana-h/

〒227-0034　横浜市青葉区桂台2-39-2
☎ 045-962-3135
交通　東急線青葉台駅　バス

普通科

クリエイティブスクール

制　服　あり

[カリキュラム] ◇二学期制◇

- 支援を必要とする全ての生徒に対する支援教育に力を入れている。
- 全学年で30人学級の**少人数展開**をしている。1・2年の数学と英語ではそれをさらに2分割した15名以下で、きめ細かい授業を行い、基礎力の充実を図る。
- 3年では、授業の3割程度が必修選択科目および自由選択科目となり、その中から進路に応じた選択が可能になっている。
- 放課後には大学生等のボランティアによる**田奈ゼミ**を実施。基礎学力の充実を図っている。

[部活動]

★設置部（※は同好会）
野球、硬式テニス、剣道、バレーボール、サッカー、卓球、陸上競技、バスケットボール、バドミントン、ダンス、軽音楽、美術、茶道、吹奏楽、アニメーション、文芸写真、被服、書道、パソコン

[行　事]

5月　遠足
6月　体育祭、芸術鑑賞会
9月　球技大会
10月　修学旅行（2年）、紅葉祭（文化祭）
12月　マラソン大会
3月　球技大会

[進　路]（令和5年3月）

- 個別の進路相談や、学年別の進路ガイダンス、小論文指導、職業見学体験などを実施。面接指導などを含め、**キャリア教育**も積極的に推進している。

- 卒業後も進路支援を継続する仕組みとして、**田奈Pass**を設置し、外部機関（よこはま若者サポートステーション）と連携をとりながら、きめ細かな進路支援を行っている。

★卒業生の進路状況
＜卒業生75名＞
大学15名、短大1名、専門学校25名、就職19名、その他15名

★卒業生の主な進学先
桜美林大、神奈川大、駒澤大、湘南工科大、田園調布学園大、桐蔭横浜大、東京工芸大、横浜商科大

♣指定校推薦枠のある大学・短大など♣
神奈川大、神奈川工科大、相模女子大、湘南工科大、桜美林大、国士舘大、駒澤大、駒沢女子大、産業能率大、多摩大、玉川大、明星大、和光大　他

[トピックス]

- **クリエイティブスクール**のコンセプトは「中学校で十分に力を出せなかった生徒を積極的に受け入れ、基本的な学力や社会に出たときに必要な能力（社会的実践力）を身に付けさせることをめざす」学校。このコンセプトを実現する取り組みとして、1年は「マナー講習」や「職場見学体験」を、2年では**インターンシップ**などを行い、体験学習を中心としたキャリア教育を行っている。
- 校内の図書館ではNPO法人の協力のもと、何気ない会話や悩みの相談窓口として「ぴっかりカフェ」に取り組んでいる。
- 「青春相談室どろっぴん（Drop-In）」では進路関係、友人関係、家族関係など様々な相談に乗ってくれる。

- 公益社団法人横浜市福祉業経営会と連携し、**介護職員初任者研修**を行っている。必要な知識や技術を学んだのち合格者には修了証書が授与される。
- 令和8年度、県立麻生総合高校と統合して**総合学科クリエイティブスクールに改編**する予定。校地は田奈高校の敷地を活用する。令和6年度入学生は普通科の教育課程で学び、新校の1期生として卒業する。

[学校見学]（令和5年度実施内容）

★学校説明会　9・12・1月各1回
★紅葉祭　10月　限定公開
★学校見学は随時可（要連絡）

入試！インフォメーション

受検状況	年　度	学科・コース名	募集人員	志願者数	受検者数	合格者数	倍　率
	R6	普　通	159	73	71	72	1.00
	R5	普　通	158	55	55	55	1.00
	R4	普　通	158	76	75	74	1.00

県立 元石川 高等学校

もといしかわ

https://www.pen-kanagawa.ed.jp/motoishikawa-h/

普通科

〒225-0004　横浜市青葉区元石川町4116
☎ 045-902-2692
交通　東急線たまプラーザ駅　バスまたは徒歩20分
　　　横浜市営地下鉄あざみ野駅　バスまたは徒歩25分
　　　小田急線新百合ヶ丘駅　バス

制服　あり

[カリキュラム] ◇三学期制◇

・令和3年度よりカリキュラムを変更。授業は1コマ55分となった。
・1、2年次では各教科をバランスよく配置し、基礎学力の充実を目指す。様々な進路希望に対応できるように1年次は共通科目を多く配置。
・2年次には各人の個性を伸ばすために、4単位分の必修選択科目を取り入れる。
・3年次ではさらに6単位分の必修選択や10単位分の自由選択科目を数多く設け、大幅な選択制となる。四年制大学、短大、専門学校から就職まで進路に応じた対応をしている。選択授業は一部少人数制で学習する。

[部活動]

・約8割が参加。
・最近の主な実績は以下の通り。
<令和5年度>
　陸上競技部が男子やり投げで全国大会に出場した。放送部が全国大会に出場した。
<令和4年度>
　陸上競技部が男子やり投げで関東大会出場、吹奏楽部が東関東大会で銀賞を受賞した。
<令和3年度>
　陸上競技部が男子円盤投で全国大会に、女子400mHで関東大会に出場した。

★設置部（※は同好会など）
硬式野球、サッカー、バドミントン、バスケットボール、バレーボール、陸上競技、硬式テニス、ソフトテニス、卓球、ダンス、剣道、美術、書道、吹奏楽、茶道、家庭、イラスト、軽音楽、華道、放送、写真、競技かるた、More、※文芸、※合唱、※語学

[行　事]

5月　社会見学
6月　体育祭
7月　芸術鑑賞会
9月　瑞穂祭（文化祭）
10月　修学旅行（2年）
12月　球技大会
3月　球技大会

[進　路]（令和5年3月）

・1年次より進路指導説明会や実力テスト（年3回）、保護者面談などを実施。進路指導には力を入れており、きめ細かな指導を行っている。
・土曜講習（5・6・10・11月）や夏期・冬期講習などを実施しており、学習面でのサポート体制が充実している。

★卒業生の進路状況
<卒業生346名>
大学282名、短大4名、専門学校29名、就職0名、その他31名

★卒業生の主な進学先
愛媛大、神奈川県立保健福祉大、川崎市立看護大、早稲田大、青山学院大、工学院大、國學院大、駒澤大、芝浦工業大、昭和女子大、成蹊大、成城大、専修大、中央大、東京女子医科大、東京電機大、東京都市大、東京理科大、東洋大、獨協大、日本大、法政大、武蔵大、明治大、明治学院大、立教大

[トピックス]

・元石川オープンスクール（MOS）は、全国に先駆けて開校当初から続いている事業で、原則毎年10月に行われる。令和5年度は1週間授業見学、学校見学、部活動見学を実施。
・主な施設・設備として、冷暖房完備のセミナーコーナー（和室・多目的教室）や、岩石園（庭園）などがある。
・2年次に教科「アントレプレナーシップ」を導入（必修選択）。課題解決型の講座を通して起業家精神を学ぶ。課題発見・解決能力、コミュニケーション、プレゼンテーション能力、自ら考える力を育成している。
・外部企業と連携した土曜add-on講座では、英語資格取得コースを設置（全14回）。
・平成29年度入学生より制服をリニューアル。
・地域貢献活動を行うMore部が地域活性化や商品開発、社会問題への取り組みを行っている。
・令和4〜6年度、県教育委員会から授業力向上推進重点校に指定され、生徒の主体的・対話的で深い学びの実現に取り組んでいる。

[学校見学]（令和5年度実施内容）

★学校説明会　8月1回、11月2回
★校舎施設見学会　6・7・11月
★元石川オープンスクール　10月
★瑞穂祭　9月　見学可

入試！インフォメーション

受検状況	年　度	学科・コース名	募集人員	志願者数	受検者数	合格者数	倍　率
	R6	普　通	359	508	497(3)	359	1.38
	R5	普　通	358	481	470(4)	358	1.30
	R4	普　通	358	483	472	358	1.30

県立 川和（かわわ）高等学校

https://www.pen-kanagawa.ed.jp/kawawa-h/

〒224-0057　横浜市都筑区川和町 2226-1
☎ 045-941-2436
交通　東急線市が尾駅、横浜市営地下鉄センター南駅、JR横浜線中山駅　バス
　　　横浜市営地下鉄都筑ふれあいの丘駅　徒歩15分

普通科

制　服	あり

[カリキュラム]◇二学期制◇

・1時限を50分とし、月・火曜日は7時間目まで授業がある。
・1年次では、基礎学力の充実に重点を置きながら、進路指導を通して自己理解を深め、職業観を育む。
・2年次の英語は**小集団学習**によるきめ細かい指導を実施している。また将来の進路に対応し文系と理系に分かれる。
・3年次では、文系と理系の区別のみならず、興味、関心、進路に応じて選択科目を展開することにより学習を深めていく。

[部活動]

・約9割が参加。**部活動が全体に盛ん**で、多数の部活動が関東大会や全国大会に出場し活躍している。
・最近の主な実績は以下のとおり。
<令和5年度>
　陸上競技部、ダンス部、室内楽部、書道部が全国大会に出場・出展した。**女子ハンドボール部**が関東大会で3位、**弓道部、陸上競技部**が関東大会に出場した。バドミントン部が県総体女子ダブルスでベスト8などの成績を収めた。
<令和4年度>
　弓道部女子が関東大会で団体3位・

個人8位、**女子ハンドボール部**が関東大会・関東選抜大会・全国選抜大会出場、**陸上競技部**が関東大会・関東選手権・関東新人大会出場、**山岳部**が関東大会出場、**水泳部**が関東大会出場、**将棋部**が関東大会5位・全国大会出場を果たした。

★設置部（※は同好会など）

硬式野球、陸上競技、サッカー、ソフトテニス、ハンドボール、ラグビー、水泳、剣道、弓道、バレーボール、バスケットボール、バドミントン、卓球、山岳、バトントワリング、ダンス、テニス、文芸、美術、茶道、合唱、吹奏楽、書道、軽音楽、室内楽、アニメ漫画研究、パティシエ、服飾イベント、ESS、アコースティックギター、クイズ研究、※競技かるた

[行　事]

4月	新入生歓迎会
5月	校外学習
6月	体育祭
9月	川和祭（文化祭）、球技大会
10月	修学旅行（2年）
11月	ロードレース大会
3月	剣道大会、ダンス発表会、球技大会、芸術発表会

[進　路]（令和5年3月）

　長期休業中に**補習講座**を開講する。また、3年次には**大学ガイダンス**（説明会）を校内で実施。

★卒業生の進路状況

<卒業生312名>
大学268名、短大1名、専門学校1名、就職0名、その他42名

★卒業生の主な合格実績（過去3年間）

東京大、京都大、北海道大、東北大、名古屋大、大阪大、九州大、茨城大、宇都宮大、お茶の水女子大、埼玉大、千葉大、筑波大、電気通信大、東京医科歯科大、東京外国語大、東京海洋大、東京学芸大、東京藝術大、東京工業大、東京農工大、一橋大、横浜国立大、神奈川県立保健福祉大、東京都立大、横浜市立大、早稲田大、慶應義塾大、上智大、東京理科大

[トピックス]

・部活動と学習支援・進路指導により、**高い次元の文武両道**をめざしている。
・令和3年度、県立高校改革実施計画における**学力向上進学重点校**として指定、また、平成31年度〜令和3年度、グローバル教育研究推進校に指定された。
・令和5年度から**新制服**となった。

[学校見学]（令和5年度実施内容）

★学校説明会　7・11月各1回
★学校見学　夏季休業中・10月〜12月（予約制）
★川和祭　9月　見学可

入試！インフォメーション

受検状況	年　度	学科・コース名	募集人員	志願者数	受検者数	合格者数	倍　率
	R6	普　通	319	399	390(11)	319	1.20
	R5	普　通	358	431	426(9)	358	1.16
	R4	普　通	318	431	415	318	1.27

県立 荏田（えだ）高等学校

普通科

https://www.pen-kanagawa.ed.jp/eda-h/

〒224-0007　横浜市都筑区荏田南 3-9-1
☎ 045-941-3111
交通　東急線江田駅　徒歩 15 分またはバス
　　　横浜市営地下鉄仲町台駅・センター南駅　バス

制　服　あり

[カリキュラム] ◇三学期制◇
・教育課程は**3 年間を見通した学習計画を支援する**内容となっており、日々の学習に気力と体力を集中する。
・1 年次は、**基礎・基本の習得**とその活用能力を養う。
・2 年次は、進路や自分の適性を意識しつつ、**必履修科目**などを通して「学びの力」を培う。
・3 年次は、**多彩な選択科目**が用意され、将来の「生きる力」を見据えた確かな学力を身につける。
・平成29年度より体育コースの募集を停止。同コースで実施していた**スポーツに関わる科目**については、一部を学校設定科目として設置している。

[部活動]
・約 7 割が参加。
・最近の主な実績は以下のとおり。
＜令和 5 年度＞
陸上競技部が男子走幅跳と男子1500mで全国大会に出場し、**女子ハンドボール部**が関東大会に出場した。**剣道部**が県総体の男子団体で県5 位、**吹奏楽部**が県吹奏楽コンクールB部門銀賞の成績を収めた。
＜令和 4 年度＞
陸上競技部がインターハイや関東駅伝（女子）に出場し、**女子ハンドボー**

ル部、**剣道部**（男子団体・女子団体）、**バトントワリング部**が関東大会に出場した。**吹奏楽部**は東関東吹奏楽コンクールで銀賞を受賞した。
★設置部
剣道、卓球、バレーボール、バスケットボール、バドミントン、硬式テニス、サッカー、陸上競技、野球、体操競技、ハンドボール、ソフトボール、美術、吹奏楽、写真、囲碁・将棋、バトントワリング、料理研究、創作ダンス、書道、イラストレーション、合唱、軽音楽、ジャグリング

[行　事]
体育祭、青群祭（文化祭）、研修旅行（2 年）、マラソン大会、球技大会などを実施。

[進　路]（令和 5 年 3 月）
・1・2 年で**実力テスト**を、2・3 年で**校内模試**実施。
・1 年で**進路講演会**、2 年で**大学等出張講義**を行う。
・1・2 年では課業日に**補習**、3 年では**各種進路説明会**の他、夏休みに**講習**を実施。
★卒業生の進路状況
＜卒業生389名＞
大学277名、短大20名、専門学校64名、就職 7 名、その他21名
★卒業生の主な合格実績
筑波大、横浜国立大、山形大、横浜市立大、青山学院大、学習院大、國學院大、駒澤大、成蹊大、専修大、中央大、東京理科大、東洋大、日本大、法政大、明治大、立教大

[トピックス]
・グランド・デザイン『**文武両道で未来を拓く**』をスローガンとして「知・徳・体」の調和のとれた人間性豊かな生徒の育成をめざす。また、「**部活の荏田**」の歴史と伝統を継承し、未来を拓くたくましい人間力を身につけるための教育を推進している。
・主な施設・設備として全天候型テニスコート、陸上80mタータントラック、トレーニングルームなどがある。
・進路支援プログラムの一つとして、専修大・國學院大・神奈川大との高大連携、企業・施設における**就業体験**（インターンシップ）やセミナーによるマナーや心構えの教育がある。
・1 年の全クラスが交替で取り組む**荏田坂清掃**など、地域貢献およびボランティア活動を行っている。

[学校見学]（令和 5 年度実施内容）
★学校説明会　12月2回
★学校見学　夏季休業中・10月～11月の指定日に可（要予約）
★青群祭　9 月　見学可

入試！インフォメーション

受検状況	年　度	学科・コース名	募集人員	志願者数	受検者数	合格者数	倍　率
	R6	普　通	399	484	469(2)	399	1.18
	R5	普　通	398	531	523(6)	398	1.30
	R4	普　通	398	475	470	398	1.17

県立 新栄 高等学校
しんえい

普通科

https://www.pen-kanagawa.ed.jp/shinei-h/

〒224-0035　横浜市都筑区新栄町 1-1
☎ 045-593-0307
交通　横浜市営地下鉄仲町台駅　徒歩 10 分

制　服　あり

[カリキュラム]◇三学期制◇
・1、2年次は、幅広い教科・科目を学習し、基礎学力を身に付ける。
・3年次には、8単位の必修選択科目と最大8単位分の**自由選択科目**が設定され、個々の進路希望に応じた学習を行う。
・3年次の自由選択科目には、芸術系、保育系大学・専門学校への進学を希望する生徒を対象とした科目も用意されている。
・英語の必修科目の時間を多く取り、これからの社会で必要とされる英語を用いたコミュニケーション能力の育成を目指す。

[部活動]
・運動部では、**陸上競技部**と**弓道部**の活躍がめざましく、関東大会などに出場している。
・**イラスト部、美術部**はマンガ甲子園に出場した実績がある。
・最近の主な実績は以下のとおり。
＜令和4年度＞
陸上競技部が総体に男子3000m障害で出場した。**弓道部**が総体に男子個人・女子個人で出場した。**バドミントン部**が総体の女子団体で県ベスト32となった。
＜令和3年度＞
陸上競技部が南関東大会に女子800mで出場した。**弓道部**が国体県予選会の男子個人で優勝した。
＜令和2年度＞
陸上競技部が関東新人大会に出場、**バスケットボール部**（女子）が県大会に出場、**バドミントン部**が男子ダブルス、女子ダブルス、女子シングルスで県大会に出場などの成績を収めた。

★設置部（※は同好会）
陸上競技、野球、バレーボール、バスケットボール、サッカー、バドミントン、テニス、※剣道、卓球、弓道、水泳、ダンス、ハンドボール、ソフトテニス、吹奏楽、パソコン、ＥＳＳ、写真、茶道、放送、バンド、イラスト、美術、文藝、天文学、演劇、※書道

[行　事]
5月　遠足
6月　体育祭
9月　翌檜祭（文化祭）
10月　修学旅行（2年）
3月　球技大会

[進　路]（令和5年3月）
・生徒一人ひとりが早い時期から進路へ向けての意識を高めることができるよう、1・2年次で、企業の人事担当者などの外部講師を招いたり、各分野へ進んだ卒業生が在校生へアドバイスしたりする機会を設けている。
・3年次では、職員による**進路説明会**が数回行われ、その他希望する生徒に対する**面接練習**など、きめの細かい進路指導をしている。
★卒業生の進路状況
＜卒業生343名＞
大学157名、短大12名、専門学校137名、就職13名、その他24名
★卒業生の主な合格実績
桜美林大、神奈川大、国士館大、駒澤大、相模女子大、産業能率大、専修大、高千穂大、多摩大、玉川大、帝京大、桐蔭横浜大、東海大、東京電機大、日本大、日本体育大、法政大、明治学院大

[トピックス]
・昭和58年開校。
・平成25年度に創立30周年を迎えるにあたり、「**磨こう自分　作ろう新栄**　恵まれた環境のなかで　充実した学校生活を送ろう！」というスローガンのもと、「新栄高等学校の目指す教育」を新たに定めた
・令和5年度より**新制服**となった。

[学校見学]（令和5年度実施内容）
★学校説明会　11・12月各1回
★在県外国人等特別募集向け説明会
　11月1回
★学校見学は夏季・冬季休業中の平日および二学期の水・金曜日のうち指定日（詳細は学校HPに掲載）
★部活動見学日　10月3回

入試！インフォメーション

受検状況	年　度	学科・コース名	募集人員	志願者数	受検者数	合格者数	倍　率
	R6	普　通	352	445	431(3)	352	1.24
	R5	普　通	351	358	356(2)	351	1.01
	R4	普　通	351	424	418	351	1.18

神奈川県
公　立
高校

学校ガイド

＜全日制　旧横浜西部学区＞

学校を紹介したページの探し方については、2ページ
「この本の使い方＜知りたい学校の探し方＞」を参照して
ください。

県立 **希望ケ丘**（きぼうがおか）高等学校

普通科

http://www.pen-kanagawa.ed.jp/kibogaoka-h/

〒241-0824　横浜市旭区南希望が丘79-1
☎ 045-391-0061
交通　相模鉄道希望ヶ丘駅　徒歩8分

制　服　なし

［カリキュラム］◇二学期制◇

・**週32時間**で授業は行われている。
・**国公立大学進学**を目標に、幅広い教科科目を履修する。
・3年次からは、各自の進路に合わせて科目を選べるように**多数の選択科目**を設置している。
・平成26年度生から2年次の英・数の単位数が増加した。

［部活動］

・約8割が参加。
・令和4年度は、**陸上競技部**が関東新人大会で男子棒高跳第4位となった。
・令和3年度は、インターハイに**陸上競技部**が、関東大会に**剣道部**が出場した。

★設置部

硬式野球、サッカー、弓道、ハンドボール、バレーボール、バスケットボール、ソフトボール、バドミントン、卓球、ダンス、硬式テニス、剣道、水泳、陸上競技、ラグビー、ブレイクダンス、柔道、文芸、科学、合唱、ギター、茶道、室内楽、吹奏楽、美術、フォークソング、軽音楽、MFC（漫画ファンクラブ）、パントマイム、ドレスクリエイト、写真、KHI（放送委員会）、交通研究、クイズ研究

［行　事］

・開校記念日にあわせて行われる**記念祭**（文化祭）が行事の中心。
・**合唱祭**はクラスごとに衣装を揃えて校外の大ホールで行われる。
5月　陸上競技大会
6月　記念祭（文化祭）
7月　合唱祭
9月　球技大会
10月　修学旅行（2年）、文学散歩（1年）
3月　球技大会

［進　路］（令和5年3月）

・ほぼ全員が進学希望のため、進学対応のキャリア教育を重視。**進路講演会**を年に複数回実施するほか、**校内模試**、保護者対象の進路説明会など、進路に関する行事が多彩にある。
・夏季休業中も全学年を対象に多数の**講習**が行われ、多くの生徒が参加している。

★卒業生の主な合格実績

北海道大、東北大、茨城大、新潟大、山梨大、電気通信大、東京海洋大、東京工業大、東京農工大、横浜国立大、東京都立大、横浜市立大、青山学院大、学習院大、慶應義塾大、上智大、東京理科大、法政大、明治大、立教大、早稲田大

［トピックス］

・明治30年に開かれ、平成29年には**創立120周年**の記念式典を挙行した。卒業生もすでに35,000名以上を数え、各界で活躍中。
・建学以来の「**自学自習**」「**自律自制**」「**和衷協同**」の精神は、今の生徒にもきちんと受けつがれている。
・平成30年度より、**SSH**（スーパーサイエンスハイスクール）として文部科学省から指定を受け、文系・理系問わず、**ICTを活用**しながら課題研究を行う授業を実施している。また「**学力向上進学重点校エントリー校**」の指定も受けており、勉強にも部活や行事にも積極的に取り組む姿勢、どんなことも頑張ってやり遂げようとする志を大切に指導を行っている。

・県立普通科高校では**最大の校地**を持ち、グラウンドは野球、サッカー、ハンドボールなどが同時に展開できるほどの広さを誇る。陸上トラックも別に保有。校内には食堂も設置されており、教室には**エアコン**が整備されている。

［学校見学］（令和5年度実施内容）

★学校説明会　8・10・12月各1回
★学校見学は指定日に実施（要連絡）

神奈川県立希望ケ丘高等学校

入試！インフォメーション

受検状況	年　度	学科・コース名	募集人員	志願者数	受検者数	合格者数	倍　率
	R6	普　通	359	485	478(5)	359	1.32
	R5	普　通	358	550	545(6)	358	1.51
	R4	普　通	358	551	539	359	1.50

県立 二俣川看護福祉 高等学校
ふたまたがわかんごふくし

https://www.pen-kanagawa.ed.jp/futamatagawa-h/

〒241-0815　横浜市旭区中尾1-5-1
☎ 045-391-6165
交通　相模鉄道二俣川駅　バス「運転免許センター」下車2分または徒歩17分

看護科
福祉科

※令和7年度　学科改編
（看護学科を普通科に改編）

| 制　服 | あり |

[カリキュラム] ◇二学期制◇
・主に看護・医療・社会福祉系の上級学校への進学に特化したカリキュラム編成であるが、受験に役立つ知識のみでなく、**看護の心・福祉の心・奉仕の心**も育む。
・生徒が主体的に問題を発見し看護・福祉の重要性を見出していく**アクティブ・ラーニング**に力を入れている。
・基礎学力の定着を図るため、1年次の国・数・英、2年次の国語は20名以下の少人数で学習。

★看護科
・看護・医療系への進学を目的とした学科である。
・看護の理念や意義、基礎・基本を学習し、校内の実習に加えて**病院などでの実習**も行う。

★福祉科
・社会福祉・介護・医療・看護・保育系への進学を目的とした学科である。
・福祉の考え方や意義、基礎的、基本的な知識と技術を総合的、体験的に学習する。
・校内での実習に加えて**福祉施設での実習**も行う。
・「介護職員初任者研修」修了の資格が取得できる。

[部活動]
★設置部（※は同好会）
ソフトテニス、バスケットボール、ハイキング、卓球、バレーボール（女）、ダンス、陸上競技、バドミントン、チアダンス、軽音楽、写真、文芸、書道、華道、家庭科、吹奏楽、コーラス、J.R.C、箏曲、茶道、手話、演劇、※サッカー、※点字

[行　事]
　新入生歓迎会（4月）、社会見学（5月）、文化祭（9月）、修学旅行（10月）、合唱コンクール（3月）などを実施。

[進　路]（令和5年3月）
・看護や福祉、医療系や保育の上級学校を目指す生徒が多く、生徒一人ひとりのニーズに合わせたきめ細かな進路指導を行っている。
・基礎学力の定着のための**週末課題**や自学自習のための**ネットワーク教材による補習**、また、**通常の補習の充実**に力を入れている。

★卒業生の進路状況
＜卒業生73名（看護科）＞
大学18名、短大1名、専門学校50名、就職2名、その他2名
＜卒業生66名（福祉科）＞
大学17名、短大5名、専門学校38名、就職6名、その他0名

★卒業生の主な進学先
＜看護科＞
神奈川県立保健福祉大、川崎市立看護大、防衛医科大学校、湘南医療大、湘南鎌倉医療大
＜福祉科＞
桜美林大、鎌倉女子大、田園調布学園大、東京未来大、横浜薬科大

♣指定校推薦枠のある大学・短大など♣
桜美林大、大妻女子大、神奈川工科大、鎌倉女子大、鶴見大、田園調布学園大、東京福祉大　他

[トピックス]
・進学型専門高校。
・**高大・高専連携**により、在学中に大学や専門学校の授業を受けられる。
・看護と社会福祉を学ぶための**6つの実習室**がある。病院や介護施設と同じような構造になっており、充実した実習を行うことができる。
・**看護系・福祉系の上級学校の指定校**が多く、興味・関心のある生徒には**進路に直結した有利な高校である。**
・風紀委員会の万引き防止等の啓発活動、図書委員会の読み聞かせ、吹奏楽部等の病院施設での演奏活動など、**ボランティア活動**が活発である。
・県立高校改革実施計画（Ⅲ期）に基づき、令和7年度から**看護科は普通科に改編**される予定。

[学校見学]（令和5年度実施内容）
★学校説明会　8・12月各1回
★体験授業会　10・11月各1回
★f高祭　9月　見学可
★学校見学は随時可（要連絡）

校舎外観

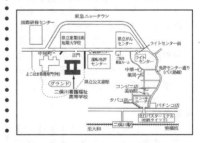

入試！インフォメーション

受検状況	年　度	学科・コース名	募集人員	志願者数	受検者数	合格者数	倍　率
	R6	看　護	79	69	68	68	1.00
		福　祉	79	45	45	45	1.00
	R5	看　護	78	74	72	72	1.00
		福　祉	78	28	28	28	1.00

普通科

県立 旭（あさひ）高等学校

https://www.pen-kanagawa.ed.jp/asahi-h/

〒241-0806　横浜市旭区下川井町 2247
☎ 045-953-3301
交通　相模鉄道三ツ境駅・鶴ヶ峰駅・二俣川駅　バス

普通科

制　服　あり

[カリキュラム] ◇三学期制◇

・様々な情報を読み解き、自分の考えを論理的にまとめ表現する力（アウトプットする力）を育成する**授業**を展開。多様な進路希望に応じる科目編成で、未来に役立つ実践力を身につける。

・1年次は芸術科目の選択を除き全科目を必修とし、基礎学力の定着をはかる。2年次より進路を考えた選択が始まり、3年次には多くの選択科目のなかから進路にあった科目を選び学習している。

・授業での参加密度を高めて学力の向上をはかるべく、英語と数学で**少人数学習**を行っている。

[部活動]

・**女子バスケットボール部**は関東大会に9年連続12回、インターハイに7回、ウィンターカップに2回出場している古豪。また、**サッカー部**は過去に11回の全国大会出場を誇る古豪。

・最近の主な実績は以下のとおり。
＜令和5年度＞
ライフル射撃部が県新人大会の男子団体で4位となった。
＜令和4年度＞
水泳部がマデイラWPS世界選手権に2種目で出場し、銀・銅メダルを獲得した。またインターハイに男子100m自由形で出場した。**ライフル射撃部**がビームライフル男子個人で関東大会に出場した。**女子バスケットボール部**が県大会でベスト8に進出した。

★**設置部**
サッカー、硬式野球、陸上競技、剣道、柔道、硬式テニス、水泳、バスケットボール、バレーボール、バドミントン、ライフル射撃、ハンドボール、ダンス、美術、華道、吹奏楽、軽音楽、百人一首

[行　事]

・生徒同士の仲が良く学校行事に積極的に取り組んでいる。

・最大の行事は9月の**都筑祭**（文化祭）。参加するクラスや部は夏休み前から準備に取りかかり、開催当日はたいへんな盛り上がりを見せる。

・**体育大会**や、**水泳大会**などの各種のスポーツ関連行事がクラス対抗で開かれる。

・その他、社会見学、球技大会、修学旅行（2年）、マラソン大会などを行っている。

[進　路]（令和5年3月）

・**進路指導室**を設置。夏季休業中にはさまざまな**講習**を実施。外部講師による様々な**進路ガイダンス**もある。

・1年次に**職業人講話**やワークショップ型進路ガイダンス、2年次に**キャンパスツアー**、3年次に**小論文対策講座**を行っている。8月には**インターンシップ**を実施。

★**卒業生の主な合格実績**
亜細亜大、国士館大、駒澤大、成城大、成蹊大、専修大、中央大、帝京大、東海大、日本大、法政大

♣**指定校推薦枠のある大学・短大など**♣
桜美林大、大妻女子大、神奈川工科大、関東学院大、工学院大、国士舘大、相模女子大、産業能率大、湘南工科大、専修大、拓殖大、鶴見大、東海大、東京家政学院大、東京工科大、東京工芸大、東京電機大、東洋英和女学院大、日本大、文教大、法政大、立正大、和光大　他

[トピックス]

・**キャリア教育**に力を入れ、**参加体験型**の教育活動を推進。

・地域交流のボランティアが盛んで、学校周辺道路や施設の清掃や老人ホーム訪問、敬老会への参加などを行っている。

・「**旭カップ**」として、バスケットボール、サッカー、バドミントン、ダンス、テニスの各部が小中学校や地域との交流を深めている。

・東京2020パラリンピックに本校生徒が出場。競泳50mバタフライで入賞を果たした。

[学校見学]（令和5年度実施内容）

★学校説明会　8・11月各1回
★部活動体験デー　9月2回
★オープンスクール　9月1回
★学校見学デー　8・12月各1回
★都筑祭　8月　見学可

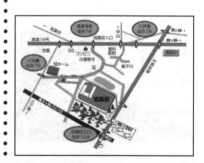

入試！インフォメーション

受検状況	年　度	学科・コース名	募集人員	志願者数	受検者数	合格者数	倍　率
	R6	普　通	319	392	389(1)	319	1.22
	R5	普　通	358	395	395	358	1.10
	R4	普　通	318	369	363	319	1.13

県立 松陽 高等学校
しょうよう

https://www.pen-kanagawa.ed.jp/shoyo-h/

☎ 245-0016　横浜市泉区和泉町 7713
☎ 045-803-3036
交通　相鉄道線いずみ野駅　バスまたは徒歩15分
　　　横浜市営地下鉄立場駅・相鉄線三ツ境駅　バス（「松陽高校前」下車）

普通科

| 制　服 | あり |

[カリキュラム] ◇三学期制◇

- 1コマ55分×6時限の時程で授業を実施。
- 1・2年次では芸術選択以外は共通履修で、基礎をしっかり学び、「**確かな学力**」を身につける。また、数学Bでは標準・発展に分けた**習熟度別授業**を実施。
- 3年次では多彩な**選択科目**により希望進路や興味に対応する。

[部活動]

- どの部活動も活発に活動している。
- 最近の主な実績は以下のとおり。

<令和5年度>
吹奏楽部が東関東大会に出場した。また、**女子バスケットボール部**の県ベスト4（ウインターカップ予選）をはじめとして、**バドミントン部、体操部、テニス部、ソフトテニス部、ハンドボール部、剣道部**などが県大会に出場した。**硬式野球部**は夏季大会で県ベスト32となった。

<令和4年度>
フェンシング部が関東大会に出場、**陸上競技部、女子バスケットボール部、女子バドミントン部、剣道部、ソフトテニス部、体操部、水泳部、野球部、ラグビー部**が県大会に出場した。

★設置部（※は同好会）
陸上競技、バレーボール、バスケットボール、サッカー、ラグビー、ソフトテニス、バドミントン、体操、フェンシング、ダンス、水泳、硬式野球、ハンドボール、硬式テニス、アメリカンフットボール、剣道、美術、茶道、吹奏楽、写真、書道、軽音楽、科学、楽曲制作、※イラスト、※文芸、※クッキング、※ESS、※手芸

[行　事]

メインの行事は**体育祭**と**松陽祭**（文化祭）。**体育祭**は半年をかけて準備する。全校生徒が縦割7色に分かれ、応援合戦に力が入る。**松陽祭**では企画や展示の他、中庭で繰り広げられるパフォーマンスも必見。

4月	遠足
6月	体育祭
7月	球技大会
9月	松陽祭（文化祭）
10月	修学旅行（2年）
3月	学年末行事

[進　路]（令和5年3月）

夏季休業中には全学年対象の基礎的学習を中心とした補習、1・2年対象の実力養成講座、3年対象の入試対策講習を実施している。

★卒業生の進路状況
　＜卒業生275名＞
大学253名、短大3名、専門学校2名、就職0名、その他17名

★卒業生の主な合格実績
群馬大、東京外国語大、東京農工大、山形大、福島大、富山大、愛知教育大、神奈川県立保健福祉大、川崎市立看護大、横浜市立大、早稲田大、青山学院大、学習院大、上智大、中央大、東京理科大、法政大、明治大、立教大

♣指定校推薦枠のある大学・短大など♣
横浜市立大（6）、青山学院大（10）、学習院大（1）、成蹊大（4）、成城大（4）、中央大（4）、東京理科大（3）、法政大（9）、明治大（2）、立教大（2）　他

[トピックス]

- 昭和47年開校。緑豊かな環境にある。
- 自己実現をめざし、どのような課題にも果敢にチャレンジし、**社会の真のリーダー**となる人材の育成をめざしている。
- 令和4年度より「**教育課程研究開発校（学習評価に係る研究）**」として県教育委員会より指定を受け、「主体的・対話的で深い学び」の視点から授業改善と評価について実践研究を進めている。
- 学校行事は生徒主体で企画・運営され、部活動にも全力で取り組んでいる。
- 全日制高校では珍しい**学食**があり、リーズナブルな値段で温かい食事を提供している。

[学校見学]（令和5年度実施内容）

★学校説明会　9・11月各2部制
★部活動週間　10月
★松陽祭　9月　見学可

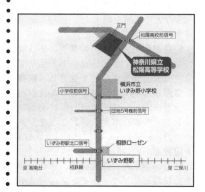

入試！インフォメーション

受検状況	年　度	学科・コース名	募集人員	志願者数	受検者数	合格者数	倍　率
	R6	普　通	319	368	363(2)	319	1.13
	R5	普　通	318	335	334	318	1.05
	R4	普　通	278	376	373	278	1.34

普通科

県立 横浜緑園 高等学校
よこ はま りょく えん

https://www.pen-kanagawa.ed.jp/y-ryokuen-h/

☎ 245-0003　横浜市泉区岡津町2667
☎ 045-812-3371
交通　相模鉄道緑園都市駅　徒歩15分
　　　ＪＲ東海道線・横須賀線・横浜市営地下鉄戸塚駅、
　　　ＪＲ横須賀線東戸塚駅　バス

単位制

制　服　あり

[カリキュラム] ◇二学期制◇
・一般受験に対応し、かつ興味・関心のある科目選択もできる教育課程となっている。
・1年次は、全員が芸術を除いて共通の科目を履修する。
・2年次は、芸術の他に「物理基礎」と「地学基礎」が選択制となり、それ以外に2単位分の必修選択が設置。
・3年次には、**選択科目**が増え（必修選択10単位・自由選択最大8単位）、希望する進路や興味・関心に応じた学習を行うことができる。3年次の選択科目には「古典探究」「地理探究」などの普通科目のほかに「児童文学表現」「フードデザイン」といった科目もある。
・校外講座、就業体験活動やボランティア活動、赤十字救急法、実用英語技能検定などの技能審査の結果によっても単位が認定される。

[部活動]
最近の主な実績は以下のとおり。
<令和5年度>
軽音楽部がバンドステージ2023全国大会準グランプリ、ガールズバンドステージコンテスト全国決勝大会入賞などの成績を収めた。
<令和4年度>
軽音楽部が関東甲信越グランプリ優秀校賞、とよさと軽音楽甲子園全国決勝大会優秀賞などを受賞し、**吹奏楽部**が横浜吹奏楽コンクールA部門金賞、ポピュラーステージ吹奏楽コンクール東日本大会銅賞などを受賞した。
★設置部（※は同好会）
剣道、空手道、硬式野球、水泳、陸上競技、サッカー、ダンス、硬式テニス、ソフトボール、バスケットボール、バドミントン、チアバトン、バレーボール、ハンドボール、弓道、写真、演劇、茶道、合唱、吹奏楽、美術、軽音楽、文芸、放送、漫画研究、書道、料理研究、華道、パソコン研究、※クイズ研究

[行　事]
4月　遠足・社会見学、竹林整備
6月　体育祭
10月　欅鴎祭（きょおうさい）（文化祭）
11月　修学旅行（2年）
3月　スポーツ大会

[進　路]（令和5年3月）
・キャリア学習（Challenge）を重視。**出前授業や職業人インタビュー**、プレゼンテーション技術の習得。
・夏休みには**夏季講習やインターシップ**を実施。
★卒業生の進路状況
　<卒業生214名>
大学79名、短大11名、専門学校97名、就職11名、その他16名
★卒業生の主な進学先
桜美林大、神奈川大、鎌倉女子大、関東学院大、相模女子大、湘南医療大、拓殖大、多摩大、玉川大、鶴見大、桐蔭横浜大、東海大、日本大、文教大、横浜薬科大
♣指定校推薦枠のある大学・短大など♣
桜美林大、神奈川大、関東学院大、相模女子大、湘南工科大、玉川大、拓殖大、鶴見大、東海大、日本大、文教大、横浜商科大、和光大　他

[トピックス]
・人間性・社会性を磨き、自分の枠を広げるため、ボランティア活動等自己啓発活動を推奨している
・地域の幼稚園から大学までが連携してジョイントコンサートを行っている。本校からは**吹奏楽部**、**チアバトン部**、**合唱部**が中心となって活動。
・社会福祉の授業において**手話の学習**を実施。検定も受けている。

[学校見学]（令和5年度実施内容）
★学校説明会　10・12月各1回
★欅鴎祭　10月　見学可

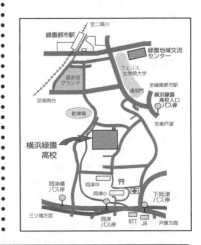

入試！インフォメーション

受検状況	年　度	学科・コース名	募集人員	志願者数	受検者数	合格者数	倍　率
	R6	普　通	279	360	357(3)	279	1.28
	R5	普　通	278	303	302	278	1.09
	R4	普　通	278	333	330	278	1.19

県立 横浜瀬谷 (よこはませや) 高等学校

https://www.pen-kanagawa.ed.jp/seya-h/

〒246-0011　横浜市瀬谷区東野台 29-1
☎ 045-301-6747
交通　相模鉄道三ツ境駅　バスまたは徒歩 20 分

普通科

制　服　あり
※令和 5 年 4 月開校

[カリキュラム] ◇三学期制◇
・1、2 年次は、全員共通の科目を履修し、基礎力をつける。
・3 年次では文系・理系に分かれず、古典探究、数学研究、日本史探究、クラフトデザイン、ファッションデザイン、保育基礎などといった多彩な選択科目の中からそれぞれの進路や適性にあった選択をする。
・学校外活動を積極的に取り入れており、学校設定科目として校外講座やボランティア活動がある。

[部活動]
・最近の主な実績は以下のとおり。
＜令和 5 年度＞
　バドミントン部が関東県予選の男子団体でベスト16となった。**吹奏楽部**が県吹奏楽コンクールで銅賞を受賞した。
＜令和 4 年度＞
　写真部が全国高校総合文化祭に出展した (旧・瀬谷高校、10 年連続)。
★設置部
　陸上競技、サッカー、硬式野球、ハンドボール、テニス、ソフトテニス、バレーボール、バスケットボール、バドミントン、器械体操、卓球、水泳、剣道、バトン、ワンダーフォーゲル、吹奏楽、茶道、漫画研究、美術、フォークソング、ＪＲＣ、パソコン、写真、ハンドメイド、ダンス

[行　事]
4 月　校外学習
6 月　陸上競技大会
7 月　球技大会
9 月　瀬谷虹祭 (文化祭)
11 月　修学旅行 (2 年)
12 月　球技大会

2 月　合唱祭 (1・2 年)

[進　路] (令和 5 年 3 月)
・生徒のほとんどが進学を希望しているため、1 年生の時よりきめの細かい進学指導を実施。
・**実力判定テスト**を行い、学力を把握した上で進路指導を行っている。
・**進路指導室**を設置。各種資料が閲覧でき、また進路に関する相談に応じている。
・全学年で**夏期講習**を実施。
・**大学訪問**や、湘北短大、桜美林大との**高大連携**を行っている。
★卒業生の進路状況
　＜卒業生310名＞
　大学240名、短大 8 名、専門学校34名、就職 4 名、その他24名
★卒業生の主な進学先
　神奈川県立保健福祉大、高崎経済大、横浜市立大、青山学院大、学習院大、神奈川大、神奈川工科大、関東学院大、工学院大、國學院大、駒澤大、相模女子大、産業能率大、成蹊大、専修大、玉川大、多摩美術大、中央大、帝京大、東海大、東京都市大、東京理科大、東洋大、日本大、法政大、明治大、明治学院大、明星大、横浜薬科大

[トピックス]
・地域への貢献を推進しており、**ボランティア活動**として近隣の幼稚園、養護学校との交流やハマロードサポート (地域清掃活動) などを行っている。
・令和 5 年 4 月、県立瀬谷高校と県立瀬谷西高校が統合され、県立横浜瀬谷高校として開校した。
・令和 5 年度入学生より**新制服**となっ

た。

[学校見学] (令和 5 年度実施内容)
★学校説明会　8・11・12月各 1 回
★高校体験プログラム　10月 1 回
★夏休み中の学校見学　10時〜 (1 日 1 回)
★瀬谷虹祭　9 月　見学可

入試！インフォメーション

受検状況	年　度	学科・コース名	募集人員	志願者数	受検者数	合格者数	倍　率
	R6	普　通	319	366	361(2)	319	1.13
	R5	普　通	318	400	397(1)	318	1.25
	R4	普　通	318	380	377	318	1.18

神奈川県
公　立
高校

学校ガイド

＜全日制　旧横浜中部学区＞

学校を紹介したページの探し方については、2ページ
「この本の使い方＜知りたい学校の探し方＞」を参照して
ください。

普通科

県立 横浜平沼 高等学校
よこはまひらぬま

https://www.pen-kanagawa.ed.jp/yokohamahiranuma-h/

〒220-0073　横浜市西区岡野 1-5-8
☎ 045-313-9200
交通　相模鉄道平沼橋駅　徒歩 5 分
　　　ＪＲ・東急線・京浜急行線・横浜市営地下鉄横浜駅　徒歩 10 分

制　服　あり

[カリキュラム]　◇二学期制◇

・1 年次では、基礎学力の充実を図る。2 年次ではゆるやかに文・理系に分かれ（α・β型）、自分の興味・関心や進路志望に応じて選択を行う。3 年次では、**自由選択科目として**α 型は最大16単位、β 型は最大18単位分を選択でき、大学受験に十分対応できる。
・55分 6 時間授業を実施。
・よりきめ細かな指導を行うために**少人数指導**の授業も実施している（「体育」・3 年選択科目など）。
・教科・科目の学習活動はもちろん、専修学校留学生との交流会、英語スピーチコンテスト、国際理解講演会などの各種講演会など、**グローバル人材の育成**を目指した様々な教育活動を行っている。

[部活動]

・**女子ハンドボール部とかるた部**は全国大会や関東大会レベルの強豪。
・最近の主な実績は以下のとおり。
＜令和 5 年度＞
　かるた部が全国高校選手権で準優勝を遂げた。また、全国高校総合文化祭や全国高校生かるたグランプリの県代表を輩出した。**女子ハンドボール部**は関東大会への11年連続出場、

平沼祭

インターハイ出場などを果たした。また、特別国体関東ブロック大会の代表選手を輩出した。**弓道部**は県総体 3 位（団体・個人）、関東個人選抜大会出場などを果たした。
＜令和 4 年度＞
　かるた部が全国高校選手権に出場した。また全国高校総合文化祭や全国高校生かるたグランプリの県代表を輩出した。**女子ハンドボール部**が関東大会に出場し（10年連続）、新人戦で県優勝した。

★設置部（※は同好会）

サッカー、硬式野球、テニス、陸上競技、ダンス、バスケットボール、バドミントン、バレーボール（女）、ハンドボール（女）、剣道、弓道、軽音楽、漫画研究、オーケストラ、吹奏楽、合唱、美術、演劇、茶道、華道、かるた、文芸、生物研究、ハンドメイド、放送、写真、国際交流、クイズ研究、※柔道、※英語ディベート

[行　事]

　各界で活躍する卒業生を招いての**先輩セミナー**を実施している。また、明治33年創立の120年余の伝統を学ぶ**校史教育**や**歴史資料展示室の見学**を行っている。
4 月　新入生歓迎会、校外学習
5 月　体育祭
6 月　平沼祭（文化祭）
9 月　スポーツ大会
10月　修学旅行（2 年）
3 月　合唱コンクール

[進　路]（令和 5 年 3 月）

・進路希望別に各種ガイダンスを実施する。進路指導室にはインターネットあり。

・放課後のHiゼミや長期休業期間中には**スタディショップ**を開講。受験に対応した内容や補習的なもの、教科・学年の枠を越えた教養講座など内容はさまざま。

★卒業生の進路状況

＜卒業生311名＞
大学290名、短大 0 名、専門学校 9 名、就職 0 名、その他12名

★卒業生の主な進学先

北海道大、東北大、筑波大、電気通信大、東京海洋大、東京学芸大、東京工業大、東京農工大、横浜国立大、静岡大、信州大、鹿児島大、茨城県立医療大、神奈川県立保健福祉大、川崎市立看護大、東京都立大、都留文科大、横浜市立大、早稲田大、慶應義塾大、上智大、東京理科大

[トピックス]

・「学力向上進学重点校」エントリー校。

[学校見学]（令和 5 年度実施内容）

★施設見学会　8 月 3 日間（計 7 回）
★オープンキャンパス　9 月 1 回
★学校説明会　10・12月各 1 回

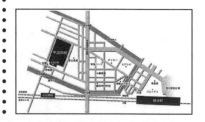

■■■■ 入試！インフォメーション ■■■■

受検状況	年　度	学科・コース名	募集人員	志願者数	受検者数	合格者数	倍　率
	R6	普　　通	319	433	429(7)	319	1.32
	R5	普　　通	318	400	392(9)	318	1.20
	R4	普　　通	318	481	475	318	1.49

県立 光陵 高等学校

こう りょう

普通科

https://www.pen-kanagawa.ed.jp/koryo-h/

☎ 240-0026　横浜市保土ヶ谷区権太坂 1-7-1
☎ 045-712-5577
交通　JR横須賀線東戸塚駅　バスまたは徒歩30分
　　　JR横須賀線保土ヶ谷駅、相模鉄道西横浜駅　バス

制　服　あり

[カリキュラム] ◇二学期制◇

・幅広い教養を有する人間を育てることに主眼を置く全人教育を目指しているため、1～2年時は基礎的な教科を全員が学ぶ。
・3年時には科目選択枠が大幅に広がり、進路にあった科目を選んで受講できる。
・65分授業で、問題演習を増やし、大学受験により対応した授業を行う。
・各教科で小テストを行っている（KST）。

[部活動]

・約9割が参加。
・最近の主な実績は以下のとおり。
＜令和5年度＞
文芸部が全国高校総合文化祭（文芸部誌部門・短歌部門）、全国高校生短歌大会（ベスト8、団体戦審査員特別賞など）などに出場した。
＜令和4年度＞
文芸部が高校生万葉バトルin高岡（3位）、全国高校生短歌大会（個人戦優勝など）、万葉の郷とっとりけん全国高校生短歌大会（3位、パフォーマンス特別賞など）などの全国大会に出場した。**弦楽部**が全国高校総合文化祭に出場した。**体操部**が関東予選と県総体の男子団体でそれぞれ県5位となった。
★**設置部**（※は同好会）
剣道、ダンス、卓球、体操、バドミントン、バスケットボール、バレーボール、サッカー、ハンドボール、硬式野球、陸上競技、テニス、ソフトテニス、ワンダーフォーゲル、水泳、吹奏楽、合唱、演劇、茶道、科学、美術、文芸、囲碁、英語、写真、LMC（軽音楽）、弦楽、クッキング、書道、クイズ研究、将棋、※筋トレ、※パソコン、※園芸

[行　事]

・**体育祭**、**光陵祭**（文化祭）、それに校外で行われる**学芸音楽祭**が、生徒会の三大行事。
・**修学旅行**は、グループごとの自主的な研究活動の場となっている。
・この他、球技大会、社会見学、百人一首大会などを行っている。

[進　路]（令和5年3月）

・大学キャンパスツアー（1年）では様々な大学へ行く。
・2年生を対象に「**横浜国立大学の授業体験**」を実施。**卒業生によるキャリアガイダンス**と合わせ、大学について考える格好の機会となっている。
・参考書や過去問題集の揃った**キャリアガイダンスルーム**を設置。
★**卒業生の主な合格実績**
東北大、お茶の水女子大、千葉大、筑波大、東京海洋大、東京学芸大、東京工業大、横浜国立大、帯広畜産大、山形大、信州大、鳥取大、茨城県立医療大、神奈川県立保健福祉大、都留文科大、東京都立大、横浜市立大、海上保安大学校、防衛医科大学校、神奈川県立平塚看護大学校、早稲田大、慶應義塾大、上智大、東京医科大（医）、東京慈恵会医科大（医）、東京理科大

[トピックス]

・「光陵われをつくり、われら光陵をつくる」と校歌にあるように**生徒の自主性**を重んじている。
・「心やさしき社会のリーダー」の育成をめざし、ゼミ形式で研究を行うことで論理的な考えを育み、プレゼンテーション能力を培う「総合的な探究の時間」KU（光陵ユニバース）を実施している。
・「学力向上進学重点校エントリー校」
・県教育委員会指定「STEAM教育研究推進校」。
・中・高・大の連携による「かながわの中等教育の先導的モデル」校。横浜国立大学および同大学教育学部附属横浜中学校と連携し、合同の「ｉ－ハーベスト発表会」など、グローバル・リーダーを育成するための様々な取組みを行っている。
・教育に興味がある生徒を対象とした選択科目「**教職基礎**」、「**教職基礎演習**」を開講している。

[学校見学]（令和5年度実施内容）

★HPにて学校情報を提供
★学校説明会　8・12月各2回、11月1回

入試！インフォメーション

受検状況	年　度	学科・コース名	募集人員	志願者数	受検者数	合格者数	倍　率
	R6	普　通	279	360	358(5)	279	1.27
	R5	普　通	278	404	401(8)	278	1.41
	R4	普　通	278	380	378	279	1.35

県立 商工 高等学校
しょう こう

https://www.pen-kanagawa.ed.jp/shoko-h/

☎ 240-0035　横浜市保土ヶ谷区今井町 743
☎ 045-353-0592
交通　ＪＲ横須賀線保土ヶ谷駅　バス、ＪＲ横須賀線東戸塚駅　バス
　　　相模鉄道線二俣川駅　バス

総合ビジネス科
総合技術科

制　服　あり

[カリキュラム]　◇三学期制◇

・次代の神奈川の地域産業を担う人間性豊かな自立したスペシャリストを育成。

・総合ビジネス科では、**日商簿記３級**の取得、**全商三冠**（全商協会主催の検定試験で１級を３つ以上取得）、各種試験を積極的に取得することを目指す。

・総合技術科では、ものづくりのプロを目指し、**旋盤技術検定３級、第二種電気工事士、危険物取扱者**等の資格取得にチャレンジしてる。

・１クラス30名以下の**少人数学級編成**（１年次）で、また実習では10名以下の実施など、きめ細かな指導を大切にしている。

・２年次は、興味・関心や適性に応じた学習のため科ごとに三つの系を設置。**総合ビジネス科は会計系・情報系・流通系**に、**総合技術科は機械系・電気系・化学系**に分かれる。

・３年次は、総合ビジネス科は会計・情報・流通、総合技術科は機械・電気・化学の各コースにおいて、専門的な知識・技術・技能の習得と深化をめざす。多種多様な進路先で専門性の高い学習や仕事を目指す生徒のため、多くの選択科目を設置している。

[部活動]

最近の主な実績は以下のとおり。
＜令和５年度＞
技術研究部がロボットアイデア甲子園全国大会に出場した。**男子バスケットボール部**が県工業高校大会で準優勝した。

★設置部（※は同好会）
硬式野球、軟式野球、バスケットボール、サッカー、ソフトテニス、バドミントン、バレーボール、卓球、陸上競技、ダンス、柔道、剣道、※自転車競技、※山岳、吹奏楽、軽音楽、英語、美術、写真、茶道、漫画研究、書道、パソコン、ビジネス研究、放送、技術研究、合唱、演劇、理化学、※釣り、※文芸、※将棋

[行　事]

商工祭（文化祭）では、クラス・部活動の発表の他に、各専門科が工夫をこらした科展を行い、日頃の学習成果を楽しく見せてくれる。

４月　社会見学（１・２年）
６月　体育祭
９月　修学旅行（２年）
10月　商工祭（文化祭）

[進　路]（令和５年３月）

・各クラスに１名ずつ、進路担当者を配備し、**個別の進路指導**を綿密に行う。日頃から各授業で意識づけを徹底的に行い、生徒一人ひとりが道を自分で切り開くように指導している。

・インターンシップには特に力を入れており、夏休みを中心に２年生の希望者は会社などに数日間の勤務体験をすることができる。

・進学、就職両方の資料が豊富にそろった閲覧室もある。土曜日に各種資格・検定の補習を行っている。

★卒業生の進路状況
＜卒業生189名＞
大学34名、短大０名、専門学校41名、就職108名、その他６名

★卒業生の主な合格実績
桜美林大、神奈川大、関東学院大、国士館大、駒澤大、産業能率大、専修大、中央大、東海大、日本大、和光大

♣**指定校推薦枠のある大学・短大など**♣
神奈川大、駒澤大、産業能率大、専修大、東京都市大　他

[トピックス]

・商業系と工業系をあわせ持つ、県立では県下で唯一の学校。大正９年の創立で、令和２年に100周年を迎えた。

・１年次から「売れる物をつくる感覚を養う」ものづくりの授業と「様々な人と信頼関係を築き円滑に仕事を進めるスキルを養う」ビジネスマナーの授業に取り組んでいる。総合ビジネス科では「ものづくりの感覚を持ったビジネス分野のスペシャリスト」を、総合技術科では６Ｓ（整理・整頓・清掃・清潔・躾・安全）を大切にしつつ、「ビジネス感覚を持ったエンジニア」を養成する。

・平成28年夏、**新校舎**が完成。平成30年度にグラウンドの工事、令和６年度には体育館の耐震工事が完了し、快適な環境の中で学ぶことができる。

[学校見学]（令和５度実施内容）

★学校説明会　７・11・１月各１回
★ミニ学校説明会　９・11・12月各１回、10月２回
★商工祭　10月　見学可
★個別見学・相談可（要連絡）

入試！インフォメーション

受検状況	年　度	学科・コース名	募集人員	志願者数	受検者数	合格者数	倍　率
	R6	総合ビジネス	119	124	124	119	1.04
		総合技術	119	121	120	119	1.01
	R5	総合ビジネス	118	127	127	119	1.07
		総合技術	118	106	106	106	1.00

県立 保土ケ谷（ほどがや）高等学校

https://www.pen-kanagawa.ed.jp/hodogaya-h/

〒240-0045　横浜市保土ヶ谷区川島町 1557
☎ 045-371-7781
交通　ＪＲ横須賀線東戸塚駅、相模鉄道和田町駅・鶴ヶ峰駅　バス
　　　相模鉄道鶴ヶ峰駅・西谷駅　徒歩 25 分

普通科

制　服	あり

[カリキュラム]　◇二学期制◇

・1年次は芸術科目以外は全員同じ科目を履修。
・各生徒の興味や進路希望に対応できるよう、2・3年次に多様な**選択科目**が設置されている。特色のある科目としては、2・3年次の第2外国語や2年次の保育基礎、3年次のフードデザインなどが用意されている。
・一人ひとりの個性や適性を伸ばし、充実した学習内容にするため、1年次の英語、1、2年次の数学や芸術、全学年の体育の授業では、**少人数学習**を採用。
・「総合的な探究の時間」を利用して、海外からの留学生や青年海外協力隊のOBを招待しての交流会など、**国際理解教育**の推進に努めている。

[部活動]

・自転車競技部と陸上競技部は全国大会の常連。
・最近の主な実績は以下のとおり。
　<令和5年度>
　自転車競技部が2種目で、**陸上競技部**が4種目でそれぞれインターハイに出場した。**男子バスケットボール部**は関東予選と県総体で県ベスト16に進出した。
　<令和4年度>
　自転車競技部がインターハイに2種目で、全国選抜大会に3種目でそれぞれ出場した。**陸上競技部**は2種目でインターハイに出場し男子5000m競歩で全国6位となった。
★設置部
　サッカー、バスケットボール（男女）、硬式野球、剣道、テニス、バレーボール（男女）、バドミントン（男女）、陸上競技、自転車競技、ダンス、卓球、軽音楽、茶道、囲碁将棋、クッキング、吹奏楽、合唱、JRC、放送、美術・アニメ、フラワーアレンジメント

[行　事]

・気力・体力を養うことを目的とし、部活動や体育の授業以外にも様々な体育的な行事を実施している。
・生徒会を中心に生徒が自主的に企画・運営している行事が多い。
・ホームルーム単位で競うものもあり、たいへん盛り上がる。
・地域との交流の一環として、**お茶とお花の会**を7月に行っている。
・国際理解教育の一つとして、**レシテーションコンテスト**（5か国語による暗誦コンテスト）を実施（1月）。

5月	遠足
6月	陸上競技大会
7月	球技大会、お茶とお花の会
10月	修学旅行、一水祭（文化祭）
11月	芸術鑑賞会
12月	球技大会
2月	マラソン大会

[進　路]（令和5年3月）

・1、2年次の**外部講師によるガイダンス**、3年次の総合的な探究の時間を活用した**コース別進路指導**など、きめ細かな進路指導を行っている。
・入試研究、職種研究、面接や自己推薦書の書き方の指導など、進路指導は熱意にあふれている。
★卒業生の進路状況
　<卒業生237名>
　大学76名、短大6名、専門学校97名、就職41名、その他17名
★卒業生の主な進学先
　麻布大、桜美林大、神奈川大、神奈川工科大、鎌倉女子大、関東学院大、国士館大、相模女子大、産業能率大、湘南工科大、専修大、鶴見大、日本大、文教大、横浜商科大、和光大
♣**指定校推薦枠のある大学・短大など**♣
　桜美林大、神奈川大、関東学院大、国士舘大、相模女子大、鶴見大、和光大　他

[トピックス]

・**国際理解教育**を推進。**第2外国語**（ドイツ語・フランス語・中国語・スペイン語）を選択科目で学ぶことができるほか、1年次の「総合的な探究の時間」で海外の様々な文化や状況、地理などについて学習する。また、英語検定や漢字検定の合格者育成も行っている。
・頭髪・制服・携帯電話・清掃・あいさつの徹底など、**生活指導**をきめ細かに行っている。

[学校見学]（令和5年度実施内容）

★学校説明会　8・10・12月各1回
★インクルーシブ教育実践推進校中高連携事業　6月2回、9月1回
★一水祭　10月　限定公開

入試！インフォメーション

受検状況	年　度	学科・コース名	募集人員	志願者数	受検者数	合格者数	倍　率
	R6	普　通	239	313	310(1)	239	1.31
	R5	普　通	318	348	345	318	1.08
	R4	普　通	318	318	316	314	1.00

県立 舞岡 (まいおか) 高等学校

https://www.pen-kanagawa.ed.jp/maioka-h/

☏ 244-0814　横浜市戸塚区南舞岡 3-36-1
☎ 045-823-8761
交通　ＪＲ東海道線・横須賀線・横浜市営地下鉄戸塚駅　バス
　　　横浜市営地下鉄舞岡駅　徒歩 15 分

普通科

制　服　あり

[カリキュラム] ◇三学期制◇
・1年次は芸術以外全員共通の科目を学習し、国数英を中心に**基礎学力**の充実を目指す。
・2年次も共通科目中心であるが、進路希望により、物理基礎と地学基礎から1科目と、数学B、音楽Ⅱ、美術Ⅱ、論理・表現Ⅱから1科目の計2科目を選択する。
・3年次は文系科目中心の**α型**と、理系科目中心の**β型**に分かれており、進路実現に向けて一方を選択する。**自由選択科目**も多数用意されており、大学進学に向けた科目だけでなく保育基礎やスポーツⅡ、演奏研究などの専門科目も選択でき、多様なニーズに対応している。
・総合的な探究の時間では課題発見・課題解決能力を育む**舞岡プロジェクト**を実施している。

[部活動]
・約7割が参加。
・最近の主な実績は以下のとおり。
＜令和5年度＞
野球部が夏季大会で県ベスト16となった。
＜令和4年度＞
男子バレーボール部が関東予選と県総体で県ベスト16となった。
★設置部
剣道、柔道、バレーボール、卓球、テニス、水泳、サッカー、バスケットボール、アメリカンフットボール、陸上競技、野球、バドミントン、山岳、ダンス、吹奏楽、科学、茶道、パソコン、美術、写真、棋道、園芸、漫画研究、フォークソング、クッキング、演劇

[行　事]
校外学習（4月）、植樹整備（5・10月）、体育祭（6月）、桔梗祭（文化祭10月）、修学旅行（2年11月）、球技大会（3月）などを実施。

[進　路]
・**進路講演会**や**職業体験**等を通じ進路を主体的に考察し、面談を重ねて細かく指導する。第1志望合格を目指す**AIS**（勉強クラブ）や、**面接・小論文指導**などの進学対策も充実。
・「総合的な探究の時間」の研究指定校。「MAIOKA Project」として課題発見やその解決のための能力を養う。
★**卒業生の進路状況**（令和5年3月）
＜卒業生309名＞
大学186名、短大6名、専門学校89名、就職5名、その他23名
★**卒業生の主な合格実績**（過去3年間）
信州大、青山学院大、麻布大、亜細亜大、桜美林大、神奈川大、関東学院大、北里大、國學院大、国士舘大、駒澤大、成城大、専修大、玉川大、東海大、東京電機大、東京都市大、東京農業大、東京理科大、東洋大、日本大、日本体育大、法政大、明治大、明治学院大、立正大
♣**指定校推薦枠のある大学・短大など**♣
神奈川大、鎌倉女子大、関東学院大、専修大、玉川大、東海大、東京電機大、東京都市大、日本大、文教大、武蔵野大、明治学院大　他

[トピックス]
・昭和51年創立。交通の便がよい地にありながら、閑静で豊かな緑に囲まれており、**自然環境**には恵まれている。また、部活の生徒やボランティアの生徒が学校近隣の**植樹整備**を年2回行っている。
・竹灯籠やタケノコ（敷地内のもの）を利用した地域との交流やFM戸塚との共同プロジェクトなど**地元との結びつき**を大切にしている。
・令和4年度入学生から**制服**が新しくなった。

[学校見学]（令和5年度実施内容）
★学校説明会　9・12月各1回
★桔梗祭　9月
★学校見学は随時可（要連絡）

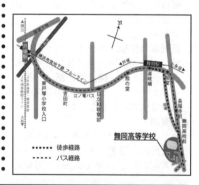

・・・・・・ 徒歩経路
---- バス経路

入試！インフォメーション

受検状況	年　度	学科・コース名	募集人員	志願者数	受検者数	合格者数	倍　率
	R6	普　通	319	355	351(1)	319	1.11
	R5	普　通	358	491	484	359	1.35
	R4	普　通	318	386	383	318	1.20

県立 **横浜桜陽** 高等学校
よこ はま おう よう

https://www.pen-kanagawa.ed.jp/y-oyo-h/

〒245-0062　横浜市戸塚区汲沢町 973
☎ 045-862-9343
交通　ＪＲ東海道線・横須賀線・横浜市営地下鉄戸塚駅、
　　　横浜市営地下鉄立場駅　バス

普通科

単位制

制　服	なし

[カリキュラム] ◇二学期制◇
・年次ごとの学びを中心に配置された
カリキュラムを利用して、**生徒一人
ひとりの学習や進路の目標に必要な
科目を履修する。**
・1年次は芸術を除いて全員共通の授
業。
・2年次から進路希望に応じて**総合
コース**と**理系コース**に分かれる。
・3年次は体育と総合的な探究の時間
のみ全員共通。必修選択と自由選択
で進路希望等に応じて最大26単位ま
で選択できる。
・連携先の大学、専門学校の授業も受
講でき、単位も認定される。

[部活動]
・最近の主な実績は以下のとおり。
<令和5年度>
競技かるた部が全国大会高校生かる
たグランプリに出場した。**華道部**が
小笠原流いけばな競技会南関東地区
大会で優秀賞を受賞した。**書道部**が
県高校総合文化祭で高文連会長賞
（個人）や優秀賞（団体）などを受
賞した。**ソフトテニス部**が県新人大
会個人戦で県ベスト16となった。**男
子バレーボール部**も県新人大会に出
場した。
★**設置部**（※は同好会）
野球、バレーボール、バスケットボー
ル、ソフトテニス、バドミントン、
サッカー、剣道、柔道、弓道、テニス、
ダンス、※陸上競技、演劇、軽音楽、
写真、吹奏楽、青少年赤十字、華道、
茶道、放送、漫画研究、合唱、文芸・
創作、パソコン、美術、書道、園芸、
競技かるた、テーブルゲーム

[行　事]
令和4年度入学生は10月に徳島・大
阪方面の修学旅行を実施予定。
4月　社会見学
6月　スポーツ大会
9月　桜陽祭（文化祭）
10月　修学旅行
12月　芸術鑑賞会
3月　球技大会

[進　路]（令和5年3月）
・**進路ガイダンスルーム**が設置され、
随時利用可能。担任が随時相談に応
じ、きめ細かくアドバイスする。
・1年次より「総合的な探究の時間」等
で**計画的にキャリア学習**を行い、生
徒一人ひとりが自らの資質や将来と
しっかり向き合い、自ら進路を切り
拓こうとする態度を育む。
・外部講師による**桜陽アカデミア**（大
学に学ぶ・その道のプロに学ぶ）を
開催。
・卒業生によるサポートなども行って
いる。
★**卒業生の進路状況**
<卒業生220名>
大学72名、短大14名、専門学校57名、
就職37名、その他40名
★**卒業生の主な合格実績**
亜細亜大、桜美林大、神奈川大、関
東学院大、相模女子大、産業能率大、
松蔭大、湘南工科大、専修大、創価
大、高千穂大、多摩大、鶴見大、帝
京大、帝京平成大、田園調布学園大、
桐蔭横浜大、東海大、東京工芸大、
東京造形大、東京富士大、東洋英和
女学院大、文化学園大、東洋学園大、
日本経済大、日本体育大、文教大、
文京学院大、横浜商科大、横浜美術
大、横浜薬科大、和光大

[トピックス]
・平成15年度、柔軟な学びのシステム
を持つ「フレキシブルスクール」とし
て開校。29年度より年次進行型に改
編した。
・**就業体験活動（インターンシップ）**や
技能審査計画的、継続的な**ボラン
ティア活動**についても単位認定して
いる。
・2室ある**情報実習室**は様々な教科の
授業や資格・検定の取得やプレゼン
テーション能力の育成などで利用さ
れている。

[学校見学]（令和5年度実施内容）
★学校説明会　9・11・12月各1回
★桜陽祭　9月　限定公開
★学校見学は平日16:00～17:00に可
（要予約）

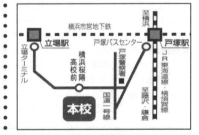

入試！インフォメーション

受検状況	年　度	学科・コース名	募集人員	志願者数	受検者数	合格者数	倍　率
	R6	普　通	270	285	284(3)	270	1.04
	R5	普　通	270	304	299	270	1.11
	R4	普　通	310	336	330	310	1.06

県立 **上矢部**（かみやべ）高等学校

普通科
美術科

https://www.pen-kanagawa.ed.jp/kamiyabe-h/

☎ 245-0053　横浜市戸塚区上矢部町 3230
☎ 045-861-3500
交通　JR東海道線・横須賀線・横浜市営地下鉄戸塚駅　バスまたは徒歩25分
　　　横浜市営地下鉄踊場駅　徒歩20分
　　　相模鉄道弥生台駅　バス

制　服	あり
	（女子のズボンも着用可能）

[カリキュラム] ◇三学期制◇

・1年次は両科のカリキュラムに大きな違いはなく、「進路」実現に必要な「**基礎力**」を鍛えるため、基本科目をじっくり学ぶ。
・3年次の自由選択科目には**進路に応じた多くの科目**が用意されている。

★**普通科**
　2年次からめざす分野により**必修選択科目**が入ってくる。また、3年次では**文系・理系**に分かれ、精選された必修科目と多彩な選択科目が用意されている。

★**美術科**
　美術系科目が3年間で16〜50単位用意され、1年次の基礎的な科目から、2年、3年と多くの分野に分かれ、3年次では**卒業制作**に多くの時間をかける。

[部活動]

・希望制・全生徒の約5割が参加。
・最近の主な実績は以下のとおり。
＜令和5年度＞
　卓球部がインターハイ県予選に出場した。ボランティア活動をしている**インターアクトクラブ**は毎年、卒業生の使用済み体育館シューズをザンビアへ送っている。美術科の生徒が作製した2作品が全国高等学校総合文化祭の全国大会(2023かごしま総文)に出品された。美術科の生徒の作品はその他にいくつものコンクールで入賞している。

★**設置部**（※は同好会など）
サッカー、硬式野球、テニス、バレーボール、バドミントン、バスケットボール、陸上競技、ダンス、卓球、吹奏楽、合唱、演劇、写真、美術、書道、アニメ漫画研究、茶道、科学、クッキング、フォークソング、文芸、インターアクトクラブ、※放送

[行　事]

・**体育祭**は各色のパフォーマンス（ダンス）、デコレーションを中心に非常に盛り上がる。
・学校独自で**美術展、卒業制作展**を実施している。

4月	新入生歓迎行事、遠足
6月	体育祭
9月	翔矢祭（文化祭）
10月	修学旅行（2年）
2月	ロードレース大会
3月	スポーツ大会

[進　路] （令和5年3月）

・**進路説明会**はもちろん、**補習や講習**、入社・入学試験の面接に対応できるよう礼法講座や模擬面接なども行われている。
・**学校設定科目**を多く設置することで個々に応じた学習を可能とし、「ちょっと背伸びの『進路希望』」を実現するためのカリキュラム編成となっている。

★**卒業生の進路状況**
　＜卒業生313名＞
　大学111名、短大21名、専門学校139名、就職17名、その他25名

★**卒業生の主な進学先**
　桜美林大、神奈川大、関東学院大、相模女子大、産業能率大、湘南工科大、多摩美術大、帝京大、東京工芸大、東京造形大、日本大、文教大、法政大、駒澤大

[トピックス]

・教育目標や教育方針に「**連帯**」という言葉を掲げ、個性の伸長や自主自律の精神と共に、生徒どうしのつながりの輪を広げていくことにも重きを置いている。
・平成29年に**美術科**が設置された。前身の美術陶芸コースが7年に設置されて以降、未来の芸術家の卵が県内各地から集まってきている。多数の美術工芸関係教室など施設が充実。**卒業制作展**など発表の機会も用意されている。
・4基の大きな**陶芸窯**がある。
・トイレアートやステンドグラスなど、まるで美術館のように学校内に作品が溢れている。
・平成30年度にインクルーシブ教育実践推進校の指定を受けた。
・毎週1日、スクールカウンセラー、スクールソーシャルワーカーが来校し、生徒、保護者の相談に丁寧に対応している。

[学校見学] （令和5年度実施内容）

★**学校説明会**　10・11月各1回
★**アートスクール**　11月1回（要事前申込）
★**学校見学は随時可**（要連絡）

入試！インフォメーション

受検状況	年　度	学科・コース名	募集人員	志願者数	受検者数	合格者数	倍　率
	R6	普　通	239	270	267	239	1.12
		美　術	39	44	43	39	1.10
	R5	普　通	238	287	286	238	1.20
		美　術	39	40	40	39	1.03

県立 金井 高等学校

普通科

https://www.pen-kanagawa.ed.jp/kanai-h/

〒244-0845　横浜市栄区金井町100
☎ 045-852-4721
交通　JR東海道線・横須賀線・横浜市営地下鉄戸塚駅、
　　　JR東海道線・横須賀線・根岸線大船駅　バス

| 制　服 | あり |

[カリキュラム]◇三学期制◇

・生徒の個性を尊重しながら、多くの教科をバランスよく学ぶことを目指す。1年次は**基礎力の定着**を図る。2年次から週5時間の**選択科目**が設定されており、生徒の進路希望にあわせて、文系と理系どちらかの科目を多く履修することができる。

・3年次には、必修選択と自由選択をあわせて、最大16時間のなかから、自らの進路希望にあった科目を選べるので、進路希望実現に向けて効率よく学習できる。

[部活動]

・約7割が参加。

・**陸上競技部、弓道部、チアリーディング部、吹奏楽部、放送部**には全国大会や関東大会に出場した実績がある。

・最近の主な実績は以下のとおり。

＜令和5年度＞
放送部がNHK杯全国高校放送コンテスト全国大会朗読部門で準決勝に進出した。**吹奏楽部**が東関東吹奏楽コンクールで銀賞を受賞した。**陸上競技部**が関東新人大会の400mHで4位となった。**弓道部**が関東個人選抜大会に出場した。

＜令和4年度＞
陸上競技部が関東大会に出場した。男子バレーボール部が関東予選や総体予選で県ベスト8となった。**吹奏楽部**が県吹奏楽コンクールBの部金賞、全日本高校吹奏楽大会in横浜実行委員長賞を受賞した。**放送部**がNHK杯放送コンテスト神奈川大会で朗読部門奨励賞を受賞した。

★**設置部**（※は同好会）
陸上競技、バレーボール、サッカー、弓道、テニス、ソフトテニス、剣道、バスケットボール、野球、ハンドボール、バドミントン、卓球、チアリーディング、ダンス、山岳、吹奏楽、美術、軽音楽、写真、茶道、理科、放送、合唱

[行　事]

金井祭（文化祭）をはじめ行事の数は多い。特に運動の盛んな校風を反映し、**体育祭や球技大会**がある。

4月	新入生歓迎会
5月	校外学習
6月	体育祭
8月	夏期講習、部活動合宿
9月	金井祭
10月	修学旅行（2年）
12月	球技大会
3月	音楽祭

[進　路]（令和5年3月）

実力テスト、進路説明会、夏期講習、進路体験学習、キャリア講演会、進路学習会を全学年で実施。また、3年時には進路オリエンテーション、就職希望者説明会、進路体験学習ガイダンス、模擬面接指導などを行う。

★**卒業生の進路状況**
＜卒業生307名＞
大学223名、短大6名、専門学校51名、就職2名、その他25名

★**卒業生の主な合格実績**
会津大、横浜市立大、青山学院大、学習院大、工学院大、國學院大、駒澤大、芝浦工業大、成蹊大、専修大、中央大、東京都市大、東京理科大、東洋大、日本大、法政大、明治大、明治学院大、立教大

[トピックス]

・「**文武両道で鍛え合う夢かない高校**」を合言葉に「自ら学び、考え、判断し、行動する生徒」の育成をめざしている。

・地域の農家の協力のもと農業体験や食育教室を実施したり、調理を通じて近隣の小学生と交流する「夢かないエコクッキング」を開くなど、**食育**に力を入れている。

・令和5年度より**新制服**となった。グレーを基調とした品格あるデザインで、ウォッシャブルなので家庭で簡単に手入れをすることもできる。ネクタイとリボン、スラックスとスカートの自由な組み合わせは、金井生のより快適な学校生活につながっている。

[学校見学]（令和5年度実施内容）

★学校説明会　8月2回、11・12月各1回

★学校見学会　夏季・冬期休業中

★金井祭　9月　見学可（中学生とその保護者のみ）

入試！インフォメーション

受検状況	年　度	学科・コース名	募集人員	志願者数	受検者数	合格者数	倍　率
	R6	普　通	319	369	365(5)	319	1.13
	R5	普　通	318	436	435	318	1.37
	R4	普　通	358	390	386	358	1.08

横浜市立 桜丘 高等学校
さくらがおか

普通科

http://www.edu.city.yokohama.jp/sch/hs/sakura/

〒240-0011　横浜市保土ヶ谷区桜ヶ丘2-15-1
☎ 045-331-5021
交通　JR横須賀線保土ヶ谷駅　バス
　　　相模鉄道星川駅　徒歩15分またはバス

制　服　あり

[カリキュラム]　◇三学期制◇
・国・数・英の**基幹教科**の単位数を増加して設定。
・1年の時に全員で同じカリキュラムを学んだ後、2年からは緩やかな**文理選択科目**を設定。また、一部の科目で**少人数制授業**を行う。さらに、3年次には論理国語、体育、英語コミュニケーションⅢ、論理・表現Ⅲ以外は選択科目となる（最大19単位）。**選択科目群**にはより深く学ぶことが可能な科目を設定し、生徒の多様な要望に応じられるようにしている。
・また、**50分授業**を行い、週のうちの2日を**7時限**として、授業の質を高めるとともに、生徒の勉学意欲を刺激している。

[部活動]
・約9割が参加。
・最近の主な実績は以下のとおり。
＜令和5年度＞
弦楽部、書道部が全国高校総合文化祭に出場した。
★設置部（※は同好会）
バレーボール、サッカー、柔道、バスケットボール、硬式テニス、ソフトテニス、卓球、バドミントン、水泳、ダンス、陸上競技、硬式野球、弓道、ハンドボール、SBC（軽音楽）、茶道、弦楽、料理、美術、英会話、吹奏楽、天文、書道、※文芸

[行事]
・メインの**桜高祭**（文化祭）は9月に2日間にわたって開かれ、それぞれのクラスや文化部が、趣向をこらした出し物を競いあう。
・バレーボール大会は、50年以上の伝統を持つ、本校ならではの行事。5月、校庭いっぱいに20面ものコートをつくり、全員が参加して行われる。
・**合唱コンクール**は、各クラスがそれぞれ自由曲を発表しあい、練習の成果を競う。
・2年次に実施される**修学旅行**は、3泊4日の日程で行われている。

[進　路]（令和5年3月）
・各学年で**実力テスト**を行う他、3年次には**入試説明会**や**夏期講習**を実施。また、**進路室**には教員が常駐する。
・横浜国立大などとの**高大連携**を実施。様々な分野の講義を受けることができる。
・**平日**に英会話学校ベルリッツによる英会話講座を実施。
・進路指導部主催の「びーんずクラブ」では、模試の活用法など進学に関する情報の提供や、**大学別・科目別入試問題演習会**などの学習会を行っている。
★卒業生の進路状況
　＜卒業生311名＞
大学289名、短大1名、専門学校3名、就職1名、その他17名
★卒業生の主な合格実績
北海道大、電気通信大、東京学芸大、横浜国立大、神奈川県立保健福祉大、横浜市立大、東京都立大、慶應義塾大、早稲田大、青山学院大、学習院大、上智大、中央大、東京理科大、明治大、法政大、立教大
♣指定校推薦枠のある大学・短大など♣
横浜市立大（9）、慶應義塾大（1）、青山学院大（5）、学習院大（6）、中央大（5）、東京理科大（5）、法政大（6）、明治大（2）　他

[トピックス]
・市教育委員会指定**進学指導重点校**。
・授業・学校行事・部活動の三つの柱を大切にして真の**文武両道**をめざす。
・プール棟やテニスコートの他、弓道場、剣道場といった武道関係の施設、さらにはダンス場まである。その他、天文台や図書館も設けられているなど、**施設**の面では全体にたいへん恵まれている。全普通教室と特別教室の一部にエアコン設置。
・平成30年度より、ドイツ・フランクフルト市の学校と姉妹校となり、**ドイツ国際交流プログラム**がスタート。10月に受入プログラム、2月に派遣プログラムを実施。
・令和5年度より、3年間の体験や活動を通して教職に対する探求力を育み資質、能力の向上を目指す「教員養成講座」を開設。

[学校見学]（令和5年度実施内容）
★学校説明会　8・11月各1回
★学校施設見学会　12月1回
★桜高祭　9月
★部活動体験会　10月

入試！インフォメーション

受検状況	年度	学科・コース名	募集人員	志願者数	受検者数	合格者数	倍率
	R6	普通	318	442	433(3)	318	1.36
	R5	普通	318	403	394	318	1.21
	R4	普通	318	390	385	318	1.20

横浜市立 戸塚（とつか）高等学校

普通科 〈音楽コース〉

https://www.edu.city.yokohama.lg.jp/school/hs/totsuka/

☎ 245-8588　横浜市戸塚区汲沢 2-27-1
☎ 045-871-0301
交通　横浜市営地下鉄ブルーライン踊場駅　徒歩 8 分

単位制

| 制　服 | あり |

［カリキュラム］◇三学期制◇

★＜一般コース＞
・1 年次は、芸術科目（音楽、美術、書道から 1 科目選択）以外は全員同じ科目を履修し、2 年次より目的志向による学習集団を重視し、**文系・理系**の 2 系列を設置している。
・3 年次は、2 系列の選択に加え、目的志向に応じた特色ある**自由選択科目**を用意している。

★＜音楽コース＞
・**音楽大学などへの進学**を視野に、音楽を通じて幅広い知識・教養・豊かな人間性、高い音楽的能力を身に付けた人材の育成を目指す。
・大学進学に対応する学力を身につけるとともに、**音楽理論、ソルフェージュ、器楽、音楽指導法、演奏法**などの音楽専門科目を学ぶ。

［部活動］
・約 8 割が参加。
・**吹奏楽部**は東関東吹奏楽コンクール高校 A 部門に平成 14 年度から令和 5 年度まで21回連続出場（令和 2 年度は中止）。
・最近の主な実績は以下のとおり。
＜令和 5 年度＞
吹奏楽部が東関東吹奏楽コンクール A 部門で銀賞を受賞した。
＜令和 4 年度＞
吹奏楽部が東関東吹奏楽コンクール A 部門で銀賞を受賞した。
★設置部（※は同好会）
剣道、陸上競技、ソフトテニス、バスケットボール、バドミントン、バレーボール、ハンドボール、野球、水泳、サッカー、ラクロス、バトントワリング、ダンス、漫画研究、軽

音楽、茶道、吹奏楽、調理、美術、演劇、ボランティアセンター、天文、書道、インターアクト

［行　事］
・遠足（4 月）、体育祭（6 月）、球技大会（7 月）、戸高祭（9 月）、修学旅行（10 月）、球技大会（3 月）などを実施。
・体育祭の応援団は前年度から練習するほどの気合の入った取り組みの一つ。

［進　路］（令和 5 年 3 月）
・1・2 年次に**公務員・看護・医療系ガイダンス**や国公立大学ガイダンス、1～3 年次に**音楽大学進学ガイダンス**を実施。
・1・2 年次は自分を知る期間となり、それぞれの夢や進路について深く考え、夢を具体的にするための進路計画を立てる。3 年次では進路を具体化させるための計画を立て、志望先、志望理由を明確にしていく。また、全学年で一人ひとりが**自分の学習計画**を立て、節目ごとに反省や計画の見直しを行い、夢の実現に向けての指導を行っている。
★卒業生の進路状況
＜卒業生300名＞
大学256名、短大 1 名、専門学校16名、就職 3 名、その他24名
★卒業生の主な合格実績
東北大、東京工業大、横浜国立大、山口大、横浜市立大、早稲田大、青山学院大、学習院大、上智大、中央大、東京女子医科大、東京理科大、法政大、明治大、立教大

［トピックス］
・昭和 3 年創立の伝統校。平成15年度より**単位制高校**となる。26年度より**音楽コース**を設置。
・「**自主・協励・連帯**」を教育目標とし、生徒一人ひとりを尊重し、家庭や地域社会とのつながりを大切にしている。また、大学、小中学校、地域などとの**連携教育**に力を入れている。
・天文台やトレーニングルーム、多目的ホール、交流室など他校には見られない施設がある。音楽コース開設に伴い、**合奏室、レッスン室**などの施設を整備した。
・地域交流を積極的に行っており、**戸高学び塾**やバトン・ダンス・陸上・水泳部による小学生への実技指導を実施。
・**国際交流**に力を入れており、留学生との交流を積極的に行っている。また、生徒もインターアクト海外研修、交換学生などを利用して海外に出かけている。

［学校見学］（令和 5 年度実施内容）
★学校説明会　8・10月各 1 回
★音楽コース実技講習会　6 月 1 回
★戸高祭　9 月　見学可

入試！インフォメーション

受検状況	年　度	学科・コース名	募集人員	志願者数	受検者数	合格者数	倍　率
	R6	普通〈一般〉	279	365	361(2)	279	1.29
		普通〈音楽〉	39	44	44	39	1.13
	R5	普通〈一般〉	279	359	357(2)	279	1.27
		普通〈音楽〉	39	43	43	39	1.10

神奈川県
公　立
高校

学校ガイド

＜全日制　旧横浜南部学区＞

学校を紹介したページの探し方については、2ページ
「この本の使い方＜知りたい学校の探し方＞」を参照して
ください。

県立 横浜清陵 高等学校
よこはませいりょう

普通科

https://www.pen-kanagawa.ed.jp/y-seiryo-h/

☏ 232-0007　横浜市南区清水ケ丘 41
☎ 045-242-1926
交通　京浜急行線南太田駅　徒歩 12 分
　　　横浜市営地下鉄ブルーライン吉野町駅　徒歩 15 分

単位制

制　服　あり

[カリキュラム]　◇二学期制◇
・カリキュラム編成の基本コンセプトは「進学に重点を置いた学校」。
・大学入学共通テスト等を見据えたカリキュラムとなっている。
・卒業に必要な単位数は81単位。
・1・2年次では、高校の学習の基礎になる幅広い科目を時間をかけてじっくりと学習する。
・進路に適した効率的学習をするため、2年次からそれぞれの進路希望に応じて、自分の選択した科目を深く学習することになる。
・総合学科時代の伝統を受け継ぎ、「キャリア教育」を中心としたプログラムを設置する。

[部活動]
・約7割が参加。部活動の活性化を学校目標に掲げ、生徒の主体的な活動をサポートしている。
・最近の主な実績は以下のとおり。
＜令和4年度＞
写真部が日本写真家協会JPS展で最優秀賞、全国写真展覧会で銅賞を受賞。**書道部**が全国書道展覧会で奨励賞を受賞。**体操競技部**が関東大会県予選会で男子団体8位。**陸上競技部**が2種目で関東大会出場。**吹奏楽部**が横浜吹奏楽コンクールで金賞を受賞。
＜令和3年度＞
硬式野球部が全国選手権神奈川大会でベスト8。**レスリング部**が全国高校総合体育大会に出場。**体操競技部**が県体操競技高校生大会で個人総合5位、関東大会県予選で男子団体総合9位。**写真部**が写真甲子園で敢闘賞（5年連続）、日本写真家協会JPS展で審査員特別賞を受賞。

★設置部（※は同好会）
体操競技、剣道、硬式野球、卓球、サッカー、水泳、テニス、ソフトテニス、ダンス、バスケットボール、バドミントン、バレーボール、ライフル射撃、陸上競技、レスリング、ワンダーフォーゲル、※ソフトボール、軽音楽、クッキング、茶道、写真、書道、吹奏楽、パソコン、美術、漫画研究、文芸、自然科学、国際交流、合唱、※青少年赤十字（JRC）、※鉄道研究、※メディア研究、※ロボティクス

[行　事]
5月に遠足、6月に体育祭、10月に清陵祭（文化祭）、修学旅行（2年）、11月に球技大会を実施。

[進　路]（令和5年3月）
進学型総合学科（平成30年まで併置）としての13年間の指導実績を踏まえ、**充実したキャリア教育**によって生徒の希望する進路の実現をめざす。特に、**大学入学共通テスト**を見据えた進路指導を図っていく。また、AO入試・推薦入試では、各生徒に担当者をつけて合格までサポートする。

★卒業生の進路状況
＜卒業生264名＞
大学176名、短大8名、専門学校63名、就職3名、その他14名

★卒業生の主な進学先
神奈川県立保健福祉大、福岡教育大、秋田県立大、学習院大、工学院大、國學院大、駒澤大、芝浦工業大、成蹊大、専修大、中央大、東京電機大、東京都市大、東京理科大、東洋大、獨協大、日本大、法政大、明治大
♣指定校推薦枠のある大学・短大など♣

亜細亜大、工学院大、国士舘大、専修大、帝京大、東京電機大、東京都市大、日本大　他

[トピックス]
・地域行事のボランティアに積極的に参加している。令和元年度より3年間、4年度よりさらに3年間「総合的な探究の時間」の研究指定校。
・平成16年に清水ケ丘高校と大岡高校の統合により、清水ケ丘高校の敷地内に成立した進学型総合学科の横浜清陵総合高校から、29年度より横浜清陵高校となり**単位制普通科**に改編した。

[学校見学]（令和5年度実施内容）
★学校説明会　10・12月各1回
★学校説明会（在県外国人特別枠）　12月1回
★清陵祭　10月　見学可
★夏季休業中の学校見学は10時・14時に実施（予約制）

受検状況	年　度	学科・コース名	募集人員	志願者数	受検者数	合格者数	倍　率
	R6	普　通	266	400	397(1)	266	1.49
	R5	普　通	305	411	408(2)	305	1.33
	R4	普　通	265	389	385	265	1.45

入試！インフォメーション

県立 横浜国際 高等学校
（よこはまこくさい）

国際科
〈国際バカロレアコース〉

単位制

制 服　標準服あり

https://www.pen-kanagawa.ed.jp/yokohamakokusai-h/

〒232-0066　横浜市南区六ツ川1-731
☎ 045-721-1434
交通　京浜急行線弘明寺駅　バスまたは徒歩20分
　　　ＪＲ東海道線戸塚駅　バス

[カリキュラム]　◇二学期制◇

・50分7限授業が基本。
・単位制なので、進路希望や興味・関心などに基づいた科目選択が可能。卒業要件は、必履修科目を履修し、74単位以上を修得すること。ただし、専門科目が25単位以上必要。
・学校必履修科目として、英語以外の外国語（ドイツ・フランス・スペイン・ハングル・中国・アラビアから一つ選択）、および「総合英語」「ディベート・ディスカッション」などがある。
・総合的な探究の時間では3年間かけてテーマ研究を行う。8000字程度のレポートを作成し、それを英語論文にまとめて口頭発表する。
・国際バカロレアコースは、DLDP（デュアル・ランゲージ・ディプロマ・プログラム）を導入。英語と数学の授業を英語で実施し、他の教科は日本語で実施している。

[部活動]

・約8割が参加。
・最近の主な実績は以下のとおり。
＜令和5年度＞
陸上競技部が女子走高跳でインターハイ出場、女子5000m競歩と女子走高跳で関東新人大会出場、放送部がアナウンス部門でNHK杯全国大会出場などの成績を収めた。。
★設置部（※は同好会）
弓道、サッカー（男女）、チアリーディング、テニス、バスケットボール、バドミントン、ラクロス、陸上競技、ダンス、※バレーボール、演劇、軽音楽、茶道、吹奏楽、フラメンコ、ボランティア、合唱、美術、

放送、エンターテイメント、競技かるた、インターアクト、模擬国連、パントマイム、※写真、※SDGs

[行　事]

English Workshop、サマープログラム、YIS英語スピーチコンテスト、海外修学旅行、姉妹校交流などを実施。

[進　路]（令和5年3月）

・長期休業中などに補習・講習を行っている。
・全員が民間英語試験や実力テストを受験し、そのデータを解析することで、早い時期からの目標設定やきめ細かな受験指導を可能としている。
・過去問題集や受験情報誌などが閲覧できるガイダンスルームがある。
★卒業生の進路状況
＜卒業生174名＞
大学152名、短大0名、専門学校5名、就職1名、その他16名
★卒業生の主な合格実績
東京外国語大、横浜国立大、国際教養大、横浜市立大、早稲田大、慶應義塾大、上智大、アリゾナ大、オークランド工科大、クイーンズランド大、グリフィス大、サウサンプトン大、サセックス大、サルフォード大、マンチェスター大、ヨーク大
♣指定校推薦枠のある大学・短大など♣
横浜市立大、早稲田大、慶應義塾大、青山学院大、国際基督教大、上智大、中央大、明治大、立教大　他

[トピックス]

・神奈川県国際バカロレア認定校であり、国際バカロレアコースでは日本の高校卒業資格に加え、国際的な大

学入学資格が取得可能。
・世界各地に姉妹校があり、訪問や受け入れの交流が盛ん。将来国際舞台で活躍できる人材の育成をめざしている。
・国際理解教育としてサマープログラムを実施。企業訪問、大使館訪問など、様々なテーマで行っている。令和5年度は「ベナン大使館職員による講演会」などを行った。
・東京外国語大学と高大連携を締結し、キャンパス訪問を行っている。
・海外帰国生特別募集実施校。一般募集に該当し、かつ、継続して2年以上外国に在住して、中学校1年生以降に帰国した生徒が対象（原則）。
・学力向上進学重点校エントリー校。

[学校見学]（令和5年度実施内容）

★学校説明会　7月2回、8・9・10・11・12月各1回
★国際バカロレアコース説明会　8月1回
★YISフェスタ　9月　チケット制
★学校見学は随時可（要連絡）

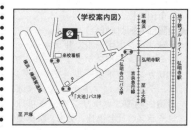
〈学校案内図〉

普通科

県立 横浜南陵 高等学校
よこはま なん りょう

https://www.pen-kanagawa.ed.jp/y-nanryo-h/

〒234-0053　横浜市港南区日野中央2-26-1
☎ 045-842-3764
交通　ＪＲ根岸線洋光台駅　バスまたは徒歩20分
　　　京浜急行線・横浜市営地下鉄上大岡駅　バス

制　服　あり

[カリキュラム] ◇三学期制◇

・1年は芸術を除いて全員が共通の科目を学ぶ。
・2年は、理系と文系で2単位の選択科目を設けている。福祉の科目である「社会福祉基礎」も選択できる。「数学Ⅱ」「物理基礎」では、習熟度別授業を実施している。
・3年は、「論理国語」「体育」「英語コミュニケーションⅢ」「総合的な探究の時間」を必修科目とし、その他は、希望する進路に応じてⅠ類（理系）Ⅱ類（文系）Ⅲ類（その他）に分かれて学習を行う。英語、芸術、家庭科の専門科目も学ぶことができる。

[部活動]

・約9割が参加。
・最近の主な実績は以下のとおり。

＜令和4年度＞
ボウリング部が全国大会出場。社会福祉部が全国高校生手話パフォーマンス甲子園で入賞、全国高校生の手話によるスピーチコンテスト出場。

＜令和3年度＞
男子ハンドボール部が関東大会でベスト8。ボウリング部が全日本高校ボウリング選手権大会出場。バドミントン部、ソフトテニス部などが県大会に出場。社会福祉部が全国高校生手話パフォーマンス甲子園に出場し全国3位となった。

★設置部（※は同好会）
野球、ハンドボール、サッカー、バドミントン、バスケットボール、アメリカンフットボール、モダンダンス、テニス、ソフトテニス、水泳、弓道、剣道、ボウリング、※卓球、コーラス、社会福祉、美術、吹奏楽、放送、軽音楽、漫画研究、茶道、箏曲、ホームメイキング、生物、コンピューター科学、写真、コーラス、※文芸

[行　事]

・合唱コンクール、文化祭、体育祭を三大行事として位置づけている。
・鎌倉芸術館で行う合唱コンクールは、クラスが一丸となることを実感できる貴重な行事である。

6月　体育祭
9月　南陵祭（文化祭）
10月　修学旅行（2年）
3月　合唱コンクール

[進　路]（令和5年3月）

進路ガイダンスや進路説明会を早い時期から実施している。

★卒業生の進路状況
＜卒業生234名＞
大学134名、短大7名、専門学校72名、就職9名、その他12名

★卒業生の主な進学先
学習院大、神奈川大、関東学院大、駒澤大、湘南医療大、湘南工科大、成蹊大、専修大、玉川大、中央大、東京理科大、鶴見大、桐蔭横浜大、東京都市大、日本大、日本体育大、法政大、明治学院大、横浜商科大

[トピックス]

・平成15年度に、旧横浜日野高校と旧野庭高校を再編統合し、専門コースのある全日制普通科高校として新たに設立された。
・HR教室にプロジェクターを設置し、視覚的教材を活用。ICTを導入した授業も積極的に展開する。
・令和4年度～6年度ICT利活用授業研究推進校指定。
・平成29年度よりコースの設置を解消し、学校全体の特色とする改編が行われた。令和2年度より三学期制を導入。
・健康福祉棟には、福祉実習室、スポーツ科学教室、健康科学教室、福祉学習室が備わっている。
・「言語活動」を積極的に取り入れた授業を行っている。
・近隣の特別支援学校、老人ホーム、地域活動ホーム、地域のケアプラザなどとの交流をはじめ、福祉・ボランティア活動に力を入れている。
・令和6年度よりインクルーシブ教育実践推進校として指定。

[学校見学]（令和5年度実施内容）

★学校説明会　8・11・12月各1回
★南陵祭　9月　見学可
★学校見学は長期休業中（土日及び閉庁日を除く）（要連絡）

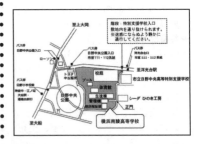

入試！インフォメーション

受検状況	年　度	学科・コース名	募集人員	志願者数	受検者数	合格者数	倍　率
	R6	普　通	239	381	377(2)	239	1.58
	R5	普　通	278	339	337(1)	278	1.21
	R4	普　通	278	297	297	279	1.06

県立 柏陽 高等学校

はくよう

https://www.pen-kanagawa.ed.jp/hakuyo-h/

〒247-0004　横浜市栄区柏陽1-1
☎045-892-2105～6
交通　ＪＲ根岸線本郷台駅　徒歩5分

普通科

制　服　あり

[カリキュラム] ◇二学期制◇

・65分授業。
・1年次では、総合的な探究の時間を**科学と文化**と名づけ、探究力を育てることに取り組んでいる。
・グローバル教育として、**海外姉妹校との交流**や**海外語学研修**など、さまざまな取り組みをしている。
・大学や研究機関などと連携し、研究室への訪問や講師を招いて実施する**キャリアアップ講座**を開講している。
・6～7月、10～12月、1～2月に1・2年各20講座、3年24講座の**土曜講習**を実施している。

[部活動]

・約9割が参加。過去には**ソフトテニス部**（平成25年度）と**陸上競技部**（24・25・29年度）がインターハイに、**理科部**（24・25年度）がロボカップジュニア全国大会に出場したことがある。
・最近の主な実績は以下のとおり。
＜令和5年度＞
　軽音楽部が全国高校軽音楽部大会 we are SNEAKER AGES グランプリ大会に出場した。**囲碁将棋部**が文部科学大臣杯全国高校囲碁選手権大会に出場した。**陸上競技部**が関東選抜新人大会に女子800mで出場した。
＜令和4年度＞
　囲碁将棋部（将棋）が全国高校総合文化祭（全国5位）、全国高校将棋竜王戦（全国ベスト16）に出場した。
★**設置部**（※は同好会）
バレーボール、陸上競技、バスケットボール、バドミントン、剣道、サッカー、野球、卓球、ソフトテニス、ソフトボール、ハンドボール、水泳、ラグビー、テニス、山岳、美術、写真、書道、茶道、理科、文芸、合唱、英語、数学、吹奏楽、デザインワーク、クラシックギター、軽音楽、競技かるた、囲碁将棋、ダンス、※クイズ研究

[行　事]

・特別活動は生徒の自主性を重んじており、**文化祭・体育祭**などの学校行事は生徒自ら企画・運営し、開催当日はたいへん盛り上がる。
・**海外修学旅行**を実施。学校単位で現地生徒と国際交流を行う。

4月	遠足
6月	体育祭
7月	芸術鑑賞会、球技大会
9月	柏陽祭（文化祭）
11月	修学旅行（2年）、柏陽「科学と文化」学会（1年）
3月	合唱祭、球技大会

[進　路]（令和5年3月）

・過去問題集や大学のデータ、資料を備えた**キャリアルーム**を設置。大学についての調べ学習や自習に活用されている。
・空調を備えた個別ブースの**自習室**は放課後だけでなく早朝にも開放されている。
・**土曜講習**を組織的に実施。長期休業中には**夏季・冬季講習**が開かれ、多くの生徒が受講している。
★卒業生の進路状況
　＜卒業生311名＞
　大学264名、短大0名、専門学校1名、就職0名、その他46名
★卒業生の主な進学先
　東京大、京都大、北海道大、東北大、名古屋大、大阪大、九州大、お茶の水女子大、千葉大、筑波大、電気通信大、東京外国語大、東京海洋大、東京学芸大、東京工業大、東京農工大、一橋大、横浜国立大、東京都立大、横浜市立大、早稲田大、慶應義塾大、上智大、東京理科大

[トピックス]

・昭和42年創立。卒業生は17,000名を超え、社会の各分野で活躍している。
・平成14年度から5年間、文部科学省指定の**スーパーサイエンスハイスクール**（SSH）だった。SSHの研究成果は総合的な探究の時間で行う「**科学と文化**」として活かされている。
・神奈川県から指定を受けた「**学力向上進学重点校**」。学力の向上と進路希望の実現をサポートする多彩な取り組みを行い、進学実績の向上に努めており、「**全県トップレベルの進学校**」という評価を得ている。

[学校見学]（令和5年度実施内容）

★学校説明会　8・10・12月各1回
★柏陽祭　9月　見学可

入試！インフォメーション

受検状況	年　度	学科・コース名	募集人員	志願者数	受検者数	合格者数	倍　率
	R6	普　通	319	444	436(10)	319	1.34
	R5	普　通	318	458	453(16)	319	1.37
	R4	普　通	318	453	446	318	1.37

普通科

県立 横浜栄 高等学校

よこはまさかえ

https://www.pen-kanagawa.ed.jp/yokohamasakae-h/

〒247-0013　横浜市栄区上郷町 555
☎ 045-891-5581
交通　JR 京浜東北線・根岸線港南台駅　バスまたは徒歩 18 分
　　　京急線上大岡駅・金沢八景駅、横浜市営地下鉄上永谷駅　バス

単位制

制　服　あり

[カリキュラム] ◇二学期制◇
・授業は50分6限が基本。
・1年次は必履修科目を中心に学習し、基礎学力の向上をはかる。2・3年次は選択科目中心のカリキュラムを編成。多様で特色ある選択科目を設置し、各自の興味・関心や進路希望に応じた履修を可能にする。
・体育、芸術、家政、幼児教育などに進学する生徒向けの科目も用意されている。

[部活動]
・約8割が参加。
・最近の主な実績は以下のとおり。
＜令和5年度＞
陸上競技部が関東大会に、弓道部男子が関東個人選抜大会に出場した。
＜令和4年度＞
弓道部が女子団体で関東大会と東日本大会に、女子個人でインターハイにそれぞれ出場した。

★設置部
アメリカンフットボール、ラグビー、野球、サッカー、弓道、剣道、テニス、ソフトテニス、陸上競技、バドミントン、バスケットボール、バレーボール、卓球、チアリーディング、ダンス、軽音楽、茶道、吹奏楽、漫画研究、文芸、美術、サイエンス、競技かるた、数学研究

[行　事]
・単位制の学校ではあるが、学校行事はクラス単位の活動が充実している。
・希望者によるボランティア活動やインターンシップを行い、自己成長や進路実現につながる活動を行っている。

・4月に遠足、6月に体育祭、10月に文化祭、11月に修学旅行、3月に合唱祭を実施。

[進　路] (令和5年3月)
・入学後早い時期に行われる学習ガイダンスや夏休みの夏期講習、定期テスト前の自習日(3S DAY)で自学自習の習慣を身に付ける。
・2年次の学部学科ガイダンス、3年次の受験指導など一人ひとりの自己実現のためのきめ細かい進路指導・個別指導を行っている。

★卒業生の進路状況
＜卒業生308名＞
大学269名、短大2名、専門学校19名、就職0名、その他18名

★卒業生の主な合格実績
宇都宮大、静岡大、高知工科大、鹿児島大、神奈川県立保健福祉大、東京都立大、横浜市立大、早稲田大、青山学院大、学習院大、國學院大、駒澤大、上智大、成蹊大、成城大、専修大、中央大、東京理科大、東洋大、獨協大、日本大、法政大、明治大、明治学院大、立教大、クイーンズランド工科大

♣指定校推薦枠のある大学・短大など♣
横浜市立大、青山学院大、学習院大、上智大、中央大、東京理科大、法政大、明治大、立教大　他

[トピックス]
・県立上郷高校と県立港南台高校とが統合され、平成21年度、進学重視型単位制普通科高校として開校。従来の施設に加え、ガイダンスルーム、家庭科多目的室、カウンセリングルームなどが新たに設置された。
・進学重視で学習に力を入れると同時

に、部活動も大変盛んである。
・普通教室すべてにエアコン、プロジェクター、Wi-Fiを完備。
・個別ブース型の机を設置した自習室を開放し、自学自習の習慣を身につけられるようにしている。定期考査前の土曜日には自習の日を設定し、教員が質問に応じる。
・1年次から学習ガイダンスがあり、2年次には学部学科別ガイダンスがあるなど、それぞれが自己分析を行った上で目標を実現できるよう取り組んでいる。

[学校見学] (令和5年度実施内容)
★学校説明会　8・10・12月各1回
★栄祭　9月　見学可
★学校見学は平日随時可 (要連絡)

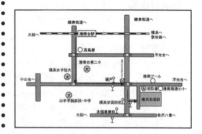

入試！インフォメーション

受検状況	年　度	学科・コース名	募集人員	志願者数	受検者数	合格者数	倍　率
	R6	普　通	319	402	398	319	1.26
	R5	普　通	318	469	466(1)	318	1.46
	R4	普　通	318	403	401	318	1.25

横浜市立 横浜商業 高等学校

よこはましょうぎょう

https://www.edu.city.yokohama.lg.jp/school/hs/y-shogyo/

〒232-0006　横浜市南区南太田2-30-1
☎ 045-713-2323
交通　京浜急行線南太田駅　徒歩7分
　　　横浜市営地下鉄蒔田駅　徒歩7分
　　　神奈川中央交通バスY校前

商業科
国際学科
スポーツマネジメント科

| 制　服 | あり |

[カリキュラム] ◇三学期制◇

★商業科
・1年次では普通教科に加え「簿記」「情報処理」「ビジネス基礎」の3科目を置き、基礎基本の充実に力を入れている。
・3年次では選択科目を多数設置し、生徒の興味、進路希望などにあわせた選択科目の組み合わせが可能。
・入学時に難関大学を目指すYBCクラスを設置(40名)。英語などの普通科目を強化したり、総合的な探究の時間をキャリアプランニングとして企業の経営者を講師として招いたり、地元の企業とのコラボレーションを企画するなど、「生きた学び」の機会を豊富に用意している。YBC特別プログラムとして、放課後等を利用した英語・小論文講習会、校内模擬試験、上級学校見学会、OBによるパネルディスカッションなどを実施。
・全商簿記検定1級、全商情報処理検定1級、全商ワープロ検定1級、全商珠算電卓検定1級などの資格検定の取得に力を入れている。

★国際学科
・英語の授業時間数は3年間で必修20時間＋選択授業と豊富に用意されている。
・英語の授業はすべて10～20人編成の少人数制。
・「英語」は洋書のテキストを取り入れ外国人講師による講座も設置。授業は日本語を使わず、すべて英語で行っている。さらに「総合的な探究の時間(Global Learning)」で、ゲストティーチャーの講義とグループワークを通して、幅広い視野を持つよう指導している。2年次以降では「第2外国語」も学ぶ。
・英検やGTECを受検する。

★スポーツマネジメント科
・スポーツや健康に関する学習や実践的な活動を通じ、科学的な知識・理解を深め、スポーツマネジメントに関わる資質・能力を育成する。
・大学進学を想定した普通科目と35単位程度の専門科目を学ぶ。専門科目では、スポーツトレーニング、栄養、心理、スポーツ科学についての科目、スポーツと経営学を融合した科目、簿記、情報処理など将来の自立に役立つ資格取得を目指す科目を学ぶ。
・トレーナーによる効果的なトレーニングの取り組みの指導や、運動部と緊密に連動させた運動能力向上の教育活動など、特色ある教育活動を行う。

[部活動]
　約8割が参加。硬式野球部は春夏計16回甲子園出場の強豪。令和4年度にはボート部がインターハイ出場、軟式野球部が関東大会準優勝などの成績を収めた。

★設置部
　硬式野球、軟式野球、サッカー、バレーボール、バスケットボール、陸上競技、ソフトテニス、バドミントン、硬式テニス、剣道、弓道、ダンス、バトントワリング、卓球、ボート、吹奏楽、美術、書道、英語、茶道、ワープロ、写真、料理、漫画研究、軽音楽、自然科学、簿記

[行　事]
　English Shower Camp(国際学科)、体育祭、修学旅行(2年)、Y校祭、球技大会、学校レクなどを実施。

[進　路] (令和5年3月)
・「きめ細やかな進路指導」を指導の重点としており、さまざまな場面を通してガイ

ダンス、職業観・勤労観の育成を行っている。
・商業科の生徒は、在学中に取得した検定資格などを生かし、約8割が進学する。

★卒業生の進路状況
＜卒業生267名＞
大学164名、短大3名、専門学校45名、就職41名、その他14名

★卒業生の主な進学先
横浜国立大、神奈川県立保健福祉大、横浜市立大、青山学院大、学習院大、駒澤大、専修大、中央大、東洋大、日本大、法政大、武蔵大、明治大、早稲田大

[トピックス]
・明治15年創立の「横浜商法学校」が前身。140年余の長い歴史を誇る伝統校である。
・ニューヨークにある国連国際学校主催の高校生会議に3名の生徒を派遣。グローバルな問題に関して世界の高校生と英語で討議する。また、国際学科も高校生会議を年に2回主催。国内外から10校近くの学校が参加し、英語で議論する。
・カナダのサーウィンストンチャーチル高校と姉妹校交流。

[学校見学] (令和5年度実施内容)
★体験入学　7月2回
★学校説明会　9・12月各1回
★授業見学　11月1回

入試！インフォメーション

受検状況	年　度	学科・コース名	募集人員	志願者数	受検者数	合格者数	倍　率
	R6	商　業	199	235	235(2)	199	1.17
		国　際	35	53	53	35	1.51
		スポーツマネジメント	39	54	54	39	1.38
	R5	商　業	199	226	225(1)	199	1.13
		国　際	35	36	35(1)	34	1.00
		スポーツマネジメント	39	47	47	40	1.18

横浜市立 南 （みなみ） 高等学校

http://www.edu.city.yokohama.lg.jp/school/hs/minami/

〒233-0011　横浜市港南区東永谷 2-1-1
☎ 045-822-1910
交通　京浜急行線・横浜市営地下鉄上大岡駅、横浜市営地下鉄港南中央駅　バス
　　　横浜市営地下鉄上永谷駅　徒歩 15 分

普通科

制服　標準服あり

[カリキュラム]　◇三学期制◇

・**国公立大学進学**を想定した教育課程となっているため、2年生までは英国数理社の各科目をまんべんなく学習する。
・2年生で2科目5単位分、3年生で最大12単位分の選択科目が設けられ、難関国公立大や難関私立大合格に備えた学習を行う。
・数学と英語で**少人数授業**を実施。
・**総合的な探究の時間「TRY & ACT」**では課題解決型学習を行う。
・1年生は附属中学校からの進学者との**混合学級**を編成する。

[部活動]

・約9割が参加。
・最近の主な実績は以下のとおり。
＜令和5年度＞
コンピュータ部がスーパーコンピューティングコンテスト全国大会とパソコン甲子園プログラミング部門に出場した（ともに3年連続）。**陸上競技部**が関東新人大会に女子800mで出場した。また、本校生徒が29er級ワールドセーリング・ワールドチャンピオンシップスに出場した。
＜令和4年度＞
コンピュータ部が全国大会、国際情報オリンピック日本代表選考会など

に出場した。**書道部**が学芸書道全国展で東京新聞賞を受賞した。**弓道部**が関東個人選抜大会に出場した。

★設置部（※は同好会）

弓道、剣道、サッカー、水泳、野球、バレーボール、テニス、ソフトテニス、陸上競技、バスケットボール、ダンス、ハンドボール、バドミントン、書道、演劇、美術、放送、弦楽、吹奏楽、軽音楽、コンピュータ、料理、茶道、※文芸

[行　事]

南高祭舞台の部で行われる2年生全員が総出演する風の章の舞台、横浜みなとみらいホールで行われる**合唱コンクール**など、様々な行事が行われている。
5月　南高祭（体育祭の部）
6月　合唱コンクール
7月　球技大会（12・3月も実施）
9月　南高祭（舞台・展示・後夜祭）
10月　グローバルビレッジ研修（1年）、北海道国内研修旅行（2年）
3月　送別フェスティバル

[進　路] （令和5年3月）

・妥協しない進路実現のため、**大学説明会、分野別説明会、高大連携講座、社会人講演会**などを実施し、進路について考える機会を設けている。
・**夏期・冬期講習、土曜講座、模試解説会、直前入試対策講座**などを実施し、生徒の学力アップに努めている。
・図書館・進路学習室・教科センターなどを**自習スペース**として使うことができる。

★卒業生の進路状況

＜卒業生191名＞
大学166名、短大0名、専門学校2名、就職0名、その他23名

★卒業生の主な進学先

東京大（理III）、京都大、北海道大、大阪大、お茶の水女子大、群馬大、千葉大、筑波大、東京工業大、一橋大、横浜国立大、東京都立大、神奈川県立保健福祉大、横浜市立大（医）、防衛医科大学校（医）、早稲田大、慶應義塾大、上智大

[トピックス]

・平成24年度に**附属中学校**が開校。合同行事などを通じ交流を行っている。
・平成24年度から**「進学指導重点校」**として指定され、国公立大学進学を目指し、学力向上を図っている。
・カナダ・バンクーバーの姉妹校と**短期留学・ホームステイ**を行うなど、国際交流も積極的に行っている
・令和3年度から文部科学省指定の**スーパーグローバルハイスクールネットワーク参加校**として、次世代のグローバルリーダーを育成している。
・80名宿泊可能な**セミナーハウス**、人工芝の**野球場**、常設の**テニスコート（人工芝）**5面、**ハンドボールコート（人工芝）**1面、**弓道場**、**総合体育館**（屋上プール・柔道場・剣道場・トレーニングルーム・サブアリーナ・ランニングコース付きのメインアリーナを備える）など、充実した施設が魅力的である。

[学校見学] （令和5年度実施内容）

★学校説明会　7・10・12月各1回

入試！インフォメーション

受検状況

年　度	学科・コース名	募集人員	志願者数	受検者数	合格者数	倍　率
R6	普　通	38	59	57(3)	38	1.42
R5	普　通	38	52	50	38	1.29
R4	普　通	38	59	56	38	1.47

学校ガイド

＜全日制　旧横浜臨海学区＞

　学校を紹介したページの探し方については、２ページ「この本の使い方＜知りたい学校の探し方＞」を参照してください。

県立 横浜緑ケ丘 高等学校
（よこはま みどり が おか）

普通科

https://www.pen-kanagawa.ed.jp/y-midorigaoka-h/

〒231-0832　横浜市中区本牧緑ヶ丘37
☎ 045-621-8641
交通　JR根岸線山手駅　徒歩13分

制　服　標準服あり

[カリキュラム] ◇二学期制◇
・50分6時間授業（週2日は7時間）で、密度の濃い授業内容であり、部活動との両立も可能。
・1年次では基礎学力の定着を重視、2年次ではそれぞれが進路や適性に応じた科目を選択する。3年次でI型（文系）とII型（理系）に分かれ、具体的な進路希望に沿った幅広い**選択科目**が設定してある。
・一部の授業で**少人数授業**を展開している。特に、2年次の**論理・表現**の授業では、1クラスを半分に分けた20名で行い、少人数を活かしてプレゼンテーションやグループ討議なども実施している。

[部活動]
・約9割が参加。
・最近の主な実績は以下のとおり。
＜令和3年度＞
吹奏楽部が全日本高校吹奏楽大会in横浜で連盟理事長賞、東関東吹奏楽コンクールで銀賞を受賞した。**文芸部**が関東大会短歌部門に出場した。水泳部が関東大会に出場した。**アーチェリー部**が4年3月の全国選抜大会で全国4位となった。
★**設置部**（※は同好会）
硬式野球、ラグビー、サッカー、硬式テニス、ソフトテニス、ハンドボール、バスケットボール、バドミントン、バレーボール、チアリーディング、剣道、陸上競技、卓球、水泳、アーチェリー、ダンス、吹奏楽、管弦楽、茶道、棋道、軽音楽、地学、美術、クラシックギター、数学物理、漫画研究、書道、料理、園芸、化学生物、手芸、クイズ研究、文芸、※合唱、※World Cafe

[行　事]
4月	校外研修
6月	緑高祭（文化祭）、芸術鑑賞
10月	体育祭
12月	修学旅行（2年・沖縄）
3月	探究成果発表会、競技大会

[進　路] （令和5年3月）
・**夏期講習、冬期講習、保護者面談**や**進路講習会、模擬試験**などを実施。
・大学模擬授業や大学の学部学科ガイダンス、オープンキャンパス訪問など、生徒が希望する進路に進めるよう指導している。
★**卒業生の進路状況**
＜卒業生274名＞
大学232名、短大0名、専門学校4名、就職0名、その他38名
★**卒業生の主な進学先**
北海道大、東北大、名古屋大、お茶の水女子大、千葉大、筑波大、電気通信大、東京外国語大、東京学芸大、東京藝術大、東京工業大、東京農工大、一橋大、横浜国立大、信州大、宮崎大、東京都立大、横浜市立大、早稲田大、慶應義塾大、青山学院大、学習院大、上智大、中央大、東京理科大、法政大、明治大、立教大

[トピックス]
・10・11月に、在校生・保護者・地域住民対象の**緑高セミナー**という土曜教養講座を開き、高校のカリキュラムを超えた現代の最先端技術・科学・学問や文化を紹介している。
・平成26年4月に**南館**が完成、27年夏には西館の**耐震工事**も完了し、生徒は新しいホームルーム教室や特別教室で授業を受けている。また、**学食**もある。

・社会人として高い英語力が求められていることを受けて、全校で**GTEC**の受験を行っている。
・平成28年度より**学力向上進学重点校エントリー校**に指定されている。
・卒業生からの寄付をもとに「**学びの奨励基金**」を創設。海外研修やリーダー研修への参加など、在校生の知的活動を応援している。
・令和4年度、文部科学省から**スーパーサイエンスハイスクール**に指定された（8年度まで）。総合的な探究の時間と情報Iを融合させた「緑の探究I・II・III」（学校設定科目）の設置やスタディツアー、科学セミナーなどを実施している。

[学校見学] （令和5年度実施内容）
★学校説明会　8・10・11月各1回
★学校見学　8月11回

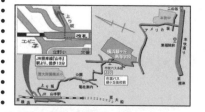

入試！インフォメーション

受検状況	年　度	学科・コース名	募集人員	志願者数	受検者数	合格者数	倍　率
	R6	普　通	279	444	440(4)	279	1.57
	R5	普　通	278	391	386(9)	278	1.36
	R4	普　通	278	468	462	278	1.64

県立 横浜立野 高等学校
よこはまたての

普通科

https://www.pen-kanagawa.ed.jp/y-tateno-h/

〒231-0825　横浜市中区本牧間門40-1
☎ 045-621-0261
交通　ＪＲ根岸線根岸駅　徒歩20分またはバス

制　服	あり

[カリキュラム]　◇三学期制◇

・週31単位。
・1年次は芸術科目を除き、全員が共通の科目を学ぶ。
・2年次からⅠ類（理数系）とⅡ類（文化系）に分かれる。
・3年次には生徒の進路希望に応じ、A選択・B選択・C選択・自由選択の中から必要な科目を選択する。
・学校外活動として、英検等の技能審査や校外講座、ボランティア活動、スポーツ文化活動、就業体験活動を修得単位として認定。

[部活動]

・約7割が参加。
・最近の主な実績は以下のとおり。
<令和5年度>
ソングリーダー部が全国大会（全国高校ミスダンスドリル選手権、全日本チアダンス選手権大会、USAナショナルズ）に出場し、空手道部が関東大会に女子団体組手・形で出場した。女子バスケットボール部は県2位で関東大会とインターハイに出場し、ウインターカップ県予選でも準優勝だった。
<令和4年度>
ソングリーダー部・空手道部・競技かるた部が全国大会に、女子バスケットボール部が関東新人大会に出場した。

★設置部
剣道、空手道、卓球、野球、陸上競技、ソングリーダー、テニス、バスケットボール、アメリカンフットボール、バドミントン、バレーボール、サッカー、水泳、ダンス、茶道、写真、美術、漫画研究、吹奏楽、華道、軽音楽、競技かるた、演劇

[行　事]

5月　校外学習
6月　クラスの日（ミニ体育祭）
9月　立野祭（文化祭）
10月　修学旅行（2年・沖縄）
11月　芸術鑑賞会
12月　球技大会
2月　百人一首大会（2年）
3月　合唱コンクール

[進　路]（令和5年3月）

・1年次より実力テストを導入し、その結果を使って指導している。その時々の自分の実力を把握することが可能で、目標を明確に定めることができる。
・夏期講習を実施（約14講座）。大学講師等を招いた進路ガイダンスも実施。歴史のある学校のため、指定校推薦は多数ある（大学でのべ300名以上）。
・進路指導にはスタディサポート等を活用している。
★卒業生の進路状況
　<卒業生231名>
　大学146名、短大15名、専門学校52名、就職2名、その他16名
★卒業生の主な合格実績
　早稲田大、神奈川大、神奈川工科大、鎌倉女子大、関東学院大、工学院大、

國學院大、駒澤大、相模女子大、湘南医療大、湘南工科大、専修大、鶴見大、桐蔭横浜大、東海大、東京都市大、東洋大、日本大、法政大、明治大、明治学院大、横浜創英大、横浜薬科大

♣指定校推薦枠のある大学・短大など♣
神奈川大、関東学院大、國學院大、専修大、東洋大、日本大、法政大他

[トピックス]

・平成26年4月より全教室で空調が完備した新校舎を使用。
・平成28年に創立80周年記念式典を挙行した。
・頭髪・制服・通学マナー等の生活指導や教育相談体制が充実している。
・地域と連携した児童見守り活動やあいさつ活動を行っている。

[学校見学]（令和5年度実施内容）

★学校説明会　10・12月各1回
★オープンキャンパス　8月2回
★部活動体験　8・9・10月各1回
★立野祭　9月　見学可

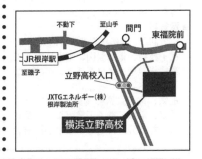

JR根岸駅
至山手
間門
不動下
東福院前
至磯子
立野高校入口
JXTGエネルギー(株)根岸製油所
横浜立野高校

入試！インフォメーション

受検状況	年　度	学科・コース名	募集人員	志願者数	受検者数	合格者数	倍　率
	R6	普通	239	352	350(3)	239	1.46
	R5	普通	278	341	338(3)	278	1.21
	R4	普通	278	308	305	280	1.09

県立 磯子工業 高等学校（いそごこうぎょう）

機械科
電気科
建設科
化学科

https://www.pen-kanagawa.ed.jp/isogo-th/

〒235-0023　横浜市磯子区森 5-24-1
☎ 045-761-0251
交通　京浜急行線屏風浦駅　徒歩 13 分
　　　JR 根岸線磯子駅・洋光台駅　バスまたは徒歩 25 分

制　服　あり

[カリキュラム]　◇三学期制◇

- 1 年次は全員が工業科ごとに共通の科目を学ぶ。
- 機械・電気・化学科では、2・3 年次で各科の専門性を深めていく。建設科においては、2 年次より「土木」「建築」の 2 コースに分かれ、それぞれのコースに設置されたより専門的な科目を学習する。
- 3 年次の共通選択では、各科の枠を越えて選択することが可能。
- 資格を取る意欲を持つ生徒には、**補習**などで熱心にサポートをする。2 級ボイラー技士、第一種・第二種電気工事士、建築施工技術者、土木施工管理技術者、危険物取扱者、有機溶剤作業主任者、酸素欠乏・硫化水素危険作業主任者、毒物劇物取扱主任者などの資格を取得している。

★機械科

- 旋盤やフライス盤などの工作機械を使った製作や、手仕上げ・溶接・板金などの実習を行う。
- 製図、原動機、電気の基礎、コンピュータ、計測などについて学び、さらにコンピュータ制御の工作機械（CNC）やコンピュータによる製図（CAD）、そしてロボットによる組立や検査など、新しい機械技術についても学習し、より高度な技術の習得を目指している。

★電気科

- 電気回路、工業技術基礎、電気機器、電子技術、電気製図、電力技術、工業情報数理、プログラミング技術などを学ぶ。
- 電気、電子技術の基礎を身につけ、将来、電気、電子工業界など、多岐にわたる分野に適応する中堅技術者の養成に努めている。

★建設科

- 横浜の街には「みなとみらい」のように景観を生かした都市計画や、ランドマークタワーのような高層ビル群、まるでモニュメントのようなベイブリッジなど、多くのすばらしい「作品」を見ることができる。2 年次から土木、建築コースに分かれ、そうした「作品」を設計・施工するための基礎的な勉強をする。

★化学科

- プラスチックをはじめ、合成繊維、合成ゴムなどをつくり出している化学工業は、今日の社会生活の向上に大きく貢献している。
- プラスチック、洗剤、ガラスなど生活に役立つものをつくったり、酸性雨や川の水の分析から地球環境について考えたりする。
- 電子顕微鏡で 1 万倍の世界を観察したり、ミニプラントでのアルコール製造を通して、工場製造の様子などを勉強したりする。

[部活動]

最近の主な実績は以下のとおり。

＜令和 5 年度＞
レスリング部が国体個人戦優勝、関東県予選団体優勝。**電気研究部**が全国高校 ARDF 大会出場。

＜令和 4 年度＞
レスリング部がインターハイ個人戦全国 3 位、全国選抜大会団体ベスト16。**電気研究部**が全国高校アマチュア無線コンテスト優勝、全国高校 ARDF 大会 5 位。**建築研究部**がものづくりコンテスト関東大会出場。**設計製作部**がマイコンカー全国大会出場。

★設置部（※は同好会）

野球、バスケットボール、硬式テニス、サッカー、バレーボール、水泳、ライフル射撃、バドミントン、山岳、卓球、空手道、レスリング、剣道、陸上競技、グリーンクラブ、鉄道研究、写真、囲碁将棋、軽音楽、設計製作、パソコン、漫画研究、天文、技術研究、建築研究、化学、ビッグバンド、電気研究、※釣り、※広報

[行　事]

5 月　社会見学（1・2 年）、修学旅行（3 年）
11 月　磯工祭（文化祭）、マラソン大会

[進　路]　（令和 5 年 3 月）

面接指導や作文指導、試験対策など、**充実した進路指導**のもと、就職希望者の就職率は100%を誇る。

★卒業生の進路状況

＜卒業生203名＞
大学20名、短大 0 名、専門学校36名、就職135名、その他12名

★卒業生の主な進学先

神奈川大、神奈川工科大、関東学院大、湘南工科大、帝京大、東京工芸大、日本大、立教大

[学校見学]　（令和 5 年度実施内容）

- ★学校説明会　7・12月各 1 回
- ★1 日体験入学　9月 1 回
- ★学校見学会　9月 1 回
- ★磯工祭　11月　見学可
- ★学校見学は随時可（要連絡）

入試！インフォメーション

受検状況	年 度	学科・コース名	募集人員	志願者数	受検者数	合格者数	倍 率
	R6	機　械	79	57	53	54	1.00
		電　気	79	67	64	65	1.00
		建　設	39	33	33(1)	32	1.00
		化　学	39	14	14	14	1.00

県立 横浜氷取沢 高等学校

よこはまひとりざわ

普通科

制 服 あり

https://www.pen-kanagawa.ed.jp/y-hitorizawa-h/

☏ 235-0043　横浜市磯子区氷取沢町 938-2
☎ 045-772-0606
交通　京浜急行線能見台駅　バス
　　　京浜急行線金沢文庫駅　バス
　　　ＪＲ根岸線洋光台駅　バス
　　　京浜急行線・横浜市営地下鉄線上大岡駅　バス

[カリキュラム] ◇二学期制◇

・1年次は共修科目を多くして、大学進学に対応できる配慮をしている。2年次からゆるやかに**文系・理系**に分かれ、3年次ではさらに**文理系**に分かれると同時に、**選択科目を多く**し、進路や興味・関心に応じたものを自由に履修できる。英語科目の一部で**少人数授業**が行われている。

・**英語教育**に力を入れており、英語の授業は1学年では7時間、2・3学年は6時間必須。また、学校設定科目「**コミュニカティブスキルズ**」では英語によるアウトプットに特化した授業を行う。**英語検定**の受検指導などもしており、英検・TOEIC・TOEFLの成果を単位に認定する。

・総合的な探究の時間では、**国際理解**を核とした学習を実施している。

[部活動]

・約6割が参加。
最近の主な実績は以下のとおり。
＜令和4年度＞
陸上競技部が関東高校新人陸上大会の男子棒高跳びに出場した。

★**設置部**
硬式野球、ソフトテニス、サッカー、陸上競技、バレーボール、バスケットボール、バドミントン、体操、卓球、剣道、ダンス、テニス、ジャズ、吹奏楽、合唱、美術、軽音楽、茶道、イラスト、ボランティア、演劇、文芸・競技かるた、IST（情報科学技術）

[行　事]

体育祭、氷焱祭（文化祭）、合唱祭が生徒会三大行事。校外学習（1・2年）、修学旅行（2年）、英語スピーチコンテスト、球技大会なども実施。

[進　路]（令和5年3月）

・90%以上の生徒が4年制大学進学をめざしているので、その実現に向けて1年次より**ガイダンス**を行っている。ガイダンス指導は、将来を見据えて、今自分は何をすべきなのかを考えながら、学び続ける意欲と態度を育てるものとなっている。

・外部の**学習到達度テスト**を実施（令和5年度は1年生スタディ・サプリ、2年生スタディ・サポートを実施）。テストの結果と自宅学習の内容を踏まえて、学習方法の改善や課題の配信を行う。

★**卒業生の進路状況**
＜卒業生353名＞
大学275名、短大5名、専門学校43名、就職3名、その他27名

★**卒業生の主な進学先**
横浜国立大、横浜市立大、早稲田大、慶應義塾大、青山学院大、学習院大、國學院大、成蹊大、成城大、中央大、東京理科大、獨協大、法政大、武蔵大、明治大、明治学院大、立教大

[トピックス]

・前身の氷取沢高校の創立は昭和58年。令和2年4月、氷取沢高校が磯子高校と統合し、**学年制による全日制普通科高校**として開校。敷地・施設は氷取沢高校のものを使用している。

・**国際的な視野を持ち、主体的に考え、探究する人間性の育成**を目指す。

・全教室に**電子黒板**を設置。

・1人1台のタブレットを購入してもらい、**学習支援アプリ**（ロイロノート）等を利用し双方向的な授業も行っている。

・韓国やオーストラリア、ニュージーランドの高校と交流を行っている。令和5年度は韓国の高校と相互訪問を行い、オーストラリア、ニュージーランドの高校とは引き続き、WEB会議サービスを使用したオンライン交流を行った。

・制服は男女共ブレザー・ネクタイであり、女子はスラックスも選べる。指定のセーター、ベストもある。

・令和4年度から**グローバル教育研究推進校**の指定を受けた。

・実用英語技能検定1次試験の準会場校や1年生、2年生が全員参加する英語によるスピーチ・プレゼンテーションコンテストの実施など、グローバル人材育成のため、**英語活用能力育成を中心とした取り組み**を行っている。

[学校見学]（令和5年度実施内容）

★**学校説明会**　8・10・11・12月各1回
★**部活動見学会**　11月
★**文化祭**　9月　見学可

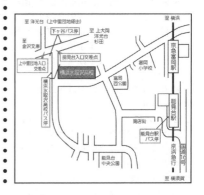

入試！インフォメーション						
受検状況	年　度	学科・コース名	募集人員	志願者数	受検者数	合格者数	倍　率
	R6	普　通	359	430	424(3)	359	1.18
	R5	普　通	358	487	484(3)	358	1.34
	R4	普　通	358	404	401	358	1.11

県立 金沢総合 高等学校
（かなざわそうごう）

https://www.pen-kanagawa.ed.jp/kanazawasogo-ih/

☎ 236-0051　横浜市金沢区富岡東 6-34-1
☎ 045-773-6771
交通　京浜急行線京急富岡駅　徒歩 10 分
　　　シーサイドライン並木中央駅　徒歩 12 分

単位制

制　服　あり

[カリキュラム]◇二学期制◇

- ・必履修科目は 1 年次が 33 単位、2 年次が 27 単位、3 年次が 16 単位であり、2・3 年次においては多彩に用意された**系列選択科目**のなかから、生徒は進路希望や興味・関心にあわせ、**自分だけの時間割**を作成して学習する。
- ・系列選択科目は〈グローバル教養〉〈情報ビジネス〉〈生活デザイン〉〈芸術スポーツ〉からなる 4 つの系列に分けられ、介護福祉基礎・服飾手芸・スポーツ II・演奏研究・農業と環境・表現メディアの編集と表現などの専門科目やコンピュータミュージック・初級フランス語などの学校設定科目が設置されている。
- ・時間割のなかに、3 年間進路について考え、様々な体験を通して仕事に関しての理解を深めていく**ガイダンス I・II・III**という授業が組みこまれている。

[部活動]

- ・女子バスケットボール部は、前身の富岡高校時代を含めて、平成 26 年度までインターハイに 19 年連続で出場を果たした名門（計 29 回出場）。全国レベルでも活躍し、過去 3 度の全国優勝の実績がある。また、ダンス部も全米チアダンス選手権で部門優勝を遂げるなど、毎年顕著な成績をおさめている。
- ・最近の主な実績は以下のとおり。
  <令和 5 年度>
  ダンス部が USA School&College Nationals 2023 の Jazz 部門で全国 2 位となった。**陸上競技部**が関東選抜新人大会に出場した。
  <令和 4 年度>

ダンス部が全日本チアダンス選手権大会の Cheer Dance 部門で全国 1 位となった。

★設置部（※は同好会）
硬式野球、サッカー、陸上競技、バドミントン、バレーボール、バスケットボール、硬式テニス、ダンス、水泳、パワーリフティング、軽音楽、吹奏楽、クッキング、茶道、書道、美術、文芸、イラスト、演劇、放送、写真、合唱、スイーツ、鉄道研究、自然科学、※棋道、※ヒューマンビートボックス、※クラフト

[行　事]

特色ある行事として「**系列講演会**」を年に 3 回行っている。
- 4 月　遠足、新入生デイキャンプ
- 5 月　明耀祭（体育祭）
- 9 月　研修旅行（2 年）
- 10 月　翔総祭（文化祭）
- 2 月　健脚大会

[進　路]（令和 5 年 3 月）

- ・「産業社会と人間」（1 年）、「総合的な学習の時間」（2、3 年）をガイダンス I〜III として展開。**キャリア教育**の充実を図り、手厚い指導を行う。
- ・大学等との連携による**校外講座**や総合学科高校との連携の**夏季公開講座**を実施。**インターンシップ**の指導も行っている。

★卒業生の進路状況
<卒業生 267 名>
大学 120 名、短大 19 名、専門学校 105 名、就職 11 名、その他 12 名

★卒業生の主な合格実績
桜美林大、神奈川大、鎌倉女子大、関東学院大、国士館大、産業能率大、湘南医療大、湘南工科大、女子美術

大、専修大、洗足学園音楽大、鶴見大、田園調布学園大、桐蔭横浜大、東海大、日本大、法政大、明星大、横浜商科大、立正大、和光大、北京外国語大

♣指定校推薦枠のある大学・短大など♣
神奈川大、鎌倉女子大、産業能率大、専修大、玉川大、日本大　他

[トピックス]

- ・富岡高校と東金沢高校を再編し、平成 16 年度に設置された。総合学科で学ぶことによって**幅広い視野を持つ主体的な人間の育成**を目指している。
- ・コンピュータ室、多目的学習室、福祉実習室、工芸室、ラウンジ、トレーニングルームなど、**充実した施設**が整えられている。
- ・授業教室には**エアコン**を設置。

[学校見学]（令和 5 年度実施内容）

★学校説明会　8・11・12 月各 1 回
★オープンスクール　10 月 1 回
★翔総祭　10 月

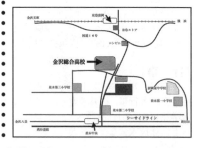

入試！インフォメーション

受検状況	年　度	学科・コース名	募集人員	志願者数	受検者数	合格者数	倍　率
	R6	総合学科	279	354	353	279	1.27
	R5	総合学科	278	368	367(1)	278	1.32
	R4	総合学科	278	316	315	278	1.13

県立 釜利谷 (かまりや) 高等学校

https://www.pen-kanagawa.ed.jp/kamariya-h/

☎ 236-0042　横浜市金沢区釜利谷東 4-58-1
☎ 045-785-1670
交通　京浜急行線金沢文庫駅　バスまたは徒歩 25 分
　　　JR 根岸線洋光台駅　バス

普通科

クリエイティブスクール

制　服　あり

[カリキュラム] ◇三学期制◇

・1 学年は共通の科目を学び、基礎を固めていく。2・3 学年では、多彩な選択科目を設け、生徒一人ひとりの興味や進路希望にあわせて学習を行う。
・30 人以下の**少人数**ですべての授業を実施。
・学校設定科目「**教養Ⅰ・Ⅱ・Ⅲ**」では、社会に必要な能力や知識について 3 年間を通じて学んでいく。
・1 学年に学校設定科目「**ベーシック**」を実施。**漢字検定**を受検し資格取得をめざす。

[部活動]

・運動部を中心に盛んな活動が展開されている。特に**ボウリング部**は過去に全国大会優勝の、**レスリング部**は国際大会優勝の実績を持つ。
・最近の主な実績は以下のとおり。
<令和 5 年度>
レスリング部が全国大会に出場し、ジュニアクイーンズカップ 3 位、全日本女子オープン U-17 優勝などの成績を収めた。**ボウリング部**が全国大会に出場した。
<令和 4 年度>
ボウリング部が全国高校対抗選手権大会の男子の部で全国 3 位となった。**レスリング部**は全国高校グレコローマン選手権大会に出場した。

★設置部
硬式テニス、陸上競技、ボウリング、サッカー、バドミントン、バレーボール、バスケットボール、卓球、硬式野球、レスリング、美術、茶道、吹奏楽、漫画研究、写真、軽音楽、演劇

[行　事]

4 月	オリエンテーション（1 年）
5 月	校外学習
6 月	クラス交流会
9 月	修学旅行（2 年）
11 月	釜高祭（文化祭）
12 月	冬季スポーツ
1 月	マラソン大会
3 月	クラス交流会

[進　路]（令和 5 年 3 月）

・1・2 学年は職業人インタビュー・発表や職業人講話、進路ガイダンスを行う。
・3 学年は、進学希望者に対して**総合型選抜**や**学校推薦型選抜**の説明会、**体験入学、模擬面接**などを行う。また、就職希望者に対して**求人票説明会、企業見学、模擬面接**などを行う。**公務員説明会**も実施する。
・大学生による**土曜教室**を希望者に対して実施している。

★卒業生の進路状況
<卒業生 192 名>
大学 30 名、短大 3 名、専門学校 79 名、就職 45 名、その他 35 名

★卒業生の主な進学先
神奈川大、埼玉学園大、相模女子大、湘南医療大、鶴見大、田園調布大、東京工芸大、東洋学園大、二松學舍大、日本経済大、日本文理大、明治学院大、横浜商科大

[トピックス]

・**クリエイティブスクール**として新しい学校づくりに取り組んでいる。クリエイティブスクールとは、多くの可能性を秘めながら、持っている力を必ずしも十分に発揮しきれなかった生徒が、高校入学を機にこれまで以上に学習への意欲を高め、基礎学力や社会性を身に付け、自己の将来を切り開くための学校である。
・研修などで後輩の指導にあたったり、学校説明会や中学校訪問など、外部への広報活動を行ったりする生徒の組織「**釜利谷サポートチーム**」がある。
・人間関係づくりを効果的に身につけるプログラムである**ソーシャルスキルエデュケーション（SSE）**を取り入れ、様々な集団活動を通じて、楽しみながら望ましい対人関係をつくることにより、互いに信頼し明るい学校生活が送れるように応援している。
・夏期休業中に進路実現の一環として、多様な学びの場を提供することで、生徒の学習意識のさらなる向上をめざすための特別講座「**サマーセミナー**」を実施している。

[学校見学]（令和 5 年度実施内容）

★学校説明会　8・10・12 月各 1 回
★釜高祭　11 月　制限公開

入試！インフォメーション

受検状況	年　度	学科・コース名	募集人員	志願者数	受検者数	合格者数	倍　率
	R6	普　通	239	169	167	167	1.00
	R5	普　通	238	181	181	181	1.00
	R4	普　通	238	145	142	142	1

横浜市立 みなと総合 (そうごう) 高等学校

http://www.edu.city.yokohama.lg.jp/school/hs/m-sogo/

〒231-0023　横浜市中区山下町231
☎ 045-662-3710
交通　JR根岸線石川町駅　徒歩4分
　　　みなとみらい線日本大通り駅　徒歩7分
　　　JR根岸線関内駅　徒歩10分
　　　横浜市営地下鉄関内駅　徒歩11分

単位制

制　服　あり

[カリキュラム]◇二学期制◇

・1年次には必履修科目や原則履修科目が主だが、2〜3年次には選択科目が主で、生徒は普通教科の科目とともに〈文化・生活〉〈科学・社会〉〈国際〉〈情報〉〈ビジネスマネジメント〉の5系列の専門科目から進学や就職の目的に合わせて自由に選ぶことによって、普通科高校以上の「プラスαの学び」の実現を目指す。

・**国際理解教育**を重視しており、海外（カナダ、上海）の2つの姉妹校とのオンライン交流会などを実施。また、ネイティブのAssistant English Teacherが常駐し、英会話・オーラルコミュニケーション・英作文などの指導を行う。

・**キャリア教育**を推進しており、「産業社会と人間」「総合的な探究の時間」を通して、それぞれの進路につながる研究を進め、3年間かけて卒業後の進路や生き方を探究する。社会体験活動にも力を入れている。

・簿記・情報処理や、手話・心理学・中国語・ハングルなどの授業など**資格の取得**をめざす授業が数多く選択できる。

[部活動]

・約7割が参加。

・**企画部**では地元企業との商品企画や地域貢献活動などを行っている。

・最近の主な実績は以下のとおり。
＜令和4年度＞
チアダンス部がUSA Regionals 2022神奈川大会で高校編成Song/Pom部門Large第1位となりUSA Nationals 2022全国選手権大会に出場した。
＜令和3年度＞
女子フットサル部が全国大会3位。
チアダンス部と**放送部**が全国大会に出場した。

★設置部

バスケットボール、バドミントン、水泳、テニス、ソフトテニス、チアダンス、ダンス、合気道、フットサル、ボクシング、バレーボール、吹奏楽、軽音楽、書道、イラスト、茶道、演劇、写真、美術、放送、料理研究、文芸、ファッション、企画、隣語、地球科学、競技かるた、合唱

[行　事]

6月　体育祭
9月　みなと総祭（文化祭）
11月　修学旅行、校外学習
3月　スプリングフェスティバル

[進　路]（令和5年3月）

・**大学入試模試**を年に数回行う。

・**総合的な探究の時間**（2年次）では高大連携校の関東学院大の教員による指導の下、社会課題に関する探究を行う。

★卒業生の進路状況

＜卒業生221名＞
大学135名、短大8名、専門学校58名、就職0名、その他20名

★卒業生の主な合格実績

電気通信大、鳴門教育大、横浜市立

大、防衛医科大学校、青山学院大、國學院大、駒澤大、芝浦工業大、上智大、成蹊大、専修大、中央大、津田塾大、東京電機大、東京都市大、東洋大、獨協大、日本大、法政大、武蔵大、明治大、明治学院大

♣指定校推薦枠のある大学・短大など♣

神奈川大、國學院大、駒澤大、東京家政大、東京電機大、東京都市大、日本大、明治学院大　他

[トピックス]

・**全館冷暖房完備**。パソコン室には各種のパソコンを約250台設置。

・カナダ、上海に交流校があり、豊富な**国際交流プログラム**を設定。

・平成29年度より**在県外国人等特別募集**を実施。科目「**日本語**」により学校生活への対応を図っている。

・令和3年度に創立20周年を迎えた。

[学校見学]（令和5年度実施内容）

★**学校説明会**　8・11月各1回
★**学校見学会**　12月1回
★**みなと総祭**　9月　申込制

入試！インフォメーション

受検状況	年　度	学科・コース名	募集人員	志願者数	受検者数	合格者数	倍　率
	R6	総合学科	232	347	343(1)	232	1.47
	R5	総合学科	232	289	288(1)	233	1.23
	R4	総合学科	232	321	317	232	1.36

横浜市立 金沢(かなざわ)高等学校

https://www.edu.city.yokohama.lg.jp/school/hs/kanazawa/

〒236-0027 横浜市金沢区瀬戸 22-1
☎ 045-781-5761
交通 京浜急行線・シーサイドライン金沢八景駅 徒歩5分

普通科

制　服　あり

[カリキュラム]　◇三学期制◇
・「高い学力」と「幅広い教養」を養うべく、**横浜市立大学と密接に連携し**、大学の授業に出席して学ぶ**高大連携講座**や大学教授の出張授業である**高大連携特別講座**を実施している。
・1年生は、全員が共通の科目を学習し、基礎学力を養う。芸術は音楽・美術・書道の中からの選択となる。
・2年生では、「地学基礎または物理基礎」いずれかを選択、「日本史探究または世界史探究」、「一般芸術」「化学（必須）＋物理または生物」の3つから1つ選択となる。
・3年生では、「論理国語」「体育」「英語コミュニケーションⅢ」「論理・表現Ⅲ」以外は**選択科目（最大20単位）**となり、各自の進路に応じた学習を行う。

[部活動]
・約9割が参加。
・最近の主な実績は以下のとおり。
＜令和5年度＞
　陸上競技部、弓道部、水泳部、バトントワリング部が関東大会に出場した。
＜令和4年度＞
　バトントワリング部が全国大会で金賞を受賞した。**水泳部、陸上競技部、弓道部**が関東大会に出場した。
★設置部（※は同好会など）

サッカー、硬式野球、硬式テニス、陸上競技、バレーボール、バスケットボール、バドミントン、バトントワリング、水泳、弓道、剣道、卓球、ダンス、吹奏楽、軽音楽、美術、茶道、マンガアニメイラスト、演劇、科学、書道、競技かるた、※天文学

[行　事]
行事のほとんどは、生徒の自主的な管理運営にまかされている。最大の行事は6月の**音楽祭**。クラスごとに歌とダンスを発表しあう。この行事に参加したくて入学を希望する生徒も多いとか。
4月　新入生歓迎会
5月　スポーツ大会
6月　音楽祭
9月　金高祭（文化祭）
10月　修学旅行（2年）
3月　体育祭（1・2年）

[進　路]（令和5年3月）
・新入生授業ガイダンスでは**学習方法の徹底**がはかられる。
・夏季休業中に10日間、およそ40講座の夏期講習を実施。
★卒業生の進路状況
　＜卒業生311名＞
　大学283名、短大・専門学校2名、就職4名、その他22名
★卒業生の主な合格実績
北海道教育大、東北大、筑波大、千葉大、電気通信大、東京工業大、東京農工大、横浜国立大、信州大、京都教育大、長崎大、琉球大、会津大、東京都立大、横浜市立大、川崎市立看護大、神奈川県立保健福祉大、石川県立大、滋賀県立大、慶應義塾大、早稲田大、青山学院大、学習院大、駒澤大、上智大、成城大、専修大、

中央大、東京理科大、東洋大、日本大、法政大、武蔵大、明治大、立教大
♣**指定校推薦枠のある大学・短大など**♣
横浜市立大、早稲田大、慶應義塾大、青山学院大、学習院大、北里大、上智大、成城大、中央大、東京薬科大、東京理科大、法政大、明治大、明治学院大、立教大　他

[トピックス]
・昭和26年創立。隣が横浜市立大学、近くに関東学院大学があるという恵まれた環境のなかで、生徒は「**自主自立**」の精神を重んじた自由な校風を謳歌している。
・「学習」はもちろん、「行事」「部活動」など、すべての活動に一所懸命に取り組む生徒が多い。
・全教室にエアコンを設置。
・横浜市の**進学指導重点校**として、1年生より全クラスで**特進プログラム**を実施している。①横浜市立大学との高大連携事業、②校内模試（年3回）と模試解説講義、③週33時間授業、④夏期講習、⑤セミナー研修をその内容とする。

[学校見学]（令和5年度実施内容）
★学校説明会　8・12月各1回
★金高OPEN DAY　11月1回
★金高祭　9月　見学可

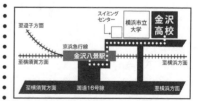

入試！インフォメーション

受検状況	年　度	学科・コース名	募集人員	志願者数	受検者数	合格者数	倍　率
	R6	普通	318	412	407(8)	318	1.26
	R5	普通	318	430	425	318	1.33
	R4	普通	318	449	443	318	1.39

神奈川県
公 立
高校

学校ガイド

＜全日制　旧川崎南部学区＞

学校を紹介したページの探し方については、2ページ
「この本の使い方＜知りたい学校の探し方＞」を参照して
ください。

県立 川崎 (かわさき) 高等学校

https://www.pen-kanagawa.ed.jp/kawasaki-h/

〒210-0845　川崎市川崎区渡田山王町22-6
☎ 044-344-6855
交通　JR南武線支線(浜川崎線)川崎新町駅　徒歩3分
　　　JR京浜東北線・東海道線・南武線川崎駅　バス
　　　京浜急行線八丁畷駅　徒歩13分

普通科

単位制

フレキシブルスクール

制　服　標準服あり

[カリキュラム] ◇二学期制◇

・カリキュラムは、全日制と定時制を一体化した1日12時間の時間割の中から、自分で考えて選択する。
・1年次には、高校生活に早く慣れるため、一部の選択科目を除いてクラス別授業展開を行う。
・2年次以降は、選択必履修科目、特色ある科目のすべてが選択制であり、82の講座が用意されている。国際、芸術、環境科学、生活といった多様な選択科目が設けられている。
・原則3年間変わらないクラス担任と自分で選ぶもう一人の担任「チューター」による丁寧な履修指導が行われる。

[部活動]

・最近の主な実績は以下のとおり。
<令和4年度>
　文芸部が全国高校生創作コンテストの現代詩部門で佳作1名、入選1名、軽音楽部が県軽音楽コンテストで連盟会長賞受賞、茶道部が県総合文化祭で会長賞を受賞、将棋部が県総合文化祭の個人戦で男子A級ベスト8の成績を収めた。

★設置部（※は同好会）
卓球、サッカー、野球、陸上競技、テニス、剣道、バスケットボール、バドミントン、バレーボール、ソフトテニス、ダンス、※空手道、陶芸、美術、吹奏楽、軽音楽、写真、クッキング、茶道、書道、コンピュータ、演劇、ボランティア、放送、漫画研究、文芸、手芸、ESS、養蜂、競技かるた、将棋

[行　事]

研修旅行は東北と広島・倉敷の2コースから選択。

5月	校外学習
6月	体育祭
9月	輝葉祭（文化祭）
10月	研修旅行、地域貢献活動
3月	球技大会

[進　路]（令和5年3月）

・7・8月には短期集中講座やインターンシップ、夏期講習を行う。
・12月には職場訪問や大学1日体験入学、冬期講習などを行う。

★卒業生の進路状況
＜卒業生221名＞
大学94名、短大6名、専門学校92名、就職8名、その他21名

★卒業生の主な進学先
東京海洋大、神奈川大、神奈川工科大、鎌倉女子大、関東学院大、國學院大、駒澤大、相模女子大、産業能率大、湘南医療大、専修大、洗足学園音楽大、多摩美術大、中央大、鶴見大、田園調布学園大、桐蔭横浜大、東海大、東洋大、日本大、武蔵大、明治大、明星大、横浜商科大、横浜美術大、横浜薬科大

♣指定校推薦枠のある大学・短大など♣
麻布大、神奈川大、工学院大、国士舘大、駒澤大、専修大、東海大、東京電機大、東京都市大　他

[トピックス]

・フレキシブルスクール（単位制普通科高校）として平成26年度に10周年を迎えた。自主・自律の校風の中、生徒が主体的に学んでいる。
・養蜂部・クッキング部・ボランティア部などユニークな部活動が多く、地域の企業とのコラボレーション、県や市町村のイベントへの参加など、多彩な活動を展開している。
・学校から推薦を受けた生徒が「高大・高専連携聴講生」として神奈川大学・専修大学・岩谷学園に通い、講座終了後、高校から単位を認定されている。
・土曜日には社会人を対象に県川公開セミナーを実施。これは生徒も希望しだいで受講でき、その場合には単位として認められる。
・「ポルトガル語」「韓国朝鮮語」「中国語」「スペイン語」などの授業でも国際理解を深める教育を行っている。
・学校外の学修制度での単位取得も可能（インターンシップ・短期集中講座・英検・漢検など）。

[学校見学]（令和5年度実施内容）

★学校見学会　10・12月各1回
★在県外国人等特別募集説明会　10・12月各1回
★輝葉祭　9月　見学可

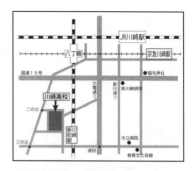

入試！インフォメーション

受検状況	年　度	学科・コース名	募集人員	志願者数	受検者数	合格者数	倍　率
	R6	普　通	223	297	294	223	1.32
	R5	普　通	223	302	300(2)	223	1.34
	R4	普　通	223	282	279	223	1.24

県立 大師 高等学校
だいし

https://www.pen-kanagawa.ed.jp/daishi-ih/

☎ 210-0827　川崎市川崎区四谷下町25-1
☎ 044-276-1201
交通　ＪＲ京浜東北線・東海道線・南武線川崎駅、京浜急行線京急川崎駅　バス

普通科

単位制

制　服　あり

[カリキュラム]　◇二学期制◇
・1クラス35名程度の少人数クラス。
・1年次は全員が共通の教科・科目を学び、**基礎・基本**を確実に身につける。
・2年次から多様な**選択科目**が用意され、ひとりひとりの進路希望に合わせて選択する。
・2、3年次の選択科目には、**保育基礎、社会福祉基礎、介護福祉基礎、ロボット制御、ビジュアルデザイン、映像表現**などひとりひとりの適性に応じた科目が用意されている。
・陶芸、ガラス工芸など、総合学科で培ったノウハウや施設を活かした科目を設定。
・**小集団制・習熟度別学習**を取り入れている。
・在県外国人の生徒に向け、日本語の勉強をサポートする時間を設けている。
・3年次には、各類型ごとの選択科目に加えて自由選択科目（8単位）が用意され、それぞれ必要な科目を学習できるように配慮されている。
・卒業時の進路について生徒自ら主体的に判断・準備し、将来社会の中で生きていく力を身につけることができるよう、**コミュニケーション能力**の養成と教育活動を通じた**キャリア形成**に努めている。

[部活動]
・最近の主な実績は以下のとおり。
＜令和4年度＞
　サッカー部が県総体で県一次予選ブロック準決勝に進出し、県U-18リーグではＫ4リーグで優勝した。**野球部**が夏の県選手権で3回戦に進出した。

＜令和3年度＞
　茶道部が高校生茶会会長賞を受賞した。
★設置部
　ボウリング、バレーボール、陸上、バスケットボール、サッカー、野球、卓球、バドミントン、テニス、ダンス、美術、演劇、吹奏楽、茶道、放送、漫画研究、軽音楽、園芸、合唱、写真

[行　事]
4月　新入生歓迎会
6月　体育祭
9月　修学旅行（2年）、繁心祭（文化部の発表）
11月　翔心祭（文化祭）
1月　総合的な探究の時間発表会

[進　路]（令和5年3月）
・基礎力診断テストや長期休業中の補習などで**基礎学力**を定着させる。
・1年次の**進路フォーラム**や事業所訪問、2年次の**上級学校訪問**や企業進学フォーラムなどで主体的な進路意識を育む。
・3年次には、進路希望に応じた**個別支援**を実施。
★卒業生の進路状況
　＜卒業生146名＞
　大学25名、短大1名、専門学校53名、就職47名、その他20名
★卒業生の主な合格実績
　桜美林大、神奈川大、関東学院大、中央学院大、東洋学園大、横浜商科大、横浜美術大、和光大

[トピックス]
・頭髪指導や遅刻指導などを通して、生徒が社会性を身につけ、同時に安心した学校生活を送ることができるよう、**生活指導**に力を入れている。
・単位制だが、一般的な普通科の学年制とほぼ同様の形態で、**クラス単位を基本**に授業を行っている。
・英語・数学・国語を重視し、**基礎学力をしっかりと身につけられるようなカリキュラム**となっている。
・授業や部活動で使用するための工芸室や陶芸室、トレーニングルームを設置。
・平成28年度までの総合学科の教育活動で築いてきた、**地域との連携**を可能な限り継続する。

[学校見学]（令和5年度実施内容）
★学校説明会　8・10・11月各1回
★在県外国人等特別募集についての説明会　11月1回
★翔心祭　11月　一般公開なし

入試！インフォメーション

受検状況	年　度	学科・コース名	募集人員	志願者数	受検者数	合格者数	倍　率
	R6	普　通	229	202	199(1)	200	1.00
	R5	普　通	228	237	234(4)	230	1.00
	R4	普　通	228	204	204	204	1.00

県立 **川崎工科** 高等学校
かわさきこうか

総合技術科

制 服 あり

https://www.pen-kanagawa.ed.jp/kawasakikoka-th/

〒211-0013 川崎市中原区上平間1700-7
☎ 044-511-0114
交通 JR横須賀線新川崎駅 バスまたは徒歩15分
JR南武線平間駅 徒歩8分

[カリキュラム] ◇三学期制◇

・教育ミッションは**将来のテクノロジストの育成**。専門学科である工業分野の基礎を確実に身につけるために、理数系の共通教科の授業を充実させており、普通高校の理系コース並みのカリキュラムになっている。
・授業は**50分6限**が基本。
・1年次は、**1クラス30人の8クラス**。「数学Ⅰ」「英語コミュニケーションⅠ」などの普通科目と、「工業情報数理」「電気回路」などの工業の基礎科目を全員が**共通カリキュラム**で履修する。
・2年次から、各自の興味・関心や特性、希望する進路に応じて、**6つのコース**に分かれて学ぶ。
・設置されるコースは以下のとおり。

○**機械エンジニアコース**
ものづくりに関わるエンジニアになりたい人のためのコース。必履修専門科目は「機械実習」「機械設計」「機械製図」「機械工作」など。

○**ロボットシステムコース**
ロボットに関する知識・技術を身に付けたい人のためのコース。必履修専門科目は「ロボット実習」「機械製図」「電子機械」「生産技術」「課題研究」「機械工作」。

○**電気テクノロジーコース**
将来、電気技術者になりたい人のためのコース。必履修専門科目は「電気回路」「電気実習」「電気製図」「電子計測制御」など。

○**情報メディアコース**
情報処理技術者としてコンピュータ関連の仕事に就きたい人のためのコース。必履修専門科目は「情報実習」「コンピュータシステム技術」「ハードウェア技術」「電子回路」「プ

ログラミング技術」など。

○**環境エンジニアコース**
将来、環境に関わる仕事をしたい人のためのコース。必履修専門科目は「化学実習」「工業化学」「化学工学」「地球環境化学」など。

○**食品サイエンスコース**
将来、食品製造の仕事をしたい人のためのコース。必履修専門科目は「食品化学実習」「工業化学」「食品化学工業」「食品製造技術」など。

[部活動]

・最近の主な実績は以下のとおり。
<令和4年度>
化学研究部が、高校生ものづくりコンテスト「化学分析部門」全国大会で敢闘賞を受賞。**アマチュア無線部**が、第32回アマチュア無線大会個人の部で2年連続優勝。**弓道部**が全国総体に県代表として出場。**陸上部**が関東大会に出場。
<令和3年度>
機械研究部が世界最大級のロボット競技大会VEX Robotics [LIVE REMOETE] World Championship 2021のVEXロボティクス・コンペティションに公立高校として初めて参加した。

★**設置部**
バスケットボール、ソフトテニス、バレーボール、テニス、サッカー、バドミントン、卓球、剣道、弓道、陸上競技、アウトドア、硬式野球、空手道、水泳、模型、吹奏楽、放送、茶道、機械研究、化学研究、軽音楽、電気研究、囲碁・将棋、アマチュア無線、写真、美術

[行 事]
5月 校外学習、体育祭
9月 修学旅行(2年)
10月 文化祭
3月 球技大会

[進 路]
進学においては理工系大学を中心に多くの指定校推薦枠があり、就職においては大卒以上では非常に入社が難しい日産自動車、JR東海、富士通などの大手企業へ毎年採用されている。

★**卒業生の進路状況(令和5年3月)**
<卒業生166名>
大学29名、短大1名、専門学校43名、大学校2名、就職90名、その他1名

★**卒業生の主な進学先**
麻布大、神奈川大、神奈川工科大、関東学院大、城西国際大、湘南工科大、拓殖大、千葉工業大、東海大、東京工芸大、日本経済大

[トピックス]
・昭和16年創立の県立川崎工業高校を**全日制の総合技術高校**として再編し、平成22年4月に開校した。
・土曜日を利用して**検定・資格受検者補習**を行っている。令和4年度の第一種電気工事士試験に12名が合格した。

[学校見学] (令和5年度実施内容)
★**学校説明会** 7・9・11月各1回
★**高校体験プログラム** 9月1回

■入試！インフォメーション■

受検状況	年 度	学科・コース名	募集人員	志願者数	受検者数	合格者数	倍 率
	R6	総合技術科	239	191	188(1)	189	1.00
	R5	総合技術科	238	161	160	160	1.00
	R4	総合技術科	238	180	179	177	1.00

県立 新城 高等学校

しんじょう

https://www.pen-kanagawa.ed.jp/shinjo-h/

〒211-0042　川崎市中原区下新城1-14-1
☎ 044-766-7456
交通　ＪＲ南武線武蔵新城駅・武蔵中原駅　徒歩12分

普通科

| 制　服 | あり |

[カリキュラム] ◇二学期制◇

・主体的・対話的で深い学びの実現により「学ぶ意欲」と「学力の向上」「言語活動の充実」をめざす。
・1年次は芸術を除いて全員が共通の科目を履修し、基礎・基本の定着を図る。
・2年次から科目選択制を設置。2年次は日本史探究、世界史探究、物理、化学、音楽Ⅱ・美術Ⅱから選択する。
・3年次には論理国語・英語コミュニケーションⅢ・論理・表現Ⅲ・体育以外、すべて選択科目となる。9単位の選択必修科目に加え、最大8単位の自由選択科目を選ぶことが可能。自由選択科目には、1～2年次既習科目名が並ぶが、大学受験を見据え、基礎基本の確認が応用力の伸長を促す。
・3年次の英語は最大9単位まで履修可能で、質・量共に充実している。
・「総合的な探究の時間」では進路探究（大学模擬授業など）やシチズンシップ教育（模擬裁判など）を行っている。

[部活動]

・約8割が参加。放課後も学校中がたいへん賑わっている。
・最近の主な実績は以下のとおり。

<令和5年度>
陸上部が関東大会に出場した。美術部が神奈川県総合文化祭ポスターに採用された。

<令和4年度>
水泳部が関東大会に出場した。美術部が神奈川県高校美術展でポスター原画部門奨励賞と立体部門奨励賞を、演劇部が川崎市高校合同演劇発表会最優秀賞をそれぞれ受賞した。

★設置部（※は同好会など）
陸上競技、水泳、体操、剣道、野球、サッカー、ラグビー、バレーボール、バスケットボール、ハンドボール、ダンス、バドミントン、ソフトテニス、硬式テニス、美術、吹奏楽、茶道、合唱、軽音楽、将棋、演劇、家庭科、競技かるた、※放送委員会、※文芸

[行事]

生徒が積極的に参加する数多くの学校行事は、外部からも大勢の見学があるなど常に盛り上がりを見せ、高校生活のよい思い出になっている。

5月　体育祭
7月　合唱コンクール
9月　城高祭（文化祭）
10月　修学旅行（2年）
3月　球技発表会

[進路] (令和5年3月)

・第一志望宣言、3年0学期始業式（2年生の1月）、充実した講習など、確実な進路実現に向けた取り組みをしている。
・夏期講習は一部実技教科を除き全教科で行っている。大学入試共通テスト対策など、50以上の講座を開講。

★卒業生の進路状況
＜卒業生268名＞
大学242名、短大0名、専門学校10名、就職2名、その他14名

★卒業生の主な合格実績
九州大、埼玉大、筑波大、電気通信大、東京学芸大、東京工業大、横浜国立大、神奈川県立保健福祉大、埼玉県立大、東京都立大、水産大学校、早稲田大、慶應義塾大、上智大

♣指定校推薦枠のある大学・短大など♣
青山学院大、学習院大、上智大、中央大、東京理科大、法政大、明治大、立教大　他

[トピックス]

・昭和38年地元の熱心な誘致運動により創立された。
・「豊富な知識に裏づけられた思考力」「独創的発想と豊かな表現力」「協調性を備えた責任感ある実行力」を備えた生徒の育成をめざしている。
・海外帰国生徒特別募集あり。
・シチズンシップ教育による市民意識の向上をめざしている。
・平成27年度に新校舎が完成。それに合わせて女子の制服も変更された。30年度には新しい部室棟と多目的ホールを備えた生徒会館が完成した。
・令和4年度に体育館改修、5年度には格技場改修が終了。
・1・2年生全員に実用英語技能検定を校内で実施。

[学校見学] (令和5年度実施内容)

★学校見学会　8月
★学校説明会　10・11月各1回
★城高祭　10月　見学可

入試！インフォメーション							
受検状況	年　度	学科・コース名	募集人員	志願者数	受検者数	合格者数	倍　率
	R6	普　通	269	389	372(4)	269	1.38
	R5	普　通	268	423	412(11)	268	1.50
	R4	普　通	268	428	410	268	1.51

県立 住吉 高等学校

すみよし

https://www.pen-kanagawa.ed.jp/sumiyoshi-h/

☏ 211-0021　川崎市中原区木月住吉町34-1
☎ 044-433-8555
交通　東急線元住吉駅　徒歩8分
　　　ＪＲ南武線・横須賀線・東急線武蔵小杉駅　徒歩15分

普通科

制　服　あり

[カリキュラム] ◇三学期制◇

・1年次では芸術科目以外は基礎・基本の教科を全員共通に学ぶ。2年次では一部が選択制になる。3年次では大幅に選択科目が増え、少人数できめの細かい指導をしている。
・英語学習に力を入れており、**英語検定受検**を推奨している。

[部活動]

・部活動にはプログラミング研究会、マルチメディア部、アコースティックギター部などの**ユニークなクラブ**がある。
・最近の主な実績は以下のとおり。
＜令和4年度＞
チアリーディング部が県総体総合優勝、関東選手権出場、**ダンス部**が県総体8位、**男子バレーボール部**が関東予選と県総体で県ベスト16などの成績を収めた。
＜令和3年度＞
チアリーディング部が県総体総合優勝、関東選手権出場、**ダンス部**が県総体11位、**プログラミング研究部**が科学の甲子園神奈川大会で県7位などの成績を収めた。

★設置部
テニス、サッカー、卓球、チアリーディング、バドミントン、バスケットボール、バレーボール、野球、ラグビー、陸上競技、ダンス、ラクロス、軽音楽、茶道、吹奏楽、美術、マルチメディア、アコースティックギター、ハンドメイド研究、プログラミング研究

[行　事]

球技大会・体育祭・文化祭などの学校行事は、生徒が自主的に協力しあって運営している。

4月	遠足
6月	体育祭
7月	球技大会
9月	合唱コンクール、羽月祭（文化祭）
11月	修学旅行（2年）
12月	球技大会
2月	3年生を送る会
3月	球技大会

[進　路] (令和5年3月)

・進路が多様化していることをふまえ、生徒一人ひとりの個性を大切にし、担任やキャリア活動支援グループの教師による相談等、**進路指導**の充実を図っている。
・将来の職業を見据えた進路選択ができるように、1年次から進路適性検査、学部学科別説明会、学力診断テストなどを行っている。
・夏休みにはインターンシップや職業体験実習を実施している。
・2年次には上級学校を訪問する。

★卒業生の進路状況
＜卒業生352名＞
大学278名、短大9名、専門学校45名、就職1名、その他19名

★卒業生の主な進学先
宇都宮大、川崎市立看護大、埼玉大、電気通信大、東京学芸大、青山学院大、学習院大、工学院大、國學院大、駒澤大、芝浦工業大、成蹊大、成城大、専修大、中央大、東京電機大、東京都市大、東洋大、日本大、法政大、武蔵大、明治大、明治学院大、立教大

♣指定校推薦枠のある大学・短大など♣
桜美林大、神奈川大、国学院大、成蹊大、専修大、中央大、東京都市大、東海大、明治学院大　他

[トピックス]

・昭和55年1月創立。学校の三方が公園に囲まれており、自然環境にたいへん恵まれている。
・**教育方針**には、「心身ともに逞しく、ねばり強い人間の育成をはかる」「豊かな情操をはぐくみ、知性をみがく」「自主自律の精神を養うと共に、協調性の調和をはかる」の3つを掲げる。
・平成28〜30年度、文部科学省から「**次世代の教育情報科推進事業推進校**」に、神奈川県教育委員会から「**プログラミング教育研究推進校**」に指定されていた。

[学校見学] (令和5年度実施内容)

★学校説明会　10・12月各1回
★学校見学は夏季休業中の指定日時に実施（要申込）

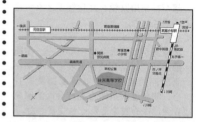

入試！インフォメーション

受検状況	年　度	学科・コース名	募集人員	志願者数	受検者数	合格者数	倍　率
	R6	普　通	359	467	457(3)	359	1.27
	R5	普　通	358	551	543(3)	358	1.51
	R4	普　通	358	503	493	359	1.37

川崎市立 川崎（かわさき）高等学校

普通科
生活科学科
福祉科

http://www.kaw-s.ed.jp/kawasaki-hs/

〒210-0806　川崎市川崎区中島 3-3-1
☎ 044-244-4981
交通　JR京浜東北線・東海道線・南武線川崎駅、京浜急行線京急川崎駅　バス
　　　京浜急行線大師線港町駅　徒歩10分

制　服	あり

[カリキュラム] ◇二学期制◇

★生活科学科

・神奈川県内の公立高校で唯一の家庭科。3年次から**食物系**と**服飾系**とに分かれ、選択した方の系列を多めに学習し、課題研究も行う。その目標は、男子も女子も自立して生きてゆく力を身につけることにある。

・食物調理技術・被服製作技術・保育技術・日本語ワープロ・情報処理技能などの**検定資格**が在学中に取得可能。

★福祉科

・高齢化社会の進展にともない、今後需要が増してゆくと思われる社会福祉・介護関連の人材を育成するための学科で、学校外の福祉施設での実習なども全員で行う。

・介護福祉士国家試験受検資格、ワープロ検定、社会福祉・介護福祉検定などの資格が取得可能。

★普通科

・令和3年度より高校入学者選抜での普通科の募集は停止された（普通科は附属中学からの進学者のみ）。

[部活動]

・科学部は過去に全国大会に出場した実績がある。
・最近の主な実績は以下のとおり。
＜令和3年度＞
陸上競技部が南関東大会出場、**ダンス部**が県総体10位などの成績を収めた。

★設置部（※は同好会）
硬式野球、ソフトボール、ダンス、陸上競技、バスケットボール、剣道、バドミントン、卓球、ソフトテニス、バレーボール、サッカー、福祉ボランティア、コンピュータ、茶道、華道、美術、服飾、クッキング、漫画研究、書道、演劇、科学、吹奏楽、放送、クイズ研究

[行　事]

・**体育祭**は附属中と合同で開催。6色のグループに分かれて、対抗して行う。行事活動はクラス単位。
・新入生歓迎会、体育祭、神無祭、海外修学旅行（2年）、送別会を実施。

[進　路]（令和5年3月）

進路指導室を設置。学級担任や進路指導部教員を中心とした個別面談や進路指導も充実している。

★卒業生の主な進学先
東京大、東北大、名古屋大、埼玉大、千葉大、筑波大、電気通信大、東京医科歯科大、東京外国語大、東京学芸大、東京工業大、一橋大、横浜国立大、川崎市立看護大、東京都立大、横浜市立大（医）、早稲田大、慶應義塾大、青山学院大、学習院大、上智大、中央大、東京理科大、法政大、明治大、立教大

[トピックス]

・明治44年に川崎町立女子技芸補習学校としてスタート。県下指折りの**伝統校**である。**平成26年度**には**附属中学校**を開校し、**中高一貫教育校**となった。
・平成26年9月より現在の校舎での生活がスタートした。**教科教室型**で、生徒が各教科の部屋に移動して授業を受けるスタイルとなっている。電子黒板機能付プロジェクターや無線LANが設置された教室等の**ICT環境**の備わった最新の設備の中で夢の実現に向けて学習に取り組むことができるなど、新たな時代の流れにのった改革を、次々と押し進めている。
・平成27年7月末に、**人工芝グラウンド**が完成した。
・生活科学科は平成27年度の**ファッション甲子園**で準優勝した。
・福祉科は令和2年度・4年度**介護福祉士国家試験合格率100%**。また、平成29年度の**第1回高校生介護技術コンテスト関東大会準優勝**。
・土曜日・日曜日にも自習室を開放。静かで落ち着いた雰囲気の中で学習出来る環境が整っている。

[学校見学]（令和5年度実施内容）

★学校説明会　7・12月各1回
★福祉科体験授業　8・10・11月各1回
★生活科学科体験授業　8・10月各1回
★神無祭　9月　見学可

入試！インフォメーション

受検状況	年　度	学科・コース名	募集人員	志願者数	受検者数	合格者数	倍　率
	R6	生活科学	39	44	43	39	1.13
		福　祉	39	33	33(1)	32	1.00
	R5	生活科学	39	37	35	35	1.00
		福　祉	39	31	31(1)	30	1.00

川崎市立 幸 高等学校
さいわい

普通科
ビジネス教養科

http://www.kch.ac.jp/

☎212-0023　川崎市幸区戸手本町1-150
☎044-522-0125
交通　ＪＲ南武線矢向駅　徒歩15分
　　　ＪＲ京浜東北線・東海道線・南武線川崎駅　バス

制　服　あり

[カリキュラム] ◇二学期制◇

★普通科
・1年では必修科目を学んで基礎を定着させる。
・2年ではより深い内容を学ぶと同時に、選択科目（古典研究、英語研究、数学Ｂ、服飾文化など）により進路を意識した学習を行う。
・3年では合計13単位分の選択科目が用意される。少人数の選択授業を通して、希望する進路の実現をめざす。
・思考力や表現力を養うため、3年間を通して課題研究「幸探究」を行う。

★ビジネス教養科
・会社の経理事務の基本となる簿記や情報処理などの各種検定に対応した商業科目を必修科目として学ぶ。
・1年では全員が共通の科目を学び、3年からは興味や関心、希望する進路に応じて選択科目を普通科目、専門科目の両方から選択することが可能。
・1年では全員がインターンシップを実施。
・各種検定対応の補習を随時行うなど、資格取得に力を入れており、多くの生徒が卒業までに簿記実務検定、情報処理検定、ビジネス文書実務検定、珠算電卓実務検定、商業経済検定、実用英語技能検定など、5〜7つの資格・検定を取得する。

[部活動]
・文化系では、珠算同好会や簿記部、コンピュータ部、英語部など、実践力を磨き資格取得を目指しながら、楽しみながら活動している。
・最近の主な実績は以下のとおり。放送委員会がNHK杯全国高校放送コンテスト全国大会のラジオドキュメント部門で理事長賞を受賞した。珠算同好会は全国高校ビジネス計算競技大会予選で珠算、電卓共に団体優勝し、全国大会へ進出した。空手道部は県大会で5位、川崎地区大会で優勝など、関東大会を狙えるチームとなった。陸上競技部は関東大会女子円盤投げ8位、続く新人戦でも女子円盤投げ、ハンマー投げ共に6位入賞し、インターハイを目指している。

★設置部（※は同好会）
野球、陸上競技、バスケットボール、ソフトボール、サッカー（男女）、バドミントン、バレーボール、ソフトテニス、卓球、弓道、剣道、ダンス、空手道、ハンドボール、吹奏楽、演劇、茶道、書道、簿記、漫画研究、写真、美術、調理研究、コンピュータ、軽音楽、英語、※珠算

[行　事]
・6月の体育祭と10月の文化祭が2大イベント。
・修学旅行は2年の12月に実施。
・夏休みには、希望者を対象に海外語学研修を実施。

[進　路]
・進路指導は3年間を通して実施。
・進路学習室には豊富な資料が揃っている上、インターネットも自由に使えるので、しっかりとしたキャリア学習ができる。

★卒業生の進路状況（令和5年3月）
＜卒業生224名＞
大学87名、短大5名、専門学校72名、就職47名、その他13名

★卒業生の合格実績（過去2年間）
群馬大、川崎市立看護大、駒澤大、上智大、専修大、中央大、日本大、法政大、明治大、明治学院大

[トピックス]
・旧校名は川崎市立商業高等学校。同校は平成29年度には新たに普通科を併設した。それに伴い、校名を現在のものに改めた。
・総タイル張りの校舎に全室冷暖房完備。400台超のコンピュータや視聴覚ホール、日本庭園に面した作法室など快適な環境を整備している。
・全教室にプロジェクター機能付きの電子黒板を設置。電子黒板のほかにPCやタブレット端末も活用したICT授業を行い、主体的・対話的でより深い学びを実践している。
・ビジネス教養科の「課題研究」では川崎市歌を広める活動をし、ＪＲ川崎駅の駅メロや川崎市役所幸区役所の市歌チャイムに導入したことがある。この取組みにより第25回全国高校生徒商業研究発表大会に出場した。
・令和3年にキャリア教育優良学校として文部科学大臣表彰を受けた。
・本校が考える「学び」とは、自ら課題を見つけ解決するために必要な思考力、判断力、表現力を養い、実社会と繋がりを持った学習活動を通して社会への理解を深めること。令和5年度2年より始まった「リサーチ基礎」でそのノウハウを学ぶ。

[学校見学]（令和5年度実施内容）
★学校説明会　6・8・11・12月各1回

■入試！インフォメーション■

受検状況	年　度	学科・コース名	募集人員	志願者数	受検者数	合格者数	倍率
	R6	普　通	118	169	168	118	1.42
		ビジネス教養	118	140	139	118	1.19
	R5	普　通	118	155	154	118	1.31
		ビジネス教養	118	132	130(2)	118	1.08

川崎市立 川崎総合科学 高等学校
（かわさきそうごうかがく）

http://www.kst-h.ed.jp/

情報工学科
総合電気科
電子機械科
建設工学科
デザイン科
科学科

〒212-0002　川崎市幸区小向仲野町5-1
☎ 044-511-7336
交通　JR京浜東北線・東海道線・南武線川崎駅、京浜急行線京急川崎駅　バス

制　服	あり

[カリキュラム]　◇二学期制◇

・工業系の各科では、様々な資格取得の指導に力を入れている。
・過去3年間の取得状況は、**応用情報技術者、基本情報技術者、ITパスポート、第2種電気工事士、アーク溶接特別教育、ガス溶接技能講習、2級建築士受験資格、CGクリエイター検定**など多岐にわたる。

★情報工学科
コンピュータに関する知識と技術を習得すると共に、プログラム開発、システム開発など実際に活用できる能力を身につける。

★総合電気科
電気・電子・情報技術に関する基礎・基本の学習をした後、個々の興味・関心に応じて、発電・ロボット・自動制御・電子回路・通信機器などの知識と技術を学ぶ。

★電子機械科
産業界の中心的役割をになうメカトロニクス（電子機械）の基本的な知識・技術を、理論的な学習だけでなく、実験・実習を通して学習する。

★建設工学科
建設に関する知識と技術を習得。2年次からは都市システムと建築デザインの各コースに分かれ、専門性の高い学習をする。

★デザイン科
印刷物の編集や、映像などの制作に携わるデザイナーを目指して、平面構成、写真、印刷、立体表現などの基礎を学ぶ。特にCGを活用した表現力と創造性の養成をめざす。

★科学科

・週3回（火・木・金）7校時授業を実施している。
・理数科の教育課程を履修し、理科系分野での進学を目指す。理科・数学・英語などの教育に重点を置き、授業時間を多く費やしている。
・学力の向上を目指し、早朝の授業や放課後の補習、外部模擬試験、夏休みの合宿などを積極的に催し、熱心に指導している。

[部活動]

・**バドミントン部**は全国大会や関東大会の常連。令和5年度の時点で関東大会には男子団体35年連続、女子団体8年連続出場中。
・最近の主な実績は以下のとおり。
＜令和5年度＞
バドミントン部が関東大会（男子団体・女子団体）、インターハイ（女子シングルス・女子ダブルス）に出場した。

★設置部
空手道、剣道、硬式野球、サッカー、柔道、ソフトテニス、卓球、バスケットボール、バドミントン、バレーボール、ハンドボール、陸上競技、科学、競技かるた、極音、グラフィックアート、軽音楽、茶道、写真、吹奏楽、パソコン、美術、モータースポーツ、ロボット研究　他

[行　事]

体育祭、芸術鑑賞教室、総科祭、修学旅行（2年）、マラソン大会、校内課題研究発表会などを実施。

[進　路]（令和5年3月）

工業系では、2年次より**選択科目制**を導入。大学進学者用と技術者用に選択できる。

★卒業生の進路状況
＜卒業生218名＞
大学・短大108名、専門学校37名、就職57名、その他16名

★卒業生の主な進学先
電気通信大、東京農工大、横浜国立大、豊橋技術科学大、熊本大、東京都立大、青山学院大、専修大、中央大、東京理科大、日本大、明治大

[トピックス]

校舎は15階建ての**インテリジェントビル**で、内部の施設も全国屈指の規模を誇る。グラウンドも全天候型。マルチメディア対応の**図書館**は一般にも開放されている。令和4年度より、**BYOD**（Bring Your Own Device)方式によりコンピュータ端末を各自で用意する。

[学校見学]（令和5年度実施内容）

★学校説明会　7・9・11月各1回
★各科説明会　8・10・12月各1回（8月は各科ごと別日程）
★学校見学は随時可（要連絡）

入試！インフォメーション

受検状況	年　度	学科・コース名	募集人員	志願者数	受検者数	合格者数	倍　率
	R6	情報工学	39	58	57(4)	39	1.36
		総合電気	39	36	35	39	0.92
		電子機械	39	30	30(1)	35	0.83
		建設工学	39	45	44	39	1.13
		デザイン	39	47	45	39	1.15
		科　学	39	42	41(2)	39	1.00

川崎市立 橘 高等学校

（たちばな）

普通科
国際科
スポーツ科

https://kawasaki-edu.jp/5/tachibana-highschool-zen/

〒211-0012　川崎市中原区中丸子562
☎ 044-411-2640
交通　ＪＲ南武線向河原駅　徒歩8分
　　　ＪＲ南武線平間駅　徒歩10分
　　　ＪＲ横須賀線武蔵小杉駅　徒歩12分

制　服　あり

[カリキュラム] ◇二学期制◇

★普通科
・基礎・基本を大切にし、発展的・実践的な学びに深化させることにより豊かな人間性を養うことを目標とする。
・2・3年次に文系・理系に分かれ、一人ひとりの進路希望に対応できるよう、必修の科目以外に多彩な選択教科を設けている。また、一人ひとりにあう学習ができるよう、教科によっては学習クラスを分割し、少人数制授業を実施している。

★国際科
・豊かな国際感覚と広い国際的視野を備え、今後の地域・国際社会に寄与する人間の育成を目標とする。
・コミュニケーション能力や日本文化・異文化の理解を養うため「ENGLISH SKILLS」「専門外国語選択」「国際理解」「総合英語」など、様々な専門科目を学ぶ。
・1年次には国内語学研修として静岡県のランゲージヴィレッジでの研修、2年次には海外研修（オーストラリア）を実施。また、JICA、WFP、UNICEFなどの国際機関への訪問学習を行っている。
・選択授業は2・3年次に設置。

★スポーツ科
・体育・スポーツを体験的・学術的に学ぶ専門科目の学習を通じて、健康・安全・運動についての理解を深めるなど、スポーツリーダーを育成するカリキュラムを用意。
・生涯にわたってスポーツに親しむことができるよう、運動能力の向上のみならず、科学的なスポーツのあり方などを幅広く学ぶ。
・スキー実習やゴルフコース実習、スキューバ実習などの野外活動がある。
・日本赤十字社救急法救急員資格を取得できる。

[部活動]
・約9割が参加。
・体育館が2つあるなど環境が整っており、各部共、活発に活動している。
・最近の主な実績は以下のとおり。

＜令和4年度＞
陸上競技部とソフトテニス部がインターハイに出場。バレーボール部は男女ともに関東大会に出場。サッカー部は全国高校サッカー選手権神奈川予選ベスト4。陸上競技部は県高校駅伝で男子が優勝、女子が2位。吹奏楽部は東関東コンクールで金賞を受賞。

＜令和3年度＞
陸上競技部と女子バレーボール部、卓球部がインターハイに出場。卓球部は全国選抜大会（2部）女子シングルスで全国3位入賞。男子バレーボール部がインターハイ、国民体育大会、春高バレーに出場。吹奏楽部が東関東コンクールで金賞を受賞。

★設置部
バレーボール、剣道、野球、陸上競技、ソフトテニス、サッカー、バドミントン、山岳、ダンス、卓球、バスケットボール、硬式テニス、水泳、吹奏楽、書道、茶道、美術、JRC、ICC、将棋、漫画研究、軽音楽、天文科学

[行　事]
歌合戦、体育祭、文化祭、修学旅行（普通科2年）、合同芸術祭、3年生を送る会などを行っている。

[進　路]（令和5年3月）
・広々とした進路指導室を設置し、資料を参照しながら生徒が自主的に進路研究に取り組むことができる。
・卒業後の進路実現をめざしての、選択科目ガイダンスや進路学習、進路相談なども充実している。

★卒業生の進路状況
＜卒業生270名＞
大学236名、短大2名、専門学校16名、就職2名、その他14名

★卒業生の主な合格実績
東京海洋大、神奈川県立保健福祉大、横浜市立大、早稲田大、慶應義塾大、青山学院大、学習院大、上智大、中央大、法政大、明治大、立教大

[トピックス]
昭和17年、旧制橘中学校として創立。生徒は勉学だけでなく、生徒会行事や部活動にも重点を置いて活発に活動している。全国大会レベルで活躍する部活動が多数ある。

[学校見学]（令和5年度実施内容）
★学校説明会　8・10・11月各1回
★専門学科説明会　国際科　9・11月各1回　スポーツ科　10月1回

入試！インフォメーション

受検状況	年度	学科・コース名	募集人員	志願者数	受検者数	合格者数	倍率
	R6	普　通	198	237	234(1)	198	1.18
		国　際	39	64	63(1)	39	1.59
		スポーツ	39	56	56	39	1.44
	R5	普　通	198	280	278	198	1.40
		国　際	39	58	56	39	1.44
		スポーツ	39	46	45	39	1.15

神奈川県
公立
高校

学校ガイド

＜全日制　旧川崎北部学区＞

学校を紹介したページの探し方については、2ページ
「この本の使い方＜知りたい学校の探し方＞」を参照して
ください。

県立 川崎北 (かわさききた) 高等学校

普通科

https://www.pen-kanagawa.ed.jp/kawasakikita-h/

☎ 216-0003　川崎市宮前区有馬3-22-1
☎ 044-855-2631
交通　東急線鷺沼駅　バスおよび徒歩10分、徒歩20分
　　　東急線宮前平駅　徒歩19分

制　服　あり

[カリキュラム] ◇三学期制◇
・基礎から応用まで生徒に合わせた授業を展開。進学希望の生徒の増加に伴い、今後もさらにきめ細やかな学習指導を行っていく予定。
・3年次から**文型・理型**に分かれ、多種多様な**選択科目**を設置し、生徒各自の進路に向けた指導を行う。

[部活動]
・部活動は活発で、各部で全国大会をめざすチーム作りを行い実績をあげている。近年では**写真部**が全国大会に出場した。
・最近の主な実績は以下のとおり。
＜令和5年度＞
写真部が全国大会に出品した。
＜令和4年度＞
吹奏楽部が東関東吹奏楽コンクールのB編成で銅賞を受賞した。

★設置部（※は同好会）
硬式野球、サッカー、陸上競技、ハンドボール、バレーボール、バスケットボール、弓道、硬式テニス、バドミントン、卓球、水泳、ワンダーフォーゲル、ダンス、吹奏楽、軽音楽、科学、茶道、美術、写真、合唱、家庭科、放送、※演劇、※映像研究、※レスリング研究

[行　事]
・**北斗祭**（体育祭と文化祭の総称）が1年を通じて最大の行事。体育祭はとどろきアリーナにて全校生徒がクラスごとの4ブロックに分かれ、競いあう。
4月　遠足
6月　北斗祭（体育祭）
9月　北斗祭（文化祭）
11月　修学旅行（2年）

3月　合唱コンクール（1年）

[進　路]
　計画的なキャリア教育が行われており、1年次には企業訪問を行い、社会に目を向け、自己の生き方を探る。2年次には将来の目標を定め、自己の課題を設定する。進路説明会などで必要な情報を収集し、課題解決に取り組む。3年次では、進路目標のために準備をするとともに、卒業後のキャリアアップを目指すライフプランを考える。

★卒業生の進路状況（令和5年3月）
　＜卒業生281名＞
　大学171名、短大10名、専門学校82名、就職7名、その他11名

★卒業生の主な合格実績
筑波大、川崎市立看護大、青山学院大、亜細亜大、神奈川大、関東学院大、国士舘大、駒澤大、相模女子大、産業能率大、成蹊大、専修大、多摩大、帝京平成大、東洋大、日本大、法政大、武蔵野大、明星大、目白大、文教大、立教大

[トピックス]
・校内Wi-Fiが整備され、生徒は自分の端末を接続して学習に活用している。
・地域貢献活動や地域交流を奨励し、地域に根差した学校作りを行っている。
・全教室に**エアコン**を完備している。
・生徒の個性を尊重し、高校生活で活躍できるような取組みを行っている。
・本校は**インクルーシブ教育実践推進校**の指定を受け、一般募集とは別に、特別募集を行っている。これまで以上に、誰にとってもわかりやすく、充実した授業を行いながら、生徒同

士の相互理解を深め、多様性を尊重する態度と互いの良さを活かして協働する力を育み、様々な個性を持つ人々が共に生きる共生社会の実現に向けた教育活動を目指している。

[学校見学]（令和5年度実施内容）
★学校説明会　10・11月各1回
★学校見学　学校指定日時に実施（予約制）

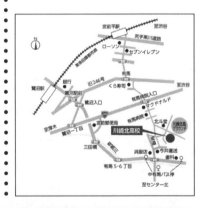

入試！インフォメーション

受検状況	年　度	学科・コース名	募集人員	志願者数	受検者数	合格者数	倍　率
	R6	普　通	279	321	320(3)	279	1.14
	R5	普　通	278	286	283(1)	278	1.01
	R4	普　通	278	319	315	278	1.13

県立 多摩 (たま) 高等学校

https://www.pen-kanagawa.ed.jp/tama-h/

〒214-0021　川崎市多摩区宿河原 5-14-1
☎ 044-911-7107
交通　JR南武線宿河原駅　徒歩 8 分
　　　JR南武線・小田急線登戸駅　徒歩 18 分

制服　あり

[カリキュラム]◇二学期制◇

- 5 校時×70分という日課で授業を展開し、授業の質と量の充実を図る。
- 2 年次では一部を文理に分かれて科目を選択する。
- 3 年次には特別なコースは設置せず、生徒一人ひとりの進路希望・関心に応じ、週に18時間まで選択科目を履修する。選択科目は生徒の進路実現を目指し、古典探究、探究数学、素描など実践的な科目が20以上あり、少人数でも開講されるものもある。

[部活動]

- ほぼ全員が参加。
- 最近の主な実績は以下のとおり。

<令和 5 年度>
　陸上競技部が県総体で女子やり投げ県 4 位、女子走幅跳県 6 位入賞。南関東大会にて女子やり投げ 4 位入賞し、インターハイに出場した。地学部が全国総合文化祭（地学の部）に神奈川県代表として出場した。

<令和 4 年度>
　美術部が全国高校総合文化祭に出品した。放送特別委員会がNHK杯全国高校放送コンテストと全国高校総合文化祭に出場した。

★設置部（※は同好会）
　剣道、水泳、卓球、ソフトテニス、硬式テニス、バスケットボール、バドミントン、ダンスドリル、バレーボール、ハンドボール、サッカー（男女）、野球、陸上競技、ワンダーフォーゲル、吹奏楽、合唱、ギターアンサンブル、軽音楽、茶道、地学、生物、美術、放送特別委員会、写真、漫画研究、文芸、料理研究、※Tama International Club

[行　事]

- 自由闊達な校風のもとで、生徒が積極的に学校行事に取り組んでいる。
- 大師強歩は学校から川崎大師までの22kmを歩く。

5 月　球技大会
6 月　合唱コンクール、文化祭
9 月　体育祭
10月　研修旅行（2 年）、大師強歩
3 月　球技大会

[進　路]（令和 5 年 3 月）

- 夏季休業中に指名補習を含む様々な夏季講習を、9 月から12月まで計10回の土曜特別講習を実施。
- スタディサポートルームや進路相談室が設置され、充実した学習環境を誇る。
- 模試の結果等も活用した進路面談も年に複数回行い、きめ細かな進路指導を実施。

★卒業生の進路状況
　<卒業生268名>
　大学234名、短大 0 名、専門学校 0 名、就職 0 名、その他34名

★卒業生の主な進学先
　北海道大、東北大、大阪大、埼玉大、電気通信大、東京医科歯科大、東京外国語大、東京学芸大、東京工業大、東京農工大、一橋大、横浜国立大、新潟大、信州大、岐阜大(医)、神奈川県立保健福祉大、川崎市立看護大、東京都立大、横浜市立大、防衛大学校、早稲田大、慶應義塾大、上智大、東京理科大

♣指定校推薦枠のある大学・短大など♣
　早稲田大、慶應義塾大、青山学院大、学習院大、上智大、中央大、東京理科大、法政大、明治大、立教大　他

[トピックス]

- 昭和31年、地域の強い要望により開校。

川崎地区の進学校として60年余の伝統を誇る。

- 「質実剛健」「自重自恃」(じちょうじじ)を校訓とし、身を慎みつつも自立し、様々に協力連携しながら、よりよい社会を形成するため主体的に行動する力の育成をめざす。
- 令和 6 年度より県の「学力向上進学重点校」。令和元年度より文部科学省の「スーパーサイエンスハイスクール（Ⅰ期）」の指定を受けた。学習面の充実、創立以来の特色である学校行事・部活動面の充実を 2 つの柱に、生徒が伸び伸びと心豊かに学びあう学校である。
- 学校設定教科として「MerakiⅠ・Ⅱ・Ⅲ」を設置。1 年次より課題研究や情報処理の方法を学ぶなど、探究活動に力を入れている。
- 平成28年度には新校舎が完成。

[学校見学]（令和 5 年度実施内容）

★学校説明会　8・11・12月各 1 回
★学校見学　夏季休業中

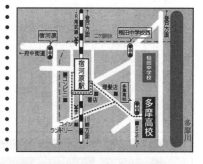

入試！インフォメーション

受検状況	年　度	学科・コース名	募集人員	志願者数	受検者数	合格者数	倍　率
	R6	普　通	279	455	444(13)	279	1.54
	R5	普　通	278	519	502(5)	280	1.78
	R4	普　通	278	495	470	280	1.66

県立 向の岡工業 高等学校
むかい おか こうぎょう

機械科
電気科
建設科

https://www.pen-kanagawa.ed.jp/mukainooka-th/zennichi/index.html

〒214-0022　川崎市多摩区堰1-28-1
☎ 044-833-5221
交通　JR南武線久地駅　徒歩10分

制　服　あり

[カリキュラム] ◇三学期制◇

・各科とも、学習内容の理解が深まるように、少人数制学習を行っている。専門教科の実習などの科目ではさらに少人数に分け、一人ずつ機械やコンピュータを使ってていねいな学習ができるようにしている。

・「ものづくり」や「町づくり」を企業の現場で体験する**インターンシップ**を全学年で実施。自分が学んでいる専門教科への理解が深まるよい機会となっている。

・資格を取得するための**特別講座**を土日や長期休業中に行っている。

★機械科

・機械加工の基礎・基本に重点を置き、旋盤やフライス盤・溶接・計測・製図、さらにマシニングセンタ、コンピュータ製図を使用した実習を行う。また、自動車については、座学で仕組みを学び、実習でエンジンの分野と組み立てを行い、さらに理解を深める。3年の課題研究では、これまでに習った機械に加え、レーザー加工機、3Dプリンタなどを使用してものづくりを行う。

・**技能検定**（機械検査、旋盤）**取得**に向けた講習、アーク溶接特別教育、ガス溶接技能講習などを受けることができる。

★電気科

・未来のエレクトロニクス社会に対応できる確かな技術を身につけるために、1年次は、電気・情報の基礎から始まり、2・3年次には、電子回路、発電機、電気工事など、専門的な授業・実習を行う。モーターや自動制御、通信、コンピュータの仕組みやプログラムなど、多数の選択科目から学ぶことができる。

・電気工事士（第二種）、第三種電気主任技術者（認定校）、工事担任者、アマチュア無線技士、消防設備士、特殊無線技士、基本情報処理技術者などの取得が可能。

★建設科

・1年次は、建設の基礎・基本を学習。2年次からは、住宅やビルなどの建物の設計や製図を学ぶ**建築コース**（県立高校では唯一、コース選択が可能）と、道路や橋、公園など街の施設を対象に学ぶ**都市工学コース**に分かれ、より専門的な学習をする。

・2級土木施工管理技士、2級建築施工管理技士、測量士補などの取得が可能。

[部活動]

最近の主な実績は以下のとおり。
＜令和5年度＞
相撲部が団体（6年連続31回目）・個人（無差別・重量級）でインターハイ出場、**自動車部**がHondaエコマイレージチャレンジ全国大会出場などの成績を収めた。また**高校生ものづくりコンテスト全国大会**の溶接部門で準優勝を遂げた。

★設置部（※は同好会）

空手道、弓道、剣道、サッカー、山岳、柔道、水泳、相撲、テニス、卓球、バスケットボール、バドミントン、バレーボール、ハンドボール、硬式野球、陸上、アマチュア無線、機械研究、軽音楽、自動車、写真、美術、吹奏楽、パソコン、放送、鉄道研究、※模型

[行　事]

修学旅行、遠足、施設見学、向友祭（文化祭、体育祭）、中学生ものづくり体験教室「テックラボ」などを行う。

[進　路] (令和5年3月)

・若者の就職が厳しいと言われているなか、本校には1700社を超える企業から求人があり、就職希望者の内定率は毎年ほぼ100％である。

・進学希望者は約35％。指定校推薦などを利用して大学や専門学校に進学する生徒が多い。

★卒業生の進路状況

＜卒業生205名＞
大学25名、短大2名、専門学校36名、就職135名、その他7名

★卒業生の主な進学先

神奈川大、神奈川工科大、国士館大、洗足学園音楽大、東海大、東京工芸大、東京電機大、立正大、和光大

[トピックス]

・夏休みには本校の生徒が先生となり、地域の小学生の親子を対象とする「**わくわく体験親子ものづくり教室**」を開き好評を得ている。

・平成26年3月に**新校舎**が完成した。

[学校見学] (令和5年度実施内容)

★学校説明会　7・11・12・1月各1回

★向友祭　10月　見学可

入試！インフォメーション

受検状況	年度	学科・コース名	募集人員	志願者数	受検者数	合格者数	倍率
		機械	79	62	61(1)	61	1.00
	R6	電気	79	74	73	73	1.00
		建設	79	58	57	57	1.00
		機械	78	61	60	60	1.00
	R5	電気	78	61	60	60	1.00
		建設	78	50	50(1)	49	1.00

県立 生田 高等学校

普通科

https://www.pen-kanagawa.ed.jp/ikuta-h/

☎ 214-0035　川崎市多摩区長沢3-17-1
☎ 044-977-3800
交通　小田急線百合ヶ丘駅　バス
　　　小田急線生田駅　バスまたは徒歩25分
　　　JR南武線武蔵溝ノ口駅、東急線宮前平駅　バス

制　服　あり

[カリキュラム]　◇三学期制◇

・毎日50分6時間授業の充実した教科指導を行う。「個」を鍛え、科学的・論理的思考能力を育む教育に力を注いでいる。

・2年次までに大学入学共通テストに対応した幅広い学習を行う。3年次には進路希望に応じた学習のために、多くの選択科目のなかから、必要な科目を選択して履修する。

・動植物の生態等に触れる学習会や観察会などの**自然体験学習**を行う。

[部活動]

・約9割が参加。

・最近の主な実績は以下のとおり。

＜令和5年度＞
ハンドボール部男子が関東予選県6位、選手権予選県8位、女子が関東予選県ベスト16などの成績を収めた。

＜令和4年度＞
ハンドボール部男子が関東予選県ベスト8、選手権予選県ベスト12、女子が関東予選・選手権予選・新人大会県ベスト8などの成績を収めた。

★設置部（※は同好会）
剣道、水泳、陸上競技、硬式野球、ラグビー、サッカー、バレーボール、バスケットボール、ハンドボール、テニス、ソフトテニス、ワンダーフォーゲル、バドミントン、ソフトボール、ダンス、グリークラブ、吹奏楽、軽音楽、科学、美術、漫画研究、茶道、写真、パソコン研究、文芸、放送、交通研究、書道

[行事]

・**体育祭**は星座により4つの団に分かれ、応援合戦が特に盛り上がる。

・**修学旅行**は「体験学習」を重視。

4月	一迎会、校外学習
6月	体育祭
7月	クラスマッチ
9月	銀杏祭（文化祭）
10月	修学旅行（2年）
11月	留学生招請授業・交流会
3月	クラスマッチ

[進路]（令和5年3月）

ほとんどの生徒が進学を希望し、実際に大学や短大へ進んでいる。そうした過去の実績から、毎年多くの指定校推薦の依頼がある。

★卒業生の進路状況
＜卒業生350名＞
大学303名、短大0名、専門学校6名、就職0名、その他41名

★卒業生の主な合格実績
北海道大、群馬大、筑波大、東京学芸大、横浜国立大、北見工業大、山梨大、鳥取大、琉球大、東京都立大、川崎市立看護大、防衛大学校、早稲田大、慶應義塾大、青山学院大、学習院大、上智大、中央大、東京理科大、法政大、明治大、立教大

♣指定校推薦枠のある大学・短大など♣
東京都立大、慶應義塾大、青山学院大、学習院大、國學院大、成蹊大、成城大、中央大、東京理科大、法政大、武蔵大、明治大、明治学院大、立教大　他

[トピックス]

・本校ではのびやかで規律正しい校風のもと、「能力伸長・生田メソッド」を旗印に、高い目標×文武両道・文理両道×自学自習×協働×ICTによる相乗効果で総合的に「個」を鍛える。「不確実で複雑な時代」を生き抜く、「**主体的な意志を持つ自立した『個』**」を育成する。

・明治大学との**高大連携**を実施している。土曜日の午後に明治大学生田キャンパスで大学教員による講義を受けることができる。これは本校生徒を対象としたもので、「農薬を減らす本当の理由」や「プログラミング超入門」などがある。規定回数の出席とレポートの提出により校外講座の単位として認定される。

・令和4～6年度の**理数教育推進校**に指定。タブレット端末を用いた学習を行っている。

[学校見学]（令和5年度実施内容）

★学校説明会　8・11月各1回
★銀杏祭　9月　限定公開
★学校見学会　平日金曜日16:30から
　（要予約）

入試！インフォメーション

受検状況	年度	学科・コース名	募集人員	志願者数	受検者数	合格者数	倍率
	R6	普通	359	472	462(2)	359	1.29
	R5	普通	398	494	481(2)	399	1.20
	R4	普通	358	454	439	358	1.22

県立 百合丘 (ゆりがおか) 高等学校

普通科

https://www.pen-kanagawa.ed.jp/yurigaoka-h/

〒214-0036　川崎市多摩区南生田 4-2-1
☎ 044-977-8955
交通　小田急線新百合ヶ丘駅・百合ヶ丘駅・生田駅、JR南武線武蔵溝ノ口駅、
東急線溝の口駅・宮前平駅　バス

制服　あり

[カリキュラム] ◇二学期制◇

・1、2年次では基礎学力の定着を重視。3年次は論理国語、英語コミュニケーションⅢ、体育が共通科目であり、それ以外は8単位の理系選択・文系選択、4単位の必修選択、最大7単位の自由選択など、進路実現と学習深化に向けた多様な選択科目が設置され、生徒の興味・関心や進路に対応できる体制を整えている。

・英検については校内受検を実施している。また、資格取得による単位認定も行われる。

[部活動]

・最近の主な実績は以下のとおり。

＜令和4年度＞
陸上競技部が男子円盤投で関東新人大会に進出した。野球部が全国高校野球選手権神奈川大会でベスト32となった。

＜令和3年度＞
ダンス部が日本高校ダンス部選手権「DANCE STADIUM」にスモールクラスで出場し（11年連続）、3位となった。チアリーディング部が県大会で総合4位となった。

★設置部（※は同好会）
バドミントン、バスケットボール、野球、チアリーディング、ダンス、サッカー、ハンドボール、陸上競技、卓球、ソフトボール、水泳、テニス、バレーボール、ワンダーフォーゲル、茶道、美術、吹奏楽、料理、軽音楽、メディアクリエイション、※鉄道研究、※ESS

[行　事]

4月　新入生オリエンテーション、遠足
6月　風音祭（体育祭）
9月　風音祭（文化祭）
10月　修学旅行（2年）
3月　スポーツ大会

[進　路] （令和5年3月）

・生徒一人ひとりの個性や適性を見出し、伸ばすよう積極的に支援している。総合的な学習の時間等で、自らの課題を見つけ、それを解決することにより進路意識を深める。

・年に2回、業者による実力テストを実施している。

・進路指導室や自習室も設置されている。

★卒業生の主な進学先
青山学院大、慶応義塾大、工学院大、國學院大、駒澤大、城西大、成城大、専修大、中央大、東京電機大、東京都市大、東洋大、日本大、法政大、明治大、明治学院大

♣指定校推薦枠のある大学・短大など♣
神奈川大、國學院大、駒澤大、産業能率大、昭和女子大、成蹊大、成城大、専修大、拓殖大、中央大、帝京大、東海大、東京農業大、東洋大、日本大、法政大、明治学院大　他

[トピックス]

・「清新潑剌（せいしんはつらつ）」の校風

・「人権教育」と「国際教育」を推進している。特に国際教育では、留学生の訪問や講演等を通して世界の現状や課題を把握し、気づき考え、自分のできることを実行する能力や資質を育成する。

・専修大学、昭和音楽大学との高大連携により、大学の授業も体験できる。

・近隣の小・中・高校や近隣住民との関連行事など、地域と連携した教育活動にも積極的に取り組んでいる。

[学校見学] （令和5年度実施内容）

★学校説明会　8・11・12月各1回
★部活動見学　9月1回

入試！インフォメーション

受検状況	年　度	学科・コース名	募集人員	志願者数	受検者数	合格者数	倍　率
	R6	普　通	359	397	386	359	1.09
	R5	普　通	398	501	498(1)	398	1.25
	R4	普　通	358	421	416	359	1.16

県立 生田東 高等学校
（いくた　ひがし）

https://www.pen-kanagawa.ed.jp/ikutahigashi-h/

〒214-0038　川崎市多摩区生田4-32-1
☎ 044-932-1211
交通　小田急線生田駅　徒歩10分
　　　JR南武線中野島駅　徒歩20分

| 制 服 | あり |

[カリキュラム]　◇三学期制◇

・3年次よりコース制を導入。1年次は芸術科目を除き全員が共通の科目を履修し、論理・表現Ⅰで少人数、数学Ⅰで習熟度別の授業を行う。2年間で幅広い知識を習得し、自己を見つめ、3年次で、それぞれの進路希望実現に向けて、文系・理系に分かれる。

・3年次には最大6単位の自由選択が設けられており、一人ひとりの興味・関心や進路希望にあわせた科目選択が可能。特色ある科目として、素描、保育基礎、フードデザインなどが開講される。

・高大連携事業を実施。1年次には全員が専修大での1日体験入学を行う。専修大、玉川大、桜美林大の講義の受講が可能。

[部活動]

・吹奏楽部は全国大会出場の実績がある。

・最近の主な実績は以下のとおり。
＜令和5年度＞
　陸上競技部が関東大会で女子砲丸投関東2位、インターハイで女子砲丸投全国11位の成績を収めた。
＜令和4年度＞
　陸上競技部が女子砲丸投でインターハイに出場した。美術部が全日本学生美術展で佳作を受賞した。

★設置部（※は同好会）
硬式野球、バレーボール、バスケットボール、卓球、バドミントン、ハンドボール、サッカー、陸上競技、剣道、ソフトテニス、ワンダーフォーゲル、チアリーダー、ダンス、硬式テニス、吹奏楽、演劇、軽音楽、イラスト、JRC、茶道、新聞、美術、パソコン、書道、※文芸

[行　事]

修学旅行は、民泊1泊を含めた体験学習で、沖縄方面へ行く。
4月	新入生歓迎会
5月	遠足
6月	東陵祭（体育部門）
7月	インターンシップ
9月	東陵祭（文化部門）
10月	修学旅行（2年）
12月	球技大会
3月	球技大会

[進　路]

・進路ガイダンスは、生徒・保護者向けに進路関係者や進路業者、卒業生などに依頼して、開催している。ガイダンスの内容は1年次職業別、2年次分野別、3年次学校別と段階を踏んだものとなっている。

・外部試験を導入し、進路実現に向けて日常の学習習慣を身に付けさせている。

★卒業生の進路状況（令和5年3月）
＜卒業生293名＞
大学187名、短大15名、専門学校72名、就職6名、その他13名

★卒業生の主な進学先
麻布大、神奈川大、杏林大、國學院大、国士館大、駒澤大、専修大、帝京大、東海大、東京都市大、東京農業大、東洋大、日本大、明治大

♣指定校推薦枠のある大学・短大など♣
桜美林大、大妻女子大、神奈川大、杏林大、国士舘大、駒澤大、産業能率大、実践女子大、専修大、拓殖大、帝京大、東海大、東京家政学院大、東京都市大、日本大、明星大、洗足こども短大　他

[トピックス]

・昭和52年に開校。多摩丘陵の東端に位置し、四季折々の美しい自然に恵まれた環境にある。

・目指す生徒像として「努力を続け成し遂げる力」、「互いを尊重し協働する力」、「情報を判断し活用する力」を身に付けることを掲げている。自然豊かな環境の中で、社会を生き抜くために必要な力を磨くことができる学校。

・令和4年度よりICT利活用授業研究推進校に指定された。ICT機器を活用して、生徒が主体的に参加できる授業づくりを実践している。

[学校見学]（令和5年度実施内容）
★学校見学会　7～8月計4回
★学校説明会　9・10・11・12月各1回
★東陵祭文化部門　9月　見学可

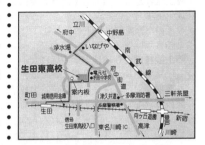

入試！インフォメーション

受検状況	年　度	学科・コース名	募集人員	志願者数	受検者数	合格者数	倍　率
	R6	普　通	319	382	378(1)	319	1.19
	R5	普　通	318	340	340	318	1.07
	R4	普　通	318	369	367	318	1.15

県立 菅(すげ) 高等学校

https://www.pen-kanagawa.ed.jp/suge-h/

〒214-0004 川崎市多摩区菅馬場4-2-1
☎ 044-944-4141
交通　小田急線読売ランド前駅　バスまたは徒歩20分
　　　ＪＲ南武線稲田堤駅　バスまたは徒歩20分
　　　京王線京王稲田堤駅　バスまたは徒歩20分

普通科

| 制　服 | あり |

[カリキュラム] ◇三学期制◇

・「確かな学力育成推進校」。生涯にわたる社会的・職業的自立をめざし、そのための基礎学力の定着と学習意欲の向上を図る。具体的な取組としては、毎朝10分間の「朝読書」、補習授業「菅塾」、英語と数学の小集団習熟度別授業などがある。

・2年次は文系・理系に、3年次からは文系・理系Ⅰ・理系Ⅱに分かれて学習。多彩に用意された自由選択・必修選択科目の中から、各自の関心や進路に応じた授業を選択する。

・学習支援プログラムが充実しており、毎週の家庭学習課題や学習アドバイス、授業内の小テストや補習・講習の実施によって基礎学力の定着を図っている。

・高大連携を行っており、桜美林大、神奈川工科大、田園調布学園大の土曜講習や特別聴講生に参加すると単位として認定される。そのほかに、資格取得支援も実施。漢検・英検の校内受検や専門学校との連携も行っている。これら資格検定やインターンシップ活動、ボランティア活動も単位として認められる。

[部活動]

・1年次は原則参加。
・陸上競技部は全国大会や関東大会に連年出場している。
・最近の主な実績は以下のとおり。
＜令和5年度＞
陸上競技部がU18日本選手権に女子三段跳で出場した。県新人戦では走高跳優勝、三段跳2位・6位、七種競技5位などの成績を収め、女子総合7位となった。関東選抜新人大会に男子走幅跳、女子走高跳、女子三

段跳で出場した。
＜令和4年度＞
陸上競技部が関東選抜新人大会に女子走高跳と女子三段跳で出場した。

★設置部（※は同好会）
サッカー、野球、バドミントン、卓球、陸上競技、バレーボール（男女）、バスケットボール（男女）、テニス（男女）、ソフトテニス、柔道、剣道、フィールドワーク、ダンス、美術、写真、軽音楽、吹奏楽、演劇、茶道、華道、鉄道研究、書道、コンピューター、放送、創作、学びクラブ、調理、※かるた

[行事]

4月	新入生オリエンテーション
6月	体育祭
10月	飛翔祭（文化祭）
11月	修学旅行（2年）
12月	球技大会
3月	球技大会

[進路]（令和5年3月）

夏季休業中の講習や補習の他、三者面談、各種ガイダンスなどを実施。進路指導室も設置されている。

★卒業生の進路状況
＜卒業生327名＞
大学122名、短大15名、専門学校132名、就職43名、その他15名

★卒業生の主な進学先
桜美林大、嘉悦大、関東学院大、神奈川大、神奈川工科大、駒沢女子大、国士館大、産業能率大、相模女子大、湘南工科大、専修大、高千穂大、多摩大、鶴見大、帝京大、田園調布学園大、東京医療学院大、桐蔭横浜大、東海大、東京工科大、東京福祉大、日本大、日本映画大、文教大、明星

大、横浜創英大、立正大、和光大

[トピックス]

・4階テラスは生徒の憩いの場で、都心、スカイツリーはもとより遠く筑波山や日光の山々も見えるパノラマを誇る。

・モラル、マナー、ルールを大切にした道徳教育を推進しており、生活指導は徹底して行っている。

・県教育委員会から確かな学力育成推進校（平成28年度～令和6年度）、インクルーシブ教育推進校（令和4年度～）に指定されている。

[学校見学]（令和5年度実施内容）

★夏の学校見学会　7・8月平日
★学校説明会　10・11・12月各1回
★インクルーシブ教育実践推進校特別募集学校説明会　＜中学3年生対象＞　6月2回、9月1回　＜中学1・2年生対象＞　11・12月各1回

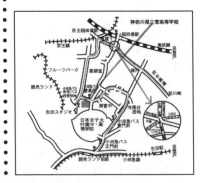

入試！インフォメーション

受検状況	年　度	学科・コース名	募集人員	志願者数	受検者数	合格者数	倍　率
	R6	普　通	279	305	301	279	1.08
	R5	普　通	358	340	340	340	1.00
	R4	普　通	358	357	353	352	1.00

県立 **麻生総合** 高等学校（あさおそうごう）

総合学科

https://www.pen-kanagawa.ed.jp/asaosogo-ih/

〒215-0023　川崎市麻生区片平1778
☎ 044-987-1750
交通　小田急線五月台駅　徒歩20分
　　　小田急線柿生駅　バスまたは徒歩25分
　　　小田急線鶴川駅　バス

単位制

制　服　あり

[カリキュラム] ◇二学期制◇

・自分自身で学習する科目を決めるため、生徒自ら主体となり積極的に学習に取り組む意志が必要。
・習熟度別も一部取り入れた少人数授業を1年次から実施。きめの細かい指導が受けられる。
・総合学科として、実習・体験、探究活動を重視。
・「産業社会と人間」などのガイダンス科目や課題研究などで**10年後の自分を見据えるキャリア教育**を実践する。
・1年次では**基礎的・基本的知識の習得と技能の定着**を図るため全員が共通の必履修科目を学ぶ。2・3年次では必履修選択に加えて、進路に応じた**系列選択科目**が設置される。
・授業は1時限50分が基本。
・系列選択科目は＜**グローバル教養**＞＜**情報ビジネス**＞＜**生活デザイン**＞＜**芸術スポーツ**＞の4系列からなる。
・企業と連携した課題解決型授業「**アントレプレナーシップ**」、和太鼓演奏を行う「**身体表現**」、他にも「**ドローン活用講座**」、「**ハングルの世界**」など多彩な選択科目がある。
・**校外講座**として、連携している近隣の大学や専門学校の講座を受講して単位を修得することができる。
・**資格取得による単位認定**も行っており、取得した級によって定められた単位を得ることができる。実用英語技能検定、日本漢字能力検定、全商簿記実務検定、実用数学技能検定他、多数の資格が対象となる。
・**インターンシップ、ボランティア**による単位修得も可能。
・卒業は3年以上在籍し、80単位以上修得することが条件である。

[部活動]

・最近の主な実績は以下のとおり。
＜令和3年度＞
　軽音楽部が全国高校軽音楽大会で関東甲信越グランプリ大会に出場した。
＜令和2年度＞
　合唱部が東京声楽コンクール東日本大会に出場。**華道部**が第4回全国高校生花いけバトル関東大会に出場。
★設置部（※は同好会）
サッカー、卓球、剣道、ダンス、テニス、野球、陸上、バレーボール、バスケットボール、バドミントン、合唱、吹奏楽、軽音楽、美術、陶芸、写真、文藝、茶道、華道、家庭科、演劇、マンガ・アニメーション、※園芸、※商業ビジネス研究、※かるた

[行事]

準備の段階から楽しい文化祭、体育祭、社会見学、修学旅行など、高校生活を彩る行事が目白押しである。
4月　遠足
6月　体育祭
9月　文化祭
10月　修学旅行（2年次）
2月　卒業生を送る会

[進路]

・総合学科の特徴を生かし、卒業生は幅広い分野へ進出している。担任や進路相談員による事前の**面接・論文指導**など、親身な個別指導で、進路実現を支援する。
・社会人を講師とする**職業ガイダンス**や、希望進路に関する**探究活動**（「**課題研究**」）など、段階を追ったキャリア教育を実施。

★卒業生の進路状況（令和5年3月）

＜卒業生136名＞
大学50名、短大4名、専門学校33名、就職26名、その他23名

★卒業生の主な合格実績

麻布大、桜美林大、神奈川大、神奈川工科大、恵泉女学園大、工学院大、国士舘大、相模女子大、湘南工科大、洗足学園音楽大、多摩大、鶴見大、田園調布学園大、桐蔭横浜大、日本大、明星大、横浜創英大

[トピックス]

・豊かな緑に囲まれて、「**輝け！ONLY ONE**」をキャッチフレーズに、「10年後の将来を形成する教育」を行う。農場、各種専門実験室、PC教室、AL（アクティブラーニング）教室等充実した施設設備を持つ。
・ホームルーム教室等にモニターが設置され、ICTを活用した授業が行われている。
・保健室のほかに、保健相談室、カウンセリングルームがあり、相談体制が充実している。
・令和8年度に県立田奈高校と再編・統合の予定。麻生総合高校の募集は令和7年度入学生まで実施される。

[学校見学]（令和5年度実施内容）

★学校説明会　7・8・11・12・1月　各1回
★文化祭　9月　見学可

入試！インフォメーション

受検状況	年度	学科・コース名	募集人員	志願者数	受検者数	合格者数	倍率
	R6	総合学科	190	86	84(1)	85	1.00
	R5	総合学科	190	134	133(3)	130	1.00
	R4	総合学科	230	107	104	104	1.00

県立 麻生 (あさお) 高等学校

https://www.pen-kanagawa.ed.jp/asao-h/

〒215-0006　川崎市麻生区金程 3-4-1
☎ 044-966-7766
交通　小田急線新百合ヶ丘駅　バスまたは徒歩 20 分

普通科

制　服　あり

[カリキュラム] ◇三学期制◇

・**国際理解英語教育**と**芸術教育**を特色とする。また、学力向上の推進やキャリア教育、高大連携にも力を入れている。
・1・2 年次は基礎学力の充実に力を入れるため、必修科目が多い。2 年次より、言語文化・世界史探究または日本史探究を学ぶⅠ型と、数学 B・物理または化学を学ぶⅡ型に分かれる。
・3 年次は論理国語・英語コミュニケーションⅢ・論理・表現Ⅲ・体育以外は**選択科目**となり、自分の進路や興味、関心にあわせて履修をする。自由選択科目のなかには**器楽**や**クラフトデザイン**や**保育基礎**など、学校の特色をよく示す科目がある。

[部活動]

・約 7 割が参加。クラブ活動は全般に盛んで、近隣の小・中学校や地域のイベントにも各部が参加している。
・**国際交流部**（令和 3 年国際交流基金賞受賞）や**メディア研究部**（令和 3 年度全国高校総合文化祭アナウンス部門）は全国大会出場の実績がある。
・最近の主な実績は以下のとおり。
＜令和 5 年度＞
競技かるた部が県大会でＦリーグ準優勝、**吹奏楽部**が県コンクールで銀賞、**テニス部**が県大会で女子団体ベスト16などの成績を収めた。
＜令和 4 年度＞
チアリーディング部が全国大会に、**文芸部**が関東大会に出場した。
★設置部
陸上競技、サッカー、野球、バレーボール（男女）、バスケットボール（男女）、卓球、テニス（男女）、バドミントン、チアリーディング、水泳、剣道、軽音楽、吹奏楽、美術、料理、自然科学、茶道、コンピューター、音楽、メディア研究、ダンス、文芸、写真、競技かるた、国際交流

[行　事]

4 月	新入生歓迎会
5 月	遠足
6 月	体育祭
7 月	クラスマッチ
9 月	鴻志祭
10 月	修学旅行（2 年）
11 月	芸術鑑賞会
1 月	三送会
3 月	合唱コンクール、クラスマッチ

[進　路] (令和 5 年 3 月)

・夏季休業中に補習・講習を実施。
・3 年次には分野別説明会や保護者面談を実施。保護者に対する進路説明会も行う。

★卒業生の進路状況
＜卒業生310名＞
大学208名、短大13名、専門学校64名、就職 3 名、その他22名

★卒業生の主な合格実績
山梨大、東京都立大、川崎市立看護大、早稲田大、学習院大、國學院大、駒澤大、成蹊大、成城大、専修大、中央大、東京理科大、東洋大、日本大、法政大、明治大、明治学院大

♣指定校推薦枠のある大学・短大など♣
桜美林大、大妻女子大、神奈川大、関東学院大、杏林大、工学院大、駒澤大、駒沢女子大、相模女子大、産業能率大、実践女子大、昭和女子大、女子美術大、成蹊大、専修大、拓殖大、玉川大、中央大、帝京大、東海大、東京家政大、東京経済大、東京工科大、東京電機大、東京都市大、東京農業大、東洋英和女学院大、日本大、文教大、明治学院大、立正大　他

[トピックス]

・全教室に**空調設備**を完備している。
・学校説明会は会場設営、配布物準備、司会、受付、校舎案内に至るまで、**生徒が主体**となって運営している。

[学校見学] (令和 5 年度実施内容)

★学校見学　夏季休業中（申込制）
★学校説明会　8・9・11・12月各 1 回
★鴻志祭　9 月　見学可

入試！インフォメーション

受検状況	年　度	学科・コース名	募集人員	志願者数	受検者数	合格者数	倍　率
	R6	普　通	319	345	338(1)	319	1.06
	R5	普　通	318	353	350(1)	318	1.10
	R4	普　通	318	374	369	318	1.15

川崎 市立 高津(たかつ) 高等学校

https://kawasaki-edu.jp/5/takatsu-zen/

〒213-0011　川崎市高津区久本3-11-1
☎044-811-2555
交通　ＪＲ南武線武蔵溝ノ口駅、東急線溝の口駅　徒歩7分

普通科

| 制　服 | あり |

[カリキュラム] ◇二学期制◇

・1年次は芸術科目（音楽、美術、書道から1科目選択）以外全員同じ科目を履修。基礎的・基本的内容の着実な定着を図る。

・2年次より進路希望に応じた選択制カリキュラムを実施。希望分野の学習を深めていく。

・3年次は、「論理国語」「体育」「英語コミュニケーションⅢ」「論理・表現Ⅲ」以外は全て選択科目となる。「数学ⅢC探究」「英語会話発展」など、ひとりひとりの興味・関心に対応した幅広い科目を設定している。

[部活動]

・約7割が参加。
・最近の主な実績は以下のとおり。

＜令和5年度＞
ハンドボール部女子が関東大会出場、県総体ベスト4、国体県代表メンバー選出、ソフトボール部が関東大会出場、県総体ベスト8などの成績を収めた。視聴覚委員会がＮＨＫ杯全国高校放送コンテスト（4部門）と全国高校総合文化祭（ビデオメッセージ部門）に出場した。箏曲部も全国高校総合文化祭に出場した。

＜令和4年度＞
女子ハンドボール部がインターハイに出場した。視聴覚委員会がNHK杯全国高校放送コンテスト全国大会に2部門で、全国高校総合文化祭に3部門で出場した。

★設置部
ソフトテニス、チアリーディング、バスケットボール、バドミントン、ソフトボール、卓球、陸上競技、バレーボール、ハンドボール、野球、サッカー、剣道、演劇、箏曲、書道、

美術、軽音楽、合唱、茶道（表・裏）、漫画研究、吹奏楽、科学、ダンス

[行　事]

5月　積木祭（体育の部）
7月　芸術鑑賞教室
9月　積木祭（文化の部）
10月　社会見学（1・3年）、修学旅行（2年）
3月　3年生を送る会

[進　路] （令和5年3月）

・1年次は「適性を知る」「さまざまな進路先を知る」をテーマに、外部模試や小論文模試、適性検査、ガイダンスなどを実施。

・2年次は「志望校を決める」「受験方法を知る」をテーマに進路学習として学校説明会や模擬授業を実施。また、3学期に全員を対象として進路個人面談を行う。

・3年次には各種模擬試験の他、年10回のガイダンス、志望理由書対策講座、面接対策講座、面接練習（一人平均4回）などを行い「進路実現」をめざす。

★卒業生の進路状況
＜卒業生272名＞
大学216名、短大8名、専門学校35名、就職4名、その他9名

★卒業生の主な進学先
弘前大、神奈川県立保健福祉大、北九州市立大、北里大、工学院大、国士館大、上智大、成城大、専修大、大東文化大、玉川大、中央大、帝京大、東海大、東京家政大、東京工科大、東京都市大、東京農業大、東洋大、日本大、日本体育大、法政大、明治大、明治学院大

♣指定校推薦枠のある大学・短大など♣

桜美林大、大妻女子大、神奈川大、関東学院大、工学院大、国士舘大、駒澤大、産業能率大、実践女子大、専修大、玉川大、帝京大、東海大、東京工科大、東京都市大、東洋英和女学院大、日本大、二松學舍大、明星大、立正大　他

[トピックス]

・昭和3年創立。川崎市の北部で最も長い歴史を持つ伝統校である。市立高校として、地域に密着した信頼される高校を目指している。

・全人教育を目標とし、学力だけでなく情操教育や課外活動にも力を入れている。

[学校見学] （令和5年度実施内容）

★ミニ見学会　7・12月各1回
★学校見学会　7・10・11月各3回
★積木祭文化の部　9月　見学可

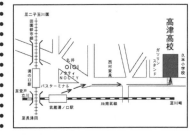

入試！インフォメーション

受検状況	年　度	学科・コース名	募集人員	志願者数	受検者数	合格者数	倍　率
	R6	普　通	278	438	428(2)	278	1.54
	R5	普　通	278	377	373	278	1.33
	R4	普　通	278	393	390	279	1.39

121

神奈川県
公　立
高校

学校ガイド

＜全日制　旧横須賀三浦学区＞

学校を紹介したページの探し方については、2ページ
「この本の使い方＜知りたい学校の探し方＞」を参照して
ください。

普通科

県立 横須賀 (よこすか) 高等学校

https://www.pen-kanagawa.ed.jp/yokosuka-h/zennichi/

〒238-0022　横須賀市公郷町3-109
☎ 046-851-0120
交通　ＪＲ横須賀線衣笠駅　徒歩12分
　　　京浜急行線京急北久里浜駅　徒歩25分
　　　京浜急行線横須賀中央駅　バス

制　服　あり

[カリキュラム] ◇二学期制◇

・70分授業を実施。
・国公立大学受験を見据え、2年終了までは5教科の学習を丹念に行う。
・1年次は芸術以外はすべて共通の科目、2年次から理科と社会の授業で選択制がはじまり、3年次には4つの類型に分かれ、それぞれの類型で多くの選択科目が設置される。

[部活動]

・約9割が参加。
・最近の主な実績は以下のとおり。
＜令和5年度＞
弓道部が県大会個人・女子の部で優勝し、関東大会に出場。横三地区総合体育大会において、弓道部が総合優勝、水泳部が女子総合1位、男子は公立高校トップの成績を収めた。

★設置部（※は同好会）
弓道、硬式テニス、ソフトテニス、バドミントン、硬式野球、ソフトボール、サッカー、バレーボール、バスケットボール、ダンス、卓球、体操競技、水泳、陸上競技、ラグビー、剣道、空手道、演劇、音楽、室内楽、吹奏楽、軽音楽、美術、書道、光画、漫画研究、科学、茶道、新聞、放送、クイズ研究、英語、※eスポーツ、※模型

[行　事]

体育祭は各学年縦割りのグループが7カラーでき、全員で行うダンスなどの応援合戦は見ごたえがある。文化祭も各クラス趣向をこらした劇やミュージカルの発表がある。隔年実施。令和5年度は体育祭を開催した。
6月　陸上記録会
7月　校内大会（球技大会）

9月　文化祭または体育祭
10月　Global Village Program（1年）、研修旅行（2年）
3月　校内大会（球技大会）

[進　路] (令和5年3月)

キャリアガイダンスルームや自学自習室が設置されている。また、充実した夏期講習がある。

★卒業生の進路状況
＜卒業生269名＞
大学232名、短大0名、専門学校2名、就職1名、その他34名

★卒業生の主な進学先
北海道大、名古屋大、大阪大、茨城大、宇都宮大、埼玉大、千葉大、東京外国語大、東京海洋大、東京学芸大、東京藝術大、東京工業大、東京農工大、神奈川県立保健福祉大、高崎経済大、東京都立大、横浜市立大、防衛大学校、早稲田大、慶應義塾大、青山学院大、学習院大、上智大、中央大、東京理科大、法政大、明治大、立教大

[トピックス]

・明治40年、県立第四中学校として設立。平成30年に創立110周年を迎えた。
・神奈川県学力向上進学重点校エントリー校。即興型英語ディベート大会参加、卒業生による講演など、やる気のある生徒には様々な勉強の場が保証されている。
・国際性の育成。令和5年度より海外研修を順次再開。豪州姉妹校ベノア高校、マレーシア連携校スルタン・イスマイル高校との相互訪問交流、課題研究の国際コンテストグローバルリンクシンガポールへの参加、米国イリノイ州ホイットニーヤング高

校への新規研修旅行を実施するなど、積極的に活動している。
・令和3年度、文部科学省のスーパーサイエンスハイスクール（ＳＳＨ）第Ⅱ期に指定された。全教科・全科目において科学的思考のプロセスを導入するよう努めている。また、学校設定科目として「PrincipiaⅠ・Ⅱ・Ⅲ」を設置。探究活動や課題研究を通して、未知に挑む姿勢を育む。また、校内発表や課題研究系コンテストに向けて取り組んでいる。令和5年3月に本校生徒が電子情報通信学会MVE研究会でMVE賞を受賞した。
・令和4年度、神奈川県からSTEAM教育研究推進校の指定を受けた。科学的リテラシーと国際性を有し未知の課題を科学的に解決できる人材、将来の日本や国際社会のリーダーとして活躍できる人材の育成をめざし、高度で多様な教育活動を実施する。

[学校見学] (令和5年度実施内容)

★学校説明会　8・10・11・12月各1回
★部活動体験フェア　12月
★体育祭　9月　見学可

入試！インフォメーション

受検状況	年　度	学科・コース名	募集人員	志願者数	受検者数	合格者数	倍　率
	R6	普　通	279	400	397(7)	279	1.41
	R5	普　通	278	335	334(5)	278	1.18
	R4	普　通	278	357	357	278	1.28

県立 横須賀大津 高等学校

よこすかおおつ

https://www.pen-kanagawa.ed.jp/yokosukaotsu-h/

〒239-0808　横須賀市大津町 4-17-1
☎ 046-836-0281
交通　京浜急行線新大津駅　徒歩5分
　　　京浜急行線京急大津駅　徒歩7分

普通科

| 制　服 | あり |

[カリキュラム] ◇二学期制◇

・1年次は、芸術選択以外は全員が共通の科目を学習。
・2年次から、地歴選択となるⅠ型、数学B・Cと理科選択を履修するⅡ型を設置して、文系、理系の進路選択に配慮している。
・3年次では9単位分の必修選択により4類型に分かれる。Ⅰ型は地歴・公民科目受験、Ⅱ型は数学受験で文系大学への進学を目指す。Ⅲ型は医薬系・看護医療系、Ⅳ型は理系大学進学に対応している。これに各類型共通の自由選択科目（最大10単位）を組み合わせて、進路目標を実現する学力の養成を図る。

[部活動]

・約8割が参加。
・運動部では、水泳部と陸上競技部がインターハイに出場、バスケットボール部、ソフトテニス部が県ベスト8進出、バレーボール部、サッカー部、ハンドボール部なども健闘中。文化部では現代音楽部、アコースティック部などが頑張っている。
・最近の主な実績は以下のとおり。
＜令和4年度＞
陸上競技部がインターハイに女子円盤投で出場した。
★設置部（※は同好会）
陸上競技、水泳、卓球、バレーボール、バスケットボール、ハンドボール、野球、サッカー、ソフトテニス、バドミントン、剣道、硬式テニス、ダンス、室内楽、華道、茶道、美術、文学、現代音楽、吹奏楽、演劇、科学、アコースティック、ボードゲーム、※合唱

[行　事]

5月	球技大会
6月	橘華祭（体育祭）
9月	橘華祭（文化祭）
11月	修学旅行
12月	ライトアップ大津
2月	持久走大会
3月	球技大会

[進　路]（令和5年3月）

進路資料室・自習室がある他、補習や模擬試験、模擬面接も積極的に行う。

＜進路関係の行事＞

・学年別進路ガイダンス（1・2・3年）
・分野別進路ガイダンス（2年）
・学校別ガイダンス（3年）
・学年別保護者説明会（1・2・3年）
・インターンシップ
・進路講演会（1・2・3年）
・各種講演会
・卒業生による進路講演会　など

★卒業生の進路状況

＜卒業生313名＞
大学241名、短大14名、専門学校27名、就職5名、その他26名

★卒業生の主な合格実績

横浜市立大、富山大、山形大、神奈

川県立保健福祉大、川崎市立看護大、東京都立大、早稲田大、慶應義塾大、青山学院大、学習院大、國學院大、駒澤大、上智大、成蹊大、成城大、専修大、中央大、東京理科大、東洋大、日本大、明治大、明治学院大、立教大

♣指定校推薦枠のある大学・短大など♣

横浜市立大、青山学院大、神奈川大、鎌倉女子大、北里大、國學院大、芝浦工業大、成城大、専修大、東海大、東京都市大、東京理科大、日本大、法政大、明治大、明治学院大　他

[トピックス]

・明治39年開校。創立117周年を迎えた伝統校。生徒は何事に対しても前向きに全力投球し、学習や部活動、行事に対して主体的に取り組んでいる。
・神奈川県の「ＩＣＴ利活用授業研究推進校」に指定された（平成31〜3年度）。

[学校見学]（令和5年度実施内容）

★学校説明会　8・10月各1回
★部活動体験会　8月4回

●京浜急行線「新大津駅」下車、徒歩5分

入試！インフォメーション

受検状況	年　度	学科・コース名	募集人員	志願者数	受検者数	合格者数	倍　率
	R6	普　通	279	329	327(1)	279	1.17
	R5	普　通	278	347	346(1)	278	1.24
	R4	普　通	318	336	335	318	1.04

県立 横須賀工業 高等学校 (よこすかこうぎょう)

機械科
電気科
建設科
化学科

https://www.pen-kanagawa.ed.jp/yokosuka-th/

〒238-0022 横須賀市公郷町4-10
☎ 046-851-2122
交通 JR横須賀線衣笠駅 バスまたは徒歩20分
京浜急行線堀ノ内駅 バスまたは徒歩18分
京浜急行線北久里浜駅 徒歩15分

制服 あり

[カリキュラム] ◇三学期制◇

・普通教科と専門教科の授業があり、その割合は同程度。専門教科には座学と実習の授業とがある。実習の授業は少人数（8名程度）で行われ、きめ細かい内容となっている。

・学年が上がると専門科目が増えていく。3年次では、国語表現、歴史総合、体育以外は専門科目と選択科目となる。

・計算技術検定、情報技術検定、危険物取扱者、クレーン運転業務特別教育などが取得できる。また、機械科では2級ボイラー技士、ガス溶接技能講習、機械製図検定などの、電気科では第二種電気工事士、第三種電気主任技術者、工事担任者などの、建設科では、測量士、2級土木・建築施工管理技士補、建築CAD検定などの、化学科では特定化学物質及び四アルキル鉛等作業主任者、酸素欠乏・硫化水素危険作業主任者、有機溶剤作業主任者などの資格・検定も取得可能。

★機械科

3年間を通じて、「工業技術基礎」のほか、「機械設計」「製図」「機械工作」「自動車工学」「生産技術」など、幅広い学習内容を展開する。1年次では、安全教育を徹底し、機械についての基礎的知識を習得する。2・3年次においては、さらに充実した学習内容により、専門知識を深化させるとともに、体験的学習（実習・課題研究）により、高度な技術を習得する。

★電気科

電気の基礎基本から学び始め、建物内の電気配線を学ぶ「電気回路」、電気を作り、家庭へ届ける仕組みを学ぶ「電力技術」、コンピュータの基礎的な知識と利用技術を学ぶ「通信技術」など、知識と実技を身につける専門科目を幅広く学ぶ。2・3年次には、より高度な技術を学んだり、体験的学習をしたりする。

★建設科

3年間を通じて、「土木構造設計」「社会基盤工学」「建築構造」「建築法規」などの科目により、土木及び建築について幅広く学ぶ。2年次の実習では、産業現場と連携した長期間の現場実習を実施する。実務的な知識や、実践的な技術・技能の習得を図り、建設産業の発展に主体的に取り組む態度を育成する。

★化学科

3年間を通じて、化学に関する総合的な知識・技術を習得する。1年次から、「工業技術基礎」などの科目により、工業に関する内容に興味・関心を持たせながら基本的知識や技術を養う。2年次以降は「化学実習」などの科目により、地球環境保全を視野に入れた専門知識や技術を深化させる。3年次には「課題研究」で総合力を習得する。

[部活動]

・最近の主な実績は以下のとおり。
＜令和4年度＞
ボウリング部が、全国高等学校ボウリング選手権大会に出場した。剣道部が、市民体育大会（高校男子団体）で優勝した。建設研究部が、高校生の「建築甲子園」県大会で準優勝した。電子研究部が、全国高等学校アマチュア無線コンテストで奨励賞を受賞した。

★設置部

陸上、水泳、硬式野球、サッカー、バドミントン、バスケットボール、卓球、剣道、硬式テニス、ボウリング、ダンス、空手道、バレーボール、ソフトテニス、機械研究、電子研究、化学研究、鉄道研究、吹奏楽、建設研究、茶道、軽音楽、創作研究、グリーン・ボランティア、ラグビー

[行 事]

校外学習、修学旅行、体育祭、競技会（球技大会）、県須工祭（文化祭）、卒業生の語る会などを実施。

[進 路]

2年生全員を対象に2学期の5日間、民間企業や公的機関に分散してインターンシップを実施。就業意識の向上を図る。

★卒業生の進路状況（令和5年3月）
　＜卒業生193名＞
大学19名、短大1名、専門学校33名、就職130名、その他10名

★卒業生の主な進学先
神奈川大、関東学院大、湘南工科大、鶴見大、横浜商科大、横浜創英大

[トピックス]

・昭和16年開校。地元では、「県工（けんこう）」の愛称で親しまれている。

・NC工作機械、三次元CAD、電子顕微鏡、バイオプラントをはじめ、最新の機器・設備が多く備わる。

・令和4年度に建設科を新設。

[学校見学]（令和5年度実施内容）

★学校説明会 12月1回

入試！インフォメーション

受検状況	年 度	学科・コース名	募集人員	志願者数	受検者数	合格者数	倍 率
	R6	機 械	79	71	70	70	1.00
		電 気	79	73	72	72	1.00
		建 設	39	39	39	39	1.00
		化 学	39	24	23	24	1.00

県立 海洋科学 高等学校
（かいようかがく）

船舶運航科
水産食品科
無線技術科
生物環境科

https://www.pen-kanagawa.ed.jp/kaiyokagaku-h/

〒240-0101　横須賀市長坂1-2-1
☎046-856-3128
交通　ＪＲ横須賀線逗子駅、衣笠駅、
　　　京浜急行線逗子・葉山駅、横須賀中央駅、三崎口駅　バス

制　服　あり

[カリキュラム]　◇三学期制◇
・令和4年度入学生からは、4つの専門学科のうち1つを選んで入学する。
・航海実習やマリンスポーツなど、**体験学習を重視する。**
・海洋に関する分野において専門科目を設置するほか、進学を視野に入れた科目を設置している。
・船舶運航科は2年生で、航海系と機関系にわかれる。
・専門教科の活動や資格取得などのための**特別講習**がある。

★船舶運航科
・**航海系**では、船舶の安全な運航や漁業など、海洋の利用を中心とした知識や技術について学ぶ。
・**機関系**では、船の仕組みや機械の作り方について学ぶ。エンジンのメンテナンスや船内の機械の整備ができるエンジニアの育成を目標とする。

★水産食品科
・食品の安心安全な製造、管理、流通を支える、食のスペシャリストを育成する。
・将来、船舶での調理の仕事への就職を目指す生徒のための実習を新たに設置。

★無線技術科
・無線技術を通して情報通信分野や造船の電気技術分野などについて学び、通信技術の分野で活躍できる人材を育成する。
・無線通信技術のほか、**ドローンの操作・運用・メンテナンス**についても学習する。

★生物環境科
・水産生物の飼育技術や海の環境、沿岸漁業等について学ぶ。「海を守り、

海を豊かにする人材」の育成を目指す。
・目の前に海がある**長井海洋実習場**での実験・実習を多く取り入れている。

[部活動]
令和元年度は**ウェイトリフティング部**がインターハイや国体で全国2位となった。

★設置部
サッカー、硬式テニス、野球、舟艇、柔道、水泳、卓球、バスケットボール、バドミントン、バレーボール、陸上競技、ウェイトリフティング、ウィンドサーフィン、ソフトボール、軽音楽、電子研究、美術、海洋JRC、吹奏楽、茶道、ボードゲーム、水産生物

[行　事]
湘南丸遠洋航海、遠足、修学旅行、海洋祭（文化祭）などを実施。

[進　路]
・進路ガイダンスや各種講演、生徒就業体験などを行い、キャリア教育を推進している。
・水産、海洋関連をはじめ、幅広い分野への進学・就職を支援している。

★卒業生の進路状況（令和5年3月）
大学9名、短大11名、専門学校15名、本校専攻科23名、就職43名

★卒業生の主な進学先
水産大学校、日本大、湘南工科大、東海大、二松学舎大、多摩大、城西国際大、東京医療学院大

♣指定校推薦枠のある大学・短大など♣
麻布大、神奈川工科大、城西大、湘南工科大、東海大　他

[トピックス]
・**地域と連携した**海洋・漁業に関わる取組みを行っている。また、部活動とは別に各学科に水産クラブを設置し、各コンテストへの出場や学会発表を行っている。
・東京海洋大や東海大の協力授業により先端技術に触れることができる。
・大型実習船「湘南丸」・小型実習船「わかしお」やマリンスポーツ実習室など、施設・設備が充実している。
・**専攻科**が設置されており、卒業後の進路先の一つにもなっている。漁業生産科、水産工学科、情報通信科の3科からなり、2年間の課程でさらに専門性を深めるとともに国家資格の取得をめざす。専攻科の進路は海運業や国土交通省、警察庁、総務省など。

[学校見学]（令和5年度実施内容）
★学校説明会・校内見学　7・10・11・12月各1回
★湘南丸船内見学会　8月2回
★体験入学（各科ごと）　8月3回
★海洋祭　10月
★学校見学は随時可（要連絡）

入試！インフォメーション

受検状況	年　度	学科・コース名	募集人員	志願者数	受検者数	合格者数	倍　率
	R6	船舶運航	39	42	42	39	1.08
		水産食品	39	17	17	19	0.89
		無線技術	39	28	28	32	0.88
		生物環境	39	44	43	39	1.13

県立 追浜 高等学校
おっぱま

https://www.pen-kanagawa.ed.jp/oppama-h/

☏ 237-0061　横須賀市夏島町13
☎ 046-865-4174
交通　京浜急行線追浜駅　徒歩13分

普通科

| 制 服 | あり |

[カリキュラム] ◇二学期制◇

・一日の授業は**55分×6コマ**。50分プラス5分で「あと1問」学びたい気持ちに応える。毎日のプラス30分の積み重ねが目標実現の成果をあげる。

・対話で自分の考えを整理して深める。小論文・プレゼンテーションで思いを伝える。各教科で実践を繰り返し、実力をつける。

・教育課程はベーシックな科目設定で、様々な進路・受験に対応可能。選択科目は、1年次は芸術のみ、2年次は社会・理科の4単位。3年次は7～17単位の発展・探究レベルの科目等を幅広く設定。必要に応じ効率よく学習できる。

[部活動]

・生徒の約8割以上が参加している。
・最近の主な実績は以下のとおり。

＜令和5年度＞
　陸上競技部が八種競技で県総体3位、関東総体出場、**吹奏楽部**が県南吹奏楽コンクールA部門金賞、県吹奏楽コンクールA部門銀賞などの成績を収めた。

＜令和4年度＞
　弓道部が関東高校選抜大会（個人男子）出場、全国高校選抜大会（団体男子）出場、関東高等学校弓道大会（団体男子）出場、**吹奏楽部**が県吹奏楽コンクールで銀賞受賞などの成績を収めた。

★設置部（※は同好会）
　弓道、剣道、サッカー、水泳、卓球、チアダンス、バスケットボール、バレーボール、テニス、ソフトテニス、バドミントン、野球、陸上競技、ラグビー、合唱、家庭、華道、棋道、茶道、写真、吹奏楽、美術、軽音楽、放送、サイエンス、※書道、※競技かるた

[行　事]

・令和3年度から**文化祭・体育祭の両開催**実施。コロナ禍でも生徒会執行部を中心に、全生徒の思いと知恵と工夫でやり遂げた。文化祭は、定時制も一緒に全校一丸となって取り組む。体育祭は3色対抗で、競技・応援合戦で盛り上がる。

・**合唱コンクール**が近づくと、校内に練習の歌声が響き渡る。

・**修学旅行**は2年生の秋に北海道へ。

・その他、ふれあい行事（遠足）、球技大会、地域貢献活動（地域清掃）等。

[進　路]（令和5年3月）

自らの進路を主体的に考えられるように「**育てるキャリア教育**」を実践。1年次より各種ガイダンスで的確な進路情報を提供する。プロフェッショナルセミナー、先輩セミナー、大学の先生によるキャリア特別授業なども開催。具体的な進路イメージ、志望校選択に大いに役立つ。模擬テスト実施後の振り返りや、本校特製の学習計画手帳の活用で、希望実現をサポートする。

★卒業生の進路状況
　＜卒業生276名＞
　大学237名、短大2名、専門学校13名、就職0名、その他24名

★卒業生の主な合格実績
　筑波大、静岡大、富山大、鳥取大、神奈川県立保健福祉大、川崎市立看護大、東京都立大、横浜市立大、早稲田大、青山学院大、学習院大、中央大、東京理科大、法政大、明治大、立教大

♣指定校推薦枠のある大学・短大など♣

横浜市立大、青山学院大、学習院大、神奈川大、関西学院大、関東学院大、上智大、成城大、中央大、法政大、明治大、明治学院大、立教大　他

[トピックス]

・令和4年度に**創立60周年**を迎えた。

・開校以来、生徒は校訓の「**文武両道**」「**独立自主**」を実践する校風が続く。

・授業、学校行事、部活動等あらゆる教育活動で「対話」を重視。自他ともに大切にしながら目標に向かってやり抜き、確かな力をつける。

・県立高校有数の広さの校地。広いグラウンドの向こうに八景島が見える。

・平成27年に新築した1棟校舎は、木と太陽光を多用した温かみのあるデザイン。図書室、自習室、相談コーナー等、毎日多くの生徒が活用している。

[学校見学]（令和5年度実施内容）

★学校説明会　7・10・12月各1回
★文化祭　9月　制限公開

京浜急行「追浜駅」より 徒歩13分

入試！インフォメーション

受検状況	年　度	学科・コース名	募集人員	志願者数	受検者数	合格者数	倍　率
	R6	普　通	279	343	341	279	1.22
	R5	普　通	318	385	384(1)	318	1.20
	R4	普　通	278	350	349	278	1.26

県立 津久井浜 （つくいはま）高等学校

普通科

https://www.pen-kanagawa.ed.jp/tsukuihama-h/

〒239-0843　横須賀市津久井 4-4-1
☎ 046-848-2121
交通　京浜急行線津久井浜駅　徒歩4分

制　服　あり

[カリキュラム]　◇三学期制◇

・3学期制であるため学習面や生活面でメリハリのあるきめ細かな指導を受けることができる。本校では生徒一人ひとりの個性を伸ばす取り組みを積極的に進めている。令和4年度から新しいカリキュラムを編成し、今まで以上に**上級学校を目指すこと**のできる科目設定をした。

・1・2学年では、共通の基礎学力の充実・発展をはかる。基礎科目では**小集団学習**を行う。

・3学年は、**文系・理系**の2つの系統に分かれて、各自の必要に応じた科目を選択する。また、専門的な学習をしたい生徒のために「保育基礎」「スポーツⅡ」などの自由選択科目を設置している。

・「高大連携」で神奈川大・関東学院大・立正大の特別履修生として4単位まで修得が可能である。また、「**単位認定ボランティア**」で近隣の保育園や高齢者介護施設、病院などでのボランティアを行うことで2単位まで修得できる。

[部活動]

・過去に**剣道部**は関東大会ベスト16、**野球部**は県大会ベスト4、**吹奏楽部**は東関東大会金賞の実績がある。

・最近の主な実績は以下のとおり。
＜令和4年度＞
　体操部が県高校生大会で男子鉄棒2位、**美術部**が高校生国際美術展で奨励賞受賞、**天文部**が理科部研究発表大会で奨励賞受賞、**マルチメディア部**がYOKOSUKA e-Sports Town Club CUPで優勝などの成績を収めた。

★設置部（※は同好会）

剣道、テニス、ソフトテニス、バスケットボール、陸上競技、ソフトボール、硬式野球、サッカー、体操、ワンダーフォーゲル、水泳、卓球、バドミントン、ダンス、バレーボール、美術、茶道、吹奏楽、文芸、ロック、SIW、将棋、料理、マルチメディア、天文、掃除ボランティア、※写真

[行　事]

5月	校外学習
6月	スポーツフェスタ
9月	津浜祭
10月	修学旅行（2年）
3月	球技大会

[進　路]（令和5年3月）

・将来を見すえた「**第一希望の進路実現**」のために、3年間を見通した計画的な進路指導を行っている。1年で「**幅広い視野の拡大**」、2年で「**情報の収集**」、3年で「**希望進路の選択**」をテーマに、主体的な能力の育成を目指している。

・具体的には①進路に関する説明会や講演会の開催、②保護者対象の進路説明会の開催、③生徒一人ひとりに対応した面接や論文の指導、④「進路だより」の発行などを行っている。

・3年生の「**総合的な探究の時間**」では、ビジネスマナーを学び、コミュニケーション能力を高める練習を行う。他にも様々な情報を提供し、きめ細かい進路指導を行っている。

★卒業生の進路状況
　＜卒業生243名＞
　大学119名、短大13名、専門学校73名、就職14名、その他24名
★卒業生の主な合格実績

亜細亜大、桜美林大、神奈川大、関東学院大、工学院大、国士舘大、相模女子大、産業能率大、専修大、拓殖大、多摩大、玉川大、鶴見大、帝京大、東海大、東京電機大、東洋大、日本大、日本体育大、フェリス女学院大、立正大

[トピックス]

・平成26年度より、始業前に10分間の**朝学習**を実施している。各曜日ごとに教科を分け、調べ学習や小テストなどを行う。

・課題解決能力と主体的に学ぶ学習意欲を高める**授業改善**と、歴史的事象から過去にさかのぼって探究し、現代社会の課題の解決策を考察する「**さかさま歴史教育**」の研究に取り組んでいる。

・令和2年度より共生社会の実現に向けインクルーシブ教育を始めた。

[学校見学]（令和5年度実施内容）

★学校説明会　8・10・12月各1回
★学校へ行こう週間　11月
★文化祭　9月　限定公開
★学校見学は平日の16～17時または長期休業中の指定日に可（要連絡・詳細はホームページ参照）

入試！インフォメーション

受検状況	年　度	学科・コース名	募集人員	志願者数	受検者数	合格者数	倍　率
	R6	普　通	239	268	267	239	1.12
	R5	普　通	238	291	290(1)	238	1.21
	R4	普　通	238	283	282	239	1.18

県立 横須賀南 高等学校（よこすかみなみ）

福祉科
普通科

https://www.pen-kanagawa.ed.jp/yokosukaminami-h/

☎ 239-0835　横須賀市佐原 4-20-1
☎ 046-834-5671
交通　JR横須賀線久里浜駅　徒歩 22 分
　　　京浜急行線京急久里浜駅・北久里浜駅　バスまたは徒歩 20 分

クリエイティブスクール（普通科）
制服　あり

[カリキュラム]◇三学期制◇

★福祉科

・専門科目として「社会福祉基礎」「生活支援技術」「介護総合演習」「こころとからだの理解」などがあり、「福祉のこころ」を育てると共に社会福祉の技術や技能を修得する。
・2年次以降はおよそ2分の1の授業が「介護福祉基礎」などの専門必修科目となる。
・3年次に8単位の必修選択と最大5単位の自由選択を設置。「疾病の成り立ちと回復の促進」などの選択科目がある。
・ベッドや入浴設備などの**実習設備**がある。

★普通科

・クリエイティブスクール。
・少人数クラス編成（30名以下）。さらに1年生の数学と英語は20名以下で行われ、「わかる授業」を特徴とする。
・全教科で学び直しを支援する。
・専門科目「コミュニケーション技術」は1年生必修。コミュニケーションの能力を養う。
・3年生では「言語文化」と「数学Ⅰ」が選択となるほか、最大8単位の自由選択が設置される。選択科目には「社会福祉基礎」「フードデザイン」「演奏研究」などがある。
・**学びあい**の授業を行う。

[部活動]

・最近の主な実績は以下のとおり。
<令和5年度>
柔道部が関東選抜大会に出場（女子個人）し、ウエイトリフティング競技ではインターハイに出場（女子個人）した。
<令和4年度>

柔道部がウエイトリフティング競技（女子個人）で関東大会に出場し、県総体では女子個人・女子団体で県2位となった。

★設置部（※は同好会）

野球、サッカー、バレーボール、バスケットボール、テニス、バドミントン、柔道、陸上競技、ダンス、吹奏楽、茶道、JRC、演劇、美術、合唱、現代音楽、文芸、競技かるた、インターナショナルクラブ、※お笑い

[行事]

・校外学習、文化祭、研修旅行、学習成果研究発表会などを実施。

[進路]（令和5年3月）

・総合的な探究の時間を利用して1年生からキャリア教育を実施。
・進路指導は**スクールキャリアカウンセラー**と連携して系統的に行われる。
・マナー・身だしなみの指導、面接練習が行われる。
・履歴書や志望理由書の書き方講座が行われる。
・福祉科では、上級学校に進学し**国家資格**を取得して、福祉の仕事（介護・保健・児童・行政・用具）を**生涯の仕事**とすることをめざす。

★卒業生の進路状況

<卒業生181名>
大学28名、短大14名、専門学校59名、就職60名、その他20名

★卒業生の主な進学先

神奈川大、鎌倉女子大、国士館大、相模女子大、湘南医療大、湘南医療鎌倉大、鶴見大、田園調布学園大、東京都市大、日本体育大、文教大、横浜商科大、横浜創英大、立正大

[トピックス]

・令和2年4月、県立横須賀明光高校と県立大楠高校とを再編・統合し、普通科（クリエイティブスクール）と福祉科を併置する学校として開校した。校舎・施設は旧横須賀明光高校のものを使用している。
・スクールカウンセラーやスクールソーシャルワーカーが配置され、学校生活を安心して過ごすことができる。個人面談も充実。
・全教室にテレビモニターや備付プロジェクターなど、ICT設備が充実している。

[学校見学]（令和5年度実施内容）

★学校説明会　8・10・12月各1回
★南高祭　9月　見学可
★学校見学は随時可（要連絡）

入試！インフォメーション

受検状況	年度	学科・コース名	募集人員	志願者数	受検者数	合格者数	倍率
	R6	普通	119	113	109	110	1.00
		福祉	79	43	43	43	1.00
	R5	普通	118	123	123	181	1.04
		福祉	78	47	47	47	1.00

県立 逗子葉山 高等学校

https://www.pen-kanagawa.ed.jp/zushihayama-h/index.html

〒249-0005　逗子市桜山 5-24-1
☎ 046-873-7493（職員室直通）
交通　ＪＲ横須賀線東逗子駅　徒歩 18 分
　　　ＪＲ横須賀線逗子駅、京浜急行線逗子・葉山駅　バス

普通科

| 制　服 | あり |

[カリキュラム] ◇三学期制◇

・1年次では、芸術科目を除き全員が同じ科目を履修する。「総合的な探究の時間」では、探究活動の成果を校内発表して主体的・対話的で深い学びにつなげている。
・2年次から6単位分の**選択科目**が導入される。
・3年次では、論理国語、文学国語、政治・経済、体育、英語コミュニケーションⅢ以外は選択科目となり、各生徒の進路希望に応じて必要な科目を選ぶことが可能。

[部活動]

・約5割が参加。**サッカー部**は過去に4回、県大会で優勝した実績がある。
・最近の主な実績は以下のとおり。
写真部　全国高等学校写真選手権（写真甲子園）2年連続全国大会出場
電子技術研究部　2023年度全国高等学校ARDF競技会全国大会出場
男子バスケットボール部　第61回神奈川県高校総体ベスト16
★設置部（※は同好会）
　卓球、テニス、ソフトテニス、野球、サッカー、バレーボール、バスケットボール、バドミントン、陸上競技、ダンス、吹奏楽、茶道、美術、現代通俗文学研究、軽音楽、書道、電子技術研究、写真、※考古学、※トレーニング、チームSDGs

[行事]

・**文化祭**、**スポーツ大会**などの学校行事は、生徒たちの自主的な運営によって催されている。
・2年次に実施される**修学旅行**は、北海道や沖縄など年度ごとに目的地を決める。2024年度は神戸、大阪。

4月　社会見学
5月　体育祭
9月　夕凪祭（文化祭）
10月　修学旅行（2年）
12月　スポーツ大会

[進路]（令和5年3月）

・進路指導はキャリア支援グループを中心に、1年次から計画的に実施。「**職業体験**」などきめ細かい進路指導を行っている。
★卒業生の進路状況
　＜卒業生308名＞
　大学118名、短大9名、専門学校144名、就職13名、その他24名
★卒業生の主な合格実績
　桜美林大、学習院大、神奈川大、神奈川工科大、鎌倉女子大、関東学院大、工学院大、国士舘大、産業能率大、女子美術大、成城大、専修大、中央大、鶴見大、東海大、東京福祉大、東京電機大、東京都市大、東京理科大、日本大、法政大、明治大、横浜商科大、立正大
♣指定校推薦枠のある大学・短大など♣
　日本大、東京電機大、玉川大、神奈川大、産業能率大、鶴見大、関東学院大、中央大、明治大、法政大、成城大、東京理科大　他

[トピックス]

・逗子高等学校と逗葉高等学校の再編統合により、令和5年4月に逗子葉山高校が開校した。逗子葉山地域唯一の県立全日制普通科高等学校となる。
・美しい自然に囲まれ、恵まれた環境で学習や部活動、学校行事に取り組むことができる。
・「学力」、「部活動」、「学校行事」、「新しい伝統」などに生徒も教員も挑戦

できる学校として、「挑戦できる居場所」をめざしている。
・逗子高等学校、逗葉高等学校の伝統を引き継ぎ、学習活動と両立させての充実した部活動や学校行事を大切にする。
・「チームＳＤＧｓ」の活動や、「総合的な探究の時間」での地域ワークショップ（地域の方を講師に招いての探究活動）、逗子海岸清掃、地域清掃など地域との結びつきを大切にし、地域に学び貢献する学習やボランティア活動を学校全体でおこなう。
・学習面では基礎基本の徹底から発展的内容の習得へ、進路実現のためのサポートを丁寧におこなう。
・生徒の主体性を伸ばし、自他を尊重する態度の育成、規範意識の醸成に取り組む。

[学校見学]（令和5年度実施内容）

★学校説明会　8・11・12月各1回
★部活動体験　8・12月各1回
★文化祭　9月　校内実施　一部一般公開
★学校見学は夏季休業中・冬季休業中の指定日に可

入試！インフォメーション

受検状況	年　度	学科・コース名	募集人員	志願者数	受検者数	合格者数	倍　率
	R6	普　通	319	417	412	319	1.29
	R5	普　通	318	417	416(1)	318	1.31
	R4	普　通	318	366	366	318	1.15

県立 三浦初声 高等学校
（み う ら はっ せ）

https://www.pen-kanagawa.ed.jp/miurahasse-h/

☎ 238-0113　三浦市初声町入江 274-2（入江キャンパス）
☎ 238-0114　三浦市初声町和田 3023-1（和田キャンパス）
☎ 046-889-1771（入江キャンパス）
☎ 046-888-1036（和田キャンパス）
交通　京浜急行線三崎口駅　徒歩 15 分またはバス（入江キャンパス）
交通　京浜急行線三崎口駅　バス（和田キャンパス）

単位制

制　服　あり

[カリキュラム]　◇二学期制◇

★普通科

・1年次は芸術科目（音楽Ⅰ、美術Ⅰ、工芸Ⅰ、書道Ⅰ）を除いて全員が共通の科目を履修する。

・2年次は最大6単位、3年次は最大8単位の**自由選択科目**が用意され、進路や興味・関心に応じた学習をすることができる。

・自由選択科目の授業は「保育基礎」、「農業と環境」、「植物バイオ」、「フードデザイン」、「食品製造」など、多彩・特徴的な内容となっている。

★都市農業科

・都市農業に関する知識・技術を習得して、**三浦半島の農業を支える人材**や製造業・販売業などが関わりあう**6次産業化に対応した人材**を育てる。

・**インターンシップ**に関しては、地域と連携したデュアルシステムに取り組む。

・専門教育に関する教科・科目を25単位以上修得する必要がある。「農業と環境」「畜産」「農業機械」「食品製造」「生物活用」「農業経営」「野菜」「果樹」「草花」などの科目がある。

・小型フォークリフト、小型車輌建設機械、アーク溶接、日本農業技術検定、初級バイオ技術者などの**資格**を取得することができる。

[部活動]

　太鼓部・箏曲部は地域交流等に積極的に参加している。**美術部・漫画部**は地域貢献として看板制作を行い、**声優部**は小学生対象に非行防止の紙芝居を上演している。

★設置部（※は同好会）

　サッカー、バスケットボール、バレーボール、卓球、硬式テニス、陸上競技、ソフトテニス、野球、バドミントン、ダンス、美術、写真、漫画、総合音楽、太鼓、箏曲、茶道、囲碁将棋、文芸、声優、生活、畜産研究、科学、野菜研究、草花研究、果樹研究、食品加工

[行　事]

・学校行事は普通科・都市農業科の生徒が合同で開催する。

5月　校外学習
6月　地域貢献活動
10月　修学旅行
11月　初声祭、収穫祭
1月　卒業発表（都市農業科3年）
3月　スポーツフェスティバル

[進　路]（令和5年3月）

・都市農業科の「**依託実習制度**」では、校外で長期の体験実習を行いながら課題研究に取り組む。依託実習先は農家・酪農家、動物病院・ペットショップ、幼稚園・保育園、観光施設、老人ホーム、パン屋・カフェなど。

★卒業生の進路状況

　大学14％、短大3％、専門学校39％、就職24％、その他20％

★卒業生の主な進学先

　神奈川大、関東学院大、湘南医療大、多摩大、鶴見大、田園調布学園大、東京農業大、日本大、横浜商科大、横浜創英大、横浜薬科大

[トピックス]

・卒業には、「**3年間以上の在籍**」「**必履修科目の履修**」「**普通科80単位以上、都市農業科83単位以上の修得**」「**特別活動の成果**」の4つの条件を満たすことが必要。

・三浦臨海高校と平塚農業初声分校が統合し、平成30年、**普通科・都市農業科併置の単位制（年次進行型）**による全日制課程高校として開校。普通科は入江キャンパス（旧三浦臨海高校）を使用し、農業科目を選択した場合に和田キャンパスに移動して学習する。また、都市農業科は1・2・3年次で入江キャンパスと和田キャンパス（旧平塚農業初声分校）を使用している。

・年に3〜4回、地域のJAでひらかれるイベントに農業科の生徒が学校の生産物をアピールしながら販売し、地域の方と交流を深めている。

[学校見学]（令和5年度実施内容）

★学校説明会　7・9・10・12月各1回（7・9・10月は農業体験有）

★初声祭　11月　限定公開

★収穫祭　11月　見学可

入試！インフォメーション

受検状況	年　度	学科・コース名	募集人員	志願者数	受検者数	合格者数	倍　率
	R6	普　通	199	130	130	130	1.00
		都市農業	39	21	21	21	1.00
	R5	普　通	198	196	196	196	1.00
		都市農業	39	35	35(1)	34	1.00

横須賀市立 横須賀総合 高等学校

よこすか そうごう

http://schoolnet.edu.city.yokosuka.kanagawa.jp/schoolnet/highschool/301sougou/

〒239-0831　横須賀市久里浜 6-1-1
☎ 046-833-4111
交通　京浜急行線京急久里浜駅　徒歩 10 分
　　　ＪＲ横須賀線久里浜駅　徒歩 12 分

総合学科

単位制

制服　あり

[カリキュラム] ◇二学期制◇

・1年次に履修する「産業社会と人間」などをとおして、将来の進路について考えさせ、2年次以降は、**国際人文、自然科学、生活・福祉、体育・健康、芸術、情報、ビジネス、工学**の8系列…100科目以上の選択科目の中から、それぞれの進路に必要な科目を選択し時間割を作成する。
・**簿記、情報処理、ビジネス文書実務、秘書実務、危険物取扱者試験**など、様々な資格が取得できる。

[部活動]

・約8割が参加。
・最近の主な実績は以下のとおり。
<令和5年度>
美術部が20年連続、**書道部**が2年連続で全国高校総合文化祭に出品した。**ワープロ＆検定部**が3年連続で全国大会に出場し、**ものづくり研究部**が全国コンクールに出品した。また、**アーチェリー部**が2年連続でインターハイに出場した。
<令和4年度>
美術部（19年連続）と**書道部**が全国高校総合文化祭に出品し、**ワープロ＆検定部**が2年連続で全国大会に出場した。また、**アーチェリー部**と**陸上競技部**がインターハイに出場し、**ソフトボール部**が関東大会に出場した。

★設置部
アーチェリー、剣道、サッカー、水泳、ソフトテニス、ソフトボール、卓球、テニス、バスケットボール、バドミントン、バレーボール、野球、ラグビー、陸上競技、テコンドー、ダンス、ESS、演劇、ものつくり研究、コンピュータ、茶道、写真、書道、吹奏楽、箏曲、美術、Play&Produce、漫画・イラスト、ワープロ＆検定、室内楽

[行事]

横総祭として、体育祭（6月）／文化祭（9月）を毎年実施している。
4月　コミュニケーションキャンプ（1年）、社会見学（2・3年）
6月　横総祭（体育祭）
9月　横総祭（文化祭）
2月　修学旅行（2年・シンガポール）
3月　生徒会行事（レク大会）

[進路] (令和5年3月)

・1年次よりキャリア教育の充実を図り、**進路講演、ガイダンス、面接指導**を実施している。
・土曜日には**校内模試**（年数回）や補習など希望者を対象とした取り組みを進めている。

★卒業生の進路状況
<卒業生313名>
大学217名、短大10名、専門学校56名、就職11名、その他19名

★卒業生の主な進学先
東京都立大、神奈川県立保健福祉大、早稲田大、青山学院大、学習院大、神奈川大、鎌倉女子大、関東学院大、國學院大、駒澤大、成蹊大、成城大、専修大、中央大、東海大、東京工芸大、東京都市大、東京理科大、東洋大、日本大、法政大、明治大、明治学院大、立教大、立正大

♣指定校推薦枠のある大学・短大など♣
青山学院大、神奈川大、関東学院大、専修大、玉川大、東海大、東京都市大、東洋大、同志社大、日本大、法政大、明治学院大　他

[トピックス]

・校舎は**全館冷暖房完備で一足制**。その他に、食堂、ホール（360名収納）、アリーナ（バレーコート4面）、300mトラック、グラウンド、テニスコート（6面）、アーチェリー場等の施設が完備している。
・「**国際教育**」と「**情報教育**」に力を入れており、**豪州姉妹校との交流**をはじめ、様々な国からの高校生を受け入れ、2年次の修学旅行は**シンガポール**で実施している。
・生徒一人ひとりに**タブレット型PC**（購入）を持たせ各教科や学校行事、諸連絡で活用している。

[学校見学] (令和5年度実施内容)

★学校説明会　10・11・12月　各1回
★体験入学　8月2回
★横総祭（文化祭）　9月　見学可
★学校見学は随時可（要連絡）

133

神奈川県
公　立
高校

学校ガイド

＜全日制　旧鎌倉藤沢学区＞

学校を紹介したページの探し方については、２ページ
「この本の使い方＜知りたい学校の探し方＞」を参照して
ください。

県立 鎌倉(かまくら) 高等学校

https://www.pen-kanagawa.ed.jp/kamakura-h/

〒248-0026　鎌倉市七里ガ浜2-21-1
☎ 0467-32-4851
交通　江ノ島電鉄鎌倉高校前駅　徒歩5分

普通科

制　服　あり

[カリキュラム] ◇二学期制◇

・二学期制の実施に伴い、1時限の長さを**65分**としている。
・1年次は全員がほぼ共通の科目を履修し、かたよりのない学力を身につける。
・2年次は、文系、理系ともに難関国公立大学受験に対応できるカリキュラムとなっている。
・3年次には最大6単位分の**自由選択**があり、文・理の別に関係なく選択できるので、自分の希望する進路に対応した学習が可能となっている。

[部活動]

・約9割が参加。
・最近の主な実績は以下のとおり。
<令和5年度>
弓道部が男子個人で春季県大会優勝、県総体優勝、インターハイ出場、**アメリカンフットボール部**が関東大会出場などを果たした。室内楽部が全国高校総合文化祭に県合同ストリングオーケストラで参加した。
<令和4年度>
室内楽部が全国高校総合文化祭に県合同ストリングオーケストラで参加した。
★設置部（※は同好会）
アメリカンフットボール、体操、弓道、サッカー、剣道、ソフトボール、

卓球、水泳、スキー山岳、陸上競技、バスケットボール（男女）、ダンス、バドミントン、バレーボール（男女）、テニス（男女）、野球、ハンドボール（男女）、茶道、吹奏楽、美術、放送、合唱、室内楽、軽音楽、※科学研究、※演劇、※英語研究

[行　事]

オーストラリア訪問研修を隔年で行う。令和5年度より**ニュージーランド**での**海外研修旅行**を行っている。
5月　歩こう会
6月　鎌高祭（文化祭）
7月　鎌高スポーツ大会
10月　合唱コンクール
11月　修学旅行（2年）

[進　路] (令和5年3月)

・将来を見据えた**キャリア教育実践プログラム**を実施している。
・1年次から**社会人講話**や**大学説明会**などを行うほか、看護体験や福祉施設体験などの**インターンシップ**も行っている。
・長期休業中の**講習**や**土曜講習**のほか、学年の枠を超えた**補習**も継続的に実施。
★卒業生の進路状況
<卒業生312名>
大学257名、短大2名、専門学校3名、就職1名、その他49名
★卒業生の主な合格実績
東北大、埼玉大、筑波大、電気通信大、東京医科歯科大、東京海洋大、東京工業大、東京農工大、横浜国立大、秋田大、富山大、信州大、静岡大、鹿児島大、神奈川県立保健福祉大、高崎経済大、東京都立大、横浜市立大、早稲田大、慶應義塾大、青山学

院大、学習院大、上智大、中央大、東京医科大、東京理科大、法政大、明治大、立教大、関西大、近畿大

[トピックス]

・**「実践性」「自主性」「協調性」**の3項目を教育理念にかかげ、生徒の自主的な活動を支援し、多様な経験を通して生徒が豊かな人間力を養えるような環境作りに努めている。
・文化祭や体育的行事などは生徒が自主的に運営しておりレベルも高い。それとともに学問にも力を入れており、**文武両道**をめざす学校である。
・**海外姉妹校**にセント・アンソニーズ・カソリック・カレッジ（オーストラリア）があり、互いに訪問研修を行っている。
・総合的な探究の時間に理数教育推進校として、**「K-ARP」**を実施。根拠に基づく論理的な思考により、自ら推論し、検証できる人材の育成を目指す。
・平成30年度から**学力向上進学重点校（エントリー校）**に指定されている。
・令和元年度から**理数教育推進校**に指定。

[学校見学] (令和5年度実施内容)

★学校説明会　10月2回（要予約）

入試！インフォメーション

受検状況	年　度	学科・コース名	募集人員	志願者数	受検者数	合格者数	倍　率
	R6	普　通	319	484	480(2)	319	1.50
	R5	普　通	358	449	447(2)	358	1.24
	R4	普　通	318	486	483	318	1.51

県立 七里ガ浜 高等学校
しちりがはま

https://www.pen-kanagawa.ed.jp/shichirigahama-h/

〒248-0025　鎌倉市七里ガ浜東2-3-1
☎0467-32-5457
交通　江ノ島電鉄七里ヶ浜駅　徒歩5分

普通科

制　服	あり

[カリキュラム] ◇三学期制◇
・1年次は全員が共通の科目を学習する。
・2年次は選択科目として文学国語・数学B・数学C・音楽Ⅱ・美術Ⅱなどが設置される他、日本史探究・世界史探究・化学が選択制となる。
・3年次は**文系・理系①・理系②**に分かれて学習する。最大8単位の自由選択科目が設置され、将来の進路を考えた学習を行う。
・50分授業。少人数制の科目展開もある。
・発展的内容の学習や苦手科目の補習を行っている。

[部活動]
・**陸上競技部**は過去にインターハイ（平成18・21年度）や関東大会（27年度）に出場した経験がある。
・最近の主な実績は以下のとおり。
＜令和4年度＞
ヨット部が、全国高等学校総合体育大会ヨット競技大会・全国高等学校ヨット選手権大会で準優勝した。**ラグビー部**が、神奈川県高等学校総合体育大会でラグビーフットボール競技ブロック優勝した。
＜令和3年度＞
本校生徒がインターハイのヨット女子レーザーラジアル級で出場した。
★**設置部**（※は同好会）
弓道、野球、サッカー、水泳、テニス、バスケットボール、バドミントン、バレーボール、ハンドボール、ラグビー、陸上競技、ダンス、茶道、吹奏楽、軽音楽、ボランティア、いきもの生態、美術工芸、漫画研究、合唱、チアダンス、※写真

[行　事]
学校行事には全生徒が学年を越えて一丸となって取り組む。
4月	新入生学習オリエンテーション
6月	体育祭（七里ンピック）
9月	七高祭（文化祭）
10月	修学旅行（2年）
12月	なぎさマラソン（希望者）
3月	合唱祭（1・2年）

[進　路]（令和5年3月）
・自らの責任で選択するための**進路ガイダンス**の徹底により、早くから自己実現と自立への自覚を促す。
・夏季休業中に**夏期講習・補習**やインターンシップ体験学習を実施。
★**卒業生の主な合格実績**
茨城大、横浜国立大、静岡大、高知大、神奈川県立保健福祉大、兵庫県立大、早稲田大、上智大、東京理科大、明治大、青山学院大、立教大、中央大、法政大、学習院大、國學院大、武蔵大、日本大、東洋大、駒澤大、専修大、多摩美術大、武蔵野美術大、日本体育大、武蔵野大
♣**指定校推薦枠のある大学・短大など**♣
青山学院大、学習院大、北里大、上智大、昭和薬科大、成蹊大、成城大、専修大、中央大、東京薬科大、法政大、明治大、明治学院大　他

[トピックス]
・昭和51年に県立鎌倉高校において開校。翌52年に現在地に移転した。自然に恵まれ、熱心で優れた教職員がいる。
・七里ガ浜は小学校唱歌にもうたわれ、日本の渚百選や21世紀に残したい神奈川の風景にも選ばれた、歴史と景勝の地である。

・韓国スウォン外国語高校、米国ブーンズボロ高校と姉妹校提携をしている。令和元年度より国際理解教育の一環として、**グアム訪問**を希望者対象に実施。
・令和元年度、生徒棟のトイレをすべて改修。
・全教室に**エアコン**が設置されているほか、下駄箱の修繕を進めるなど、生徒が気持ちよく学習活動に取り組める環境づくりに配慮している。

[学校見学]（令和5年度実施内容）
★学校説明会　10・11月各1回
★文化祭　9月

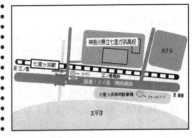

入試！インフォメーション

受検状況	年　度	学科・コース名	募集人員	志願者数	受検者数	合格者数	倍　率
	R6	普　通	359	520	511	359	1.44
	R5	普　通	358	516	513	358	1.43
	R4	普　通	398	569	567	398	1.42

137

県立 大船 高等学校

おおふな

https://www.pen-kanagawa.ed.jp/ofuna-h/

☎ 247-0054 鎌倉市高野 8-1
☎ 0467-47-1811
交通　JR東海道線・横須賀線・根岸線大船駅　バスまたは徒歩25分
　　　JR横須賀線北鎌倉駅　徒歩18分

普通科

制服 あり

[カリキュラム] ◇三学期制◇

・1学年はほぼ共通の科目を学習し、基礎学力の向上をはかる。
・2学年も引き続きほぼ共通の科目を学習するが、世界史探究・日本史探究・物理・化学・生物から1科目、言語文化・数学BC・芸術Ⅱ・スポーツⅡから1科目をそれぞれ選択し、進路実現に向けた学習が始まる。
・3学年は、受験科目に対応した**必修選択9～10時間**および**自由選択8時間**から選択し、様々な受験形態にきめ細かく対応する。

[部活動]

・希望制・約8割が参加。
・どの部活動も熱心に活動に取り組んでおり、運動部も文化部も複数の部が全国大会、関東大会に進んでいる。また、その他の部も県内大会等で上位や優秀な成績を多数あげている。
・最近の主な実績は以下のとおり。
＜令和5年度＞
剣道部、女子テニス部、男子テニス部、バドミントン部、弓道部が県大会に出場、**陸上競技部**が関東大会に出場した。**ウエイトリフティング部**が関東大会と高校総体に出場した。**華道部**が南関東地区大会に出場、**新聞委員会**が全国高校総合文化祭に出場した。**イラスト部**が神奈川県高校総体総合ポスターに採用された。
＜令和4年度＞
卓球部が湘南地区夏季大会女子シングルス優勝、湘南地区冬季大会男子シングルス準優勝、**バドミントン部、弓道部、男子テニス部、女子バレーボール部、吹奏楽部**が県大会に出場、**陸上競技部、剣道部、ウエイトリフティング部**が関東大会に出場した。

文芸部、新聞委員会が全国高校総合文化祭に出場した。
★**設置部**（※は同好会など）
陸上競技、サッカー、野球、テニス（男女）、バレーボール（男女）、バスケットボール（男女）、バドミントン、弓道、ダンス、卓球、剣道、写真、囲碁将棋、文芸、演劇、吹奏楽、食品栄養研究、茶道、華道、美術、天文、合唱、軽音楽、イラスト、競技かるた、科学研究、※手芸、※放送、※新聞、※ボランティア、ウエイトリフティング、※柔道

[行事]

六国祭（体育祭）は打ち上げ花火もあり、大規模な催しとして地域では有名。**白帆祭**（文化祭）も1日限りの開催ながら、入場者は毎年1,000名を超える。
4月　遠足
6月　白帆祭
9月　六国祭
11月　能・狂言教室（隔年）、修学旅行（2年）
3月　球技大会（1・2年）

[進路]（令和5年3月）

・1年生のときから何度も説明会や面接を実施し、早くから進路への意識を高められるようにしている。
・進路相談室を設置。
・夏冬の休みには補習も実施。
★**卒業生の進路状況**
＜卒業生386名＞
大学325名、短大5名、専門学校17名、就職0名、その他39名
★**卒業生の主な合格実績**
岩手大、秋田大、茨城大、千葉大、お茶の水女子大、東京海洋大、山梨大、信州大、横浜国立大、神奈川県

立保健福祉大、岡山大、東京都立大、横浜市立大、青山学院大、麻布大、亜細亜大、桜美林大、大妻大、学習院大、神奈川大、神奈川工科大、鎌倉女子大、関東学院大、北里大、國學院大、駒澤大、芝浦工業大、湘南工科大、成蹊大、成城大、専修大、多摩美術大、中央大、帝京大、東海大、東京電機大、東京農業大、東京理科大、東洋大、日本大、法政大、武蔵大、武蔵野大、明治大、明治学院大、立教大、早稲田大
♣**指定校推薦枠のある大学・短大など**♣
横浜市立大、青山学院大、学習院大、神奈川大、昭和女子大、昭和薬科大、成蹊大、成城大、専修大、玉川大、中央大、東京家政大、東京理科大、日本大、日本女子大、法政大、明治大、明治学院大　他

[トピックス]

・鎌倉の地にふさわしく、**能舞台**のある視聴覚教室を備えている。
・専門委員会の一つである**新聞委員会**は、年3回「大船校新聞」を発行しており、県コンクールでの上位入賞や全国大会への出場など、高い評価を得ている。

[学校見学]（令和5年度実施内容）

★学校見学会　9・11月各1回
★白帆祭（文化祭）　6月
★六国祭（体育祭）　9月

入試！インフォメーション

受検状況	年度	学科・コース名	募集人員	志願者数	受検者数	合格者数	倍率
	R6	普通	399	494	481(6)	399	1.21
	R5	普通	398	488	486(3)	398	1.21
	R4	普通	398	481	478	398	1.18

県立 湘南 高等学校

しょう なん

https://shonan-h.pen-kanagawa.ed.jp/

〒251-0021　藤沢市鵠沼神明5-6-10
☎ 0466-26-4151
交通　小田急線藤沢本町駅　徒歩7分
　　　ＪＲ東海道線藤沢駅　徒歩20分

普通科

| 制　服 | 標準服あり |

[カリキュラム] ◇二学期制◇

・1時限を70分として授業内容の充実を図ると共に、2週間を1サイクルとした編成を取っている。
・1〜2年次は芸術科目を除き全員が同じ科目を学び、幅広い知識や考え方を身につける。
・3年次は各自の進路希望にあわせて文系・理系の2コースに分かれ、受験に備える。

[部活動]

・兼部し活動に励む生徒が多く、毎年加入率は200％を超える。全国大会で優勝経験を持つ硬式野球部やサッカー部など、伝統と実績を兼ね備えた部が多い。
・最近の主な実績は以下のとおり。
<令和5年度>
英語研究部が即興型ディベート全国大会で準優勝した。フェンシング部が女子団体で関東大会に、男子個人でインターハイに出場した。陸上競技部が3種目で関東大会に出場した。
<令和4年度>
吹奏楽部が全国大会優秀賞、合唱部が関東大会金賞、フェンシング部が関東大会出場（女子個人・女子団体）、弓道部が関東個人選抜大会出場、陸上競技部が関東大会・関東新人大会・全日本競歩大会出場などの成績を収めた。

★設置部
山岳、バスケットボール、サッカー、バレーボール、硬式野球、テニス、ソフトテニス、卓球、バドミントン、ラグビー、陸上競技、体操、水泳、フェンシング、剣道、ハンドボール、弓道、歴史研究、地理研究、数学研究、化学研究、生物研究、英語研究、文芸、新聞、写真、演劇、合唱、音楽研究、気象、放送、園芸、鉄道研究、家庭、映画研究、漫画研究、囲碁将棋、物理情報通信、吹奏楽、絃楽、美術、茶道、ジャグリング、競技かるた、クイズ研究

[行　事]

最大の行事は9月の体育祭。全学年を縦割りで9組に分け、色別対抗で争われる。特にメインイベントの仮装は湘南地域全体の名物にもなっているほど。また、合唱コンクールは音楽の専門家を審査員に招いて行われる本格的なもの。

4月	陸上記録会
6月	文化祭
7月	合唱コンクール
9月	体育祭
10月	修学旅行（2年）
11月	駅伝大会（クラス対抗）
1月	スキー教室（1年、希望者）
3月	芸術鑑賞会

[進　路]（令和5年3月）

夏期講習を実施。また外部模試を校内で行っている。
★卒業生の進路状況
<卒業生353名>
大学246名、短大0名、専門学校1名、就職0名、その他106名
★卒業生の主な合格実績
東京大、京都大、北海道大、東北大、大阪大、九州大、お茶の水女子大、千葉大、電気通信大、筑波大、東京医科歯科大、東京外国語大、東京海洋大、東京学芸大、東京藝術大、東京工業大、東京農工大、一橋大、横浜国立大、浜松医科大、神戸大、東京都立大、横浜市立大、早稲田大、慶應義塾大、上智大、東京理科大

[トピックス]

・大正10年の創立から長い歴史を誇る県下有数の伝統校。令和3年度には創立百周年記念式典が行われる。
・神奈川県屈指の進学校。高いレベルでの文武両道の実践にも取り組んでいる。「高い進学意欲を持つ生徒の希望進路を必ず実現する」「社会のリーダーとして世界で活躍できる人物を育てる」というミッションの遂行に全校をあげて取り組み、実績を残している。
・スクールモットーは Always do what you are afraid to do!「最も困難な道に挑戦せよ！」。
・グローバル人材育成の一環として、海外とつなぐ研修を行うなど、世界に目を向ける機会を積極的に設けている。
・平成29年度、「学力向上進学重点校」に指定された。
・主な施設として、図書館、セミナーハウス（清明会館）、多目的ホール（湘南会館）などがある。

[学校見学]（令和5年度実施内容）

★学校説明会　8月2回、9・10月各1回
★文化祭　6月　見学可

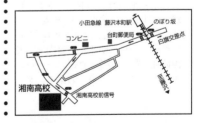

入試！インフォメーション

受検状況	年　度	学科・コース名	募集人員	志願者数	受検者数	合格者数	倍　率
	R6	普　通	359	586	573(10)	360	1.58
	R5	普　通	358	572	566(20)	360	1.52
	R4	普　通	358	537	524	360	1.41

県立 **藤沢西**（ふじさわにし） 高等学校

https://www.pen-kanagawa.ed.jp/fujisawanishi-h/

☏ 251-0861　藤沢市大庭 3608-2
☎ 0466-87-2150
交通　ＪＲ東海道線辻堂駅　バスまたは徒歩 30 分
　　　ＪＲ東海道線・小田急線・江ノ島電鉄藤沢駅、
　　　小田急線・相模鉄道・横浜市営地下鉄湘南台駅　バス

普通科

制服　あり

[カリキュラム] ◇二学期制◇
・教育課程は大学進学が前提。
・50分×6時限の時程で授業を実施。
・1年次では、芸術科目以外は全員同じ科目を履修。
・2年次は、**必修選択科目**を設置。数学B、スポーツⅠ、演奏研究、ファッション造形基礎など多彩な科目が用意されている。
・3年次からは**文系・理系①・理系②**に分かれる。必修選択や自由選択科目の中から各自の能力、興味関心や適性にあった進路が選択可能。

[部活動]
・約8割が参加。
・最近の主な実績は以下のとおり。
<令和5年度>
かるた部が全国高校総合文化祭出場、**吹奏楽部**が県吹奏楽コンクールB部門銀賞、**女子ハンドボール部**が県総体ベスト12などの成績を収めた。
<令和4年度>
茶道部が全国高校総合文化祭出場、**ゴルフ部**が関東大会出場、**陸上部**が関東大会出場、**かるた部**が県総合文化祭かるた大会優勝などの成績を収めた。
★設置部
サッカー、野球、バスケットボール（男女）、テニス、ソフトテニス、バレーボール（女）、バドミントン、卓球、陸上、ハンドボール（男女）、水泳、ゴルフ、剣道、フットサル（女）、吹奏楽、美術、かるた、室内楽、漫画研究、茶道、音楽、放送、コーラス、ボランティア、書道、お菓子、ダンス

[行　事]
・**体育祭**（カラーアトラクション）は準備段階から熱が入る。
・**遊ing西高**は地元小学生との交流会。
4月　遠足
6月　体育祭
9月　西高祭（文化祭）
10月　修学旅行（2年）
12月　球技大会
2月　マラソン大会
3月　合唱祭、遊ing西高

[進　路] (令和5年3月)
・**進路指導室**を設置。
・学年別の**進路ガイダンス**や、**保護者面談、全国模試、学力測定テスト、夏期講習、保護者対象の進路講演会**などを実施。
・授業を大切にし、一人ひとりの進路希望が実現するようきめ細かく指導している。
★卒業生の進路状況
<卒業生277名>
大学209名、短大5名、専門学校46名、就職2名、その他15名
★卒業生の主な進学先
茨城大、神奈川県立保健福祉大、早稲田大、青山学院大、学習院大、國學院大、駒澤大、成蹊大、成城大、専修大、中央大、東洋大、日本大、法政大、武蔵大、明治大、明治学院大、立教大

[トピックス]
・昭和49年創立。緑に囲まれ、恵まれた自然環境のなかにある。学力の充実・生活指導の徹底に心がけ、知・情・意・体の調和ある発達をはかり、誠実で良識ある有為な人物を育成することを教育の基本方針として掲げている。

・教育目標は「誠実・勤勉・協調・健康・教養」の5項目。
・「一人ひとりの文武両道」をモットーに勉強、部活動、行事すべてに生徒たちは一生懸命取り組んでいる。大変明るく活気のある学校。
・行事や部活動など、生徒が主体となって取り組む機会が多く用意され、**コミュニケーション能力や自主的・実践的な態度、課題解決力**など将来必要とされる力を培う。
・積極的に**地域との交流**を図っており、近隣の小中学生や地域住民と共に百人一首やお茶会を楽しんだり、演奏会を開催したりしている。
・**耐震工事**を進めており、平成29年3月に教室棟が完成した。
・校舎や設備（視聴覚教室・トイレ・多目的コートなど）はとても奇麗である。

[学校見学] (令和5年度実施内容)
★学校説明会　8・11・12月各1回
★部活動体験　10月1回
★西高祭（文化祭）　9月　見学可
★学校見学は随時可だが、できる限り学校説明会への参加を希望（要連絡）

入試！インフォメーション

受検状況	年　度	学科・コース名	募集人員	志願者数	受検者数	合格者数	倍　率
	R6	普　通	319	417	412(3)	319	1.29
	R5	普　通	318	414	411(2)	318	1.29
	R4	普　通	278	359	358	279	1.28

県立 藤沢工科 高等学校
ふじさわこうか

https://www.pen-kanagawa.ed.jp/fujisawakoka-th/

〒252-0803　藤沢市今田744
☎ 0466-43-3402
交通　小田急線六会日大前駅　徒歩18分
　　　小田急線・相模鉄道・横浜市営地下鉄湘南台駅　徒歩20分

総合技術科

制服　あり

[カリキュラム] ◇三学期制◇

・1年次は普通教科や工業の基礎基本を学ぶ。また、「総合ガイダンス」の授業で1年かけてじっくりと自分の学びたい分野を決める。
・2年次より、**生産技術系**、**情報通信系**、**建築系**、**住環境系**、**都市土木系**、**総合デザイン系**の6つの系に分かれて学習を行う。また、2単位の選択科目も設置されており、それぞれの系の科目を選ぶほか、数学Bの普通科科目を選択することも可能。
・3年次では2年次に選んだ系を引き継ぎ学習しつつ、課題研究を行う。
・**生産技術系**では、機械の発想から設計、加工、組み立て、管理までの技術と技能を学ぶ。**情報通信系**では、電気、情報、通信の分野について学ぶ。身近な電気機器の仕組みを理解するため、電気に関する基礎を学習し、電子回路の設計から製作まで、コンピュータやインターネットの活用技術を基礎から応用まで体験する。**建築系**では、建物の歴史、設計、つくり方などについて学ぶ。科目の選択によっては、将来建築士の資格取得を目指すことが可能。**住環境系**では、水や空気を快適な状態に調節することや、防災についての仕組みを学ぶ。快適な住環境を築くため、地域から地球の環境問題までいろいろなエネルギーについて考える力を養う。**都市土木系**では、公共施設、構造物（道路、橋、上下水道、鉄道、空港、港湾など）の計画や建設、維持管理を学ぶ。構造物を造るための測量、コンクリートの強度実験、橋の設計図面の作成などを体験する。**総合デザイン系**では、生活をより豊かで快適にする「もの・こと」のデザイン（企画、設計、計画）を学ぶ。
・**製図**、**計算技術**、**機械製図**といった検定や、**危険物取扱者**、**電気工事士**、**溶接**、**クレーン**、**玉掛け**などの資格取得に力を入れている。

[部活動]

・最近の主な実績は以下のとおり。
＜令和5年度＞
　建築研究部が、ものづくりコンテスト全国大会「木材加工部門」で第3位となった。
＜令和4年度＞
　電気研究部が名古屋文理大学主催「Bunri Creative Award 高校生のためのメディア創造コンペティション」に作品を応募し情報システム部門で最優秀賞、メディア表現部門で優秀賞を受賞した。
＜令和3年度＞
　陸上競技部がインターハイに出場した。また、本校生徒がものづくりコンテスト神奈川大会「木材加工部門」で優勝、準優勝を果たし、優勝者は全国大会に出場した。

★設置部
　柔道、バスケットボール、バドミントン、サッカー、野球、水泳、テニス、ソフトテニス、卓球、陸上競技、山岳、サイクリング、軽音楽、ボランティア、放送、美術、合唱、吹奏楽、写真、アニメ研究、図書、鉄道研究、機械研究、メカトロニクス、模型、建築研究、電気研究、ダンス、バレーボール

[行事]

　社会見学、球技大会、藤工祭（文化祭）、修学旅行（2年、沖縄）などを実施。また、**地域密着型の教育**として、わくわく体験工作教室（小学生対象）、小学校との交流事業、地域交流会、地域のイベントへの出店、出前授業などを積極的に実施している。

[進路]（令和5年3月）

　進路説明会、進学・就職座談会、インターンシップなどを実施。

★卒業生の進路状況
　＜卒業生171名＞
　大学27名、短大1名、専門学校33名、就職104名、その他6名

★卒業生の主な進学先
　神奈川大、神奈川工科大、関東学院大、湘南工科大、東海大、東京工芸大、東京電機大

♣指定校推薦枠のある大学・短大など♣
　神奈川大、関東学院大、湘南工科大、東京工芸大、ものつくり大　他

[学校見学]（令和5年度実施内容）

★学校説明会　8・11・12月各1回
★藤工祭　11月
★学校見学は指定日時あり（要連絡）

入試！インフォメーション

受検状況	年度	学科・コース名	募集人員	志願者数	受検者数	合格者数	倍率
	R6	総合技術	239	193	190	191	1.01
	R5	総合技術	238	219	218	218	1.00
	R4	総合技術	238	169	167	167	1.00

県立 **藤沢清流** 高等学校
ふじさわせいりゅう

https://www.pen-kanagawa.ed.jp/fujisawaseiryu-h/

〒251-0002　藤沢市大鋸1450
☎ 0466-82-8111
交通　小田急線藤沢本町駅　徒歩17分

普通科

単位制

制服　あり(女子はスラックスも可)

[カリキュラム] ◇二学期制◇

・1クラス35人編成の**50分授業**。
・1年次は共通科目で、将来に向けた学習基盤作りを行う。英語と数学の授業は**習熟度別少人数**で展開する。また、グループワークなど、コミュニケーション能力を鍛えるため**アクティブラーニング**を導入している。
・2・3年次は40選択科目から選択して学習する。大学進学時に必要な基礎5教科や、将来の進路を見据えた学校独自の多様な科目(経営学入門・心理学・陶芸・映像表現など)で学びを深化する。
・選択授業は平均25名前後の**少人数**で展開。
・**技能検定、ボランティア活動**、校外講座など、学校外活動の成果も単位として認定される。

[部活動]

・約8割が参加。
・最近の主な実績は以下のとおり。
<令和5年度>
箏曲部が全国高校総合文化祭日本音楽部門に出場した。
<令和4年度>
箏曲部が全国高校総合文化祭に出場した。**女子サッカー部**が県総体3位、県選手権3位の成績、**野球部**が春季県大会ベスト4、県選手権ベスト8の成績をそれぞれ収めた。
★設置部(※は同好会)
陸上競技、硬式野球、ハンドボール、サッカー(男女)、卓球、バスケットボール、剣道、バレーボール(女)、テニス、ソフトテニス、ソフトボール(女)、バドミントン、ダンス、ワンダーフォーゲル、吹奏楽、美術、箏曲、写真、茶道、華道、文芸、家庭科、生物、軽音楽、パソコン、演劇、ボランティア、書道、漫画研究、※映画鑑賞

[行　事]

文化祭(Festa清流)や**合唱コンクール、スポーツ大会**など、クラスのまとまりを重視した学校行事を、生徒自ら主体的に運営している。

5月	3校交流ひまわり苗植え、陸上競技大会
9月	Festa清流(文化祭)、スポーツ大会
10月	研修旅行
2月	マラソン大会
3月	合唱コンクール、スポーツ大会

[進　路](令和5年3月)

・36ヶ月キャリア実践プログラムのもと、総合的な探究の時間「総合ゼミI・II・III」において課題発見力・課題追求力を育成する。
・進路特別講演会やキャリアカウンセリング(保護者面談週間)などを実施。
・国公立大受験から公務員就職まで、幅広い進路選択が可能。
★卒業生の進路状況
<卒業生267名>
大学171名、短大9名、専門学校69名、就職6名、その他12名
★卒業生の主な合格実績
神奈川大、神奈川工科大、鎌倉女子大、関東学院大、駒澤大、湘南医療大、湘南鎌倉医療大、湘南工科大、成蹊大、専修大、中央大、鶴見大、田園調布学園大、桐蔭横浜大、東海大、日本大、日本体育大、武蔵大、横浜商科大、横浜薬科大

[トピックス]

・平成22年4月、県立大清水高校と県立藤沢高校とが統合され、開校した。
・マルチメディア教室、CALL教室、福祉実習室、表現実習室(ダンススタジオ)などの施設で、充実した専門教育が行われる。
・21世紀型リーダーシップ教育に力を入れており、協働して課題解決を図る力を養う。

[学校見学](令和5年度実施内容)

★部活動体験デー　8月1回
★学校説明会　9・12月各1回
★オープンスクール　11月1回
★Festa清流　9月　見学可
★学校見学は随時可(要連絡)

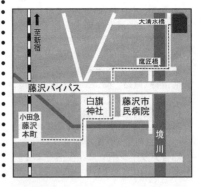

入試！インフォメーション

受検状況	年　度	学科・コース名	募集人員	志願者数	受検者数	合格者数	倍　率
	R6	普　通	279	329	323	279	1.17
	R5	普　通	278	335	334	278	1.20
	R4	普　通	278	341	340	278	1.22

県立 藤沢総合（ふじさわそうごう）高等学校

https://www.pen-kanagawa.ed.jp/fujisawasogo-ih/

☎ 252-0801　藤沢市長後 1909
☎ 0466-45-5200
交通　小田急線長後駅　徒歩 10 分

総合学科

単位制

制　服　あり

[カリキュラム] ◇二学期制◇

・令和４年度より、新しい教育課程を実施。
・100を超える多様な講座を設置し、生徒一人ひとりが自分の興味・関心、進路希望などをもとに選択できる。また、自分の将来を視野に入れて主体的に学校生活を送れるように１年次での「産業社会と人間」を中心にガイダンスを充実させている。
・１年次は芸術科目の選択以外はホームルームクラスでの授業が主体となる。２・３年次は選択授業が中心の時間割となり、３年次では、体育と国語を除くすべての授業が選択科目となる。
・選択授業には、教科ごとの科目と、系列（グローバル教養、情報ビジネス、生活デザイン、芸術スポーツ）の講座がある。
・学校外学修を単位として認定しており、連携講座（ほかの総合高校や専門学校、大学の講座）、簿記検定、英語検定、ビジネス文書実務検定などの各種技能審査、ボランティア、インターンシップは一定の条件を満たすと単位として認められる。

[部活動]

・約６割が参加。
・最近の主な実績は以下のとおり。
＜令和４年度＞
軽音楽部が県コンクールで専門部会長賞や連盟会長賞、ガールズバンドステージコンテストで準グランプリ、吹奏楽部が県コンクールで銅賞、陸上競技部が県総体で女子やり投７位、空手部が県総体で団体形７位などの成績を収めた。
＜令和３年度＞

吹奏楽部が吹奏楽コンクールＡ部門「湘南地区大会」銀賞、フルート三重奏「湘南地区大会」金賞、サキソフォン四重奏「湘南地区大会」金賞、軽音楽部がHigh School Rockers ONLY U16 NEOで最優秀賞とかながわ部活文化賞を受賞などの成績を収めた。

★設置部

サッカー、陸上競技、硬式野球、ハンドボール、バレーボール、バスケットボール、バドミントン、卓球、テニス、ダンス、空手道、剣道、柔道、ライフル射撃、弓道、吹奏楽、演劇、コンピュータ、書道、美術、家庭科、漫画研究、写真、茶道、軽音楽、服飾研究、ボランティア、競技かるた、華道、映像研究

[行事]

藤総フェスティバルでは球技大会の他、百人一首などの文化的競技を実施。
4月　遠足
6月　体育祭
10月　翡翠祭（文化祭）、コスモスのつどい、研修旅行（2年次）、藤総フェスティバル（3月にも実施）

[進路] (令和5年3月)

年に３回ある面談週間では、次年度の科目選択や進路についてなど、担任からアドバイスをもらうことができる。

★卒業生の進路状況
＜卒業生267名＞
大学104名、短大11名、専門学校123名、就職10名、その他19名

★卒業生の主な進学先
神奈川大、神奈川工科大、鎌倉女子大、関東学院大、相模女子大、湘南工科大、湘南女子大、専修大、洗足学園音楽大、鶴見大、桐蔭横浜大、東海大、日本大、法政大、横浜創英大

♣指定校推薦枠のある大学・短大など♣
関東学院大、神奈川大、専修大、東海大、文教大　他

[トピックス]

・長後高校と藤沢北高校を再編し、平成16年度に新たに総合高校として生まれ変わった。
・地域の産業や施設を生かす取り組みを意欲的に行っている。
・表現実習室（鏡張りの部屋）や福祉実習室（介護ベッド・浴漕のある部屋）など、特色のある施設があり、充実した授業を受けることができる。

[学校見学] (令和5年度実施内容)
★学校説明会　10・11・12月各1回
★翡翠祭　10月　見学可
★学校見学は随時可 (要連絡)

最寄り駅から藤総まで

小田急江ノ島線長後駅下車 徒歩10分

入試！インフォメーション

受検状況	年度	学科・コース名	募集人員	志願者数	受検者数	合格者数	倍率
	R6	総合学科	272	318	313	272	1.17
	R5	総合学科	271	342	340	271	1.25
	R4	総合学科	271	311	311	272	1.14

県立 湘南台 高等学校

しょうなんだい

https://www.pen-kanagawa.ed.jp/shonandai-h/

☎ 252-0805 藤沢市円行 1986
☎ 0466-45-6600
交通 小田急線・相模鉄道・横浜市営地下鉄湘南台駅 徒歩8分

普通科

制 服	あり

[カリキュラム]◇三学期制◇

・基礎を徹底し、個々に適応した授業展開をしている。1年次の英語・数学は習熟度別少人数制を導入し、きめ細かな指導が行われる。チーム・ティーチングを行う科目もある。

・2年次は、個々の進路にあわせた選択科目を設置。

・3年次にはさらに多様な選択科目を設置し、2分の1から3分の2を選択科目が占めるほど。

・ボランティア活動の成果が単位として認定されるほか、日本漢字能力検定、実用英語技能検定、毛筆書写技能検定、TOEICなどの技能審査の成果、保育園や図書館などの施設での就業体験活動(インターンシップ)なども単位として認定されている。

[部活動]

・約7割が参加。

・吹奏楽部はJapan Cupマーチングバンド全国大会で平成18年度から令和3年度まで16年連続優勝という記録を持つ。

・ボランティア部は夏休みに箱根へ行って小学生のリーダーを務めたり、地域の清掃を行ったりしている。

・最近の主な実績は以下のとおり。

＜令和5年度＞
陸上競技部がハンマー投で関東大会に出場した。吹奏楽部が横浜開港祭チャリティー吹奏楽コンサート ザ ブラスクルーズ2023で神奈川県知事賞を受賞した。

＜令和4年度＞
吹奏楽部が第50回マーチングバンド全国大会・大編成でグランプリ・文部科学大臣賞を受賞し、日本一になった。書道部が高校生国際美術展で佳作を受賞した。合唱部が県合唱コンクールで銅賞を受賞した。

★設置部

サッカー、野球、バレーボール、ダンス、バドミントン、ソフトボール、テニス、バスケットボール、ハンドボール、陸上競技、茶道、美術、イラスト、合唱、演劇、料理研究、コンピュータ、吹奏楽、ボランティア、自然科学、書道

[行　事]

・遠足(4月)、体育祭(6月)、球技大会(7・12・3月)、湘風祭(文化祭・9月)、修学旅行(11月)、クロスカントリー(2月)、芸術鑑賞会(3月)などを実施。

・体育祭は、色別に工夫したコスチュームを身にまとい、全員参加で行う応援合戦などで盛り上がる。

・「いちょうの集い」は、地域の方々との世代間交流会。

[進　路](令和5年3月)

・分野別説明会や卒業生によるキャリア講演会などを行っている。

・希望者を対象としたインターンシップやボランティアを実施するなど、将来を考える機会が多い。

・基礎補習や発展講習が実施される。

・土曜日には受験講座など、年間を通じて複数講座を開講している。

★卒業生の進路状況

＜卒業生248名＞
大学164名、短大8名、専門学校55名、就職5名、その他16名

★卒業生の主な合格実績

神奈川県立保健福祉大、青山学院大、学習院大、神奈川大、鎌倉女子大、國學院大、駒澤大、専修大、中央大、東京都市大、東洋大、日本大、フェリス女学院大、法政大、明治学院大、横浜美術大、横浜薬科大

[トピックス]

・シチズンシップ教育として模擬議会・模擬選挙など行い、より良い社会づくりに積極的に参加する姿勢を身につける。

・令和元年度に校内トイレを改修、令和2年度より制服をリニューアルした。

・令和2年度からインクルーシブ教育実践推進校に指定されている。

[学校見学](令和5年度実施内容)

★学校説明会 10・11・12月各1回

★インクルーシブ教育実践推進校特別募集 中高連携事業 6月2回、9月1回

★潮風祭 9月 見学可

入試！インフォメーション

受検状況	年　度	学科・コース名	募集人員	志願者数	受検者数	合格者数	倍　率
	R6	普　通	239	282	275(1)	242	1.14
	R5	普　通	238	288	286	239	1.20
	R4	普　通	238	397	397	244	1.63

学校ガイド

＜全日制　旧茅ケ崎学区＞

学校を紹介したページの探し方については、2ページ「この本の使い方＜知りたい学校の探し方＞」を参照してください。

県立 茅ヶ崎 高等学校（ちがさき）

https://www.pen-kanagawa.ed.jp/

〒253-0042 茅ヶ崎市本村3-4-1
☎ 0467-52-2225
交通　ＪＲ相模線北茅ヶ崎駅　徒歩20分
　　　ＪＲ東海道線茅ヶ崎駅　バスまたは徒歩25分

普通科

制　服　あり

[カリキュラム] ◇三学期制◇

・1年次は、芸術科目以外全員同じ科目を履修。
・2年次には選択科目（数学Ｃ、音楽Ⅱ、美術Ⅱ、書道Ⅱ、論理・表現Ⅱ、スポーツⅡ、人とくらしＡ）が設置される。
・3年次より文系・理系Ⅰ・理系Ⅱに分かれ、進路に合わせたカリキュラムで学習する。また、最大9単位の自由選択が設けられ、受験科目もあればファッション造形基礎やフードデザインなどの特色ある科目も用意されている。
・基礎学力・発展的学力の向上を図り、補習・講習の整備に取り組んでいる。

[部活動]

・約7割が参加。
・最近の主な実績は以下のとおり。
＜令和5年度＞
　書道部が5年連続、美術部が3年連続で全国高校総合文化祭に出場した。チアリーディング部が関東選手権大会17位となった。
＜令和4年度＞
　書道部が4年連続、美術部が2年連続で全国高校総合文化祭に出場した。チアリーディング部が全日本高校選手権大会6位、JAPAN CUP日本選手権大会16位となり、ソフトボール部が関東県予選3位、県総体5位となった。
★設置部（※は同好会）
　硬式野球、サッカー、陸上競技、バレーボール、バスケットボール、柔道、剣道、ソフトテニス、バドミントン、硬式テニス、水泳、卓球、チアリーディング、ソフトボール、吹奏楽、美術、放送、軽音楽、茶華道、漫画研究、合唱、演劇、文楽、書道、※文芸、※写真、※ボランティア

[行　事]

・令和5年度の修学旅行は北海道で平和学習、体験学習を行う。

4月	遠足
6月	体育大会
7月	球技大会
9月	茅高祭（文化祭）
10月	修学旅行（2年・北海道）
12月	球技大会
3月	合唱祭

[進　路]（令和5年3月）

・各種ガイダンス、パソコンを使用した情報提供など、生徒一人ひとりの希望に応じたきめの細かい進路指導をしている。
・卒業後は進学する生徒が大部分なので、基礎学力を定着させるとともに学力向上をめざした取り組みに力を入れている。
・長期休業中における希望補習なども充実し、大学受験に対応できる応用力を養っている。
★卒業生の進路状況
　＜卒業生294名＞
　大学181名、短大12名、専門学校65名、就職13名、その他23名
★卒業生の主な進学先
　青山学院大、神奈川大、鎌倉女子大、関東学院大、國學院大、駒澤大、相模女子大、湘南医療大、湘南鎌倉医療大、湘南工科大、専修大、中央大、津田塾大、鶴見大、桐蔭横浜大、東海大、東洋大、日本大、法政大、明治大、明治学院大、横浜薬科大、同志社大、立命館大

♣指定校推薦枠のある大学・短大など♣

青山学院大、神奈川大、専修大、東京電機大、東京都市大、東洋英和女学院大、日本大、明治学院大　他

[トピックス]

・昭和23年創立。茅ヶ崎学区のなかで、最も長い伝統のある学校。
・自由と秩序を尊ぶことを大切に、心身のバランスのとれた人材の育成を教育目標とする。
・平成28年度より神奈川県のインクルーシブ教育実践推進校（パイロット校）の指定を受け、これまでの伝統をふまえ、学習支援、進路支援、生活支援等の充実を図っている。特に学習面では、生徒の進路希望の実現に向けて基礎学力の定着及び発展的学力の向上を目指して多彩な教育活動を行っている。

[学校見学]（令和5年度実施内容）

★学校見学会　7・10・12月各1回
★茅高祭　9月　見学可

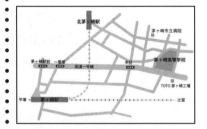

入試！インフォメーション

受検状況	年　度	学科・コース名	募集人員	志願者数	受検者数	合格者数	倍　率
	R6	普　通	319	393	388	319	1.23
	R5	普　通	278	381	378(3)	280	1.34
	R4	普　通	278	340	340	280	1.21

県立 茅ケ崎北陵 高等学校 （ちがさきほくりょう）

https://www.pen-kanagawa.ed.jp/chigasakihokuryo-h/

〒253-0081　茅ヶ崎市下寺尾128
☎ 0467-51-0311
交通　ＪＲ相模線香川駅　徒歩10分
　　　ＪＲ相模線寒川駅　徒歩15分

普通科

制　服	あり

[カリキュラム] ◇二学期制◇
・50分授業を1日6時間実施。授業時間数はもちろん、部活動や行事などの**教科外活動の時間も十分確保され**ている。
・1年次はほぼ共通履修で基礎を固める。
・2年次は国語か数学、歴史か化学の必修選択が始まり、早い段階での受験意識をつけていく。
・3年次は3類型に分かれ、α系・β系は3〜11単位、γ系は6〜14単位分の選択科目が用意されるので、志望校の入試を想定した効率よい学習ができる。

[部活動]
・約9割が参加。
・最近の主な実績は以下のとおり。
＜令和4年度＞
陸上競技部が関東選抜大会に出場した。**野球部、ハンドボール部**が県ベスト16となった。**英語部**が全国大会に出場した（2年連続）。
＜令和3年度＞
吹奏楽部がシンフォニックジャズ＆ポップスコンテスト全国大会に出場した（2年連続）。**英語部**がＰＤＡ即興型英語ディベート全国大会に出場した。
★設置部（※は同好会）
野球、ソフトテニス（男女）、剣道（男女）、卓球（男女）、バレーボール（女）、バスケットボール（男女）、サッカー、ハンドボール（男女）、陸上競技（男女）、ダンス（男女）、バドミントン（男女）、テニス（男女）、ワンダーフォーゲル（男女）、新体操、写真、天文、吹奏楽、美術、物理、軽音楽、ＪＲＣ、茶道、演劇、華道、漫画研究、棋道、英語

[行　事]
・**合唱コンクール**はプロの音楽家を招いて茅ヶ崎市民文化会館で行う。
・**体育祭**では誕生日で春夏秋冬に分かれて色をつくり、各種競技やカラーパフォーマンスなどを行う。
4月　新入生歓迎会、遠足
5月　体育祭
9月　文化祭
10月　修学旅行（2年）、球技大会
2月　マラソン大会
3月　合唱コンクール

[進　路]（令和5年3月）
・進路ガイダンスや面談週間、大学見学などがあり、きめ細かな指導・相談を実施。
・長期休業中には数多くの講習・補習を受けることができる。
★卒業生の進路状況
＜卒業生274名＞
大学247名、短大1名、専門学校4名、就職0名、その他22名
★卒業生の主な進学先
東北大、筑波大、東京外国語大、東京海洋大、東京農工大、東京学芸大、富山大、信州大、横浜国立大、川崎市立看護大、東京都立大、横浜市立大、早稲田大、青山学院大、学習院大、國學院大、上智大、昭和薬科大、成城大、中央大、東京薬科大、東京理科大、法政大、明治大、明治学院大、横浜薬科大、立教大
♣指定校推薦枠のある大学・短大など♣
横浜市立大、早稲田大、青山学院大、学習院大、國學院大、上智大、成城大、中央大、東京理科大、法政大、明治大、明治学院大、立教大　他

[トピックス]
・「学力向上進学重点校エントリー校」として進学に重点を置いている。
・校舎は老朽化による耐震の問題で建て替えられることになり、平成18年度から本校より歩いて3分ほどのところにある冷暖房完備の**臨時新校舎**で授業が行われている。ただし、体育の授業や部活動については、旧校地内のグラウンドや体育館をそれまで通り使いつづけている。
・公立学校では珍しく**食堂**を完備。
・令和5年度、60周年を迎えた。

[学校見学]（令和5年度実施内容）
★部活動体験・見学　10月1回、12月2回

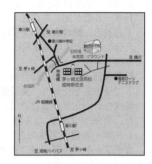

入試！インフォメーション

受検状況	年　度	学科・コース名	募集人員	志願者数	受検者数	合格者数	倍　率
	R6	普　通	279	368	367(1)	279	1.31
	R5	普　通	278	379	379(1)	279	1.35
	R4	普　通	278	420	419	278	1.50

県立 鶴嶺（つるみね）高等学校 普通科

https://www.pen-kanagawa.ed.jp/tsurumine-h/

〒253-0084 茅ヶ崎市円蔵1-16-1
☎ 0467-52-6601
交通　ＪＲ東海道線茅ヶ崎駅　バス７分
　　　ＪＲ相模線北茅ヶ崎駅　徒歩12分

制服　あり

[カリキュラム] ◇三学期制◇

・1・2年次で基礎学力を養う。1年次は全員がほぼ共通の科目を履修し、2年次から4単位分の選択制がはじまる。3年次には一人ひとりの進路希望に沿ったカリキュラムとなるように、選択科目を拡大し、幅広い分野から履修することができる。

・ALT（Assistant Language Teacher）が週に3回来校し、英語コミュニケーションⅠの授業を中心に、ティームティーチング行う。1年次からスピーキングテストやエッセイライティングを日常的に行い、GTECなどの外部試験も実施している。

・学習内容の理解を深めるために、ICTによる視聴覚教材を用いた授業を積極的に行っている。

・技能審査、ボランティア活動、就業体験活動、スポーツ・文化活動は単位認定を申請することができる。

[部活動]

・約6割が参加。
・最近の主な実績は以下のとおり。
＜令和4年度＞
　男子ソフトテニス部が関東大会出場、女子バレーボール部がマドンナカップビーチバレージャパン女子ジュニア選手権大会出場、女子ハンドボール部が国体県代表メンバーに1名選出、軽音楽部と文芸部が関東大会出場などの成績を収めた。
＜令和3年度＞
　軽音楽部が全国高校軽音楽コンテストで優秀賞を受賞し、文芸部が全国高校総合文化祭の俳句の部に出品した。男子ソフトテニス部と女子バレーボール部が関東大会に出場し、女子フットサル部が県U-18リーグで

準優勝、ダンス部が新人大会のフリー部門で県4位、女子ハンドボール部が全国選抜大会予選で県ベスト8などの成績を収めた。

★設置部（※は同好会）

陸上競技、バレーボール、バスケットボール、ソフトテニス、テニス、バドミントン、卓球、サッカー、硬式野球、剣道、ハンドボール、水泳、ダンス、チアリーディング、フットサル、※ソフトボール、吹奏楽、合唱、美術、漫画研究、華道、写真、文芸、茶道、ＪＲＣ、ファッション、軽音楽、弦楽、科学、※競技かるた、※演劇、※調理

[行　事]

・鶴嶺祭（文化祭）、体育祭、合唱祭などは生徒の自主的な取り組みによる。
・この他、社会見学、鶴嶺・北陵定期戦、修学旅行、マラソン大会、ワールドスポーツフェスティバルなどを行っている。

[進　路]（令和5年3月）

・希望進路の実現に向けて、じっくりと学習のできる環境を整え、学力の更なる向上を図っている。
・2年次より全国模試を実施し、正確に自分自身の学力を把握できるようにしており、進路決定をする際の資料として役立っている。
・希望者を対象とした夏期講習を実施。

★卒業生の進路状況

＜卒業生391名＞
大学291名、短大14名、専門学校61名、就職1名、その他24名

★卒業生の主な合格実績

電気通信大、東京海洋大、神奈川県

立保健福祉大、早稲田大、青山学院大、学習院大、國學院大、上智大、成城大、中央大、東京理科大、法政大、武蔵大、明治大、明治学院大、立教大

♣指定校推薦枠のある大学・短大など♣

青山学院大、学習院大、國學院大、上智大、成城大、中央大、法政大、明治大、明治学院大　他

[トピックス]

・昭和50年創立。開校時より国際理解教育に力を入れ、短・長期留学生との交流、フランス・オーストラリアの大学生の訪問、ニュージーランド・イギリスの交流校訪問など、様々な取組みをしており、国際感覚を磨くことができる。

・外部講師を迎えてボランティア塾を実施している。テーマは災害支援や防災、福祉、環境など多岐にわたる。

[学校見学]（令和5年度実施内容）

★学校説明会　8・12月各1回
★オープンスクール　10月1回
★鶴嶺祭　9月　限定公開

鶴嶺高校

入試！インフォメーション

受検状況	年　度	学科・コース名	募集人員	志願者数	受検者数	合格者数	倍　率
	R6	普　通	384	470	466	384	1.22
	R5	普　通	383	485	483(2)	384	1.25
	R4	普　通	383	417	417	385	1.08

148

県立 **茅ケ崎西浜** 高等学校
（ちがさきにしはま）

https://www.pen-kanagawa.ed.jp/chigasakinishihama-h/

☏ 253-0061　茅ヶ崎市南湖 7-12869-11
☎ 0467-85-0008 ～ 9
交通　ＪＲ東海道線茅ヶ崎駅　バス

普通科

制　服　あり

[カリキュラム]◇三学期制◇
・**選択制**の導入や**小集団学習**による個別教育の展開など、個人の適性や進路希望にあわせた指導をしている。
・1 年次は必履修科目を学習。
・2 年次から、進路希望を意識しながら、**「総合型」** と **「理型」** に分かれる。
・3 年次は多数の**選択授業**を設け、発展的・実用的な科目を展開。
・「情報の表現と管理」「情報Ⅱ」といった**情報関係の授業が充実**。日本語ワープロ（1 ～ 3 級）・情報処理技能表計算（2・3 級）・文書デザイン（1・2 級）など、**情報関係の資格**を取得することができる。
・芸術の授業も充実しており、例えば「音楽理論」「ファッション造形基礎」など、進路に合わせた高度な内容の科目も用意されている。

[部活動]
最近の主な実績は以下のとおり。
＜令和 4 年度＞
美術部が全国高校総合文化祭で高文連会長賞（2 名）と奨励賞（1 名）を受賞し、高校生国際美術展では内閣総理大臣賞を受賞した。**吹奏楽部**が東関東吹奏楽コンクールのＢ部門で銅賞を受賞した。また、**軽音楽部**が県大会決勝審査で 180 バンド中 10 位、**野球部**が神奈川県予選でベスト 32 となった。
＜令和 3 年度＞
美術部が全国高校総合文化祭に出展し、高校生国際美術展では秀作賞や佳作を受賞した。**吹奏楽部**が日本管楽合奏コンテスト全国大会のＳ部門で優秀賞を受賞した。
★設置部
野球、陸上競技、硬式テニス、バスケットボール、バレーボール、柔道、サッカー、ソフトテニス、卓球、バドミントン、剣道、ダンス、演劇、書道、文芸・アニメ・漫画研究、パソコン、ＥＳＳ、ＪＲＣ、吹奏楽、美術、写真、軽音楽、調理、ＪＳＣ（受験サプリクラブ）

[行　事]
5 月　遠足、体育大会
9 月　西浜祭（文化祭）
11 月　修学旅行（2 年）
12 月　球技大会（3 月も実施）

[進　路]（令和 5 年 3 月）
・3 年間を通じて中学の学び直しから大学進学まで対策を行う **36 ヶ月キャリア計画**を実施。スタディサプリを効果的に活用している。
・学年ごとの**進路ガイダンス、企業・学校見学**などを実施。進学希望者向けの補習も行っている。**就職用相談室、進学用指導室**もあり。
・放課後や長期休業中に発展的な内容の**講座**を実施。学力の向上を図っている。
★卒業生の進路状況
＜卒業生 324 名＞
大学 121 名、短大 14 名、専門学校 129 名、就職 28 名、その他 32 名
★卒業生の主な進学先
神奈川大、神奈川工科大、関東学院大、駒澤大、相模女子大、湘南医療大、湘南工科大、専修大、鶴見大、田園調布学園大、桐蔭横浜大、東海大、東京電機大、日本大、横浜商科大、横浜美術大、横浜薬科大
♣指定校推薦枠のある大学・短大など♣
亜細亜大、桜美林大、鎌倉女子大、共立女子大、産業能率大、女子美術大、専修大、多摩大、玉川大、東京工科大、文教大、和光大　他

[トピックス]
・「生徒が主体的に学ぶ意欲を養い、自ら課題を発見し、解決するための思考力・判断力・表現力を育む」を**教育目標**のひとつに掲げ、平成 28 年度からは**プログラミング教育研究推進校**として問題解決能力を育むプログラミング教育を行っている。
・**スタディサプリ**に全員が登録し、積極的に視聴している。平成 30 年度の利用率は全国 1 位でリクルート社から**ICT 活用先進校**に選出された（全国 1000 校中 4 校）。また、**スタディサプリイングリッシュ**も導入し、スピーキングが導入される大学入試にも対応している。
・地域貢献デーに海岸清掃を行うなど、**ボランティア活動**に力を入れている。
・地域との協働・連携による開かれた学校づくりを積極的に行っている。施設開放を推進するほか、地域と連携した防災訓練を定期的に行っている。

[学校見学]（令和 5 年度実施内容）
★学校説明会　8・11・12・1 月各 1 回
★学校見学は開庁日と土日祝日を除いて随時可（要連絡）

入試！インフォメーション

受検状況	年　度	学科・コース名	募集人員	志願者数	受検者数	合格者数	倍　率
	R6	普　通	359	450	445	359	1.25
	R5	普　通	358	382	381	358	1.06
	R4	普　通	358	401	399	358	1.11

県立**寒川**（さむかわ）高等学校

普通科

https://www.pen-kanagawa.ed.jp/samukawa-h/

〒253-0111　高座郡寒川町一之宮9-30-1
☎ 0467-74-2312
交通　JR相模線寒川駅　徒歩15分
　　　JR東海道線・相模線茅ヶ崎駅　バス

制　服　あり

[カリキュラム]　◇三学期制◇

・「確かな学力の育成」をめざす。1年生は35人程度のクラス編成。さらに数学と英語の授業は25人以下編成として**少人数授業**を行っている。また、1年生は「マナベーシック」という義務教育の学習内容を学び直す科目を週3時間行い、高校で必要な基礎学力の定着を図る。2年生は、**文系・理系**に分かれ、自分の進路に合わせた科目選択ができるように設定されている。

・3年生の自由選択科目のなかには学校設定科目「**幼児教育音楽**」「**素描**」「**彫刻**」「**ビジュアルデザイン**」があり、必修選択科目「**美術Ⅰ・Ⅱ・Ⅲ**」「**工芸Ⅰ・Ⅱ**」と合わせて、芸術系大学などへの進学に必要な知識・技術を学ぶことができる。

・1年次では朝学習、2・3年次では**朝読書**をそれぞれ毎朝10分間実施している。

・キャリア教育として、1年次は**模擬授業体験**、2年次には**上級学校・職場インタビュー**、3年次には**社会実用講座**を実施し、生徒一人ひとりが自己理解を深めながら将来を主体的に考える姿勢を育む。

[部活動]

　令和3年度には、**写真部**が高校生フォトグランプリで2名が入選した。

★**設置部**（※は同好会）
硬式野球、サッカー、バレーボール、バスケットボール（男女）、テニス、陸上競技、卓球、バドミントン、ダンス、美術、軽音楽、科学、華道、吹奏楽、演劇、茶道、漫画研究、文芸、調理、合唱、写真、※書道

[行　事]

・4月　遠足
・10月　文化祭
・11月　修学旅行（2年・中国・瀬戸内）
・12月　球技大会

[進　路]

・**キャリア教育**に関しては、平成17年度に県のキャリア教育実践推進モデル校に指定された経緯もあり、早くから**教育支援プログラム**を導入し、普通科でありながら総合高校なみの展開内容を実践しており、**将来設計能力の育成**を図っている。

・夏季休業中の**インターンシップ**（職場体験）では、福祉施設、保育園、図書館、寒川神社などへ行き、職業意識を高めている。

★**卒業生の進路状況**（令和5年3月）
＜卒業生271名＞
大学12.6％、短大2.2％、専門学校30.4％、就職44.8％、その他10％

★**卒業生の主な合格実績**
神奈川大、神奈川工科大、関東学院大、国士舘大、相模女子大、産業能率大、湘南工科大、高千穂大、鶴見大、田園調布大、東京工芸大、文教大、横浜商科大、和光大

♣**指定校推薦枠のある大学・短大など**♣
神奈川大、神奈川工科大、関東学院大、産業能率大、城西大、女子美術大、東京工芸大、文教大、横浜商科大　他

[トピックス]

・昭和53年に設立された。周囲に田園が残り、背後に富士をいただく明るく素朴な自然環境のなかで、生徒一人ひとりを大切にし、学力の向上と個性を伸ばす教育を「チーム寒川」と称し、全教職員が一致協力して進めている。社会から信頼される主体的で誠実な人物の育成を目指している。

・地域貢献活動として、各学期末に学校周辺の道路や公園などの清掃を行っている。また、吹奏楽部や合唱部、野球部やダンス部、生徒会が地域のイベントに参加したり手伝いをしたりしている。

・令和4年度・3年度に本校から**プロ野球独立リーグ入団選手**を輩出した。

[学校見学]（令和5年度実施内容）

★学校説明会　11・12月各1回
★オープンスクール　8月
★学校見学は平日の放課後、随時可（要連絡）

学校付近略図

入試！インフォメーション

受検状況	年度	学科・コース名	募集人員	志願者数	受検者数	合格者数	倍率
	R6	普通	279	152	149(2)	150	1.00
	R5	普通	278	214	214(1)	213	1.00
	R4	普通	278	223	220	220	1.00

学校ガイド

＜全日制　旧平塚学区＞

学校を紹介したページの探し方については、2ページ
「この本の使い方＜知りたい学校の探し方＞」を参照して
ください。

県立 平塚江南 高等学校
ひらつかこうなん

https://www.pen-kanagawa.ed.jp/hiratsukakonan-h/

〒254-0063　平塚市諏訪町5-1
☎ 0463-31-2066
交通　ＪＲ東海道線平塚駅　バス8分徒歩2分
　　　小田急線伊勢原駅　バス20分徒歩3分

普通科

制服　あり

[カリキュラム] ◇二学期制◇
・授業は1時限65分。基礎力の向上を目指しながら、より高度な内容に取り組み、考える力や集中力も養う。
・スーパーサイエンスハイスクールとして、学校設定科目「共創探究」を軸に科学的、論理的な思考力を育成する。また、ICTの適切な活用について学ぶ機会を設けている。
・1・2年生は基礎学力の充実を目指し、一部の選択科目以外は全員同じ科目を履修する。
・3年生から文系と理系に分かれ、進路に必要な学習内容の定着を図る。
・理系はさらに理・工・理工・医の各学部をめざすⅠ類と薬・看護の各学部をめざすⅡ類の2つのコースに分かれる。各自の進路を具体的に決定し、それに沿う実力や応用力を身につけるため、授業にも大幅な選択制を取り入れる。

[部活動]
・約8割が参加。
・最近の主な実績は以下のとおり。
＜令和5年度＞
陸上競技部がインターハイ出場。放送委員会がＮＨＫ杯全国高校放送コンテスト出場。弦楽部と競技かるた部が全国高校総合文化祭出場。
＜令和4年度＞
陸上競技部がＵ18大会出場。卓球部が全国高校選抜大会出場（5年3月）。競技かるた部が全国高校総合文化祭と全国高校生グランプリ（5年3月）出場。コンピュータ部が全国高校ＡＩアスリート選手権大会（5年3月）でサイバークエスト優勝・ロボクエスト3位。
★設置部（※は同好会など）

陸上競技、水泳、スポーツクライミング、剣道、ダンス、バスケットボール、バレーボール、ハンドボール、サッカー、野球、卓球、ソフトボール、硬式テニス、ソフトテニス、バドミントン、競技かるた、文芸、化学、写真、物理、合唱、軽音楽、吹奏楽、美術、書道、華道、茶道、英語、調理、囲碁・将棋、漫画研究、コンピュータ、弦楽、生物、クイズ研究、※園芸、※数学研究、※放送、※ＪＲＣ、※新聞

[行　事]
　体育祭は学校行事のメインで、たて割り8ブロックによる対抗戦。学年を超えて行う応援仮装が特に盛りあがる。
　4月　遠足
　6月　体育祭
　10月　江麗祭（文化祭）
　11月　修学旅行
　1月　合唱コンクール
　3月　球技大会

[進　路]（令和5年3月）
・情報活用能力の習得、英語4技能の育成、スタディサプリの導入など、令和7年度からの大学入試の新制度に対応した取り組みを行っている。
・土曜日に、1年生を対象とした土曜講習を、全学年希望者を対象とした難関大学対策講座を行っている。進路指導室での進路相談は随時実施。卒業生を招いての講演会なども実施している。
★卒業生の進路状況
＜卒業生317名＞
大学266名、短大1名、専門学校1名、就職0名、その他49名

★卒業生の主な合格実績
京都大、北海道大、東北大、名古屋大、群馬大、千葉大、筑波大、電気通信大、東京海洋大、東京学芸大、東京工業大、東京農工大、横浜国立大、静岡大、信州大、東京都立大、横浜市立大（医）、早稲田大、慶應義塾大、上智大、東京理科大

[トピックス]
・プロジェクトチームによる大学入試改革に向けての研究を実施。
・神奈川県から理数教育推進校や学力向上進学重点校エントリー校に指定されている。令和2年度より文部科学省からSSH（スーパーサイエンスハイスクール）の指定を受けた。
・大正10年、県立平塚高等女学校として開校。昭和25年に男女共学の県立平塚江南高等学校となった。「自主自律」「自他敬愛」を建学の精神とし、豊かな人間性・強い心身の育成、そして個性をより良く伸ばす教育を行ってきた。

[学校見学]（令和5年度実施内容）
★学校説明会　8・10・11月各1回
★江麗祭　10月　見学可（予約制）

入試！インフォメーション						
受検状況	年　度	学科・コース名	募集人員	志願者数	受検者数	合格者数	倍　率
	R6	普　通	319	392	388(9)	319	1.20
	R5	普　通	318	377	376	319	1.18
	R4	普　通	318	404	403	318	1.27

県立 平塚農商 高等学校

ひらつかのうしょう

https://www.pen-kanagawa.ed.jp/hiratsukanousyou-h

都市農業科
都市環境科
食品科学科
農業総合科
総合ビジネス科

農業校舎 〒254-0064 平塚市達上ヶ丘10-10 ☎0463-31-0944
商業校舎 〒254-0054 平塚市中里50-1 ☎0463-31-2385
交　通 JR東海道本線平塚駅 バス15分

| 制　服 | あり |

[カリキュラム] ◇三学期制◇

・地域における産業教育の成果を踏まえ、農業に関する学科と商業に関する学科を併設する新たな専門高校。
・学校設定教科アグリビジネスを1年生全員が履修する。それぞれの産業分野を相互に学び、幅広い視野を身に付ける。

★都市農業科
・新鮮かつ安全・安心な農産物の生産工程管理を理解、持続可能な栽培方法について実験・実習を通して、野菜や果樹、作物の栽培知識・栽培技術を中心に学ぶ。

★都市環境科
・生活向上を目指し、栽培方法とその利用・活用方法を理解し、実験・実習を通して、草花やガーデニングの知識・技術と地域の自然環境について学ぶ。

★食品科学科
・食品に関する基礎的な知識と技術、その社会的意義や役割を理解し、食品の充実を通じて社会の発展を図る創造的・実践的な能力と態度を育成する。

★農業総合科
・作物の栽培・食品の製造・衛生・食の大切さを理解し、農業の総合的な知識と技術と食育について学ぶ。

★総合ビジネス科
・経済や企業活動がグローバル化する中、時代の変化に柔軟に対応するためのマーケティング教育を重視し、幅広いビジネスの分野で必要な実践力・活用力を身に付けた地域産業を担うスペシャリストを育成する。

・1年次は共通カリキュラム。
・2年次以降は、より深く追求したい専門分野を、**経営ビジネス系、情報ビジネス系、情報デザイン系、グローバルビジネス系**の4つの系から選択する。

[部活動]
最近の主な実績は以下のとおり。
＜令和3年度＞
簿記部が県簿記コンクールで団体優勝し、全国簿記競技大会団体の部に出場した。

★設置部
テニス、ソフトテニス、卓球、バスケットボール（男女）、ダンス、バドミントン、サッカー、ソフトボール（女）、バレーボール（男女）、硬式野球、軟式野球、山岳、陸上競技、剣道、演劇、家庭、軽音楽、イラスト、華道、茶道、JRC、書道、新聞、写真、吹奏楽、美術、文芸、簿記、ワープロ、マーケティング、情報マネジメント、計算事務

[行　事]
5月　遠足
6月　体育祭
10月　修学旅行
11月　穂翔祭（文化祭）
12月　スポーツ大会

[進　路]（令和5年3月）
・進路ガイダンスを定期的に行い、的確な進路指導を行う。
★卒業生の主な進学先
神奈川大、相模女子大、産業能率大、松蔭大、城西国際大、高千穂大、帝京大、桐蔭横浜大、東海大、東京農業大、日本大、文教大、武蔵野大、横浜商科大

[トピックス]
・令和2年4月に平塚農業高校と平塚商業高校が統合、開校した。
・令和5年度、本校生徒が日本学校農業クラブ全国大会の農業鑑定競技で優秀賞を受賞した。また、全国簿記競技大会などに出場した。

[学校見学]（令和5年度実施内容）
★一日体験入学　7・10月各1回
★ミニ学校説明会　8月1回
★イブニング学校説明会　10月1回
★学校説明会　11月1回、12月2回

入試！インフォメーション

受検状況	年　度	学科・コース名	募集人員	志願者数	受検者数	合格者数	倍　率
	R6	都市農業科	39	36	36(1)	38	0.92
		都市環境科	39	42	42	39	1.08
		食品科学科	39	45	44	39	1.15
		農業総合科	39	44	44	39	1.13
		総合ビジネス科	159	163	163	159	1.03

県立 平塚工科 高等学校

総合技術科

ひらつかこうか

https://www.pen-kanagawa.ed.jp/hiratsukakoka-th/

☎ 254-0821　平塚市黒部丘 12-7
☎ 0463-31-0417
交通　ＪＲ東海道線平塚駅　徒歩 15 分

制　服　あり

[カリキュラム] ◇三学期制◇

- 他の工業高校と違い、１年次に専門の系・コースに所属しないので、１年間自分の進路について充分考えることができる。その手助けとして、**ドリカム**（夢を実現する）・**プラン**と名付けたプログラムがあり、「社会についての学習・自己理解を深める学習・生き方学習」などを行う。それらを踏まえて２年次以降の系・コースを選択し、学習を深める。
- ２年次は、**機械系・自動車系・電気系・環境化学系・総合技術系**の５つの系に分かれて学習する。夏休みには３〜５日の就業体験を実施。
- ３年次は、各系に設置された**７コース**から選択し、学習を深める。**機械系**は**総合**または**機械技術**または**機械総合**、**自動車系**は**自動車**、**電気系**は**電力技術**または**情報技術**、**環境化学系**は**環境化学**、**総合技術系**は**理数**の各コースで学ぶ。また、すべての系から**理数コース**が受講できる。理数コースでは４年制大学理工系学部への進学をめざす。
- **講習会**を土曜日に実施するなど、授業以外でも資格取得のための指導を強力に推進しており、**高い資格取得率の実現**に向けて全校をあげて取り組んでいる。
- **基礎製図検定、機械製図検定、計算技術検定、情報技術検定、ガス溶接技能講習、フォークリフト運転者、クレーン取扱者、２級ボイラー技士、第1種電気工事士、危険物取扱者**などの資格が取得可能。

[部活動]

- 工科高校らしい部活動の成果として、ソーラーカーレース鈴鹿で高校生クラス８連覇（平成21〜28年度）・Enjoy

クラス総合７連覇（22〜28年度）、WRO Japan2015パイロット部門優勝（レゴロボット）などの実績がある。
- 最近の主な実績は以下のとおり。
  <令和４年度>
  社会部がHondaエコマイレッジチャレンジ2022全国大会に出場した。
  <令和３年度>
  社会部がソーラーカーレース鈴鹿の４時間耐久エンジョイ１クラスで準優勝、高校生ものづくりコンテスト全国大会の自動車整備部門で準優勝を遂げた。**化学部**が高校生ものづくりコンテスト全国大会の化学分析部門で奨励賞を受賞した。**機械部**が神奈川県高校生溶接コンクールで優勝を遂げた。
- ★設置部（※は同好会）
  硬式野球、空手道、卓球、バドミントン、ラグビー、ソフトテニス、バスケットボール、テニス、バレーボール、水泳、サッカー、山岳、柔道、ゴルフ、陸上競技、※自転車、社会、電気、化学、機械、写真、音楽、美術、吹奏楽、アマチュア無線、園芸、※イラスト・模型、※トレーニング

[行　事]

4月	遠足
6月	陸上記録会
8月	小学生対象ものづくり教室
10月	平工祭（文化祭）
11月	修学旅行（２年）

[進　路]（令和５年３月）

- 就職希望者の**内定率は100%**。
- ２年次には、企業や市役所、保育園などでの**職業体験（インターンシップ）**を希望者に対して実施。また、進学希望の生徒は夏休みに**上級学校**

訪問を行う。
★卒業生の進路状況
　<卒業生204名>
　大学32名、短大０名、専門学校32名、就職136名、その他４名
★卒業生の主な進学先
　神奈川大、神奈川工科大、関東学院大、湘南工科大、東海大、東京工芸大
♣**指定校推薦枠のある大学・短大など**♣
　神奈川工科大、湘南工科大、東海大、東京工芸大　他

[トピックス]

- 神奈川県で唯一、**自動車について学べる学校**。国家資格や検定を受けられる環境があり、大手企業への就職ができる。
- 工業高校での専門知識と技術を活かして、様々なところで**生徒が活躍**している。
- メニューの充実した**学校食堂**がある。
- ラグビー部は、西日本豪雨の義援金募金活動やウクライナ避難民に対する街頭募金活動を行うなど、**社会貢献活動**を積極的に行っている。

[学校見学]（令和５年度実施内容）

★高校体験プログラム　７・８月各１回
★学校説明会　７・10・12月各１回
★夏休み親子ものづくり体験教室　8月１回
★平工祭　10月　見学可

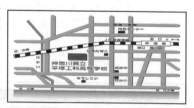

入試！インフォメーション							
受検状況	年　度	学科・コース名	募集人員	志願者数	受検者数	合格者数	倍　率
	R6	総合技術	239	157	156	157	1.00
	R5	総合技術	238	185	185	185	1.00
	R4	総合技術	238	154	154	154	1.00

県立 高浜 高等学校（たかはま）

https://www.pen-kanagawa.ed.jp/takahama-h/zennichi/index.html

〒254-0805　平塚市高浜台 8-1
☎ 0463-21-0417
交通　ＪＲ東海道線平塚駅　徒歩 13 分

普通科

| 制 服 | あり |

[カリキュラム]　◇三学期制◇

・1学年は、数学と英語の授業で**習熟度別**に分かれて**学習**が行われており、個々の学習状況に応じた指導を受けることができる。
・2学年は、**文系**と**理系**に分かれて学習する。また、地域と連携した様々な**体験学習**が用意される。
・3学年は、進路に応じて**文系**、**理系Ⅰ**（医療・看護系）、**理系Ⅱ**（理工学系）に分かれて学習する。各類型の履修科目に加えて「**特色選択科目**」による学習で希望する進路の実現をめざす。
・**福祉分野**の活動・教育に力を入れており、3学年の特色選択科目「**社会福祉基礎**」「**コミュニケーション技術**」で福祉に関する学習を行うことができる。

[部活動]

・約6割が参加。
・**手話コミュニケーション部**は、県内のさまざまなイベントで手話通訳等を行っている。全国手話検定試験にも力を入れている。高校から手話を始めた生徒も多く、実際に耳が不自由な方と手話による会話もできるようになった。
・**弓道部**は専用の弓道場が学校敷地内に建設された。部員全員が高校から弓道を始め、昇段試験や各種大会に向けて熱心に練習に取り組んでいる。
・最近の主な実績は以下のとおり。
＜令和5年度＞
ソフトボール部が県総体で県ベスト16となった（4年連続）。
★設置部
サッカー、テニス、バスケットボール（男女）、硬式野球、弓道、陸上競技、バレーボール（女）、水泳、バドミントン、卓球、剣道、ダンス、ソフトボール、ソフトテニス、ハンドボール、軽音楽、吹奏楽、ＪＲＣ高浜、手話コミュニケーション、文楽、書道、コーラス、茶道、調理、写真、美術、ＩＴ、演劇

[行　事]

体育祭では上級生・下級生の交流が深まる。
4月　遠足
6月　体育祭
9月　高浜祭（文化祭）
10月　修学旅行（2年）
12月　球技大会（3月も実施）

[進　路]（令和5年3月）

・大学進学をめざす生徒を対象とする「**特学クラス**」を1・2年に1クラス設置。ＩＣＴ機器を活用した効率的な学習を促し、進路実現に向けて多様な学習支援を行っている。
・**インターンシップ**や**情報モラル・マナー学習**、ビジネスモラル・マナー学習、ハローワークと連携した**就職ガイダンス**など、様々な取組みを行っている。
★卒業生の進路状況
＜卒業生226名＞
大学97名、短大18名、専門学校86名、就職7名、その他18名
★卒業生の主な進学先
麻布大、桜美林大、神奈川大、神奈川工科大、鎌倉女子大、関東学院大、国際医療福祉大、国士舘大、相模女子大、産業能率大、専修大、拓殖大、鶴見大、田園調布学園大、東海大、東京工芸大、東洋大、文教大、法政大、横浜商科大
♣**指定校推薦枠のある大学・短大など**♣
神奈川大、神奈川工科大、関東学院大、相模女子大、産業能率大、湘南工科大、拓殖大、鶴見大、田園調布学園大、東海大、東洋英和女学院大、文教大、横浜美術大、横浜薬科大他

[トピックス]

・昭和9年に平塚市立実科高等女学校として開校。同窓生が15,000名を超える**伝統校**。
・小、中、高の4つの学校が隣接する「**学園通り**」沿いに位置している。門前には自然豊かな公園が広がり、落ち着いた教育環境といえる。
・平成6年に福祉教養コースを設置。コースの募集は28年度に終了したが、学校全体の特色として様々な**福祉分野の学習や活動**を行っている。
・外部の専門学校と連携しており、**介護職員初任者研修**の講座を受講することができる。
・令和2年4月に平塚商業高校（定時制）が移行され定時制で併置。
・令和4年度より新制服。

[学校見学]（令和5年度実施内容）

★学校説明会　9・10・12月各1回
★学校見学　8月8日間
★個別相談会　12月1回
★学校見学は平日のみ随時可（要連絡）

入試！インフォメーション

受検状況	年　度	学科・コース名	募集人員	志願者数	受検者数	合格者数	倍　率
	R6	普　通	232	253	246(2)	232	1.06
	R5	普　通	231	247	247	231	1.07
	R4	普　通	231	258	258	231	1.11

155

県立 平塚湘風 高等学校

ひらつか しょう ふう

https://www.pen-kanagawa.ed.jp/hiratsukashofu-h/

〒254-0013　平塚市田村3-13-1
☎ 0463-55-1532
交通　JR東海道線平塚駅　バス
　　　小田急線伊勢原駅、小田急線本厚木駅　バス

単位制

制服　あり

[カリキュラム]◇二学期制◇

・必履修科目と選択科目を合わせて3年間で74単位以上を修得することで卒業が可能な単位制高校。1・2年次には共通科目で基礎基本の学習を、2・3年次には選択科目で発展的な学習を行う。

・単位制高校だが、ホームルームクラスを編成し、学級担任が朝と帰りのホームルームを毎日行う。

・1・2年次の数学と英語の授業で習熟度別小集団学習を、他の教科科目でもチームティーチングを導入。

・確かな学力の定着を図るために「マナトレ」を導入している。

・放課後には進学対応の講習や授業補習の時間を設定している。講習や自習のための学習室を2つ用意。

・ICT活用能力の向上を図るために、コンテンツ実習、プログラミング入門など情報科の特色ある科目を設定している。また、情報科以外の教科でもICTを活用した授業を展開している。

・2つの福祉実習室を設置。特色ある科目「社会福祉基礎」「児童福祉」を学ぶ。福祉系への進路をサポート。

・選択科目には進学対応の特色ある科目「古典探究」「国際表現」「地理(日本史・世界史)探究」「物理」「化学」「生物」「英語研究」などを設定。

・進路選択の幅を広げたり、人間性を豊かにする特色ある科目「食品の科学」「スポーツ」「実用の書」「ファッション造形基礎」「ヴォイスアンサンブル」等を設定している。

[部活動]

・約3割が参加。
・最近の主な実績は以下のとおり。

<令和4年度>
パワーリフティング部が全日本高等学校パワーリフティング選手権の男子74kg級で2位・3位、男子59kg級で入賞した。

<令和3年度>
パワーリフティング部が全日本高等学校パワーリフティング選手権の男子93kg級で第4位に入賞した。

★設置部(※は同好会)
ウエイトリフティング、パワーリフティング、硬式テニス、硬式野球、サッカー、山岳、女子バレーボール、水泳、ソフトテニス、卓球、バスケットボール、バドミントン、陸上競技、※剣道、演劇、合唱、軽音楽、コミッククリエーション、茶道、写真、吹奏楽、美術・工芸、華道、※手芸

[行　事]

遠足、体育祭、修学旅行、文化祭、百人一首大会などを実施。

[進　路](令和5年3月)

・生徒一人ひとりに応じたきめ細かな進路指導を入学時より継続的、段階的に行う。

・発展的な内容の選択科目や放課後の講習などをとおして、より高い進路目標の実現を目指した指導を行っており、進路実績も年々向上している。

★卒業生の進路状況
<卒業生166名>
大学26名、短大9名、専門学校63名、就職48名、その他20名

★卒業生の主な合格実績
桜美林大、神奈川大、神奈川工科大、関東学院大、国士舘大、相模女子大、産業能率大、松蔭大、湘南工科大、東京工芸大、日本経済大、日本体育

大、文教大、横浜商科大、和光大

♣指定校推薦枠のある大学・短大など♣
桜美林大、神奈川大、神奈川工科大、関東学院大、国士舘大、相模女子大、産業能率大、多摩大、鶴見大、東京工芸大、文教大、和光大　他

[トピックス]

・単位制高校の利点を活かした年次進行を基調としたカリキュラムマネジメントに取り組んでいる。共通、共修科目を増加し、多様な選択科目を精選し、生徒の進路や興味関心に応える教育課程を編成している。

・「豊かな人間性を備えた、社会で自立できる人材」の育成が学校目標。

・「確かな学力育成推進校」として学力だけでなく社会で求められる人間力(社会人基礎力)を育成するための取組みを研究、実践していく。

[学校見学](令和5年度実施内容)

★学校説明会　9・11・12月各1回

入試！インフォメーション

受検状況	年　度	学科・コース名	募集人員	志願者数	受検者数	合格者数	倍　率
	R6	普　通	199	188	186(3)	184	1.00
	R5	普　通	238	152	152	152	1.00
	R4	普　通	238	192	191	190	1.00

県立 大磯 高等学校
おお いそ

https://www.pen-kanagawa.ed.jp/oiso-h/

〒255-0002　中郡大磯町東町2-9-1
☎ 0463-61-0058
交通　JR東海道線大磯駅　徒歩15分
　　　JR東海道線平塚駅　バス

普通科

| 制　服 | あり |

[カリキュラム] ◇二学期制◇
・1年次では、芸術科目以外はすべて必修科目となっており、国数英を中心に「基礎学力の充実」をはかる。
・2年次は、文系・理系に分かれ、各科目をバランスよく配置する。国英数の学習を深化させ、「進路実現に必要な学力の充実」を目指す。
・3年次では文系、理系①、理系②の3つに分かれる。必修科目の他、文系では地理歴史の必修選択、理系①、理系②では理科の必修選択があり、その他に各系に、最大4科目の自由選択が用意されている。
・数学や英語で習熟度別授業や少人数の授業を展開する。

[部活動]
・最近の主な実績は以下のとおり。
＜令和4年度＞
吹奏楽部が東関東吹奏楽コンクールに出場した。弓道部が関東選抜大会に出場した（女子個人）。女子バスケットボール部が県総体で県ベスト16の成績を収めた。
＜令和3年度＞
陸上競技部が県高校総体女子800mで準決勝進出、吹奏楽部が県吹奏楽コンクールで銀賞を受賞した。
★設置部（※は同好会）
陸上競技、卓球、弓道、剣道、野球、硬式テニス、サッカー、ラグビー、バドミントン、ソフトテニス、ソフトボール、バレーボール、バスケットボール、吹奏楽、茶華道、ＳＦ研究（映画）、※生物、※天文、※写真、※軽音楽、※ダンス、※ティークック、※文芸漫画

[行　事]
体育祭と文化祭は一体のものとして開催される（海鳴祭）。
4月　遠足
6月　海鳴祭（体育祭）
7月　球技会
9月　海鳴祭（文化祭）
10月　修学旅行（2年）
11月　未来の夢講演会（1・2年）
3月　球技会

[進　路]（令和5年3月）
・「未来の夢講演会」などで自分の進路・適性を考えることができる。
・大学訪問、大学・短大・専門学校説明会、大学模擬講座など進路関係の行事が充実している。
・夏期講習や土曜講習などにより学力を伸ばす。
・エアコン常設の自習室が自由に利用できる。
★卒業生の主な合格実績
東京工業大、秋田大、神奈川県立保健福祉大、都留文科大、長崎県立大、慶應義塾大、青山学院大、学習院大、國學院大、上智大、成城大、中央大、東京理科大、獨協大、法政大、武蔵大、明治大、明治学院大
♣指定校推薦枠のある大学・短大など♣
青山学院大、学習院大、北里大、昭和大、成城大、中央大、東京農業大、東京薬科大、東京理科大、法政大、明治大、明治学院大、立教大　他

[トピックス]
・部活動が盛んで、自主自律の精神をもち、高い目標に挑戦できる生徒の育成をめざしている。
・教室・図書室・自習室・進路室はエアコンを完備。

・平成29年度に新武道場が完成。
・令和4年度、県教育委員会からグローバル教育研究推進校に指定された。留学生の受け入れや英語スピーチコンテスト、英検対策講座の実施などに取り組んでいる。
・ＳＦ研究部は、平成27年度に「高校生のためのeigaworldcup」最優秀脚本賞（全国1位相当）受賞、28年度に「高校生のためのeigaworldcup」ジャパンケーブルキャスト賞（全国3位相当）などの実績がある。また、28年度には神奈川新聞やテレビ神奈川などで紹介され、29年度に大磯町「なぎさの祭典」でヒーローショーを実施し紹介動画を作成するなどの活動をしている。

[学校見学]（令和5年度実施内容）
★学校説明会　8・9・12月各1回
★部活動公開　11月2回

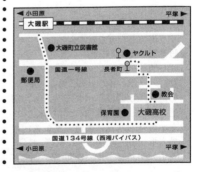

入試！インフォメーション

受検状況	年　度	学科・コース名	募集人員	志願者数	受検者数	合格者数	倍　率
	R6	普　通	279	351	349(2)	279	1.25
	R5	普　通	278	327	325(1)	278	1.17
	R4	普　通	278	308	308	278	1.11

県立 二宮 高等学校

にのみや

https://www.pen-kanagawa.ed.jp/ninomiya-h/

☎ 259-0134　中郡二宮町一色 1363
☎ 0463-71-3215
交通　ＪＲ東海道線二宮駅　バスまたは徒歩 25 分
　　　小田急線秦野駅　バス

制　服　あり

[カリキュラム] ◇三学期制◇

- 1年次、芸術選択以外は共通科目を学習し、**基礎基本の徹底**を図る。
- 2年次の必修選択は、論理表現Ⅱ・数学B・音楽Ⅱ・書道Ⅱ・美術Ⅱの中から1科目を選択する。
- 3年次は**文系・理系**（文理系）の編成。多数の選択科目の中から、各自の進路や興味・適性に応じたものを受講できる。
- 1年次の数学Ⅰ・数学A・英語コミュニケーションⅠ・論理表現Ⅰ、2年次の数学Ⅱ・英語コミュニケーションⅡでは、2クラス3展開などの**習熟度別授業**を実施。
- 3年次の選択科目は**少人数**での授業を基本にしている。
- 夏季・冬季休業中には、**基礎補習**や**発展講習**を実施。

[部活動]

- **相模人形部**は重要無形民俗文化財指定の下中座を継承しており、全国高校総合文化祭への出場経験（7回出場）もある。
- 最近の主な実績は以下のとおり。
  <令和5年度>
  女子サッカー部が全国選手権で県ベスト12となった。
  <令和4年度>
  女子サッカー部が県U-18フットサルリーグで3位となった。
- ★**設置部**（※は同好会）
  サッカー（男女）、バレーボール（男女）、バスケットボール（男女）、卓球、弓道、陸上競技、バドミントン、剣道、山岳、硬式野球、テニス、ソフトテニス、水泳、柔道、ダンス、相模人形、軽音楽、吹奏楽、美術、科学、茶道、アニメーション研究、囲碁・

将棋、演劇、家庭科、※ボランティア、※文芸

[行　事]

球技大会は2、3学期末にクラス対抗で実施され、毎回盛り上がる。

4月	新入生歓迎会
5月	遠足
6月	体育祭
9月	橘花祭（文化祭）
11月	修学旅行（2年）
12月	球技大会
3月	球技大会

[進　路]

- 1年次より**キャリア体験**や進路ガイダンス、校外模試などが行われる。
- 3年次では**進路別ガイダンス**や**夏季講習**、**面接指導**などのほか、**職業体験**や就職希望者のための**事業所見学**も行われる。
- 今までの実績から**指定校推薦枠**が多い。

★**卒業生の進路状況**（令和5年3月）
　<卒業生232名>
　大学96名、短大13名、専門学校88名、就職16名、その他19名

★**卒業生の主な合格実績**
神奈川大、神奈川工科大、鎌倉女子大、関東学院大、工学院大、相模女子大、湘南工科大、成蹊大、専修大、多摩大、鶴見大、田園調布学園大、桐蔭横浜大、東海大、東京都市大、日本女子体育大、日本体育大、文教大、横浜商科大、横浜薬科大

♣**指定校推薦枠のある大学・短大など**♣
桜美林大、大妻女子大、神奈川大、神奈川工科大、鎌倉女子大、関東学院大、工学院大、国士舘大、産業能率大、城西大、専修大、拓殖大、玉

川大、東海大、東京電機大、東京都市大、文教大、明星大、目白大、立正大、上智短大　他

[トピックス]

- 平成30年に創立40周年を迎えた。
- 高台の緑豊かな環境にあり、「**気力・体力・学力の調和的充実と、明るい豊かな人間性の育成**」を教育方針とし、生徒の学習・進路・学校生活にきめ細かく対応する学校作りをしている。
- 令和2年度より**インクルーシブ教育実践推進校**として共生社会の実現を目指し、すべての子どもができるだけ同じ場で共に学び、共に育つ教育をすすめている。
- サッカー部をはじめ、多くの部や同好会が**地域の活動**に積極的に参加している。

[学校見学]（令和5年度実施内容）

★**学校説明会**　8・9・10・11月各1回

★**橘花祭**　9月　見学可

★**学校見学は随時可**（要連絡）

入試！インフォメーション

受検状況	年　度	学科・コース名	募集人員	志願者数	受検者数	合格者数	倍　率
	R6	普　通	239	252	249	239	1.05
	R5	普　通	238	219	219	219	1.00
	R4	普　通	238	233	232	232	1.00

神奈川県
公　立
高校

学校ガイド

＜全日制　旧秦野伊勢原学区＞

学校を紹介したページの探し方については、2ページ
「この本の使い方＜知りたい学校の探し方＞」を参照して
ください。

県立 秦野 高等学校
（はだの）

https://www.pen-kanagawa.ed.jp/hadano-h/

〒257-0004 秦野市下大槻113
☎ 0463-77-1422～3
交通　小田急線東海大学前駅　徒歩25分
　　　小田急線秦野駅・東海大学前駅・鶴巻温泉駅　バス

普通科

制　服	あり

[カリキュラム] ◇三学期制◇

・65分授業。
・1年生は芸術科目を除いて全員が共通の科目を学習する。英語・数学・国語については、基礎学力を養うため、標準よりも多い授業時数となっている。
・2年生は芸術科目に加えて、日本史探究と世界史探究、物理基礎と生物基礎がそれぞれ選択制となる。
・3年生は文系・文理系・理系に分かれて学習する。文系コースと理系コースでは理科や地歴公民を2科目履修するこちで、国公立大学や難関私立大学の受験に対応する。

[部活動]

・約9割が参加。
・最近の主な実績は以下のとおり。
＜令和5年度＞
　弓道部が県総体準優勝（男子団体）、関東個人選抜大会出場（男子）、剣道部が関東大会出場（男子個人・女子団体）、男子ソフトテニス部が関東大会団体3位・個人5位、卓球部が関東新人大会出場（女子団体）などの成績を収めた。弦楽合奏部が全国高校総合文化祭で県合同オーケストラに参加した。
＜令和4年度＞
　男子ソフトテニス部が関東大会出場（団体・個人）、インターハイ出場（個人）、弓道部が関東個人選抜大会出場（男子）、全国選抜大会出場（男子団体）、卓球部が関東新人大会出場（女子団体）などの成績を収めた。弦楽合奏部が全国高校総合文化祭で県合同オーケストラに参加した。
★設置部
　陸上競技、水泳、バレーボール、バスケットボール、サッカー、バドミントン、ハンドボール、卓球、硬式テニス、弓道、野球、山岳、ソフトテニス、剣道、チアリーディング、ストリートダンス、美術、写真、演劇、吹奏楽、化学、合唱、サウンド研究、天文気象、かるた、手芸調理、弦楽合奏、文芸・漫画研究、茶道、英語

[行　事]

　文化祭（9月）と体育祭（6月）は、企画から後夜祭まですべて生徒が自主的に運営する。
4月　遠足
6月　広陵祭（体育の部）
9月　広陵祭（文化の部）
11月　修学旅行（2年）
2月　マラソン大会
3月　スポーツ大会

[進　路]（令和5年3月）

・土曜講習、夏期・冬期講習、日常の講習など、できるだけ学校で面倒を見る体制作りをしている。4年制大学への現役進学率は毎年80％を超えている。
・新入生学習オリエンテーションにより、高校における学習方法を指導している。
・1、2年生を対象に東海大学体験授業を行っている。また、産業能率大学との高大連携授業として、コミュニケーションスキルに関する特別講座を実施している。
・本校卒業生による社会人講話を実施。
★卒業生の進路状況
　＜卒業生358名＞
　大学323名、短大3名、専門学校14名、就職1名、その他17名
★卒業生の主な進学先
　茨城大、宇都宮大、埼玉大、筑波大、東京学芸大、横浜国立大、岩手大、静岡大、信州大、金沢大、三重大、岡山大、大分大、宮崎大、鹿児島大、横浜市立大、早稲田大、慶應義塾大、上智大、東京理科大
♣指定校推薦枠のある大学・短大など♣
　横浜市立大、青山学院大、学習院大、上智大、中央大、東京理科大、法政大、明治大、立教大　他

[トピックス]

・明治19年、「三郡共立学校」として創立。卒業生は25,000名を超え、各分野で活躍している。
・「文武両道」「質実剛健」「凡事徹底」を校風とし、自主的にして責任ある態度の育成、集団の一員として明朗にして友愛を重んずる人格への向上を目指している。
・情報通信技術（ICT）の利活用に取り組んでおり、1人1台の学習端末を令和4年度より導入。また協働学習に生徒個々のスマートフォンを活用している。
・令和4年度からSTEAM教育研究推進校に指定された（6年度まで）。様々な活動において問題発見・解決能力を育てる教育に取り組んでいる。

[学校見学]（令和5年度実施内容）

★学校説明会　8・10・11月各1回
★部活動見学会　8月3回
★授業・部活動公開　10月1回
★広陵祭文化の部　9月　見学可

入試！インフォメーション

受検状況	年　度	学科・コース名	募集人員	志願者数	受検者数	合格者数	倍　率
	R6	普　通	359	385	381(2)	359	1.06
	R5	普　通	358	404	402(1)	361	1.11
	R4	普　通	358	419	417	363	1.14

県立 秦野総合 高等学校
はだのそうごう

https://www.pen-kanagawa.ed.jp/hadanosogo-ih/

〒257-0013　秦野市南が丘1-4-1
☎ 0463-82-1400
交通　小田急線秦野駅　バスまたは徒歩25分
　　　ＪＲ東海道本線二宮駅　バス

総合学科

単位制	
制　服	あり

[カリキュラム] ◇二学期制◇

・1年次は、芸術を除いて全員が共通の科目を学習する。

・2年次から、**理系・文系・スポーツ系**に分かれる。また、4単位分の自由選択科目を学ぶことになる。

・3年次は、自由選択科目が6単位に増え、また、系列選択科目が理系は最大4単位、文系は12単位、スポーツ系は10単位設置されるため、**オリジナルな時間割**を作成できる。

・系列選択科目には、「人体の物理学」「コンテンツの制作と発信」「フランス語入門」「保育基礎」など専門的な授業が多数用意され、将来のための学習をすることができる。

・運動部に所属する生徒による**スポーツクラス**を設置。2・3年次の「スポーツ概論」では、スポーツイベントなどの企画・運営について学習・発表する。また補食タイムではアスリートとしての食事指導が行われる。

[部活動]

・トレーニング施設、専門の指導者など、支援体制が充実している。

・最近の主な実績は以下のとおり。

<令和5年度>
女子ソフトテニス部が関東大会に出場した。**女子バスケットボール部**がウインターカップ県予選で県ベスト16となった。

<令和4年度>
女子バスケットボール部が関東大会に出場し、県総体とウインターカップ県予選では県ベスト8となった。**ワンダーフォーゲル部**(スポーツクライミング)が県総体でスピード男子団体2位・ボルダー女子団体2位、県新人大会でリード女子団体1位・ボルダー女子団体1位・ボルダー男子団体3位となった。

★設置部(※は同好会)
空手道、弓道、剣道、硬式野球、サッカー、柔道、水泳、ソフトテニス(男女)、卓球(男女)、バスケットボール(男女)、バドミントン(男女)、バレーボール(男女)、ワンダーフォーゲル、囲碁将棋、イラスト、科学技術研究、合唱、華道、クッキング、軽音楽、茶道、写真メディア、吹奏楽、箏曲、天文、美術、文芸、ボランティア研究、※ESS、※学習部活、※家庭クラブ、※ダンス

[行　事]

4月	宿泊研修(1年)、社会見学(2・3年)
6月	陸上競技大会
9月	清峰祭(文化祭)、芸術鑑賞会
1月	研修旅行(2年)
3月	スポーツ大会

[進　路] (令和5年3月)

・進路ガイダンスや適性検査、進路別校外学習などを行い、進路計画をサポート。さらに、**進路別習熟度授業**、補習、講習などで学習面のサポートを行う。

・進路別指導により、それぞれの進路希望に沿ったサポート体制が充実。面接は1人1人担当者を決め個別指導を実施。

★卒業生の進路状況
<卒業生184名>
大学61名、短大24名、専門学校59名、就職30名、その他10名

★卒業生の主な進学先
桜美林大、神奈川大、神奈川工科大、関東学院大、国士舘大、駒沢女子大、産業能率大、多摩大、鶴見大、桐蔭横浜大、東海大、東京女子体育大、日本経済大、横浜薬科大

♣指定校推薦枠のある大学・短大など♣
神奈川大、神奈川工科大、関東学院大、国士舘大、多摩大、東海大、東京女子体育大、横浜薬科大　他

[トピックス]

・「学習」「部活」「進路」の3つの特色を活かし、生徒一人ひとりの可能性を大きく広げていく教育を目指している。

・全生徒がボランティアバンクに登録するなど、**ボランティア活動**が活発。地域活動の手伝いや介護施設訪問等を行い、その実績は年間1400回以上。活動は単位にも認定される。

・ホームルーム教室にはICT機器・エアコンが完備されている。

・秦野まほろば天文台は神奈川県の県立高校で唯一の大型天体望遠鏡を備える。

[学校見学] (令和5年度実施内容)

★学校説明会　8月2回、10・12・1月各1回

★清峰祭　9月　見学可

入試！インフォメーション

受検状況	年　度	学科・コース名	募集人員	志願者数	受検者数	合格者数	倍　率
	R6	総合学科	239	239	236	239	1.00
	R5	総合学科	238	192	191(1)	190	1.00
	R4	総合学科	238	198	198	198	1.00

県立 **秦野曽屋** 高等学校
（はだ の そ や）

https://www.pen-kanagawa.ed.jp/hadanosoya-h/

〒257-0031　秦野市曽屋 3613-1
☎ 0463-82-4000
交通　小田急線秦野駅　バスまたは徒歩 20 分

普通科

| 制　服 | あり |

[カリキュラム]　◇三学期制◇

- 大学進学に対応したカリキュラム編成となっている。
- 1 年次は全員が共通の科目を学び、**基礎・基本の充実**を図る。
- 2 年次から、進路実現に向け、**文系・理系**に分かれて学習を行う。
- 3 年次は、**文系・理系Ⅰ型（理工系）・理系Ⅱ型（看護・医療・農学系）** に分かれると共に、2×2 単位分の**自由選択**が設置され、進路実現を目指してより進化した学習を行う。
- 福祉教育を推進。医療機関や保育園等で行われる**夏の福祉体験学習**は 20 年以上の歴史をもち、単位として認定される。また、**福祉講座**や**手話講習会**も実施されている。
- 英語教育を推進。**英語検定**に力を入れており、単位として認定される。
- ボランティア活動などの**教科外活動**においても、取り組んだ時間や取得した級に応じて修得単位として認定している。

[部活動]

- 約 6 割が参加。
- 最近の主な実績は以下のとおり。

＜令和 4 年度＞
　山岳部が関東登山大会に出場し、県総体のスポーツクライミング競技で男女とも団体県準優勝・個人県 4 位、**卓球部**が県総体の女子団体で県ベスト 8、**女子バドミントン部**が県総体の団体戦で県ベスト 16 などの成績を収めた。

＜令和 3 年度＞
　山岳部が関東登山大会に男子の部で出場し、新人戦のスポーツクライミング競技で女子個人県優勝・女子団体県準優勝・男子個人県準優勝・男子団体県 3 位、女子バドミントン部がけ県総体の団体戦で県ベスト 16 などの成績を収めた。

★**設置部**（※は同好会）
　サッカー（男女）、野球、バスケットボール、女子バレーボール、卓球、テニス、バドミントン、剣道、山岳、弓道、陸上競技、ダンス、吹奏楽、茶道、美術、科学、演劇、手芸・調理、イラスト、文藝、写真、軽音楽、ESS、※書道

[行　事]

4 月　社会見学
6 月　体育祭
9 月　秋輝祭（文化祭）、修学旅行（2 年）
3 月　スポーツ大会（ソヤリンピック）

[進　路]（令和 5 年 3 月）

- 多様な進路希望や型にはまらない学校選択ができる環境であり、卒業生は様々な分野に進む。
- 月・火・金曜日に**曽屋塾**を開講。曽屋塾とは、大学生・社会人による学習支援・自学自習の新たな学びの形の**「校内学習塾」**のことである。
- スタディサプリを導入し、授業の予習・復習に利用している。

★**卒業生の進路状況**
　＜卒業生 254 名＞
　大学 121 名、短大 25 名、専門学校 86 名、就職 7 名、その他 15 名

★**卒業生の主な合格実績**
　金沢大、神奈川県立保健福祉大、東京都立大、慶應義塾大、青山学院大、学習院大、國學院大、中央大、東京理科大、日本大、法政大、明治大、明治学院大、立教大

[トピックス]

- 昭和 62 年創立。「人格の陶冶（とうや）」「学力の充実」「体力の向上」の 3 点を**教育目標**とする。
- コモンホール、メディアホール、展望ホールを備える。バルコニーから丹沢・富士を一望できる、恵まれた自然環境のなかにある。
- **地域との連携**に取り組んでおり、あいさつ運動のほか、障害者施設や老人ホーム、保育園などで、**ボランティア活動**を積極的に展開している。

[学校見学]（令和 5 年度実施内容）

★学校説明会　8・10・11・12 月各 1 回
★個別相談会　1 月 1 回
★秋輝祭　9 月　見学可
★学校見学は随時可（要連絡）

入試！インフォメーション

受検状況	年　度	学科・コース名	募集人員	志願者数	受検者数	合格者数	倍　率
	R6	普　通	279	293	292	279	1.05
	R5	普　通	278	301	300	279	1.08
	R4	普　通	278	269	269	269	1.00

県立 伊勢原 高等学校（いせはら）

https://www.pen-kanagawa.ed.jp/isehara-h/

〒259-1142　伊勢原市田中1008-3
☎ 0463-95-2574～5
交通　小田急線伊勢原駅　バスまたは徒歩14分

普通科

| 制　服 | あり |

[カリキュラム] ◇三学期制◇
・2年次から**文系・理系**に分かれる。
・3年次は**文系・文理系・理系**に分かれる。
・生徒一人ひとりの学力向上のため、定期テストにおいて一定の点数に到達できなかった生徒に対して「**再学習指導**」を実施。

[部活動]
・**男子ソフトボール部**は全国大会優勝の実績をもつ。また、**女子バレーボール部**は全国大会出場の、**ソフトテニス部**は団体戦でインターハイ準優勝と関東大会2連覇の経験がある。
・最近の主な実績は以下のとおり。

＜令和5年度＞
ライフル射撃部が関東大会・全国大会（BR女子個人全国10位）・関東選抜大会出場、**弓道部**が東日本大会出場（男子団体）、**軽音楽部**が全国ギター部＆軽音楽部フェスティバル銅賞などの成績を収めた。

＜令和4年度＞
ライフル射撃部が関東大会（BR女子団体関東2位）・全国大会・関東選抜大会・全国選抜大会（BR女子個人全国10位）出場、**女子バレーボール部**が関東大会ベスト8、**弓道部女子**が関東個人選抜大会出場、**男子ソフトボール部**が県総体準優勝などの成績を収めた。

★**設置部**（※は同好会）
陸上競技、サッカー（男女）、野球、バドミントン、卓球、ソフトテニス、バスケットボール、バレーボール（女）、剣道、弓道、ソフトボール（男）、水泳、ライフル射撃、ダンス、演劇、文芸、美術、吹奏楽、囲碁将棋、軽音楽、漫画研究、茶道、華道、※

写真

[行　事]
4月	遠足、大山ウォーク（1年）
5月	明鏡祭（体育祭部門）
9月	明鏡祭（文化祭部門）
10月	修学旅行（2年）、地域貢献活動（2年）
12月	スポーツ大会
3月	スポーツ大会

[進　路]（令和5年3月）
・スタディサプリを導入し、予習・復習・受験勉強に活用するとともに、年に2回「到達度テスト」を実施し自己の現状確認や課題克服に活用している。
・**インターンシップ**が夏休みに行われる。
・AO入試のための小論文の学習や、2・3年生対象の**民間就職試験対策講座**や**公務員試験対策講座**が行われている。
・この他、キャリア支援として**上級学校訪問**や進路説明会（2年）、**進路講座**（1年）などが行われている。

★**卒業生の進路状況**
＜卒業生242名＞
大学128名、短大22名、専門学校71名、就職14名、その他7名

★**卒業生の主な進学先**
麻布大、神奈川大、神奈川工科大、鎌倉女子大、関東学院大、国士舘大、駒澤大、相模女子大、産業能率大、湘南工科大、専修大、多摩大、鶴見大、帝京大、田園調布学園大、桐蔭横浜大、東海大、東京工芸大、日本大、文教大、法政大、横浜商科大

[トピックス]
・昭和3年、私立伊勢原実科女学校として開校。同47年に男女共学となる。
・「在県外国人等特別募集」及び「インクルーシブ教育実践推進校特別募集」実施校として**共生社会実現に向けた共生教育**を推進している。
・学校周辺の清掃活動や伊勢原周辺のボランティア活動・イベントへの参加などを通して、**地域貢献・地域との連携**を推進している。
・令和4年度から「**ICT利活用授業研究推進校**」に指定され、授業等へのICT利活用を推進している。
・災害時を想定したシェイクアウト訓練など、**防災教育**に力を入れている。
・格技場、弓道場などがある。

[学校見学]（令和5年度実施内容）
★学校説明会　8・11・12月各1回
★在県外国人等特別募集説明会　12月1回

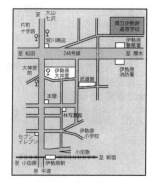

入試！インフォメーション

受検状況	年　度	学科・コース名	募集人員	志願者数	受検者数	合格者数	倍　率
	R6	普　通	229	275	273	229	1.20
	R5	普　通	228	267	267	228	1.17
	R4	普　通	228	261	260	228	1.14

県立 伊志田 高等学校
いしだ

https://www.pen-kanagawa.ed.jp/ishida-h/

☏ 259-1116　伊勢原市石田 1356-1
☎ 0463-93-5613〜4
交通　小田急線愛甲石田駅　徒歩7分

普通科

制　服　あり

[カリキュラム] ◇二学期制◇

・英語の授業を重点科目に置き、1・2年では**小集団授業**が展開され、英語力向上を目指している。

・2年の数学では**習熟度別学習**が展開されるなど、進路希望の実現を目指す。

・2年から**文系・理系**に分かれ、さまざまな進路に対応できるように科目選択や必修選択、自由選択科目を多く取り入れ、**小集団授業**を実施するなど、さらなる学力の向上を目指す。

[部活動]

・8割が参加。

・最近の主な実績は以下のとおり。

＜令和4年度＞

自然科学部が全国高校総合文化祭に出場し、**華道部**が南関東地区学生いけばな競技会で優勝した。**茶道部**は高校生伝統文化フェスティバルで神奈川県点前代表となった。**柔道部**が県総体の女子団体で県5位、**陸上競技部**が県総体の男子砲丸投で県7位、**卓球部**が関東予選の女子ダブルスで県8位の成績を収めた。

＜令和3年度＞

山岳部が新人大会のスポーツクライミングリード競技で優勝、**陸上競技部**が新人大会の男子砲丸投で県5位、**卓球部**が県総体の女子団体で県ベスト8、**茶道部**が県高総文祭で高文連会長賞受賞、**自然科学部**が教育長賞受賞などの成績を収めた。

★設置部（※は同好会）

バレーボール（男女）、テニス（男女）、ソフトボール（女）、バスケットボール（男女）、陸上競技、野球、バドミントン、水泳、サッカー、卓球、山岳、柔道、剣道、ダンス、合唱、クッキング、フォークソング、華道、軽音楽、漫画研究、吹奏楽、茶道、自然科学、美術、※メイキング、※ESS、※ドッジボール

[行　事]

4月　遠足
5月　宿志祭（体育部門）
9月　宿志祭（文化部門）、球技大会
12月　修学旅行（2年）、スピーチフェスティバル（1年）
3月　球技大会

[進　路] (令和5年3月)

「進路希望の実現」と「豊かな人間性の育成」を柱に、3年間を通して生徒を指導・支援するキャリア教育を行っている。

★卒業生の進路状況

＜卒業生261名＞

大学202名、短大14名、専門学校31名、就職4名、その他10名

★卒業生の主な合格実績

東京工業大、神奈川県立保健福祉大、早稲田大、青山学院大、学習院大、國學院大、駒澤大、芝浦工業大、成蹊大、成城大、専修大、中央大、津田塾大、東京電機大、東京都市大、東京理科大、東洋大、日本大、法政大、明治大、明治学院大、立教大

♣指定校推薦枠のある大学・短大など♣

青山学院大、学習院大、神奈川大、北里大、駒澤大、成蹊大、成城大、専修大、東海大、中央大、東京理科大、日本大、法政大、明治大、明治学院大　他

[トピックス]

・学校の特色として、平成元年から**国際理解教育**を推進している。**長期留**学生の在籍の他、「国際理解講演会」「留学生との交歓会」「スピーチフェスティバル」など、様々な国際理解の行事を実施している。

[学校見学] (令和5年度実施内容)

★学校説明会　8・10・12月各1回
★部活動体験見学会　10・12月
★オープンスクール　10月1回
★宿志祭文化部門　9月　見学可

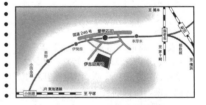

入試！インフォメーション

受検状況	年　度	学科・コース名	募集人員	志願者数	受検者数	合格者数	倍　率
	R6	普　通	269	309	307	269	1.14
	R5	普　通	308	322	321	309	1.04
	R4	普　通	268	310	309	269	1.15

神奈川県
公　立
高校

学校ガイド

＜全日制　旧県西学区＞

　学校を紹介したページの探し方については、2ページ
「この本の使い方＜知りたい学校の探し方＞」を参照して
ください。

県立 小田原 高等学校
おだわら

https://www.pen-kanagawa.ed.jp/odawara-h/

〒250-0045 小田原市城山3-26-1
☎ 0465-23-1201
交通 JR東海道線・小田急線・箱根登山電車・
伊豆箱根鉄道大雄山線小田原駅 徒歩15分

普通科

単位制

制服 あり

[カリキュラム] ◇二学期制◇
・進学重視の単位制普通科高校。1コマ65分で授業を行っている。
・1年次は芸術以外は共通科目を学習する。2年次は文系・理系に分かれて学習する。3年次は原則7つの型（国公立文系Ⅰ型・国公立文系Ⅱ型・私立文系型・国公立理系Ⅰ型・国公立理系Ⅱ型・私立理系Ⅰ型・私立理系Ⅱ型）から選択して、進路実現に直結した学習を行う。
・学校設定科目として、1年次にOda techⅠ、2年次にOda techⅡや数学Σを学習する。
・少人数展開や習熟度別（英語）の授業によって生徒の理解力を向上させ、土曜講習、夏期・冬期講習などによって得意科目の伸張、不得意科目の克服を可能とする体制になっている。

[部活動]
・約9割が参加。
・最近の主な実績は以下のとおり。
<令和5年度>
弓道部がインターハイや紫灘旗全国遠的大会に、水泳部がインターハイに、少林寺拳法部、ソフトテニス部、陸上競技部が関東大会に、また、茶華道部が全国高校総合文化祭に、放送部がNHK杯全国高校放送コンテストにそれぞれ出場した。
<令和4年度>
水泳部がインターハイに、少林寺拳法部が全国選抜大会（5年3月）に、ソフトテニス部と陸上競技部が関東大会に、また、弦楽部が全国高校総合文化祭に、放送部がNHK杯全国高校放送コンテストに、吹奏楽部が東関東アンサンブルコンテストにそ

れぞれ出場した。

★設置部（※は同好会）
バレーボール、野球、バスケットボール、サッカー、バドミントン、卓球、山岳、テニス、水泳、ソフトテニス、剣道、陸上競技、弓道、ハンドボール、少林寺拳法、ダンス、文芸、吹奏楽、弦楽、演劇、箏曲、合唱、軽音楽、物理、英語、写真、生物、茶華道、ジャズ研究、美術、放送、競技かるた、※漫画研究

[行　事]
小田高祭は1年の制作物展示、2・3年の脚本・演出から舞台まですべて手作りの演劇の上演、文化部の展示や演奏発表などで盛り上がる。

4月 新入生歓迎会、芸術鑑賞会（2年）、校外活動（1・3年）
6月 小田高祭（文化祭）
7月 スポーツ大会
10月 体育祭、研修旅行（2年）
11月 スポーツ大会
3月 合唱コンクール

[進　路]（令和5年3月）
・模擬試験前に土曜講習を、定期試験後にフォローアップ補習を行う。
・進路行事として、最新の情報提供を行う進路説明会や、受験勉強のアドバイスや大学の話を行う「先輩大学生と語る進路学習会」を実施。
★卒業生の進路状況
<卒業生315名>
大学284名、短大1名、専門学校1名、就職0名、その他29名
★卒業生の主な合格実績
東京大、京都大、北海道大、東北大、名古屋大、茨城大、お茶の水女子大、埼玉大、千葉大、筑波大、電気通信

大、東京海洋大、東京学芸大、東京工業大、一橋大、横浜国立大、愛媛大（医）、神奈川県立保健福祉大、東京都立大、横浜市立大、名古屋市立大（医）、大阪公立大、早稲田大、慶應義塾大、上智大、東京理科大

[トピックス]
・明治33年に創立。120年以上の歴史を誇る。小田原城内高校と再編統合し、平成16年から進学重視の単位制高校となった。19年度にはスカイラウンジや屋上プールなどを備えた新校舎が完成。県下でも最新の施設を完備。
・国際理解教育に積極的に取り組んでいる。
・令和5年度より文部科学省指定事業スーパーサイエンスハイスクール。令和5年度には「ドローンの利活用」や「JAXA相模原キャンパス並びに相模原市立博物館訪問」などの特別授業が行われた。また本校生徒が全国物理コンテスト物理チャレンジ全国大会で優良賞を受賞した。
・令和6年度より神奈川県指定学力向上進学重点校。

[学校見学]（令和5年度実施内容）
★学校説明会　8・10・12月各1回

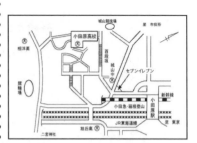

入試！インフォメーション

受検状況	年　度	学科・コース名	募集人員	志願者数	受検者数	合格者数	倍　率
	R6	普　通	319	421	419(6)	319	1.30
	R5	普　通	318	386	381(1)	318	1.19
	R4	普　通	318	412	409	318	1.28

県立 小田原東 高等学校
（おだわらひがし）

総合ビジネス科
普通科

https://www.pen-kanagawa.ed.jp/odawarahigashi-h/

☎ 250-0003　小田原市東町 4-12-1
☎ 0465-34-2847
交通　JR東海道線・小田急線・箱根登山電車・伊豆箱根鉄道大雄山線小田原駅、
　　　JR東海道線国府津駅　バス

制　服 あり

[カリキュラム] ◇三学期制◇
・大学進学や上級資格をめざす**アドバンスクラス**を総合ビジネス科、普通科ともに設置している。

★総合ビジネス科
・1年次は全員が同じ科目を履修し、普通科目に加えてビジネスの**基礎**を幅広く履修する。きめ細やかな**ガイダンス**を通して、2年から進路や興味・関心により**情報・会計の2系**を選択し、将来のプロフェッショナルをめざす。また、多彩な**選択科目**が用意され、少人数学習の充実により、多方面への進学・就職が可能となっている。
・土曜日に年10回程度の**ITパスポート講習会**や日商簿記などの**各種資格受検対策講座**を開いている。
・基本情報技術者、ITパスポート試験、全商・全経簿記検定、日商簿記検定、全商情報処理検定、全経コンピュータ会計能力検定、全商英語検定などの資格が取得可能。

★普通科
・私立大の受験に対応した教育課程、学習指導および進学指導を展開する。**小集団習熟度別学習**の実施や**スタディサポート・校外模試**等を活用し、きめ細かい学習指導を徹底する。また、総合ビジネス科の科目を選択することもできる。

[部活動]
・1年次は全員参加制。
・最近の主な実績は以下のとおり。
＜令和5年度＞
商業研究部が全国高校情報処理競技大会や全国高校ビジネス計算競技大会、全国高校ワープロ競技大会に出場した。

＜令和4年度＞
放送部がNHK杯全国高校放送コンテストに、**邦楽部**が全国高校総合文化祭に、**スポーツクライミング部**（特設部）が全国高校選手権大会に、**コンピュータ同好会**（当時）が全国情報処理競技大会に、**ワープロ同好会**（当時）が全国ワープロ競技大会にそれぞれ出場した。

★設置部（※は同好会）
ソフトボール（男女）、卓球、バドミントン、陸上競技、バスケットボール（男女）、バレーボール（女）、サッカー、ダンス、ソフトテニス、※軟式野球、※空手、演劇、華道、茶道、美術、写真、簿記、漫画研究、邦楽、吹奏楽、軽音楽、文芸、店舗経営、放送、将棋、商業研究

[行　事]
新入生歓迎会、遠足、体育大会、東華祭（文化祭）、修学旅行（2年）、スポーツ大会などを実施。

[進　路] （令和5年3月）
・人間関係構築に関するワークショップを産業能率大学・湘北短期大学と連携し実施。
・外部団体（かながわ若者就職支援センター、ハローワークなどによる**進路ガイダンス**を多数開催。

★卒業生の進路状況（令和5年3月）
＜卒業生179名＞
大学33名、短大14名、専門学校等65名、就職53名、その他14名

★卒業生の主な進学先
神奈川大、神奈川工科大、関東学院大、国士舘大、相模女子大、産業能率大、湘南工科大、専修大、高千穂大、多摩大、鶴見大、東海大、東京工芸大、横浜商科大、和光大

♣指定校推薦枠のある大学・短大など♣
神奈川大、関東学院大、国士舘大、相模女子大、産業能率大、専修大、高千穂大、多摩大、東京工芸大、東京都市大、東洋大、横浜商科大、和光大　他

[トピックス]
・平成29年度、小田原総合ビジネス高校から校名を改め、**総合ビジネス科**と進学に重点をおいた**普通科**の併設校としてスタートした。
・ICT棟はコンピュータ教室を5つ、コンピュータを200台以上備える。
・学校敷地内に**生徒が経営する**「城湯屋」という**常設店舗**を構え、商業科目の実習の場として使われている。
・**インターンシップ**は事前・事後指導も含めて単位化している。

[学校見学] （令和5年度実施内容）
★学校説明会　8月2回、9・10・11・12月各1回
★東華祭　9月　見学可
★学校見学は随時可（要連絡）

入試！インフォメーション

受検状況	年度	学科・コース名	募集人員	志願者数	受検者数	合格者数	倍率
	R6	総合ビジネス	119	66	66	66	1.00
		普通	119	100	99	99	1.00
	R5	総合ビジネス	118	84	83(1)	82	1.00
		普通	118	101	101(1)	100	1.00

県立 西湘 高等学校
せい　しょう

普通科

https://www.pen-kanagawa.ed.jp/seisho-h/

〒256-0816　小田原市酒匂1-3-1
☎ 0465-47-2171
交通　ＪＲ東海道線鴨宮駅　徒歩8分

制　服　あり

[カリキュラム]　◇二学期制◇

・すべての教科・科目で生徒の**発表活動**や**言語活動**を重視し、学ぶ力や考える力を育成する教育活動を行っている。また、新学習指導要領と大学入試改革に対応するため65分授業を実施している。

・2学年では**Ⅰ型・Ⅱ型**に分かれる。国公立大や難関私立大への進学など、多様な進路希望に対応している。

・3学年では**α型**と**β型**（β1・β2)に分かれ、希望する進路に応じて、**必修選択**と**自由選択**の科目を履修することができる。

・**プログラミング教育**として「見通しをたてる」「現状を把握する」「問題解決ができる」ということを意識した授業を展開している。

[部活動]

・約9割が参加。

・最近の主な実績は以下のとおり。
＜令和5年度＞
　陸上競技部がインターハイに男子やり投で出場した。**男子バレーボール部**、**少林寺拳法部**（女子組演武）が関東大会に出場した。
＜令和4年度＞
　陸上競技部がインターハイに男子400mと男子5000m競歩で出場した。関東新人大会の男子やり投で関東3位となった。**ラグビー部**が関東合同選抜大会でブロック準優勝した。**少林寺拳法部**（女子組演武）、**男子ソフトテニス部**（個人）が関東大会に出場した。**演劇部**が全国高校総合文化祭に放送部門で出場した。

★**設置部**（※は同好会）
バスケットボール、バレーボール、硬式テニス、ソフトテニス、陸上競技、バドミントン、サッカー、ソフトボール、卓球、剣道、山岳、野球、弓道、ラグビー、少林寺拳法、ダンス、電気音楽、演劇、家庭、美術、茶道、かるた、吹奏楽、理科、※華道、※囲碁将棋、※SESS（英語）、※文芸

[行　事]

・文化祭には3千名を超える来場者があり、たいへん盛り上がる。

・生徒が主体となり体育祭や球技大会を行い、北條五代祭りにも参加している。

6月	体育祭
7月	「総合的な探究の時間」研究発表会
9月	文化祭、球技大会
10月	修学旅行（2年）
3月	球技大会

[進　路]（令和5年3月）

・飛翔館（自習室）があり、生徒は授業の合間や放課後に利用している。

★**卒業生の進路状況**
大学82.6％、短大3.3％、専門学校8.2％、就職1.3％、その他3.6％

★**卒業生の主な合格実績**
筑波大、東京工業大、横浜国立大、神奈川県立保健福祉大、東京都立大、早稲田大、慶應義塾大、青山学院大、学習院大、上智大、中央大、東京理科大、法政大、明治大、立教大

♣**指定校推薦枠のある大学・短大など**♣
早稲田大、上智大、東京理科大　他

[トピックス]

・平成17年度から29年度までの13年間、文部科学省の**スーパーサイエンスハイスクール**に指定されていたため、**実験・実習の設備**が充実している。

・平成28年度より神奈川県の**プログラミング教育研究推進校**に指定されている。

・1学年より定期的に**校内模試**を実施。早い時期より進路意識を高めている。また、**英語の外部試験**も実施している。

・全教室・実験室および実習室に**エアコン**を設置。また、PC教室、情報数理教室、図書室、進路資料室などでパソコンが使用できる他、HR教室にモニターを設置しているなど、**IT環境**が整っている。

・**国際理解教育**として、ブリティッシュヒルズ英語研修など、研修活動の充実に力を入れている。

[学校見学]（令和5年度実施内容）

★**公開授業**　10月1回
★**個別相談会**　11月1回
★**部活動体験・見学**　8月
★**西湘祭**　9月　見学可
★**学校見学は随時可（要連絡）**

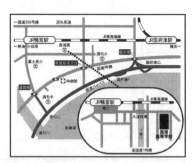

入試！インフォメーション

受検状況	年　度	学科・コース名	募集人員	志願者数	受検者数	合格者数	倍　率
	R6	普　通	309	362	358(3)	315	1.14
	R5	普　通	308	336	333(1)	314	1.06
	R4	普　通	348	353	353	350	1.00

県立 小田原城北工業 高等学校
おだわらじょうほくこうぎょう

https://www.pen-kanagawa.ed.jp/odawarajohoku-th/

〒250-0852　小田原市栢山200
☎ 0465-36-0111
交通　小田急線栢山駅　徒歩7分

機械科
建設科
電気科
デザイン科

制　服　あり

[カリキュラム] ◇三学期制◇

・ものづくりを通し、**地域産業に貢献できる人材の育成**をめざした教育活動を進めている。

・学校の教育方針として、基礎学力の充実に力を入れており、数学等では小集団による習熟度別学習を実施している。また、工業各科の実習では8～10人のグループごとに教員を配して、きめ細かな指導を行っている。特に3年次の課題研究は、生徒の希望をもとに一年間を通じて展開するもので、生徒からも好評である。

・コンピュータ等、どの科の施設設備も極めて充実している。

★機械科
・ロボットやメカトロニクス等の最先端技術や従来の工作機械、溶接・板金等の実習を中心に学習する。

・ガス溶接技能講習、アーク溶接特別教育、3級機械加工士（普通施盤）等の資格取得が可能。

★建設科
・住宅建築を中心として、環境共生建築づくりの基礎を学び、2級建築士をめざす学習を行う。

・2級土木・建築施工管理技術検定試験等の資格取得が可能。

★電気科
・電気エネルギーに関する知識や技術、ロボット等の制御技術、プログラミング等、電気・電子・情報という3分野について専門的に学ぶ。

・第二種電気工事士や第二級デジタル通信等の資格取得が可能。

★デザイン科
・視覚伝達、製品、人間環境、工芸等のデザイン分野から各自の希望により選択して学ぶ。

・色彩検定等の資格取得が可能。

[部活動]
・1年次は全員参加制。
・最近の主な実績は以下のとおり。

＜令和4年度＞
陸上競技部がやり投げとハンマー投げでインターハイ出場、**新機械技術部**が高校生ロボット相撲大会で全国大会に出場などの成績を収めた。

★設置部（※は同好会など）
弓道、バレーボール、ソフトテニス、剣道、バスケットボール、バドミントン、サッカー、テニス、ワンダーフォーゲル、野球、陸上競技、卓球、自動車、ブラスバンド、エレクトロニクス、美術、電気研究、茶・華道、釣り、サウンド、イラスト・マンガ、新機械技術、ダンス、木工研究部、※写真、※書道、※囲碁・将棋

[行　事]
6月に体育祭、8・10・12月にインターンシップ、10月に修学旅行（2年）、11月に城北祭（文化祭）、7・12月に球技大会、1月に課題研究発表会、デザイン展などを実施。

[進　路]（令和5年3月）
卒業後の進路は、科によってかなり異なる。**機械科**の生徒の主な進路は、自動車、自動機械、電子機器の製造技術部門、修理保守部門など。**電気科**は、電子機器メーカーやコンピュータ関連の会社の修理保守部門、製造部門など。**建設科**は、建設系の設計事務所や官公庁の専門職など。**デザイン科**の生徒は各種のメーカーの他、大学、短大、専門学校へ進む者も少なくない。

★卒業生の進路状況
＜卒業生183名＞
大学16名、短大3名、専門学校44名、就職114名、その他6名

★卒業生の主な合格実績
神奈川工科大、湘南工科大、女子美術大、杉野服飾大、東海大、東京工芸大、横浜美術大

♣指定校推薦枠のある大学・短大など♣
桜美林大、神奈川工科大、関東学院大、工学院大、城西大、湘南工科大、拓殖大、東海大、東京工芸大、日本工業大、横浜美術大、小田原短大、明星大　他

[トピックス]
・ものづくりを通し、**地域産業に貢献できる人材の育成**をめざした教育活動を実践している。

・ものづくりに意欲的に取組み、**基本的生活習慣を身につけよう**と努力する生徒を求めている。

・令和8年度より県立大井高等学校と統合し新校設立予定。

[学校見学]（令和5年度実施内容）
★夏休み体験学習会　8月1回
★学校説明会　9・11月各1回
★個別相談会　1月1回
★城北祭　11月　見学可

入試！インフォメーション

受検状況	年　度	学科・コース名	募集人員	志願者数	受検者数	合格者数	倍　率
	R6	機　械	39	36	36	36	1.00
		建　設	39	18	18	18	1.00
		電　気	39	37	37	37	1.00
		デザイン	39	27	26	27	1.00

県立 **足柄** 高等学校
あしがら

普通科

https://www.pen-kanagawa.ed.jp/ashigara-h

〒250-0106　南足柄市怒田860
☎ 0465-73-0010
交通　伊豆箱根鉄道大雄山線大雄山駅　バスまたは徒歩20分
　　　小田急線新松田駅　バス
　　　JR御殿場線松田駅　バス

普通科

制　服　あり

[カリキュラム] ◇三学期制◇
- 全学年の英語と数学は**少人数・習熟度別編制**の授業。
- 2年次の科目選択を経て、3年次には**文系・理系α・理系β**に分かれ、それぞれの必修選択に加え、多彩な自由選択科目を設置。
- ボランティア活動や技能検定なども学修の単位として認定している。
- 環境問題、防災など「**地域を学ぶ**」を実施。

[部活動]
- 約6割が参加。
- 最近の主な実績は以下のとおり。
＜令和5年度＞
歴史研究部が全国高校生歴史フォーラム（奈良県・奈良大学主催）優秀賞、**陸上競技部**が県総体女子団体総合6位、関東大会出場（女子やり投関東7位）、**弓道部**が関東大会出場（女子個人）などの成績を収めた。
＜令和4年度＞
歴史研究部が全国高校生歴史フォーラム県知事賞、鳥居龍蔵記念全国高校生歴史文化フォーラム最優秀賞、**陸上競技部**が関東新人大会出場（やり投関東6位）、**弓道部**が県総体女子団体5位などの成績を収めた。
★設置部（※は同好会）
　バスケットボール、バレーボール、

弓道、バドミントン、ソフトテニス、卓球、陸上競技、剣道、サッカー、硬式野球、ワンダーフォーゲル、ダンス、演劇、美術、吹奏楽、軽音楽、放送、写真、家庭、茶道、イラスト、合唱、生物、歴史研究、※英語

[行　事]
- 5月に遠足、6月に陸上競技大会、9月に足高祭、12月に球技大会、2年の秋季に修学旅行などを実施。
- 足高祭（文化祭）は生徒が主体的に企画・運営し、毎年盛大なものとなる。
- 相模人形芝居鑑賞など、地域との連携を重視した行事を行っている。

[進　路]（令和5年3月）
- 学び直しから有名大学受験まで、**個に応じた学び**を支援。
- スタディサプリを導入して学習習慣の確立を目指している。
- 毎週水曜日は**学習相談日**として補習に応じる。
- 長期休業中は各教科とも充実した**進学補習**を実施。
- 進路相談日を設け、自習室を設置し、充実した学習環境と、全職員で**小論文・面接指導**を行うなど、きめ細かな進路指導を行う。
★卒業生の進路状況
　＜卒業生230名＞
　大学121名、短大12名、専門学校69名、就職18名、その他10名
★卒業生の主な進学実績
　静岡文化芸術大、神奈川大、神奈川工科大、関東学院大、国士館大、駒澤大、湘南工科大、成城大、専修大、東海大、東京工芸大、東京電機大、日本大、明治大、横浜薬科大
♣指定校推薦枠のある大学・短大など♣

神奈川大、駒澤大、専修大、東京電機大、東海大、国士舘大　他

[トピックス]
- 昭和52年創立。校訓は「**端正・努力・創造**」。教育目標の「**一人ひとりを大切に**」「**きびしく、かつあたたかく**」「**地域に学び、未来へ羽ばたけ**」を基軸に、社会に貢献する人材の育成を目指している。「**足柄の風土に根ざす**」と共に「**社会貢献**」を視野に入れた教育を行っている。
- 毎年、夏季休業中に行う**インターンシップ**は、保育園、病院、警察などに積極的に参加している。
- **地域社会との連携**を重視しており、地域貢献デーには通学路や近隣幼稚園の清掃活動を実施。
- **インクルーシブ教育実践推進校**。

[学校見学]（令和5年度実施内容）
★オープンスクール　8月1回
★学校説明会　9・11月各1回
★個別相談会　12月1回
★足高祭　9月　見学可
★学校見学は随時可（要連絡）

入試！インフォメーション

受検状況	年　度	学科・コース名	募集人員	志願者数	受検者数	合格者数	倍　率
	R6	普　通	239	231	230(2)	229	1.00
	R5	普　通	238	246	243(1)	238	1.02
	R4	普　通	238	212	211	211	1.00

県立 **大井** 高等学校
おおい

https://www.pen-kanagawa.ed.jp/oi-h/

℡ 258-0017　足柄上郡大井町西大井 984-1
☎ 0465-83-4101
交通　小田急線栢山駅　バスまたは徒歩 25 分
　　　小田急線開成駅　徒歩 25 分
　　　JR 御殿場線上大井駅　徒歩 25 分

普通科

クリエイティブスクール

制　服　あり

[カリキュラム]◇三学期制◇

・すべての授業が**30人以下**で行われる。各授業に加え、「**総合的な探究の時間**」を活用して「**学び直し**」ドリルを行い、基礎学力の定着を図る。
・学力の一層の向上のため、数学、英語で**習熟度別少人数制の授業**を展開し、生徒一人ひとりの能力や到達度、進路に応じてきめ細かい指導を行っている。
・**福祉教育**を推進し、地域の専門学校との連携により、**介護職員初任者研修**の修了も可能。
・1学年では**教養と生活、社会福祉基礎**が必修選択科目として設置されている。
・2・3学年では**文系と理系**に分かれる。3学年では多彩な**自由選択科目**が設置されており、ビジュアルデザイン、フードデザイン、ファッション造形基礎、介護実習、実用書道などがある。3学年の福祉教科は、より実践的な場での実習授業になる。
・大学・短大・専門学校・看護学校との連携による授業を多く実施している。

[部活動]

　最近の主な実績は以下のとおり。
＜令和5年度＞
　硬式野球部が20年ぶりに単独チームでの夏季大会初戦勝利を果たした。
＜令和4年度＞
　吹奏楽部が3校合同バンドで出場した西湘吹奏楽コンクールで銅賞を受賞した。
★設置部（※は同好会）
　ソフトテニス、硬式野球、サッカー、陸上競技、硬式テニス、バスケットボール、バレーボール、バドミントン、卓球、弓道、ダンス、ワンダー

フォーゲル、吹奏楽、料理、イラスト、美術、音楽、ボランティア、※パソコン、茶道、※かるた

[行　事]

5月　遠足
7月　スポーツ大会
9月　学校祭
11月　遠足、修学旅行
12月　スポーツ大会
3月　スポーツ大会

[進　路]

・**キャリア教育**の一環として、1年次から職業体験学習を実施するなどキャリア教育の充実を図り、生徒一人ひとりの進路実現を支援する。
・進路指導や定期試験のための**補習授業**や大学等進学や就職に向けて、面接や小論文対策を行っている。
・以上の他、分野別進路見学会や夏期講習、分野別進路ガイダンスなどを行っている。
・令和4年度卒業生の進路状況は、進学26％、就職52％、その他22％だった。
★卒業生の主な合格実績
　神奈川工科大、松蔭大、湘南工科大、昭和音楽大、田園調布学園大、東京工芸大、横浜商科大、和光大

[トピックス]

・昭和58年に開校。校訓は「**教養 錬磨 協調 努力 誠実**」。生徒一人ひとりを大切にし、明るく活力のある高校生活の実現を図ると共に、生徒、保護者、地域住民の要望を取り入れ、地域に根ざした学校づくりを目指している。
・平成29年度より、**クリエイティブス**

クールへと改編された。
・生徒会、部活動、福祉教科選択者などを中心に、地域イベント参加などボランティアによる**地域交流**を行っている。また、希望者による学童保育ボランティアにも取り組んでいる。
・大井町との連携事業として、町のPR活動や、竹林の整備などを行っている。
・令和8年度、県立小田原城北工業高校と再編・統合の予定。小田原城北工業高校の校地を使用する。

[学校見学]（令和5年度実施内容）

★学校説明会　9・10・11月各1回
★個別相談会　12月1回

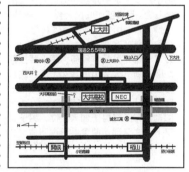

県立 **山北** 高等学校
やまきた

普通科

制 服 あり

https://www.pen-kanagawa.ed.jp/yamakita-h/

☎ 258-0111 足柄上郡山北町向原 2370
☎ 0465-75-0828
交通 ＪＲ御殿場線東山北駅 徒歩4分
小田急線新松田駅 バス

[カリキュラム] ◇三学期制◇

・1年次では英・数・国で小集団到達度別の授業を展開し、基礎学力の充実を目指す。芸術科目は音楽か美術のどちらかを選択する。

・2年次から進路希望によって、**文系・理系・スポーツ系**に分かれて学習を行う。3年次には、文系・理系・スポーツ系ごとの科目選択や**必修選択、自由選択**を多く設置し、生徒の多様な進路や興味関心に対応できるように、少人数制の選択科目が数多く設定されている。**英検**や**漢検**などに対応する科目、自然観察、小論文、新聞購読、といった科目もある。

・将来、保健体育の先生やスポーツ指導者となることを希望する人のために、2・3年次に生徒の希望により**スポーツ系クラス**を設置。トレーニング理論とその実践、競技の企画・運営方法・審判法などを身に付ける。

・**幼稚園での実習体験**などを行う。

[部活動]

・1年次は全員参加制。
・最近の主な実績は以下のとおり。
＜令和5年度＞
男子バレーボール部が関東大会に出場した。**弓道部**が県民大会で優勝（男子個人）し国体候補に選ばれた。
＜令和4年度＞
カヌー部が県総体優勝、**陸上競技部**が関東新人大会出場（女子走高跳）、**弓道部**が関東県予選男子個人3位・関東個人選抜大会出場（女子）・全国選抜県予選男子個人4位、**男子ソフトテニス部**が関東県予選団体ベスト8、**男子バレーボール部**が県選手

権大会ベスト8などの成績を収めた。

★設置部

ソフトテニス、卓球、バレーボール、硬式野球、バスケットボール、陸上競技、サッカー、バドミントン、釣り、弓道、ソフトボール、ダンス、カヌー、吹奏楽、写真、茶道、軽音楽、家庭

[行　事]

4月に新入生歓迎会や遠足、5月に校内陸上競技会、9月に山高祭（文化祭）、10月に修学旅行（2年）、12月と3月に球技大会、2月にマラソン大会を行う。

[進　路]

地域の企業等から信頼され、求人も多い。**鉄道関係**に就職する生徒も多く、最近では自治体消防や警察など**公務員**となる生徒も増えてきた。**就職率も100％**である。大学進学にも力を入れ、**長期休業中の講習**などを実施し、充実した**進路ガイダンス**も行い、親身に手厚く指導している。難関大学に一般受験で合格する生徒もおり、確かな進路実績をあげている。

★卒業生の進路状況（令和5年3月）
＜卒業生189名＞
大学66名、短大11名、専門学校71名、就職38名、その他3名

★卒業生の主な合格実績（過去3年）
亜細亜大、桜美林大、神奈川大、神奈川工科大、関東学院大、国士舘大、相模女子大、産業能率大、湘南工科大、杉野服飾大、専修大、大東文化大、高千穂大、多摩大、鶴見大、帝京科学大、田園調布学園大、桐蔭横

浜大、東海大、東京経済大、東京工芸大、東京女子体育大、東京農業大、日本大、日本体育大、法政大、横浜商科大、横浜美術大、横浜薬科大

[トピックス]

・山北町、丹沢湖およびその周辺ではイベントが多く、カヌー部をはじめ、生徒会を中心に多くの生徒が**地域貢献活動**に参加している。

・スポーツトレーニングエリアを設置し、放課後の部活動生徒向けに**ウェイトトレーニングの講座**を開講するなど、部活動が盛んな本校の教育活動の支援に役立っている。

・令和6年度より**新制服**となった。

[学校見学]（令和5年度実施内容）

★学校説明会　8・9・11・12月 各1回

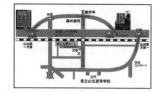

入試！インフォメーション

受検状況	年　度	学科・コース名	募集人員	志願者数	受検者数	合格者数	倍　率
	R6	普　通	199	195	195	195	1.00
	R5	普　通	198	186	186	186	1.00
	R4	普　通	198	186	185	185	1.00

県立 吉田島 高等学校
よしだじま

都市農業科
食品加工科
環境緑地科
生活科学科

https://www.pen-kanagawa.ed.jp/yoshidajima-h/

〒258-0021　足柄上郡開成町吉田島281
☎ 0465-82-0151
交通　小田急線新松田駅、JR御殿場線松田駅　徒歩25分またはバス
　　　小田急線開成駅　徒歩20分

単位制

制　服　あり

[カリキュラム]◇二学期制◇
　農業に関する学科と家庭に関する学科を併置する専門高校として学習活動を展開。専門学科が複数設置されていることを生かし、専門知識を幅広く身に付けられるように**ホームルーム編成**や**自由選択科目**が設定されている。
★都市農業科
・野菜、果樹、作物などの栽培や農作物を活用した食品製造の学びを通して、知識・技術を身につけ、将来、神奈川県農業の特色である都市農業の分野で活躍できる人材の育成が目標。
・主な専門科目は「総合実習」「作物」「野菜」「果樹」「農業経営」
★食品加工科
・農産物の生産を通して、食品原材料の特性を理解し、実習及び実験を中心に食品製造・食品化学・食品微生物に関する知識と技術を身に付け、将来、食品産業従事者として活躍できる人材の育成が目標。
・主な専門科目は「食品製造」「食品化学」「食品流通」「食品微生物」「作物」
★環境緑地科
・地域資源を活用し、農業土木、造園・草花の知識と技術を身に付け、将来、地域に貢献できるエンジニアや関連

産業の従事者として活躍できる人材の育成が目標。
・2年次からは2つのコースに分かれる。**農業土木コース**の主な専門科目は「農業土木設計」「農業土木施工」「水循環」「測量」。**みどり環境コース**の主な専門科目は「草花」「造園計画」「造園植栽」「造園施工管理」
★生活科学科
・生活産業分野のスペシャリスト（保育士、管理栄養士、介護福祉士、調理師など）の育成をめざす。
・2年次から**ヒューマンサービスコース**と**食健康コース**に分かれて専門知識・技術を習得する。

[部活動]
　運動部や文化部の活動以外に、**農業クラブ活動**を通したきめ細かい指導により人材育成を図っている。
★設置部（※は同好会）
　陸上、バドミントン、バスケットボール、卓球、野球、剣道、ソフトテニス、バレーボール、弓道、サッカー、ダンス、科学、茶道、放送、華道、囲碁・将棋、漫画研究、吹奏楽、軽音楽、※調理、※かるた

[行　事]
　体育祭、文化祭、遠足、スポーツ大会、演習林実習、修学旅行などを実施。

[進　路]（令和5年3月）
　進路実現に向けた科目選択等について、個別にきめ細かく指導する。
★卒業生の主な進学先
　相模女子大、松蔭大、東海大、横浜

商科大

[トピックス]
・明治40年、吉田島農林高校として創立。
・1年次生は各科混合の**ミックスホームルーム**を実施しており、2年次より**各科へとクラス替え**を行う。
・**演習林**とそれに付設する寮を持ち、クラスごとの**宿泊研修**（1年次）や**演習林管理作業**（全年次）を実施。
・**農業クラブ草花部**が平成9年から行っている小田急線開成駅前花壇の花の植え付け・管理等により、26年、**国土交通大臣表彰**を受けた。
・平成27年度の全国植樹祭では、全日本学校関係緑化コンクール学校林の部で特選（**農林水産大臣賞**）を受賞した。これは創立以来百余年にわたる組織的・計画的な林業教育や環境教育が高く評価されたものである。

[学校見学]（令和5年度実施内容）
★1日体験入学　10・11月各1回
★学校説明会　8月
★施設見学・個別相談会　12・1月各1回

入試！インフォメーション

受検状況	年　度	学科・コース名	募集人員	志願者数	受検者数	合格者数	倍　率
	R6	都市農業	39	30	29	29	1.00
		食品加工	39	31	31	31	1.00
		環境緑地	39	27	27	27	1.00
		生活科学	39	38	37	37	1.00

神奈川県
公　立
高校

学校ガイド

＜全日制　旧厚木海老名愛甲学区＞

学校を紹介したページの探し方については、2ページ
「この本の使い方＜知りたい学校の探し方＞」を参照して
ください。

県立 厚木 高等学校

あつぎ

普通科

https://www.pen-kanagawa.ed.jp/atsugi-h/

〒243-0031 厚木市戸室2-24-1
☎ 046-221-4078
交通　小田急線本厚木駅　バスまたは徒歩20分

制　服　あり

[カリキュラム] ◇二学期制◇

・65分授業を1日5校時行う。全ての教科で「主体的・対話的で深い学び」（アクティブ・ラーニング）を踏まえた授業を行い、思考力・判断力・表現力を磨く。**国公立大学受験にも対応する充実**した教育課程と、生徒が**問題演習やドリル、小テスト**などの活動ができる65分の授業時間を採用、基礎および発展的学力を身につけ、目標をもち自ら挑戦し続ける生徒を育てる。

・SSHで培った成果を生かして、探究活動に取り組み、3月に**成果発表会**を行う。また、優れた研究は、全国各地で開催される学会やシンポジウムなどでプレゼンテーションを行う。

[部活動]

・約9割が参加。
・最近の主な実績は以下のとおり。
＜令和5年度＞
吹奏楽部が日本学校合奏コンクール全国大会グランドコンテスト金賞、日本管楽合奏コンテスト全国大会金賞、**陸上競技部**が関東大会出場、関東新人大会出場、**弓道部**が県総体女子団体準優勝・男子団体3位、**男子バレーボール部**が県総体5位などの成績を収めた。
＜令和4年度＞
ダンスドリル部が全国大会でJazz部門全国1位、Song/Ppm Dance部門全国2位。**弓道部**が東日本大会出場。**軽音楽部**が全国高校軽音フェスティバル最優秀賞、全国高校軽音楽コンテストグランプリ受賞。**吹奏楽部**が日本学校合奏コンクール全国大会グランドコンテスト銀賞。

★設置部（※は同好会）

柔道、硬式野球、器械体操、バスケットボール、サッカー、テニス、卓球、剣道、山岳、バレーボール、バドミントン、陸上競技、ソフトテニス、水泳、弓道、ダンスドリル、アコースティックギター、物理化学（化学・無線・PC）、生物（SS研）、美術、写真、音楽、茶華道、演劇、吹奏楽、文芸、英語、囲碁将棋、園芸、軽音楽、新聞、※AIC

[行　事]

4月	新入生宿泊オリエンテーション、社会見学
5月	戸陵祭体育部門
7・8月	夏期講習
9月	戸陵祭文化部門
12月	修学旅行、駅伝大会
3月	球技大会

[進　路]（令和5年3月）

・夏季休業中は**夏期講習**を実施。
・伝統の**週末課題**により実力を養成。
・**自習室**では、朝や放課後、夏季休業中に快適な学習ができ、特に多くの3年生が利用している。

★卒業生の進路状況

＜卒業生351名＞
大学312名、短大0名、専門学校3名、就職0名、その他36名

★卒業生の主な合格実績

東京大、京都大、北海道大、東北大、名古屋大、お茶の水女子大、千葉大、筑波大、電気通信大、東京医科歯科大、東京外国語大、東京海洋大、東京学芸大、東京工業大、東京農工大、一橋大、横浜国立大、新潟大（医）、航空保安大学校、防衛大学校、東京都立大、横浜市立大、福島県立医科大（医）、早稲田大、慶應義塾大、上智大、東京理科大

[トピックス]

・平成25年度、文部科学省から**スーパーサイエンスハイスクール（SSH）**に指定され、令和2年度に第2期の指定を受けた。「豊かな創造性を持ち独創性の高い研究を推進し科学技術イノベーションを担う人材の育成」を目指す。令和5年度には本校生徒がグローバルサイエンスアワード夢の翼優秀賞などを受賞した。

・平成30年度より、県教育委員会から**学力向上進学重点校**に指定された。

・2年生を対象に、自己の将来の在り方、生き方について考察させる「知の探究講座」を実施している。

・3月にニュージーランドで**海外研修**を行う他、世界から多くの留学生を迎え、国際交流にも力を入れている。

・施設も充実しており、**2つの体育館**や、サッカー・野球・陸上が同時に活動できる**広いグラウンド**がある。

・全教室に**エアコン**を設置している。

[学校見学]（令和5年度実施内容）

★学校説明会　10・12月各1回
★戸陵祭文化部門　9月　見学可
★学校見学は随時可（要連絡）

入試！インフォメーション

受検状況	年　度	学科・コース名	募集人員	志願者数	受検者数	合格者数	倍　率
	R6	普　通	359	506	499(6)	359	1.38
	R5	普　通	358	446	440(5)	359	1.21
	R4	普　通	358	485	475	358	1.32

県立 厚木王子 _{あつぎ おうじ} 高等学校

普通科
総合ビジネス科

☏ 243-0817　厚木市王子1-1-1
☎ 046-221-3158（旧厚木東高校）
交通　小田急線本厚木駅　バス

制 服　あり
※令和6年4月開校

[カリキュラム] ◇三学期制◇

★普通科
・2年から**文系**と**理系**に分かれて学習し、3年ではさらに**看護医療栄養系**が設置される。
・2年文系選択科目で簿記や財務会計Ⅰ、3年選択科目でビジネス法規やプログラミングなど、総合ビジネス科の科目を学ぶことができる。

★総合ビジネス科
・1年でビジネス基礎、簿記、情報処理を学んだ後、2年は興味・関心に応じて**会計系**、**情報系**、**流通系**に分かれて学ぶ。3年からは**会計コース**、**ビジネス情報コース**、**マーケティングコース**、**マネジメントコース**に分かれてより深い内容を学習する。

[部活動]
・**ソフトボール部**は令和4年度のインターハイ優勝をはじめとして、インターハイ8回、全国選抜大会8回という全国優勝の回数を誇る。**弓道部**（令和元・5年度）、**陸上競技部**（令和3・4年度）も近年の全国大会に出場している。
・**珠算・電卓部**は全国大会に7大会連続出場（平成28～令和5年度）、**吹奏楽部**は東関東コンクールに3年連続出場（令和3～5年度）の実績がある。**人形浄瑠璃部**（令和元・3年度）、**アニメーション漫画研究部**（令和3年度）、**簿記部**（令和4・5年度）、**電算部**（令和元・3・5年度）も近年の全国大会に出場している。

★設置部（※は同好会）
弓道、剣道、硬式テニス、サッカー（男女）、水泳、ソフトテニス、ソフトボール、卓球、ダンス、バスケットボール（男女）、バドミントン、バトントワリング、バレーボール、ハンドボール、野球、陸上競技、ワンダーフォーゲル、アニメーション漫画研究、園芸、演劇、音楽、華道、軽音楽、茶道、自然科学、写真、珠算・電卓、吹奏楽、箏曲、電算、人形浄瑠璃、美術、簿記、ボランティア、マーケティング、料理、ワープロ

[行　事]
4月	新入生歓迎会、遠足
6月	体育祭、修学旅行
9月	文化祭
1月	課題研究発表会、百人一首大会
3月	合唱コンクール、球技大会

[進　路]（令和5年3月）
・**普通科**は大学・専門学校講師の出張講義（1年）や卒業生による進路講演会（2年）を実施。3年では分野別対策講座や面接・小論文指導、推薦入試対策指導などが行われる。
・**総合ビジネス科**はインターンシップや職場見学会などを全学年で行い、3年ではデュアルシステムも導入される予定。また外部講師による公務員試験対策講座が実施される予定となっている。

★卒業生の進路状況（厚木東高校）
＜卒業生234名＞
大学160名、短大14名、専門学校41名、就職2名、その他17名

★卒業生の主な進学先（厚木東高校）
静岡大、高崎経済大、滋賀県立大、早稲田大、青山学院大、國學院大、芝浦工業大、成蹊大、専修大、中央大、東京電機大、東京都市大、東京理科大、東洋大、日本大、法政大、明治大、明治学院大、立教大

[トピックス]
・県立厚木東高校と県立厚木商業高校を再編統合し、令和6年4月、旧厚木東高校の校地に開校した。
・全講義教室に**エアコン**を設置。食堂があり、多くの生徒が利用している。また、令和元年度よりトイレがリニューアルされた。
・**弓道場**は県下でも類を見ない規模を誇り、体育の授業にも弓道を取り入れている。
・**朝読書**を全学年で毎朝実施。

[学校見学]（令和5年度実施内容）
★**学校説明会**　10・11・12月各1回
★**総合ビジネス科個別相談会**　1月1回
★**ウィークデー総合ビジネス説明会**　12月

厚木王子高等学校

入試！インフォメーション

受検状況	年　度	学科・コース名	募集人員	志願者数	受検者数	合格者数	倍　率
	R6	普　通	199	212	211	199	1.07
	R5	普　通	198	239	238	198	1.20
	R4	普　通	198	227	227	200	1.14

県立 厚木北 高等学校
（あつぎきた）

https://www.pen-kanagawa.ed.jp/atsugikita-h/

☎ 243-0203　厚木市下荻野 886
☎ 046-241-8001
交通　小田急線本厚木駅　バス

普通科
スポーツ科学科

制　服　あり

[カリキュラム]　◇三学期制◇

★普通科
・基礎学力の充実に力を入れ、生徒の適性や進路希望にあわせてきめ細かい指導を行っている。
・2年次より**文系・理系**。
・多彩な選択科目が開講される他、1年次の数学・1～3年次の英語は**習熟度別少人数制授業**を展開している。

★スポーツ科学科
・スポーツを科学的に捉える態度と課題解決力を育むため、スポーツ関連科目を数多く履修する。
・授業ではコンピュータや最新機器を駆使し、合理的・科学的にスポーツを分析することにより、効果的なトレーニングなどの研究をしている。
・充実した施設が完備し、専門的な知識や技能に長けた教員が充実。
・スキー実習（1年）、キャンプ実習（2年）、水辺実習（3年）を行う。

[部活動]
・約7割が参加。スポーツ科学科の生徒を中心に多くの生徒が運動部に在籍し、大会等で優秀な成績をおさめている。
・最近の主な実績は以下のとおり。
＜令和5年度＞
ゴルフ部が関東大会に出場した（男子団体・女子団体・男子個人・女子個人）。**男子バスケットボール部**が関東県予選・県総体・ウィンターカップ県予選でベスト8、**野球部**が神奈川大会で4回戦に進出した。
＜令和4年度＞
ゴルフ部が全国大会出場、**弓道部**が関東高校個人選抜大会出場、**ソフトテニス部女子**が県新人大会4位、関東大会出場、**男子バスケットボール部**が県新人大会ベスト8、**野球部**が秋季県大会ベスト16などの成績を収めた。

★設置部（※は同好会）
バスケットボール、バレーボール（女）、バドミントン、卓球、剣道、柔道、ソフトテニス、サッカー、野球、陸上競技、ハンドボール、弓道、水泳、ゴルフ、写真、軽音楽、茶華道、吹奏楽、漫画イラスト研究、クッキング、書道、ダンス、演劇、※囲碁・将棋、※数学クラブ、※ヨガ

[行　事]
闘魂祭（体育祭）は学年を超えてチーム編成して優勝を争う。応援合戦は各組が趣向を凝らし、とても活気があるのが特徴。

5月　闘魂祭（体育祭）
7月　芸術鑑賞会
10月　若楓祭（文化祭）
11月　修学旅行（2年）
12月　球技大会
3月　球技大会

[進　路]（令和5年3月）
・熱心な教育活動と活発な部活動が学校全体に潤いと活力を与え、進学率の向上にもつながっている。
・多岐にわたる進路希望に対応するため、**進路ガイダンス**や**進路説明会**、**就職試験受験者事前指導**などを積極的に行っている。

★卒業生の進路状況
＜卒業生256名＞
大学121名、短大14名、専門学校93名、就職14名、その他14名
★卒業生の主な合格実績
神奈川大、関東学院大、杏林大、国士舘大、相模女子大、専修大、帝京大、東海大、東京工芸大、東京電機大、明治大、横浜商科大

[トピックス]
・昭和53年創立。
・部活動がたいへん盛んであり、多くの部が関東大会や全国大会に出場している。また、本校の教育方針である**ハイレベルな文武両道**を柱に、全員が夢に向かって頑張っている。
・本校の特色は「**しっかり勉強、思いっきり部活の3年間を**」であり、教育方針には「**高い学力・豊かな人間性・体力と健康を育む**」ことを掲げている。
・コンピュータ室、ウェイトトレーニングルーム、スポーツ科学実験室、動作解析システム、ゴルフ練習用ネット、武道場など**充実した施設**がある。
・**小中高大の連携**にも力を入れており、地域に開かれた学校づくりを推進中。

[学校見学]（令和5年度実施内容）
★学校説明会　8・9・11月各1回
★若楓祭　10月

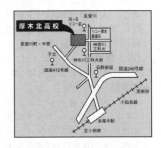

入試！インフォメーション

受検状況	年　度	学科・コース名	募集人員	志願者数	受検者数	合格者数	倍　率
	R6	普　通	239	240	239	239	1.00
		スポーツ科学	39	36	36	36	1.00
	R5	普　通	238	258	258(1)	240	1.07
		スポーツ科学	39	44	44	40	1.10

県立 **厚木清南** 高等学校
（あつぎせいなん）

普通科

http://www.atsugiseinan-h.pen-kanagawa.ed.jp/

〒243-0021　厚木市岡田1-12-1
☎ 046-228-2015
交通　小田急線本厚木駅　徒歩13分

単 位 制

フレキシブルスクール

制　服　標準服あり

[カリキュラム] ◇二学期制◇

・卒業までの学習計画に基づき、特色ある多数の科目から**自分だけの時間割**を作成する。その際には先生と1対1で相談しながら、進路希望なども考慮する。

・**90分授業**と少人数学習（35人以下）で、確かな学力を身に付ける。

・得意な科目を伸ばす**習熟度別授業**を数学Ⅰ・Ⅱ、英語コミュニケーションⅠ・Ⅱで実施。

・英語検定などの技能審査の結果や提携している専門学校の講座の受講、長期休業中のボランティア活動、就業体験活動、スポーツ・文化活動において一定の条件を満たせば、単位として認定される。

・**自由選択科目**には、専門科目や学校設定科目など生徒の興味関心や進路希望に応じた特色ある科目が多数揃っている。

・**集中講座**は、テーマを絞った、普段の授業では学べない内容や学校外の体験活動を行う。夏季休業中に行う「数学探究」や「キャリアサポート」などを開講している。

[部活動]

・バスケットボール部、バレーボール部、ダンス部、バドミントン部、美術部、軽音楽部などが活発に活動している。

★設置部（※は同好会など）
陸上、硬式野球、サッカー、バスケットボール、バドミントン、バレーボール、剣道、柔道、卓球、ソフトテニス、ダンス、テニス、吹奏楽、演劇、美術、写真、軽音楽、イラストデザイン、合唱、コンピューター、文芸、天文、家庭科、書道、囲碁将棋、※競技カ

ルタ、※サブカルチャー

[行　事]

研修旅行は自分で選ぶテーマ別研修を実施。北海道・東北・沖縄・関西等の3方面から選択し、3泊4日で行う。
5月　遠足
6月　スポーツ大会
8月　集中講座
9月　研修旅行
10月　SEINAN祭（文化祭）
3月　文化発表会

[進　路] （令和5年3月）

・進路ガイダンス（5月）、推薦希望者説明会（7月）、就職ガイダンス（7月）、会社見学（8月）、進路説明会（3月）などを実施。

・夏季講座を実施。

★卒業生の進路状況
　＜卒業生191名＞
　大学36名、短大13名、専門学校66名、就職29名、その他47名

★卒業生の主な合格実績
桜美林大、神奈川大、神奈川工科大、鎌倉女子大、国際ファッション専門職大、駒沢女子大、相模女子大、拓殖大、多摩大、鶴見大、田園調布学園大、東海大、東京工芸大、東京農業大、日本大、日本経済大、文教大、和光大

[トピックス]

・全日制・定時制・通信制の3課程があり、定時制の時間帯や通信制の制度を利用した単位の修得も可能な**フレキシブルスクール**である。

・小ホールの機能を併せもつ視聴覚室、電動ろくろや電気窯のある工芸室など、**施設・設備が充実**している。

また、ＰＣ教室、マルチメディア教室、ＣＡＬＬ教室で合わせて約100台のパソコンが設置されている。

・担任以外に、学校生活や勉強のことなどを相談できる先生を生徒自らが選ぶ、**チューター制**がある。

[学校見学] （令和5年度実施内容）

★学校説明会　8・10・12月各1回
★SEINAN祭　10月　見学可

入試！インフォメーション

受検状況	年　度	学科・コース名	募集人員	志願者数	受検者数	合格者数	倍　率
	R6	普　通	230	274	272	230	1.19
	R5	普　通	230	241	239	230	1.04
	R4	普　通	230	250	249	231	1.08

県立 厚木西（あつぎにし）高等学校

普通科

https://www.pen-kanagawa.ed.jp/atsuginishi-h/

〒243-0123　厚木市森の里青山12-1
☎ 046-248-1705
交通　小田急線本厚木駅・愛甲石田駅　バス

制　服　あり

[カリキュラム] ◇三学期制◇

- 10分間の朝学習では、スタディサプリを用いて、英語の学習を行っている。
- 習熟度別小集団学習を1年次より採り入れ、一人ひとりを大切にした、ていねいでわかりやすい授業を展開している。
- 平日水曜日、夏季・冬季休業中の補習や講習によって、生徒の必要に応じた指導を提供する。
- 進路希望に合わせ、3年次より文系・理系に分かれる。
- 3年次は生徒の興味・関心、進路希望により選択できる多数の選択科目が設置されている。
- 基本的な生活習慣をきちんと確立し学習に取り組めるよう指導している。進路指導室は常時開放。

[部活動]

- 約7割が参加。
- 運動部、文化部ともに日々熱心に活動している。多くの運動部が地区大会を勝ち上がり県大会に出場。文化部では地域イベントへの参加など、校外での活動も行っている。
- 自然科学部では近隣の企業と連携し、水質調査等の研究も行っている。
- 最近の主な実績は以下のとおり。
  ＜令和5年度＞
  サッカー部が選手権大会県二次予選2回戦進出、写真部が第1回高校写真連盟コンテスト佳作入賞などの成績を収めた。
  ＜令和4年度＞
  陸上競技部が関東新人大会に男子円盤投で出場した。サッカー部が関東予選で県二次予選に進出した。

★設置部（※は同好会）

サッカー、野球、バドミントン、卓球、バレーボール、バスケットボール、ソフトテニス、テニス、陸上競技、山岳、弓道、剣道、ダンス、吹奏楽、美術、演劇、写真、茶道、家庭、合唱、文芸、軽音楽、工学研究、天文、※自然科学

[行　事]

4月	遠足、芸術鑑賞
6月	西翔祭（体育の部）
9月	西翔祭（文化の部）
10月	修学旅行（2年）
12月	球技大会

[進　路]（令和5年3月）

キャリア教育が充実しており、1年次から職業体験、企業訪問、学校種別説明会、英検、漢検などを実施している。

★卒業生の進路状況
＜卒業生239名＞
大学158名、短大14名、専門学校47名、就職5名、その他15名

★卒業生の主な合格実績
青山学院大、工学院大、國學院大、国士館大、駒澤大、専修大、帝京大、東海大、東京工芸大、東京都市大、日本大、法政大、明治大

♣指定校推薦枠のある大学・短大など♣
青山学院大、神奈川大、神奈川工科大、國學院大、専修大、玉川大、東海大、東京都市大、東京農業大、日本大、文教大、法政大、明治大　他

[トピックス]

- 昭和59年の開校以来、「豊かな自然環境と地域教育力を活かしたきめ細やかな教育」を大切に実践している。本校がある「森の里」は「研究学園都市」として、豊かな自然と共に知的な趣もあり、抜群の学習環境である。
- 近隣に最先端の研究を行っている企業が多くある。これらの企業や大学と連携し、環境・科学教育を実施している。過去には、日産自動車による環境講話として、安全・環境・エネルギーに対して企業がどのように取り組んでいるかを学んだり、NTT厚木研究開発センターの協力でコミュニケーション科学の基礎研究に関して学んだりした。令和6年、開校40周年を迎えた。
- 平成28年1月、「インクルーシブ教育実践推進校（パイロット校）」の指定を受け、共生社会を担う人材育成に取り組んでいる。

[学校見学]（令和5年度実施内容）

- ★施設見学会　8・12月各1回
- ★学校説明会　10・11月各1回
- ★インクルーシブ教育実践推進校　中高連携事業　6月2回9月1回

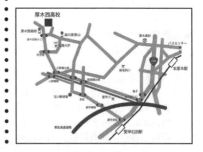

厚木西高校

入試！インフォメーション

受検状況	年　度	学科・コース名	募集人員	志願者数	受検者数	合格者数	倍　率
	R6	普　通	239	249	249(1)	239	1.04
	R5	普　通	238	267	267	238	1.12
	R4	普　通	238	257	255	239	1.07

県立 **中央農業** 高等学校
ちゅうおうのうぎょう

園芸科学科
畜産科学科
農業総合科

https://www.pen-kanagawa.ed.jp/chuo-ah/

☎ 243-0422　海老名市中新田 4-12-1
☎ 046-231-5202
交通　ＪＲ相模線・小田急線厚木駅　徒歩 20 分
　　　ＪＲ相模線・小田急線・相模鉄道海老名駅　バス

制　服　あり

[カリキュラム] ◇三学期制◇

・普通教科と専門教科との関連を密にし、専門教科の理解を促進し能率化を図っている。
・実験・実習を重視し、科学的根拠の上に立った実践的な人間を養成する。
・全科共通で、食の 6 次産業化プロデューサー（レベル 1）、日本農業技術検定（2・3 級）、特別教育資格（フォークリフト、チェーンソー、小型車両系建設機械など）、生物分類技能検定 2・3 級、文書処理能力検定（ワープロ・表計算）、食生活アドバイザー（2・3 級・基礎）などの**資格・検定**が取得可能。

★**園芸科学科**
・野菜や果樹、草花を**栽培・管理**する技術を身につけるほか、**園芸植物の利用技術**や**植物バイオテクノロジー**についても学ぶ。
・観察・実験の方法や技術を基礎から身につけ、環境緑化についての具体的な知識・技術として**造園計画**や**施工管理**を学ぶ。
・造園技能士 2・3 級、トレース技能検定 1～4 級、フラワー装飾技能士 3 級などが取得可能。

★**畜産科学科**
・家畜や実験動物の生理・生態を学んで、**家畜の飼育管理・繁殖**に関する技術や、**畜産物を加工・利用**する技術を身につける。
・**食品流通**や**マーケティング**についても学習する。
・愛玩動物飼養管理士（2 級）、家畜人工授精師が取得可能。

★**農業総合科**
・農作物の生産・加工・マーケティングまでを総合的に学ぶ。付加価値の高い農業経営の能力や食品関連産業における幅広い視野を養う。
・2 年次からは、農作物の生産からマーケティングまでを経営の視点から学ぶ**アグリビジネスコース**、原料の加工特性、加工食品の製造技術、食品の成分分析、栄養を学習する**フードサイエンスコース**に分かれる。
・簿記、電卓計算、計算実務などの資格・検定が取得可能。

[部活動]

★**設置部**
　硬式野球、バレーボール、バドミントン、テニス、バスケットボール、陸上、剣道、弓道、ライフル射撃、山岳、卓球、ダンス、ラグビー、和太鼓、吹奏楽、華道、写真、軽音楽、漫画文芸、合唱、野菜、草花、果樹、フラワーデザイン、造園、環境科学、酪農、養豚、養鶏、実験動物、畜産加工、食品加工、生活園芸、農業情報処理

[行　事]

　遠足、修学旅行、体育祭、球技大会、農業クラブの研究発表などがある。文化祭にあたる秋輝祭（11 月）では、秋の収穫を祝い、地域とのふれあいを深めている。

[進　路] （令和 5 年 3 月）

★**卒業生の進路状況**
　＜卒業生 182 名＞
　大学 44 名、短大 6 名、専門学校 80 名、就職 46 名、その他 6 名

★**卒業生の主な進学先**
　麻布大、神奈川工科大、北里大、恵泉女子学園大、国士舘大、相模女子大、玉川大、帝京科学大、東海大、東京家政学院大、東京農業大、日本大、日本獣医生命科学大、ヤマザキ動物看護大、酪農学園大、和光大

[トピックス]

・明治 39 年創立。110 余年の歴史と伝統ある農業高校。「命を守り、育てる力」を身に付けるとともに、「自然との関わり」、「協働の楽しさ」について学ぶことができる。約 13ha（普通の高校の約 3 倍）の敷地に、校舎、実験棟、農場、飼育施設などがある。
・生徒が授業や実習などで作った野菜・果物・花・食品・加工物などを各学期 2 回程度販売している（詳細は HP を参照）。

[学校見学] （令和 5 年度実施内容）

★**体験見学会**　7・9 月各 1 回
★**個別相談会**　7・12 月各 1 回
★**秋輝祭**　11 月　見学可
★**学校見学は随時可**（要連絡）

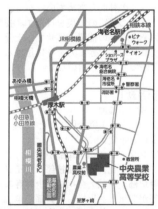

入試！インフォメーション

受検状況	年　度	学科・コース名	募集人員	志願者数	受検者数	合格者数	倍　率
	R6	園芸科学	79	58	57	64	0.91
		畜産科学	39	52	51	39	1.31
		農業総合	79	72	72(1)	76	0.93
	R5	園芸科学	78	62	62	62	1.00
		畜産科学	39	37	37	37	1.00
		農業総合	78	74	74(1)	73	1.00

県立 **海老名** 高等学校
（えびな）

https://www.pen-kanagawa.ed.jp/ebina-h/

〒243-0422　海老名市中新田1-26-1
☎ 046-232-2231
交通　JR相模線・小田急線厚木駅　徒歩12分
　　　小田急線・相模鉄道海老名駅　徒歩20分

普通科

| 制　服 | あり |

[カリキュラム] ◇二学期制◇

・生徒の第1希望の進路を実現できるように教育課程を展開している。週31時間の授業と家庭学習の相乗効果により、学習内容の確実な定着を図り、応用力を高める。

・1年生は多様な進路に対応できるよう、英語、数学、国語を特に重視するとともに、理科、社会においても幅広い分野について学ぶ。自ら学ぶ力を育成し、**基礎学力**の定着を図り、一人ひとりの可能性を伸ばす。

・2年生から**文系、理系**への緩やかな移行が始まる。自己の進路に応じて、文系、理系という枠を超え、多様に学べるカリキュラム。より発展的な学びを進めていく中で、学力に応じた各教科独自のプリント教材やICT等を利活用し、着実に学力を身につけ、自ら学ぶ力を高める。

・3年生では、応用力の強化を図り、一人ひとりの志望大学の学部、学科の受験科目に合わせた進学（受験）対策の授業を展開し、同じ志をもったクラスの仲間と高めあいながら、第一志望の進路の実現を目指す。長期休業中などの**補講**と併せて、十分に受験に対応できる力を身に付けることができるよう指導している。

[部活動]

・約8割が参加。
・最近の主な実績は以下のとおり。
＜令和5年度＞
ワンダーフォーゲル部が個人でアジア大会4位、**陸上競技部**と**ライフル射撃部**が全国大会出場、**少林寺拳法部**が関東大会出場、**写真部**が全国高校総合文化祭出場、**吹奏楽部**が東関東吹奏楽コンクール出場などの成績

を収めた。
＜令和4年度＞
ワンダーフォーゲル部、ライフル射撃部、ダンス部が全国大会に出場、**合唱部、女子バレー部、陸上競技部、少林寺拳法部**が関東大会に出場した。

★設置部
バレーボール、バスケットボール、バドミントン、卓球、陸上競技、サッカー、野球、ソフトテニス、剣道、少林寺拳法、水泳、バトン、ライフル射撃、ワンダーフォーゲル、硬式テニス、ダンス、華道、美術、吹奏楽、合唱、文芸、茶道、写真、軽音楽、料理、放送、書道、演劇

[行　事]

体育祭、文化祭、球技大会などは生徒が主体的に企画・運営している。また、学校行事において**環境問題**に取り組んでいる。**体育祭**では色団ごとにアルミ缶を収集してリサイクルし、得た資金を元手に後夜祭で花火を打ち上げている。

4月	新入生オリエンテーション、社会見学
5月	皐月祭（体育部門）
7月	球技大会
9月	皐月祭（文化部門）
10月	修学旅行（2年）
3月	球技大会

[進　路]（令和5年3月）

・面談を各学年3回行って生徒理解に努めている。また、**進路説明会**を複数回行っている。**進路閲覧室（自習室）**を設置して、朝や放課後に20名程度の利用がある。

・校内模試（全学年）や小論文模試（1・2年）を実施し、各々の課題を

把握し克服するように努めている。

・早慶上智やGMARCHへの合格者数が増加するとともに夢の実現にむけて、多くの生徒が自分の生きたい進路先へと進むことができた。

★卒業生の進路状況
＜卒業生386名＞
大学351名、短大0名、専門学校14名、就職4名、その他17名

★卒業生の主な合格実績
群馬大、静岡大、千葉大、東京学芸大、信州大、横浜国立大、神奈川県立保健福祉大、東京都立大、横浜市立大、早稲田大、慶應義塾大、上智大、東京理科大、明治大

♣指定校推薦枠のある大学・短大など♣
青山学院大、学習院大、北里大、上智大、成蹊大、成城大、専修大、中央大、東京理科大、日本大、法政大、明治大、明治学院大、立教大　他

[トピックス]

　2学期制により授業時間を確保し、多様な学習活動を可能にしている。生徒同士の話し合いやグループワークなど、今まで以上に生徒の活動場面を効果的に挿入し、**生徒の主体性を引き出す授業**の実践に学校をあげて取り組んでいる。

[学校見学]（令和5年度実施内容）
★学校見学会　7月3回
★学校説明会　8・10・12月各1回
★皐月祭文化部門　9月　見学可

■■■ 入試！インフォメーション ■■■

受検状況	年　度	学科・コース名	募集人員	志願者数	受検者数	合格者数	倍　率
	R6	普　通	399	489	479(5)	399	1.20
	R5	普　通	398	538	536(3)	398	1.34
	R4	普　通	398	488	486	399	1.22

県立 有馬 高等学校

ありま

https://www.pen-kanagawa.ed.jp/arima-h/

〒243-0424 海老名市社家 5-27-1
☎ 046-238-1333
交通　JR 相模線社家駅　徒歩 12 分

普通科

| 制　服 | あり |

[カリキュラム] ◇二学期制◇

・1 年生では基礎学力の定着を図るため、芸術科目を除き全員が共通の教科・科目を学習する。
・2 年生も共通の教科・科目が中心の学習となるが、進路や興味関心に応じた**選択科目**の学習も始まる。
・3 年生からは**文系**と**理系**に分かれて、進路に応じた選択科目を中心とした学習となる。
・選択科目は 2 年生、3 年生となるに従い単位数、科目数が増え、生徒の進路希望実現に向けて、充実した内容となっている。

[部活動]

・約 7 割が参加。
・最近の主な実績は以下のとおり。
＜令和 5 年度＞
少林寺拳法部が全国高校総合体育大会（インターハイ）に出場。
＜令和 4 年度＞
陸上競技部が関東大会に出場。
★設置部（※は同好会）
バスケットボール（男女）、バレーボール（男女）、バドミントン、卓球、ハンドボール、陸上競技、サッカー（男女）、野球、ソフトテニス、剣道、水泳、テニス（男女）、少林寺拳法、ワンダーフォーゲル、ダンス、文芸、合唱、吹奏楽、茶道、華道、写真、ESS、軽音楽、美術陶芸、生活文化研究

[行　事]

・「**有輝祭**」は体育祭（例年 6 月実施）と文化祭（例年 9 月実施）の総称で、全校あげて準備して取組む一大イベント。

・「**健脚大会**」は 1 年生が行う本校創設時から続く伝統行事。学校から江ノ島までの約 24km を歩く。お互いに助け合い完歩、完走することで、大きな達成感が得られる。

4 月	遠足
6 月	体育祭
9 月	文化祭
11 月	健脚大会（1 年）、修学旅行（2 年）
2 月	ロードレース大会（1・2 年）
3 月	合唱コンクール（1・2 年）

[進　路]（令和 5 年 3 月）

・進学希望者が大多数を占めており、1 年生から学年進行に応じて、**各種進路説明会**や**講演会**を実施して、進路実現のサポートを行っている。
・夏季休業や冬季休業などの長期業中だけでなく、課業期間中も始業前や放課後にも各種**補習**や**講習**を行い、授業のサポートや**各種検定**（英検、数検など）や進学向けの学習サポートを行っている。

★**卒業生の進路状況**
＜卒業生 308 名＞
大学 202 名、短大 19 名、専門学校 66 名、就職 3 名、その他 18 名

★**卒業生の主な合格実績**
青山学院大、学習院大、神奈川大、神奈川工科大、鎌倉女子大、関東学院大、工学院大、國學院大、駒澤大、相模女子大、湘南医療大、湘南工科大、成城大、専修大、中央大、桐蔭横浜大、東海大、東京工芸大、東京電機大、東京都市大、東京理科大、東洋大、日本大、法政大、明治大、明治学院大、横浜薬科大、立教大

[トピックス]

・20 年以上にわたる英語（外国語）コースでの実績とノウハウを学校全体で継承し、**国際理解教育**を推進している。
・アメリカ合衆国のアサトン高校、韓国のドンウォン高校の 2 校と姉妹校として、隔年で訪問と受け入れを行い、交流を図っている。
・「**ユネスコスクール認定校**」として、国内国外の高校、大学などと連携した教育活動を展開している。近年ではSDGsへの取組みも行っている。

[学校見学]（令和 5 年度実施内容）

★学校説明会　8・10・12 月各 1 回
★有輝祭文化部門　9 月　見学可

入試！インフォメーション

受検状況	年　度	学科・コース名	募集人員	志願者数	受検者数	合格者数	倍　率
	R6	普　通	319	379	374(1)	319	1.18
	R5	普　通	318	355	354	318	1.11
	R4	普　通	318	351	350	318	1.10

県立 愛川 <ruby>愛<rt>あい</rt>川<rt>かわ</rt></ruby> 高等学校

普通科

https://www.pen-kanagawa.ed.jp/aikawa-h/

〒243-0308　愛甲郡愛川町三増 822-1
☎ 046-286-2871
交通　小田急線本厚木駅、小田急線・相模鉄道海老名駅、JR相模線上溝駅　バス

制　服　あり

[カリキュラム] ◇三学期制◇

・1年次に少人数制クラスを導入。きめ細かな指導を行う。
・ICTを活用し基礎から発展まで個々に応じた学びを推進する学校設定科目「i-Unit」を設置している。
・地域でのインターンシップやボランティア活動を学びに取り入れ、学校設定科目「学校外の学修」を設定している。
・3年次に**自由選択科目**が設置される。自分の希望に応じて自由に選択する授業のことで、最大8単位まで選択できる。

[部活動]

最近の主な実績は以下のとおり。
＜令和5年度＞
和太鼓部が関東地区高校和太鼓選手権で銀賞を受賞した。**吹奏楽部**が県央アンサンブルコンテストで銅賞を受賞した。**陸上競技部**が北相地区大会の女子やり投で8位に入賞した。
★設置部（※は同好会）
　硬式野球、サッカー、陸上競技、卓球、バドミントン、バレーボール、テニス、ソフトテニス、バスケットボール、水泳、ダンス、剣道、演劇、吹奏楽、ベターホーム、将棋、美術、アニメ・マンガ、茶道、軽音楽、和太鼓、合唱、※写真、※ハンドボール

[行　事]

4月　新入生デイキャンプ
9月　愛高祭（文化の部）
10月　修学旅行（2年）、遠足（1年）
11月　愛高祭（体育の部）
2月　クロスカントリー大会
3月　球技大会

[進　路] (令和5年3月)

・夏休み中には**インターンシップ**や**夏季講習**を実施。
・進路説明会（1・2年）、校内模試、進路講演会（3年）、進路見学会（3年）などを実施。
★卒業生の進路状況
　＜卒業生163名＞
　大学19名、短大8名、専門学校57名、就職54名、その他25名
★卒業生の主な合格実績
　国際教養大、桜美林大、神奈川大、神奈川工科大、相模女子大、多摩大、田園調布学園大、桐蔭横浜大、東海大、東京医療学院大、東京富士大、横浜商科大、和光大
♣**指定校推薦枠のある大学・短大など**♣
　桜美林大、神奈川大、神奈川工科大、関東学院大、国士舘大、相模女子大、産業能率大、多摩大、東海大、日本薬科大、和光大　他

[トピックス]

・「**地域に根ざす学校**」をモットーに、中高の連携事業や、東京農業大や神奈川工科大などとの中高大連携を軸に交流を深めている。令和5年度は「愛川の歴史と自然を学ぶ」「中津川の水質調査」「新型LED洋ろうそくの開発」などを行った。
・平成21年度から「**連携型中高一貫教育**」として教育活動に取り組んでいる。平成22年度より愛川町立3中学との連携募集枠（定員の2割）を導入している。また、高校の先生が中学で教える、中学の先生が高校で教えるなど、**中高の学習のスムーズな接続**が行われている。
・コミュニケーション力と自信を高めるべく、学校行事と部活動の活性化を推進している。

・令和4年度、本校生徒2名が神奈川県英語スピーチコンテストに出場し、優勝・準優勝した。
・令和5年度、本校生徒1名が神奈川県英語スピーチコンテストに出場し、奨励賞を受賞した。

[学校見学] (令和5年度実施内容)

★学校見学会　8月1回
★学校説明会　9・11・1月各1回
★愛高祭文化の部　9月　限定公開
★学校見学は随時可（要連絡）

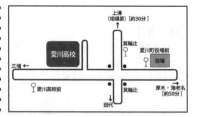

入試！インフォメーション

受検状況	年　度	学科・コース名	募集人員	志願者数	受検者数	合格者数	倍　率
	R6	普　通	184	131	130	131	1.00
	R5	普　通	183	169	169(1)	168	1.00
	R4	普　通	183	156	156	156	1.00

学校ガイド

＜全日制　旧大和座間綾瀬学区＞

学校を紹介したページの探し方については、２ページ
「この本の使い方＜知りたい学校の探し方＞」を参照して
ください。

県立 大和 高等学校

やまと

https://www.pen-kanagawa.ed.jp/yamato-h/

〒242-0002　大和市つきみ野3-4
☎ 046-274-0026
交通　小田急線・東急線中央林間駅　徒歩12分
　　　東急線つきみ野駅　徒歩7分

普通科

| 制　服 | あり |

[カリキュラム] ◇二学期制◇

・65分授業を週24コマに加え、50分授業を2コマ。
・ほぼ全員が進学を希望している実状を踏まえ、基礎学力の定着と応用力の育成をめざすカリキュラムが組まれている。2年から文理分けが始まり、3年になると、Ⅰ類・Ⅱ類・Ⅲ類の3つのコースに分かれ進路希望に応じた科目選択ができる。
・GTECを全学年で受検する。

[部活動]

・創作舞踊部は全日本高校・大学ダンスフェスティバルで13年連続入賞、県総体優勝8回、県新人大会優勝10回（令和5年度まで）の実績があり、毎年全国大会で上位の成績を残している。
・最近の主な実績は以下のとおり。

＜令和5年度＞
創作舞踊部が全日本高校・大学ダンスフェスティバル特別賞（全国5位）、全国中学・高校ダンスコンクール優勝、陸上競技部が5000m競歩で関東大会2位、インターハイ出場、女子サッカー部が県総体3位、男子サッカー部が関東県予選ベスト16などの成績を収めた。

＜令和4年度＞
創作舞踊部が県総体で6連覇を果たし、全日本高校・大学ダンスフェスティバルでは審査委員賞（全国10位）を受賞した。水泳部が関東大会（女子100m自由形・50m自由形）、陸上競技部が関東選抜新人大会（女子5000m競歩・女子三段跳）、女子サッカー部が秋季関東大会にそれぞれ出場した。また、サッカー部から国体メンバーが選ばれ、全国優勝に貢献した。

★設置部（※は同好会など）

ワンダーフォーゲル、サッカー、ソフトテニス、創作舞踊、硬式テニス、剣道、ソフトボール、バスケットボール、ハンドボール、バレーボール、野球、バドミントン、卓球、陸上、水泳、美術、茶道、書道、軽音楽、コミックアニメーション、コーラス、物理、演劇、吹奏楽、※お菓子づくり・手芸、※競技かるた、※ESS

[行　事]

メインは体育祭と槐（えんじゅ）祭（文化祭）。どちらも生徒会の主導のもと、長い準備期間をへて開催され、高校生活最高の思い出となる。

4月	新入生歓迎会、社会見学（1・2年）、芸術鑑賞会（3年）
5月	体育祭
9月	槐祭（文化祭）
10月	修学旅行（2年）
12月	音楽発表会（1年）
1月	百人一首大会（1年）
3月	球技大会

[進　路] （令和5年3月）

・進路意識を育て、生徒一人ひとりの進路実現のため、面談とデータを活用した進路指導体制が確立している。
・様々な講演会や大学・企業探訪など、実践的なキャリア教育を行っている。
・進路説明会（各学年）や大学学部・学科説明会、年2回の校内実力模試を行っている。また、夏期講習や面接・小論文指導、大学受験直前特別講座も実施。

★卒業生の主な合格実績

北海道大、東北大、千葉大、筑波大、電気通信大、東京外国語大、東京海洋大、東京工業大、東京農工大、一橋大、横浜国立大、東京都立大、横浜市立大、国立看護大学校、早稲田大、慶應義塾大、青山学院大、学習院大、上智大、中央大、東京理科大、法政大、明治大、立教大

[トピックス]

・昭和37年創立。大和座間綾瀬方面で最も歴史がある、地域屈指の進学校。
・平成28年度より「学力向上進学重点校エントリー校」に指定された。
・令和元年度より3年間、教育課程研究開発校（「総合的な探究の時間」に係る研究）に指定されていた。

[学校見学] （令和5年度実施内容）

★学校説明会　10月2回
★槐祭　9月　見学可

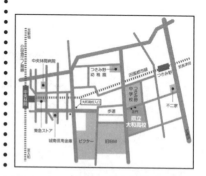

入試！インフォメーション

受検状況	年　度	学科・コース名	募集人員	志願者数	受検者数	合格者数	倍　率
	R6	普通	279	407	397(2)	279	1.42
	R5	普通	278	426	421(6)	278	1.49
	R4	普通	278	400	391	278	1.39

県立 大和南 高等学校

やまとみなみ

普通科

https://www.pen-kanagawa.ed.jp/yamatominami-h/

☏ 242-0014　大和市上和田 2557
☎ 046-269-5050
交通　小田急線桜ヶ丘駅　徒歩 23 分
　　　小田急線高座渋谷駅　徒歩 25 分

制　服	あり

[カリキュラム] ◇三学期制◇

・1年次は、**基礎的・基本的学力**の充実期として、芸術科目を除き共通履修。なお、芸術は美術・音楽の他に書道を選択することができる。
・2年次から**理系**と**文系**に分かれて学習する。
・3年次には数多くの**自由選択科目**が設置され、いずれも少人数で生徒一人ひとりの特性や興味・関心にあったきめ細かな教科指導が行われるように配慮されている。

[部活動]

・女子バレーボール部は平成29年度までインターハイと春高バレー全国大会にそれぞれ13年連続で出場を続けていた県下屈指の強豪。令和3年度にはそれぞれ15回目の出場を果たした。
・ダンスドリル部も毎年全国大会に出場している。
・最近の主な実績は以下のとおり。
＜令和5年度＞
　ダンスドリル部が全国高校ダンスドリル選手権全国大会チア部門3位、**女子バレーボール部**が関東大会出場・県総体3位・選手権県予選3位などの成績を収めた。
＜令和4年度＞
　ダンスドリル部が全国ダンスドリル選手権全国大会（冬季大会）チア部門2位、**陸上競技部**がインターハイ出場（三段跳）・関東新人大会出場（男子棒高跳）、**女子バレーボール部**が関東大会出場などの成績を収めた。
★設置部（※は同好会）
サッカー、野球、ソフトテニス（男女）、テニス、バスケットボール（男女）、陸上競技、バドミントン、バレーボール（男女）、卓球、ハンドボール、剣道、ダンスドリル、※水泳、美術、吹奏楽、軽音楽、茶道、演劇、漫画研究、合唱、映画制作、書道、※囲碁将棋、※かるた

[行　事]

4月	社会見学
6月	体育祭
10月	南翔祭（文化祭）
11月	修学旅行（2年）
12月	芸術鑑賞教室、球技大会
3月	球技大会

[進　路] （令和5年3月）

・**進路資料室**には自由に利用することができるたくさんの資料が取りそろえられている。また面接などを通じて、多様化する生徒一人ひとりの特性や進路希望を考慮したきめ細かく適切な進路指導を実施。
・放課後や定期テスト前、長期休業中などに、様々な**講習**や**補習**を実施。また、推薦入試や就職試験に欠かせない**小論文指導**や**模擬面接**などにも力を入れている。
★卒業生の進路状況
　＜卒業生303名＞
大学122名、短大8名、専門学校130名、就職18名、その他25名
★卒業生の主な進学先
桜美林大、神奈川大、神奈川工科大、関東学院大、工学院大、國學院大、国士館大、相模女子大、産業能率大、湘南医療大、湘南工科大、専修大、多摩大、玉川大、鶴見大、帝京大、桐蔭横浜大、東海大、東京都市大、東京農業大、日本大、日本体育大、和光大

[トピックス]

運動部の活動のみならず、文化部の活動も盛ん。特に文芸誌『**多羅樹（たらじゅ）**』が40年以上も継続しているのは本校の誇り。『多羅樹』には、授業での成果物も掲載され、生徒の学習への励みともなっている。

[学校見学] （令和5年度実施内容）

★学校説明会　8・10・12・1月各1回
★体験授業・部活動見学　8月1回
★南翔祭　9月　見学可
★学校見学は随時可（要連絡）

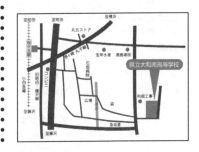

入試！インフォメーション

受検状況	年　度	学科・コース名	募集人員	志願者数	受検者数	合格者数	倍　率
	R6	普　通	309	327	323(1)	309	1.05
	R5	普　通	308	328	328	308	1.06
	R4	普　通	308	367	367	309	1.18

県立 大和東 高等学校

やまと ひがし

https://www.pen-kanagawa.ed.jp/yamatohigashi-h/

☎ 242-0011　大和市深見 1760
☎ 046-264-1515
交通　小田急線・相模鉄道大和駅　徒歩 25 分

クリエイティブスクール

制服　あり

[カリキュラム] ◇三学期制◇

・生徒一人ひとりの個性や可能性を伸ばすため、基礎学力の定着を目指した授業を行う。**1クラス30人以下**で編制し、英語コミュニケーション基礎Ⅰと数学Ⅰでは1クラス15人以下の**少人数学習**で授業を行うなど、きめの細かい指導をめざしている。

・生徒の興味や多様な進路希望に対応できるよう、2年次から**文系・理系**のコース分けを行う。

・3年次の**自由選択**は最大8単位設置されている。普通科科目のほかに、実用の書、幼児教育音楽などの特色ある**学校設定科目**が用意されている。

[部活動]

最近の主な実績は以下のとおり。

<令和4年度>

男子バスケットボール部が、神奈川県新人大会出場、**卓球部**が北相地区冬季卓球大会1年女子シングルス優勝、**書道部**が高文祭書道展特選2名受賞、**合唱部**がTBSテレビ「音楽の日」に出演した。

<令和3年度>

硬式テニス部が神奈川県高等学校テニス大会女子シングルス本選出場、**書道部**が大和市文化祭秀作1点、高文祭特選2点、**放送部**がNHK杯高校放送コンテスト県大会で朗読部門奨励賞を受賞した。

★**設置部**（※は同好会）

サッカー、野球、バドミントン、バスケットボール、陸上競技、剣道、硬式テニス、ダンス、卓球、ソフトテニス、バレーボール、美術、イラスト、ポピュラーソング、吹奏楽、茶道、ハンドメイキング、放送、箏曲、かるた、書道、合唱、星空、※文芸、※パソコン

[行　事]

東翼祭（文化祭）は地域に開かれた、環境にやさしい文化祭をめざして開催する。

4月	遠足
5月	陸上競技大会
10月	研修旅行
11月	東翼祭（文化祭）
12月	スポーツ大会
3月	スポーツ大会

[進　路]

・進路説明会、進路別ガイダンス、分野別進路説明会などの様々なガイダンスに加え、**会社・学校見学**や**就職模擬面接**などの進路に対する実践的な指導も実施している。

・キャリア教育の一環として、**進路体験活動**に2年生全員が夏休みに取り組んでいる。

★**卒業生の進路状況**（令和5年3月）

　　<卒業生194名>

大学28名、短大9名、専門学校71名、就職59名、その他27名

★**卒業生の主な進学先**

専修大、神奈川大、麻布大、相模女子大、日本経済大、桜美林大、鶴見大、日本大、和光大、松蔭大、大妻女子大、東京工科大、高千穂大、目白大

[トピックス]

・陶芸の窯があり、芸術では陶芸の制作授業がある。

・**ボランティア活動**を積極的に行っており、毎年、保育園やお祭りの手伝いを行っている。

・平成29年度より、**クリエイティブスクール**へと改編された。

・**漢検・P検・ニュース検定試験**を校内で実施している。

・毎週金曜日の放課後は、飲み物を飲みながらゲームや歌を通してボランティアの大人や生徒同士が触れ合うことができる**ボーダーカフェ**が開かれる。

・令和5年度入学生から制服が変更された。

[学校見学]（令和5年度実施内容）

★学校説明会　11・12月各1回

★個別相談会　7・9・1月各1回
　8月2回

★学校見学は可　指定日時有（要連絡）

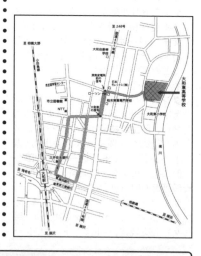

入試！インフォメーション

受検状況	年　度	学科・コース名	募集人員	志願者数	受検者数	合格者数	倍　率
	R6	普　通	239	252	248	239	1.05
	R5	普　通	238	232	232	232	1.00
	R4	普　通	238	228	225	225	1.00

県立 大和西 高等学校

やまとにし

普通科

https://www.pen-kanagawa.ed.jp/yamatonishi-h/

〒242-0006　大和市南林間 9-5-1
☎ 046-276-1155
交通　小田急線南林間駅　徒歩 20 分

制　服　あり

[カリキュラム] ◇三学期制◇
・1 年次では共通履修で**基礎学力の充実**に努める。
・2 年次においてもほぼ共通履修だが、2 科目 4 単位分の**必修選択科目**（数学 B、言語文化（古典）、音楽 II、美術 II、ドイツ語、ハングル、スペイン語、中国語、論理・表現 I（英会話））を設定している。
・3 年次では選択の幅が広がり、最大で 12 単位分を**選択履修**する。生徒個々の興味関心や進路実現に合わせた科目を選択することができる。また、**音楽、美術、保育**など豊富な科目が用意されているため、多様な学習が可能である。講習や模試も積極的に実施している。

[部活動]
・最近の主な実績は以下のとおり。
＜令和 4 年度＞
弓道部が県民大会で女子個人 5 位、**ダンス部**が県総体で県 8 位、新人大会で県 7 位、**男子ハンドボール部**が関東予選と新人大会で県ベスト 16、**女子テニス部**が新人大会で県ベスト 16 などの成績を収めた。
★**設置部**（※は同好会）
陸上競技、サッカー、卓球、ハンドボール、テニス、バレーボール、バスケットボール、弓道、ダンス、バドミントン、野球、ESS、茶華道、写真、文芸、合唱、美術、自然科学、イラストレーション、吹奏楽、軽音楽、放送、国際協力（WAO）、※クッキング、※数学研究、※プログラミング

[行　事]
・2 年次の 10 月に**海外修学旅行**を実施

する。その事前学習として、海外からの留学生に横浜を英語で案内する**横浜 B ＆ S プログラム**を行っている。
・**イングリッシュキャンプ**は、1 年次に国立オリンピック記念青少年センターで 1 泊 2 日の英語合宿を行う。
・**姉妹校訪問**では、希望者がアメリカ、ドイツ、ニュージーランド、韓国、オーストラリアの姉妹校を訪ね、ホームステイをする。
4 月　新入生オリエンテーション（1 年）
5 月　体育祭
7 月　球技大会
9 月　萌黄祭（文化祭）
10 月　イングリッシュキャンプ（1 年）、修学旅行（台湾）
3 月　球技大会

[進　路]（令和 5 年 3 月）
・知・徳・体のバランスの取れた**世界で活躍できるグローバル人材の育成**をめざし、進路講演会などキャリア教育プログラムを実践している。
・1 年次に**ドリームプロジェクト**（社会人講師によるワークショップ）を行う。
・**補習や講習**は平日や土曜、また長期休暇中に実施。また、**学習リサーチや講演会、説明会、二者三者面接**などを実施し、一人ひとりの学習習慣の確立と進路実現を目指している。
・進路指導室に隣接する**自習室**、職員室前に**スタディホール**がある。
★**卒業生の進路状況**
＜卒業生 265 名＞
大学 215 名、短大 4 名、専門学校 24 名、就職 3 名、その他 19 名
★**卒業生の主な合格実績**

横浜国立大、室蘭工業大、琉球大、青山学院大、学習院大、國學院大、駒澤大、成蹊大、成城大、専修大、中央大、津田塾大、東京理科大、東洋大、獨協大、日本大、法政大、武蔵大、明治大、明治学院大、立教大
♣**指定校推薦枠のある大学・短大など**♣
青山学院大、國學院大、成蹊大、成城大、中央大、東京理科大、法政大、明治大、明治学院大　他

[トピックス]
・**グローバル教育、学力向上、進路実現**が教育の 3 つの柱である。県教育委員会指定の**グローバル教育研究推進校**。
・国際教育として、**イングリッシュキャンプ、横浜 B ＆ S プログラム、海外修学旅行**、アメリカ、ドイツ、ニュージーランド、韓国、オーストラリアの**海外姉妹校**との交流などを行っている。

[学校見学]（令和 5 年度実施内容）
★学校説明会　8・10 月各 1 回
★学校見学会　12 月
★萌黄祭　9 月　見学可

入試！インフォメーション

受検状況	年　度	学科・コース名	募集人員	志願者数	受検者数	合格者数	倍　率
	R6	普　通	279	318	315	279	1.13
	R5	普　通	278	341	339	278	1.22
	R4	普　通	278	338	335	278	1.21

県立 座間（ざま）高等学校

https://www.pen-kanagawa.ed.jp/zama-h/

☎ 252-0029　座間市入谷西5-11-1
☎ 046-253-2011
交通　小田急線座間駅　徒歩7分
　　　JR相模線入谷駅　徒歩7分

普通科

制　服　あり

[カリキュラム] ◇二学期制◇

・1・2年次では、一部を除き共通科目の授業で構成されている。論理・表現Ⅰ（英語）で**少人数授業**を、数学Ⅱ・論理・表現Ⅱ（英語）で**習熟度別授業**を取り入れている。
・理数科学教育の充実に取り組んでいる。希望者は学校設定教科「**理数**」の選択ができ、高度な演習・実習により将来に通じる学力を養う。
・3年次は**文型・文理型Ⅰ・文理型Ⅱ・理型Ⅰ・理型Ⅱ**に分かれ、**自由選択科目**をも利用することで、進学希望に対応する内容の学習を行う。

[部活動]

・約9割が参加。
・サッカー部は過去にインターハイ（平成16・23年度）、全国高校選手権大会（平成22年度）に出場している。
・最近の主な実績は以下のとおり。
＜令和5年度＞
少林寺拳法部が関東大会・インターハイ・世界大会・関東選抜大会に出場した。**創作舞踊部**が県総体に優勝し、全日本高校・大学ダンスフェスティバルに出場した。**陸上競技部**が南関東大会・関東選抜新人大会に出場した。**サッカー部**が選手権予選で県ベスト8となった。
＜令和4年度＞
少林寺拳法部が関東大会・関東選抜大会・全国選抜大会に出場した。**陸上競技部**が南関東大会・関東選抜新人大会に出場した。
★**設置部**（※は同好会）
ソフトテニス、バスケットボール、野球、サッカー、水泳、陸上競技、バドミントン、バレーボール、ワンダーフォーゲル、ハンドボール、創作舞踊、剣道、少林寺拳法、テニス、吹奏楽、茶道、美術、英語、合唱、料理、放送、軽音楽、文芸、科学、将棋、※かるた

[行　事]

4月　新入生オリエンテーション、社会見学（1・3年）、芸術鑑賞（2年）
6月　体育祭
7月　球技大会（3月にも実施）
9月　文化祭
10月　修学旅行（2年）
12月　スポーツ科学講演会
2月　マラソン大会

[進　路]（令和5年3月）

・3年間を通した「**キャリアデザインプログラム**」を実施。学年ごとに「**キャリア通信**」や「**キャリアデザインハンドブック**」を配付する他、将来探究ガイダンス（1年）、分野選択ガイダンス（2年）、進路決定ガイダンス（3年）など、キャリアデザインを支援するイベントを段階を踏みながら実施している。
・総合的な探究の時間を活用して、個別課題研究（1年）、学問分野別進路研究（2年）、学問分野別グループ学習（3年）に取り組んでいる。
★**卒業生の進路状況**
＜卒業生271名＞
大学222名、短大1名、専門学校5名、就職0名、その他43名
★**卒業生の主な進学先**
東京藝術大、横浜国立大、帯広畜産大、高知大、琉球大、都留文科大、東京都立大、横浜市立大、青山学院大、学習院大、中央大、東京理科大、法政大、明治大、立教大
♣**指定校推薦枠のある大学・短大など**♣
青山学院大、北里大、学習院大、成蹊大、成城大、専修大、中央大、東京農業大、東京理科大、日本大、法政大、明治大、明治学院大　他

[トピックス]

・令和3年に創立50周年を迎えた。
・「**夢の実現に向けて鍛える座間**」「**しっかり勉強・きっちり生活・がっちり部活・じっくり進路**」が教育目標のテーマ。すなわち、生徒の持っている能力を最大限開花させるための「しっかり勉強」、当たり前のことが当たり前にできるように「きっちり生活」、意義深い高校生活を送る一助として「がっちり部活」、一年生から「じっくり進路」を考える。
・平成29年度に**新築された校舎**は、学年全員を収容できる視聴覚室やICT環境が整った選択教室などを完備。**広い敷地**には、メイングランドの他にハンドボールコート2面分のサブグラウンド、テニスコート6面、バレーボールコート3面がある。

[学校見学]（令和5年度実施内容）

★学校説明会　8月2回、11・12月各1回
★文化祭　9月　見学可

入試！インフォメーション

受検状況	年　度	学科・コース名	募集人員	志願者数	受検者数	合格者数	倍　率
	R6	普　通	279	362	357	280	1.29
	R5	普　通	318	350	348	318	1.09
	R4	普　通	278	352	349	278	1.26

県立 座間総合 高等学校

ざ ま そうごう

https://www.pen-kanagawa.ed.jp/zamasogo-ih/

☎ 252-0013　座間市栗原 2487
☎ 046-253-2920
交通　小田急線相武台前駅　バスまたは徒歩 20 分
　　　小田急線南林間駅　バスまたは徒歩 30 分
　　　相模鉄道さがみ野駅　バスまたは徒歩 40 分

総合学科

| 単位制 |
| 制　服 | あり |

[カリキュラム] ◇二学期制◇

・**単位制総合学科**。卒業要件は必履修科目を全て履修し80単位以上修得。
・「キャリア教育」「国際理解教育」を二本柱に位置づける。「産業社会と人間」「総合的な探究の時間」を中心に**3年間一貫したキャリアプログラム**を展開。また、英語はもちろん**第二外国語**の授業、姉妹校訪問、国際フェスタ、国際理解講演会などを通し、**グローバル人材としての資質を高める**教育活動を実施。
・生徒一人一人の進路実現のため「**少人数教室**」「**多彩な選択科目**」を展開。選択科目は「**グローバル教養**」「**情報ビジネス**」「**生活デザイン**」「**芸術スポーツ**」の4つの系列にまとめられている。進学希望者に対応する科目も多数設置。
・1年次では必履修科目を中心に学習し、2・3年次で自己目標に合わせた**系列の選択科目から選択し、進路実現**を目指す。
・科目の選択にあたっては**履修ガイダンス**を行い、担任との**面談**を通して一人ひとりの興味関心や進路にあわせたアドバイスを実施している。
・総合学科高校の特色を十分に生かし、**学校外の教育機関との連携**も展開。

[部活動]

・約6割が参加。
・最近の主な実績は以下のとおり。
＜令和5年度＞
　ダンス部が県総体ダンスコンクール6位、**ソフトボール部**が県総体5位、**野球部**が秋季県大会出場などの成績を収めた。
＜令和4年度＞

ソフトボール部が県総体3位、**卓球部**が県総体ベスト8（男子ダブルス）などの成績を収めた。

★設置部（※は同好会）
ソフトボール、卓球、サッカー、ダンス、硬式野球、陸上競技、バドミントン、バレーボール、バスケットボール、テニス、ソフトテニス、空手道、吹奏楽、演劇、軽音楽、茶道・華道、写真、美術、文藝、家庭科、囲碁・将棋、アニメーション、書道、合唱、動画研究

[行　事]

・**新入生オリエンテーション**では、高校生活の基礎や学習のしかた、履修などについての指導が行われる。
・**体育祭、文化祭、スポーツ大会**、遠足、修学旅行など生徒が主役の学校行事も充実。
・宿泊語学研修、**姉妹校訪問**（アメリカ）、外国語による演劇やスピーチなどを行う**国際フェスタ**など、本校ならではの国際色豊かなイベントも盛りだくさん。

[進　路] (令和5年3月)

★卒業生の進路状況
　＜卒業生233名＞
　大学103名、短大22名、専門学校85名、就職17名、その他6名
★卒業生の主な進学先 (過去3年)
　慶應義塾大、青山学院大、学習院大、神奈川大、国士舘大、駒澤大、成蹊大、専修大、昭和音楽大、女子美術大、中央大、鶴見大、帝京大、東海大、日本体育大、法政大、明治大、明治学院大、立教大

[トピックス]

・「自分をみつめる、自分が見つかる」をスローガンに、自分を知り、世の中の仕組みや職業について知る機会を設け、自立・自律できる能力を獲得できるような支援をしている。単位制の総合学科でありながらも、**ホームルームを生活の基本単位**として位置づけ、落ち着いた学校生活を実現している。
・「キャリア教育」の一環として、**上級学校訪問、職業人インタビュー**等を取り入れたり、総合学科ならではの多くの**校外連携講座**を設けるなど、学校外での学びの場も多い。
・「国際理解教育」の一環として、**外国籍生徒が多数在籍**する日常の学校生活において、行事や様々な文化との触れ合いを通して**グローバル人材の育成**を図っている。

[学校見学] (令和5年度実施内容)

★学校説明会　8・10・12月各1回
　（8・10月は部活動体験も実施）
★在県外国人特別募集　学校説明会
　12月1回
★向日葵祭　9月　見学可
★学校見学は随時可（要連絡）

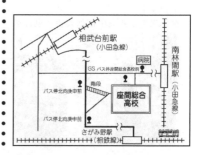

入試！インフォメーション

受検状況	年　度	学科・コース名	募集人員	志願者数	受検者数	合格者数	倍　率
	R6	総合学科	229	256	251(1)	229	1.11
	R5	総合学科	268	284	284(1)	268	1.06
	R4	総合学科	228	255	251	228	1.10

191

県立 綾瀬 高等学校

https://www.pen-kanagawa.ed.jp/ayase-h/

☎ 252-1134　綾瀬市寺尾南 1-4-1
☎ 0467-76-1400
交通　相模鉄道さがみ野駅、小田急線長後駅、
　　　小田急線・相模鉄道海老名駅　バス

普通科

| 制　服 | あり |

[カリキュラム] ◇三学期制◇

・行事などを見直し、授業時間の確保に努めている。
・1年次は共通カリキュラムで文理を幅広く学習する。基礎学力の定着を図るとともに、自分の得意なことや、やりたいことを見つけていく。2年次では、進路目標に対応した豊富な**選択科目**が用意される。3年次には**文系・理系**に分かれ、さらに発展的な学習をする。
・35名程度でホームルームクラスを編成するなど、各学年を通じて**少人数編成の授業**を行う。日々の授業を大切にし、授業内容の理解・定着をはかっている。
・令和2年度から「インクルーシブ教育実践推進高校」として取組を開始した。

[部活動]

・最近の主な実績は以下のとおり。
<令和5年度>
　弓道部が関東大会に男子団体で出場した。**卓球部**が関東予選で男子団体県6位・女子団体県ベスト16、県総体で男子団体県ベスト16、**陸上競技部**が県総体で男子400mH県7位、男子三段跳県10位、男子4×100mR県9位という成績を収めた。
<令和4年度>
　ダンス部が関東甲信越大会と東日本

大会に出場した。**写真部**が全国高校写真選手権大会（写真甲子園）に参加した。**弓道部**が県総体の男子団体で県3位となった。

★**設置部**（※は同好会）
　硬式野球、サッカー、ソフトテニス、テニス、ソフトボール、バスケットボール、バドミントン、卓球、弓道、器械体操、陸上競技、ダンス、バレーボール、フットサル、美術、茶道、パソコン、漫画研究、軽音楽、吹奏楽、演劇、写真、書道、フラダンス

[行　事]

・遠足、体育祭、彩綾祭（文化祭）、修学旅行（2年）、芸術鑑賞会、球技大会などを実施。
・**修学旅行**は複数方面から選択する。

[進　路]（令和5年3月）

・1年生の総合的な探究の時間に**アントレプレナーシップ**を実施。ディスカッションとプレゼンテーションの繰り返しにより、課題解決について学習する。
・**高大連携講座、キャリア教育講座、上級学校の体験授業**などを実施。
・**各種資格取得**のための補習を実施。

★**卒業生の進路状況**
　<卒業生318名>
　大学136名、短大24名、専門学校121名、就職20名、その他17名
★**卒業生の主な合格実績**
　麻布大、桜美林大、神奈川大、神奈川工科大、鎌倉女子大、関東学院大、北里大、工学院大、国士舘大、産業能率大、湘南工科大、専修大、多摩大、玉川大、多摩美術大、鶴見大、帝京大、田園調布学園大、桐蔭横浜大、東海大、日本大、明星大、横浜

創英大、横浜美術大、和光大
♣**指定校推薦枠のある大学・短大など**♣
　桜美林大、神奈川大、関東学院大、杏林大、工学院大、国士舘大、駒澤大、駒澤女子大、相模女子大、湘南工科大、専修大、東海大、東京電機大、日本大、明星大、和光大　他

[トピックス]

・キャリア教育の一環として、老人ホーム、学童保育、保育園、幼稚園などの**インターンシップ**に取り組んでいる。
・ふれあい交通安全指導やあやせっ子**ボランティア**などを実施し、地域との**交流活動**を推進している。

[学校見学]（令和5年度実施内容）

★学校説明会　7・8・12月各1回
★部活動体験デー　8月1回
★オープンスクール　10月1回
★インクルーシブ学校説明会　6・7・9月各1回（中学3年対象）、10月1回（中学2年対象）
★彩綾祭　9月　見学可
★学校見学　12月2回、1月4回（要予約）

入試！インフォメーション

受検状況

年　度	学科・コース名	募集人員	志願者数	受検者数	合格者数	倍　率
R6	普　通	319	344	342(2)	319	1.07
R5	普　通	318	311	310	310	1.00
R4	普　通	318	339	337	318	1.06

県立 綾瀬西 高等学校

あやせにし

https://www.pen-kanagawa.ed.jp/ayasenishi-h/

☎ 252-1123　綾瀬市早川 1485-1
☎ 0467-77-5121
交通　小田急線・相模鉄道・JR相模線海老名駅　バス

普通科

制　服　あり

[カリキュラム] ◇三学期制◇

・1年次は一部を除き全員が共通の授業を受け、基礎学力を養う。
・2年次に文系と理系に分かれる。
・1・2年次には必修選択が設置され、福祉に関する講座など、本校の特色ある科目を学ぶことができる。
・3年次では必修選択や文系・理系選択などの様々な選択科目から生徒それぞれが自分に合ったものを選び、希望の進路の実現を目指す。いずれも小集団での学習が特徴。
・数学や英語等が苦手な生徒への「基礎数学」「基礎英語」、実践的な「英語会話」、実験を中心とした「身近な科学」、スポーツに必要な体作りを学ぶ「トレーニング基礎」、3年まで準備されている芸術科目、自己理解を深め達成感などを高めることを目的とした「アドバンスタイム」など他校にはない授業がある。
・本校の敷地内に併設されているデイサービスセンターとの交流などもあり、教室のなかでは得られない感動的な体験や多くの貴重なことを学べる。
・学校外活動として、英語検定、漢字検定、ボランティア活動などが単位認定されている。

[部活動]

・最近の主な実績はつぎのとおり。
＜令和4年度＞
　イラスト部が第30回全国高等学校漫画選手権大会に出場した。
★設置部（※は同好会）
　バドミントン、硬式野球、陸上競技、卓球、山岳、バレーボール、バスケットボール、サッカー、テニス、ダンス、※ハンドボール、柔道、情報科学、華道、家庭、吹奏楽、軽音楽、イラスト、茶道、囲碁将棋、ボランティア、合唱、演劇、美術、写真、放送、※文芸

[行　事]

　1年を通じて多彩な行事にあふれている。修学旅行の行き先は年ごとに異なる。
4月　遠足（1〜3年）
9月　青綾祭（文化祭）
10月　修学旅行（2年）
11月　陸上競技大会

[進　路]

　クロームブックを活用した進路関係の探究活動を行なったり、上級学校や企業との連携を深めたりしている。
★卒業生の進路状況（令和5年3月）
　＜卒業生275名＞
　大学40名、短大11名、専門学校136名、就職67名、その他21名
★卒業生の主な進学先
　桜美林大、神奈川大、神奈川工科大、相模女子大、湘南工科大、多摩大、鶴見大、田園調布大、桐蔭横浜大、東京工芸大、文教大、和光大

[トピックス]

・昭和58年に設置。翌59年、レンゲの里と呼ばれる自然豊かな田園地域に建つ、現在の校舎に移転した。教育目標は、「豊かな知性と人間性を養い、心身共に健康で、協調性と実践力に富む人材の育成を目指す」。また、「真・善・美・体」を教育方針に掲げている。
・平成29年度より福祉教養コースの設置を解消し、学校全体の特色とする改編が行われた。
・全校的に福祉教育を推進している。総合的な探究の時間では、車椅子、手話、点字などの体験学習を行っている。
・平成13年に綾瀬西デイサービスセンターが併設され、七夕会やクリスマス会などには、本校生がボランティア参加をしている。昼食時に本校生が訪問し、一緒に食事をするランチ交流会も日常的に行われている。

[学校見学] (令和5年度実施内容)

★学校説明会　8・10・12月各1回
★青綾祭　9月　見学可

入試！インフォメーション

受検状況	年　度	学科・コース名	募集人員	志願者数	受検者数	合格者数	倍　率
	R6	普　通	319	331	329	319	1.03
	R5	普　通	318	309	308	308	1.00
	R4	普　通	318	349	347	318	1.09

学校ガイド

＜全日制　旧相模原南部学区＞

学校を紹介したページの探し方については、2ページ
「この本の使い方＜知りたい学校の探し方＞」を参照して
ください。

県立 神奈川総合産業 高等学校（かながわそうごうさんぎょう）

https://www.pen-kanagawa.ed.jp/kanagawasogosangyo-h/

〒252-0307　相模原市南区文京 1-11-1
☎ 042-742-6111
交通　小田急線相模大野駅　徒歩 15 分

総合産業科

| 単位制 |
| 制　服　なし |

[カリキュラム] ◇二学期制◇
・大学受験だけでなく、大学卒業後まで見通した進学指導をしていく。1授業100分で、1日3限が基本。
・**科学系・工学系・情報系・環境バイオ系**の4つの系および**リベラルアーツ分野**から興味ある科目を自由に選択させ、卒業後のより深い専門的な研究につながるような教育を行う。
・実験・実習中心の**体験的な科学技術・理数教育**を実施している。

[部活動]
・約7割が参加。
・ユニークな部活動も多く、**L.T.B部**は舞台照明や音響について学び、ステージ演出を手掛ける。
・部活動以外にも生徒による個人・グループ研究が盛んで、過去には日本魚類学会年会高校生研究発表優秀研究賞、かながわ国際サイエンスフォーラム奨励賞などを受賞した。
・最近の主な実績は以下のとおり。
＜令和5年度＞
化学工学部が全国高校総合文化祭に出場した。また、横浜薬科大学主催の発表会では特別賞を受賞した。
＜令和4年度＞
化学工学部が全国高校総合文化祭自然科学部門出場、ハマヤクサイエンス研究会（横浜薬科大学）学術発表会優秀賞受賞などを果たし、かながわ部活動ドリーム大賞文化賞を受賞した。
★設置部（※は同好会）
弓道、剣道、硬式野球、サッカー、山岳、卓球、テニス、バスケットボール、バドミントン、バレーボール、ラグビー、陸上競技、ダンス、アコースティックギター、囲碁将棋、エレクトロニクス、演劇、化学工学、機械、軽音楽、写真、ジャズバンド、デザイン造形、鉄道研究、日本文化、美術、漫画研究、ロボメック研究、L.B.T、MES（国際交流）、大道芸、※調理

[行　事]
生徒広報スタッフや生徒国際交流スタッフなど、生徒による主体的な活動が行われている。
5月　遠足
6月　体育祭
9月　文化祭
12月　芸術鑑賞会
3月　修学旅行

[進　路]（令和5年3月）
・キャリア教育を重視し、高校の教育のみで教育の完結を意図せず、大学などに進学して生徒個々の課題の深化を促す**継続型教育**に取り組む。
・進路補習（平日講座）を実施。
★卒業生の進路状況
＜卒業生223名＞
大学131名、短大1名、専門学校66名、就職9名、その他16名
★卒業生の主な合格実績
北海道大、室蘭工業大、信州大、富山大、宮崎大、慶應義塾大、青山学院大、工学院大、國學院大、駒澤大、成蹊大、専修大、東海大、東京電機大、東京都市大、東京理科大、東洋大、中央大、日本大、法政大、明治大、横浜薬科大

[トピックス]
・社会の高度化や産業の複合化に対応するため、幅広く専門分野を学ぶ教育が求められたことにより、平成17年4月に開校した。**深く学ぶ**（数多くの実習系授業）、そして**進学へつなげる**新しいタイプの高校。
・総合産業科は**県内初の学科**。教育目標は "Chance Challenge Creative" であり、あらゆる機会をチャンスと捉え、それに挑戦する創造性豊かな人材の育成を目指す。
・抜群の教育環境を誇り、マルチメディア実習室、電子回路実習室、微生物実験室、無響室、CAD室、生物工学実験室など、**各専門科目に対応する設備**がある。
・**視聴覚室**は音響設備や舞台照明などが整備され、1学年の生徒分の席が準備されているホール。文化祭や講演会などに活用されている。
・1〜3年次の総合的な探究の時間では、自己の在り方生き方を考えながら、グループワークや発表を通して、よりよく課題を発見し解決していくための資質・能力の育成に力を注いでいる。

[学校見学]（令和5年度実施内容）
★学校説明会　7・8・10・11月各1回
★文化祭　9月　見学可
★学校見学は水曜日に可（要連絡）

入試！インフォメーション

受検状況	年　度	学科・コース名	募集人員	志願者数	受検者数	合格者数	倍　率
	R6	総合産業	239	261	256(3)	239	1.07
	R5	総合産業	238	265	260	239	1.09
	R4	総合産業	238	282	280	239	1.17

県立 麻溝台 (あさみぞだい) 高等学校

普通科

https://www.pen-kanagawa.ed.jp/asamizodai-h/

〒252-0329　相模原市南区北里2-11-1
☎ 042-778-2731
交通　小田急線相模大野駅・小田急相模原駅　バス

制　服	あり

[カリキュラム] ◇三学期制◇

・55分授業。6時限授業を週4日行い、授業時数は**週31単位**。
・1年では芸術科目以外を全員が共通に履修し、全教科にわたり基礎的な学力を確実に身につける。
・2年では**理系・文系**に分かれて、選択履修する科目が増える。
・3年では**理系・文系**に分かれ、自己実現に向けて多くの必修選択科目、自由選択科目から選択することができる。
・近隣の北里大、麻布大、神奈川工科大、和泉短大と**高大連携**を行っており、大学の講義を聴講できる。また、北里大学病院では病院ボランティアを実施し、麻布大との連携では研究室体験ができ、それぞれ本校における単位として認められる。

[部活動]

・約8割が参加。
・**山岳部、バトン部、陸上競技部、自転車競技同好会**は連年、全国大会や関東大会に出場している。
・最近の主な実績は以下のとおり。
＜令和5年度＞
自転車競技同好会が3kmIPで関東大会3位、インターハイ全国10位となった。
＜令和4年度＞
全国大会に**山岳部、バトン部、自転車競技同好会**が出場した。関東大会に**陸上競技部、空手道部**が出場した。
★**設置部**（※は同好会）
野球、陸上競技、サッカー、水泳、ハンドボール（男女）、テニス（男女）、バスケットボール（男女）、バレーボール（男女）、バドミントン、剣道、空手道、山岳、バトン、ダンス、吹奏楽、合唱、茶道、芸術、文芸、軽音楽、インターアクト、自然科学、料理研究、競技かるた、※卓球、※自転車競技、※ウエイトリフティング

[行　事]

体育祭では応援ダンスが伝統。4つの軍がパフォーマンスを競う。
4月　遠足
5月　球技大会、翔鵬祭（体育部門）
9月　翔鵬祭（文化部門）
10月　修学旅行（2年）
11月　合唱コンクール
3月　球技大会、海外研修旅行（希望者）

[進　路] （令和5年3月）

・ほとんどの生徒が大学進学を希望している。上智大、東京理科大、中央大、青山学院大をはじめ、多くの**指定校推薦**があるが、近年は行ける大学ではなく、行きたい大学をめざして**一般受験**する生徒が多くなっている。
・夏季・平常朝に希望者に対して**講習・補習**を行っている。土・日曜日には、3年の希望者向けに**受験対策講座**を開講している。
★卒業生の進路状況
＜卒業生350名＞
大学301名、短大4名、専門学校20名、就職2名、その他23名
★卒業生の主な合格実績
茨城大、千葉大、島根大、東京都立大、横浜市立大、早稲田大、青山学院大、学習院大、上智大、中央大、東京理科大、法政大、明治大、立教大
♣指定校推薦枠のある大学・短大など♣
東京都立大、青山学院大、学習院大、上智大、中央大、東京家政大、東京理科大、法政大、明治大、立教大他

[トピックス]

・昭和49年に創立された、たいへん活気のある学校である。校章の2つの白抜きは、本校の職員と生徒が仲よく手を取りあって、鵬のように大空を雄飛する姿を彷彿させる。
・学習・部活動・学校行事に全力で取り組み、さらなる高みへチャレンジするたくましい心を育む。進路実現や学校生活で「満足度200%」の生徒を育て、**文武両道**を達成する。
・普通教室・特別教室にエアコンを整備し、**夏期講習**も対応している。
・実習室と進路指導室をリニューアルし、学習しやすい環境となった。
・令和5年度から制服のデザインが新しくなった。

[学校見学] （令和5年度実施内容）

★学校説明会　8・11月各1回
★オープンスクール　9月1回
★翔鵬祭文化部門　9月　見学可

県立 上鶴間 高等学校
かみつるま

https://www.pen-kanagawa.ed.jp/kamitsuruma-h/

☏ 252-0318　相模原市南区上鶴間本町9-31-1
☎ 042-743-5622
交通　JR横浜線町田駅、小田急線相模大野駅　バス
　　　小田急線東林間駅　徒歩25分、東急線つきみ野駅　徒歩20分

制　服　あり

゛ロゴマーク゛

Kamitsuruma

゛マスコット゛ ツーくん（左）とルーちゃん（右）

[カリキュラム] ◇三学期制◇

・60分×27コマ授業を実施。
・1・2年次は基礎学力充実のため、全員がほぼ同じ科目を履修する。
・3年次に文系と理系に分かれる。文系では8～10単位が必修選択科目、理系でも数学科目や理科科目が選択制となり、希望する進路の実現のための学習を行う。

[部活動]

・約6割が参加。
・令和5年度は軽音楽部が全国高校軽音フェスティバルで最優秀賞を受賞した。ダンス部が日本高校ダンス部選手権関東・甲信越大会やMIUSICDAYS FINALに出場した。
★設置部（※は同好会）
アメリカンフットボール、野球、サッカー、陸上競技、硬式テニス、剣道、空手、バレーボール、バスケットボール、バドミントン、水泳、ハンドボール、ダンス、卓球、※登山、吹奏楽、軽音楽、茶道、文芸、書道、美術、写真、料理、演劇、ICC、※ヨガ、※Science Reserch

[行　事]

麗鶴祭（れいかくさい）とは体育祭と文化祭の総称で、これが1年を通じての最大のイベントとなっている。
4月　社会見学、芸術鑑賞会
6月　麗鶴祭（体育祭）
9月　麗鶴祭（文化祭）、修学旅行（2年）、上級学校訪問、球技大会
3月　球技大会（1・2年）

[進　路]（令和5年3月）

進路説明会や個人面談、進学補習などを実施。また「進路の手引き」も作成

し、細やかな指導を行っている。

★卒業生の進路状況
＜卒業生264名＞
大学118名、短大17名、専門学校92名、就職11名、その他26名

★卒業生の主な合格実績
桜美林大、神奈川大、神奈川工科大、北里大、杏林大、国士舘大、相模女子大、湘南工科大、専修大、中央大、鶴見大、帝京大、東海大、東京工芸大、日本大、日本体育大、横浜美術大、和光大

♣指定校推薦枠のある大学・短大など♣
桜美林大、神奈川大、神奈川工科大、工学院大、成蹊大、専修大、中央大、鶴見大、東海大、東京都市大、日本大、横浜薬科大　他

[トピックス]

・授業中の様々な場面でタブレット端末などのICT機器を利活用し、従来型の授業スタイルにとらわれることなく、生徒たちが自ら考えて学んでいく「主体的・対話的で深い学び」を推進している。
・学習支援サービス「ロイロノート」を導入しており、タブレット・パソコン・スマートフォンを活用して朝学習やアンケートの回答などを行い、「自分で考えて行動する力、および自学自習力」の養成を目指している。また、平成31年度より「インクルーシブ教育実践推進校」に指定を受け、インクルーシブ教育推進の実践に取り組んでいる。

[学校見学]（令和5年度実施内容）

★学校説明会　11・12月各1回
★個別相談会　8・12月各1回
★文化祭　9月

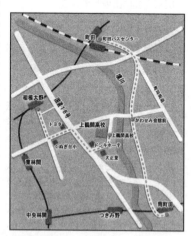

■■■ 入試！インフォメーション ■■■

受検状況	年　度	学科・コース名	募集人員	志願者数	受検者数	合格者数	倍　率
	R6	普　通	279	332	328	279	1.19
	R5	普　通	318	345	342	318	1.08
	R4	普　通	278	326	326	279	1.17

県立 相模原弥栄 高等学校

（さがみはらやえい）

普通科
音楽科
美術科
スポーツ科学科

https://www.pen-kanagawa.ed.jp/sagamiharayaei-h/

〒252-0229　相模原市中央区弥栄3-1-8
☎ 042-758-4695
交通　ＪＲ横浜線淵野辺駅　バスまたは徒歩25分
　　　小田急線相模大野駅　バス

単位制

制　服	あり

[カリキュラム] ◇二学期制◇

・令和5年度入学生よりカリキュラムを改善し、より多様な進路に対応できるようになった。

★普通科
国公立・難関私立大学への現役合格をめざしたカリキュラムの中に、英語劇を行う「表現活動」や課題解決力を養う「学術探究」など、国際教育と理数教育の特性を生かした授業を行う。

★音楽科
「ソルフェージュ」「音楽理論」「専攻実技」などを学習し、校内・校外の演奏会で成果を発表する。

★美術科
「素描」「美術専攻実技」「情報メディアデザイン」などを学習し、1年次から鑑賞する眼を鍛えるカリキュラムや行事がある。

★スポーツ科学科
さまざまなスポーツの専門的技能の習得に加え、スポーツ技術の解析やゲーム分析の手法などを学ぶ。「スポーツ心理学」「スポーツ総合演習」などの科目がある。スポーツに関する実習も実施。

[部活動]

・最近の主な実績は以下のとおり。

＜令和5年度＞
陸上競技部がインターハイ・特別国体などに出場し、U18日本選手権の女子やり投で全国優勝した。

＜令和4年度＞
陸上競技部がインターハイ出場、**女子バスケットボール部**が関東大会ベスト8、**吹奏楽部**が全国ポピュラーステージ吹奏楽コンクール全国大会優秀賞、**美術部**が高校生国際美術展最優秀校賞・全日本学生美術展全日本美術会賞などの成績を収めた。

★設置部（※は同好会）
剣道、サッカー、水泳、卓球、ダンス、テニス、バスケットボール、バドミントン、バレーボール、硬式野球、陸上競技、ワンダーフォーゲル、ハンドボール、演劇、合唱、軽音楽、サイエンス、茶道、写真、書道、吹奏楽、生活デザイン、箏曲、美術、文芸、YAEIアクト、※柔道

[行　事]

各学科ごとの研修・合宿・交流を主に秋休みに実施している。

4月	フレッシャーズキャンプ（1年）
6月	WE FESTIVAL体育の部
9月	WE FESTIVAL文化の部
10月	研修旅行
3月	球技大会

[進　路]（令和5年3月）

入学から卒業までの36ヶ月進路指導プログラムに基づき、生徒の希望進路実現を目指す。また、年に4回の講習には多数の生徒が参加し、難関大学への合格者数が増加している。

★卒業生の進路状況
＜卒業生356名＞
大学310名、短大4名、専門学校14名、就職5名、その他23名

★卒業生の主な合格実績
東京外国語大、東京学芸大、東京藝術大、東京農工大、横浜国立大、都留文科大、東京都立大、早稲田大、慶應義塾大、上智大、東京理科大

♣指定校推薦枠のある大学・短大など♣
青山学院大、学習院大、中央大、東京理科大、法政大、明治大　他

[トピックス]

・令和2年4月、相武台高校（昭和54年開校）と新磯高校（61年開校）を前身とする相模原青陵高校と、弥栄東高校・弥栄西高校（58年開校）を前身とする弥栄高校とが再編・統合されて開校した。

・**芸術関係の施設**として、芸術表現室、音楽室、合奏室、合唱室、音楽理論室、ソルフェージュ室、邦楽室、レッスン室（26室）、美術室（工芸室、素描室、素描アトリエ、CG学習室、日本画室、版画室など）、書道室がある。

・**体育関係の施設**として、大トレーニンググルーム、武道場（2）、卓球場（2）、体育館（2）、身体表現室（2）、テニスコート（7面）、プール（1）などがある。

・最先端の高度な設備を揃えた化学・物理・生物・地学・バイオの各**実験教室**がある。また、一般教室すべてに**プロジェクター・スクリーン**を設置している。

・オーストラリア、韓国、オーストリア・ハンガリー、イタリアの**海外姉妹校**との交流を行っている。

・40周年記念事業として**自習室**を新たに設置した。

[学校見学]（令和5年度実施内容）

★部活動体験　8月1回
★学校説明会　8・11・12月　各1回
★オープンスクール　10月1回
★WE FES文化の部　9月　見学可

入試！インフォメーション

受検状況	年　度	学科・コース名	募集人員	志願者数	受検者数	合格者数	倍　率
	R6	普　通	184	218	216	184	1.17
		音　楽	39	48	46	39	1.21
		美　術	39	48	48	39	1.23
		スポーツ科学	79	89	88	80	1.11

学校ガイド

＜全日制　旧相模原北部津久井浜学区＞

学校を紹介したページの探し方については、2ページ
「この本の使い方＜知りたい学校の探し方＞」を参照して
ください。

県立 相原 高等学校
あいはら

畜産科学科
食品科学科
環境緑地科
総合ビジネス科

https://www.pen-kanagawa.ed.jp/aihara-h/

〒252-0132　相模原市緑区橋本台 4-2-1
☎ 042-760-6131
交通　橋本駅　相模原駅よりバス約 10 分

制服　あり

[カリキュラム] ◇三学期制◇
★畜産科学科
・将来、食・農・動物分野のスペシャリストになりたい人のための学科。実験や実習などの実践的学習を通し、畜産とその関連分野に関する幅広い知識や技能を身に付ける。
・生徒たちは販売実習などの地域連携に積極的に取り組み、高い評価を得ている。
・家畜人工授精師、日本農業技術検定などが取得可能。
★食品科学科
・多様化する食品産業を支えるため、食品製造、食品化学、微生物利用や食品流通などの専門知識や技術を習得させ、食のスペシャリストとしての能力や態度を育てる。
・食生活アドバイザー（2・3級）、危険物取扱者（乙種 4 類、丙種）、2 級ボイラー技士、食品衛生責任者資格などが取得可能。
★環境緑地科
・造園、土木のスペシャリストになりたい人のための学科。
・庭園、公園など造園空間のデザイン、緑あふれる造園空間の施工、土木・測量技術管理、環境創造の基礎となる樹木や草花など造園植栽の知識を学び、造園空間創造のための実践力を身に付ける。
・造園技能検定 2・3 級、2 級造園施工管理技能検定、2 級土木施工管理技能検定、測量士補、特別教育・安全衛生教育（小型車両系、フォークリフト、チェーンソーなど）、トレース技能検定 1 ～ 3 級などが取得可能。
★総合ビジネス科
・地域産業を担う創造力豊かなビジネスのスペシャリストを育てる。
・1 年は、ビジネスの各分野に関する基礎・基本的な知識と技術に関して幅広く学習する。
・2 年以降は、マネジメント・グローバル・プログラミングの 3 つのコースに分かれて学習する。各自の希望する進路に応じた専門的な学習を進めていく。税理士、公認会計士、通訳、情報技術者など、将来のスペシャリストにつながる幅広い教育をめざしている。
・全商簿記実務検定 1 級、日商簿記検定 2 級、秘書技能検定、全商情報処理検定（ビジネス情報部門・プログラミング部門）1 級、全商商業経済検定 1 級、全商ビジネス計算実務検定 1 級、全商英語検定 1 級、IT パスポートなどが取得可能。

[部活動]
令和 4 年度には、野球部が春季・秋季県大会に出場、バレーボール部が全日本バレーボール高等学校選手権でベスト 16、国民体育大会に出場した。また、華道部が花の甲子園2022で敢闘賞を受賞、吹奏楽部が相模原吹奏楽コンクール高等学校の部で銅賞を受賞した。
★設置部（※は同好会など）
野球、バスケットボール、テニス、バレーボール（女）、サッカー、陸上競技、卓球、剣道、バドミントン、水泳、ダンス、※ハンドボール、ジャグリング、簿記、科学、美術、演劇、写真、華道、吹奏楽、畜産、馬、ESS、ワープロ、家庭クラブ、食品化学、家庭科、軽音楽、※珠算

[行事]
遠足、修学旅行（2 年）、球技大会、体育祭、相陵祭（文化祭）、課題研究発表会などを実施。

[進路]（令和 5 年 3 月）
★卒業生の進路状況
＜卒業生225名＞
大学73名、短大14名、専門学校84名、就職34名、その他20名
★卒業生の主な進学先
帯広畜産大、神奈川大、麻布大、桜美林大、神奈川工科大、関東学院大、専修大、多摩大、玉川大、帝京科学大、東京農業大、日本大、日本獣医生命科学大、酪農学園大

[トピックス]
・地元公民館と連携して、本校生徒（畜産科学科、食品科学科、総合ビジネス科）が指導する農業体験講座や親子パン作り講座、小学生対象のプログラミング体験講座や英会話講座を開講。
・地元小学校の児童を対象に、酒まんじゅう作りを本校生徒（食品科学科）が指導している。
・相模原市ふるさと納税返礼品に本校農業科・総合ビジネス科の連携事業「ポークカレー」が登録された。
・平成31年 4 月に移転。最寄駅は橋本駅と相模原駅。基礎学力の向上と専門教育の充実に取組み、学んだ知識を在学中に活用できる場をさらに多く提供する。広大な敷地に最新鋭の設備と販売所を設け、地域の方々とより広く交流できる学びの場となっている。

[学校見学]（令和 5 年度実施内容）
★一日体験入学　8・10月各 1 回
★学校説明会　7 月 1 回
★学科説明会　9・11月各 1 回
★相陵祭（文化祭）　11月
★学校見学は随時可（要連絡）

■■■ 入試！インフォメーション ■■■

受検状況	年度	学科・コース名	募集人員	志願者数	受検者数	合格者数	倍率
	R6	畜産科学	39	54	53	39	1.36
		食品科学	39	47	46	39	1.21
		環境緑地	39	46	45	39	1.18
		総合ビジネス	119	156	156	119	1.31

県立 上溝（かみみぞ）高等学校

https://www.pen-kanagawa.ed.jp/kamimizo-h/

〒252-0243 相模原市中央区上溝 6-5-1
☎ 042-762-0008
交通　JR 相模線上溝駅　徒歩 10 分
　　　JR 横浜線相模原駅・淵野辺駅　バス

普通科

制　服	あり

[カリキュラム] ◇三学期制◇

・学習時間の充実・学力の定着を図るために55分授業を実施。
・1年次は、基礎・基本の充実のため、数学Ⅰでは少人数の習熟度別クラス、論理・表現Ⅰでは**1クラス2展開**の少人数制授業を実施している。2・3年次では選択科目を設け、徹底した少人数制授業を展開している。
・3年次の**自由選択科目**では、数学C、古典探究、論理国語、物理などの科目から、保育基礎、アート探究、フードデザイン、スポーツなどの専門科目まで、生徒の希望に応じた科目を設置。
・体育では、生徒の希望種目を取り入れた**ローテーション授業**を実施。
・自己表現活動・コミュニケーション能力の向上のため、**プレゼンテーション**の機会を多く設定。

[部活動]

・約6割が参加。
・児童文化部は人形劇などを通じて地域の子ども達との交流活動を行っている。
★設置部（※は同好会）
野球、卓球、ソフトテニス、テニス、弓道、バスケットボール、バドミントン、サッカー、水泳、陸上競技、バレーボール、ハンドボール、ダンス、児童文化、吹奏楽、華道、茶道、軽音楽、漫画研究、放送、美術、※理学

[行　事]

　体育祭では、色別対抗リレーや、応援パフォーマンスで盛り上がる。また、**文化祭**では、どの団体もレベルの高い装飾を施し、雰囲気を盛り上げている。
6月　体育祭、遠足
9月　上高祭（文化祭）、修学旅行（2年）、遠足（1年）

[進　路]（令和5年3月）

・大学・短大・専門学校・企業の講師を招いての**校内進路説明会**を実施。他にも**進路ガイダンス**やロングホームルームで、進路を考える機会を多く設けている。特に3年次では公務員・看護系・体育系・幼児教育系・大学・短大・専門学校などの**学校別説明会**を数度開き、**保護者向け説明会**も分野別に行っている。
・大学・短大・看護系・公務員・就職など各分野の希望者向けに**模擬試験**を、推薦入試などの面接に備えて**模擬面接**を校内で実施しており、多数の生徒が参加している。
・ここ数年の大学進学希望者の増加に伴い、長期休業中だけでなく課業中の**補習**にも力を入れている。
★卒業生の進路状況
　＜卒業生235名＞
　大学129名、短大28名、専門学校61名、就職5名、その他12名
★卒業生の主な合格実績
東京都立大、都留文科大、青山学院大、麻布大、神奈川大、神奈川工科大、関東学院大、工学院大、國學院大、国士舘大、専修大、中央大、帝京大、東海大、東京電機大、東京都市大、東洋大、日本大、法政大、明治大、明星大
♣指定校推薦枠のある大学・短大など♣
神奈川大、工学院大、専修大、玉川大、中央大、東海大、東京工科大、日本大　他

[トピックス]

・明治44年創立。
・平成27年3月、**新校舎**完成。31年3月には弓道練習場が完成した。
・昼食には美味しく栄養満点の**お弁当**を豊富な種類の中から選び注文することができるほか、デザートなどの軽食も販売されている。
・制服には男女共にネクタイ、サブリボンがある。
・**教育課程研究開発校**「学習評価」に指定されている。

[学校見学]（令和5年度実施内容）

★学校説明会　8・12月各1回
★オープンスクール　10月1回
★文化祭　9月　見学可

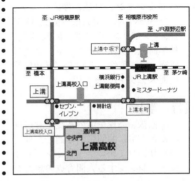

入試！インフォメーション

受検状況	年　度	学科・コース名	募集人員	志願者数	受検者数	合格者数	倍　率
	R6	普　通	239	293	293	243	1.21
	R5	普　通	238	293	289(1)	242	1.19
	R4	普　通	238	285	283	242	1.17

県立 **相模原** 高等学校
（さがみはら）

https://www.pen-kanagawa.ed.jp/sagamihara-h/

☎ 252-0242　相模原市中央区横山 1-7-20
☎ 042-752-4133
交通　JR 横浜線相模原駅　バスまたは徒歩 20 分
　　　JR 相模線上溝駅　バスまたは徒歩 15 分

普通科

制 服　あり

[カリキュラム] ◇二学期制◇

・国公立大学受験対応のカリキュラムを設置し、日々の学習指導に力を入れている。
・1 年次は芸術を除き、全員が共通科目を学習。2 年次には、地理・理科から 2 科目の選択となり、3 年次のコース分けに備える。
・3 年次は文系・理系に対応する必修選択科目と**自由選択科目**を設置し、進路希望に即した学習を展開する。

[部活動]

・約 9 割が参加。
・最近の主な実績は以下のとおり。
＜令和 5 年度＞
マンドリン部が全国大会に出場した。
＜令和 4 年度＞
英語ディベート部が全国大会に出場した。陸上競技部が関東選抜新人大会に女子 800m・1500m で出場した。**吹奏楽部**が東関東選抜吹奏楽大会で金賞を受賞した。
★設置部（※は同好会）
陸上競技、水泳、剣道、空手道、硬式野球、サッカー、バスケットボール、ハンドボール、バレーボール、バドミントン、卓球、硬式テニス、ソフトテニス、応援団、弓道、吹奏楽、マンドリン、軽音楽、茶道、書道、科学研究、英語ディベート、クイズ研究、美術創作、※KITS（県相情報技術スタッフ）、※合唱

[行　事]

・入学直後、高校生活の基礎を身に付けるとともに共同生活を通した仲間づくり、コミュニケーションづくりにチャレンジする人間育成の新たな取り組みとして、**県相スタートキャンプ**を実施。
・学年総当たりで行われる**新入生歓迎球技大会**（4 月）、**相翼祭**（6 月に体育部門、9 月に文化部門）は、企画から運営まですべて生徒主体。中でも相翼祭はどちらの部門も長い期間をかけて準備し、当日は大きな盛り上がりを見せる。
・そのほか、12 月に**合唱コンクール**が行われ、**修学旅行**は 2 年次の秋に実施される。

[進　路]（令和 5 年 3 月）

・ほぼ 100％の生徒が 4 年制の**大学進学**を希望、第 1 希望合格をめざし学習に取り組む。
・本校がめざす人づくりを実現するため、3 年間を通した細やかな**キャリアプラン・キャリアサポート**を実施。
・特に 1 年次では、主体的な進路選択に資するべく、全員が大学の講座を受講する「**高大連携講座**」を実施。
★卒業生の進路状況
＜卒業生 265 名＞
大学 247 名、短大 0 名、専門学校 1 名、就職 0 名、その他 17 名
★卒業生の主な合格実績
東京大、宇都宮大、千葉大、筑波大、東京外国語大、東京学芸大、東京工業大、東京農工大、一橋大、横浜国立大、川崎市立看護大、高崎経済大、東京都立大、早稲田大、慶應義塾大、青山学院大、学習院大、上智大、中央大、東京理科大、法政大、明治大、立教大

[トピックス]

・県教育委員会指定の**学力向上進学重点校エントリー校**。

・文部科学省指定の**スーパーサイエンスハイスクール（SSH）**。東京都立大、横浜国立大、早稲田大、電気通信大、北里大などと連携した**高大接続プログラム**、総合的な探究の時間に替えて展開する**SS 課題研究**など、科学的探究力と国際性を備えた**次世代のリーダー**を育成している。
・長期休業等に、基礎から受験対策まで生徒のニーズに合わせた**補習・講習**を多数実施。
・部活動加入率約 90％、生徒の主体的な運営による学校行事など、生徒のほぼ全員が**文武両道**にチャレンジ。

[学校見学]（令和 5 年度実施内容）

★学校説明会　8・12 月各 1 回
★オープンスクール　10 月 1 回
★相翼祭文化部門　9 月　見学可

入試！インフォメーション

受検状況	年 度	学科・コース名	募集人員	志願者数	受検者数	合格者数	倍 率
	R6	普 通	279	349	344(2)	279	1.23
	R5	普 通	278	339	335(3)	278	1.19
	R4	普 通	278	344	335	278	1.20

県立 上溝南 (かみみぞみなみ) 高等学校

普通科

https://www.pen-kanagawa.ed.jp/kamimizominami-h/

〒252-0243　相模原市中央区上溝269
☎ 042-778-1981
交通　JR相模線番田駅　徒歩8分

制服　あり

[カリキュラム] ◇三学期制◇

・時間割は**50分×6時間**。
・1年次は、芸術選択以外は**共通履修**。
・2年次も共通履修だが、進路希望による必修選択科目を設置。
・3年次はⅠ系（人文社会）・Ⅱ系（理工）・Ⅲ系（文理）に分かれる。各系とも進路希望に対応した科目を設置。必修選択はⅠ系5単位、Ⅱ系5～7単位、Ⅲ系6～11単位。自由選択は0～9単位。

[部活動]

・1年次は全員参加制。
・朝や放課後、土日や休日も熱心に活動する生徒で活気にあふれている。県大会への出場権を獲得する部が多い。
・最近の主な実績は以下のとおり。
＜令和5年度＞
　女子ソフトテニス部1名、**女子ハンドボール部**2名が県代表として国民体育大会に出場した。
＜令和4年度＞
　男子バスケットボール部が2年連続で関東大会に出場、**男子ハンドボール部**が関東大会に出場、**ソフトテニス部**が女子個人で関東大会に出場、陸上競技部が400m男子で関東大会に出場などの成績を収めた。

★**設置部**
陸上競技、バスケットボール、ハンドボール、サッカー、バレーボール、ソフトテニス、硬式テニス、バドミントン、硬式野球、卓球、水泳、剣道、柔道、ソフトボール、ダンス、吹奏楽、美術、軽音楽、茶道、ギターアンサンブル、生物探究、演劇、合唱、料理、情報技術

[行　事]

　体育祭、及びそれに続いて行われる文化祭が最大の行事。この2つをまとめて**上南祭**という。
4月　社会見学
6月　ホタル観察会
7月　球技大会
8月　上南祭「体育部門」
9月　上南祭「文化部門」
10月　修学旅行（2年）
1月　ボキャブラリーコンテスト（英語）（1・2年）
3月　3年生を送る会、球技大会、合唱祭

[進　路] （令和5年3月）

・外部講師による**進路説明会**や大学・専門学校との連携など、**ガイダンス**が充実している。
・1年次に**文理選択研究会**（6月）や**大学訪問**（10月）などを、2年次に**分野別説明会**（10月）、**進路説明会**（3月）などを行う。

★**卒業生の進路状況**
　＜卒業生351名＞
　大学275名、短大12名、専門学校46名、就職4名、その他14名

★**卒業生の主な合格実績**
東京都立大、神奈川県立保健福祉大、青山学院大、学習院大、工学院大、國學院大、駒澤大、成蹊大、成城大、専修大、中央大、東京農業大、東京理科大、東洋大、日本大、法政大、武蔵大、武蔵野大、明治大、明星大、立教大

♣**指定校推薦枠のある大学・短大など**♣
青山学院大、成蹊大、専修大、玉川大、中央大、東京理科大、日本大、法政大　他

[トピックス]

・「チャレンジからその先の自分へ」が合言葉。「一人ひとりの可能性を広げ、高める上溝南高校。」をテーマとしている。
・「豊かな人間性と望ましい社会性を備え、地域や社会に貢献し、リーダーとして次世代を担う人材の育成」が教育目標。
・**明るさ・素直さ・優しさを持ち合わせ、何事にも常に全力投球する「上南生（かみなんせい）」**が本校一番の魅力。
・「チャレンジからその先の自分へ」を合言葉に清新溌剌とした校風の中で、一人ひとりのための「きめ細かな学習指導」と「キャリア教育」や活力ある部活動や学校行事、本校ならではの「SFP（サイエンス・フレンドリー・プログラム）」や地域連携・協働活動を通して、一人ひとりの可能性を広げ、高めていく。
・**ホタル観察会**、農業体験等を中心に地域と学び、歩む学校づくりに取り組んでいる。

[学校見学] （令和5年度実施内容）

★学校説明会　8・10・11月各1回
★上南祭文化部門　9月　見学可

入試！インフォメーション

受検状況	年　度	学科・コース名	募集人員	志願者数	受検者数	合格者数	倍　率
	R6	普　通	359	393	390	359	1.09
	R5	普　通	358	446	445(2)	358	1.24
	R4	普　通	358	387	387	359	1.07

県立 **橋本** 高等学校
（はしもと）

普通科

https://www.pen-kanagawa.ed.jp/hashimoto-h/

〒252-0143　相模原市緑区橋本 8-8-1
☎ 042-774-0611
交通　ＪＲ横浜線・相模線・京王線橋本駅　徒歩 15 分

制　服　あり

[カリキュラム] ◇三学期制◇

・1学年時では**少人数制・習熟度別授業**を取り入れ、基礎学力の充実を図る。
・2学年時では日本史探究・世界史探究、化学・生物が選択となる。また、古典探究・数学Ｂ・芸術Ⅱなどを含む2単位の選択科目が設定されている。
・3学年時には**文系・理系**に分かれ、文系は論理国語・地理総合・英語コミュニケーションⅢ・体育以外が**選択科目**となり、個々の希望に合った科目を選ぶことができる必修選択では、中国語や韓国語入門、幼児教育音楽など、自由選択では、スポーツⅢ（剣道・居合道）、器楽、ビジュアルデザイン、フードデザインなど、多彩な科目が用意されている。
・**武道教育**も特色の一つであり、3年間の体育の授業の中で、剣道または居合道を取り入れ、毎年2学期末に武道大会を開催。段級審査に挑戦する生徒もいる。

[部活動]

・約6割が参加。**剣道部**は全国大会出場の経験がある。
・最近の主な実績は以下のとおり。
＜令和5年度＞
軽音楽部が県コンテスト連盟会長賞、**吹奏楽部**が県吹奏楽コンクール銀賞などの成績を収めた。
＜令和4年度＞
剣道部が県新人大会で女子個人ベスト16、**軽音楽部**が県コンテスト連盟会長賞、**吹奏楽部**が県コンクール銀賞などの成績を収めた。
★**設置部**（※は同好会）
硬式野球、剣道、陸上競技、硬式テニス、ソフトテニス、サッカー、ハンドボール、バレーボール、バスケットボール、バドミントン、卓球、居合道、ワンダーフォーゲル、ダンス、茶道、吹奏楽、軽音楽、創作、家庭科、美術、パソコン、演劇

[行　事]

4月　新入生歓迎会、社会見学
6月　体育祭
7月　球技大会
9月　欅翔祭（文化祭）
10月　修学旅行
12月　寒稽古、武道大会
3月　球技大会

[進　路] (令和5年3月)

・1・2学年時に進路講演会、分野別説明会、学部・学科説明会を実施している。3学年時には**進路ガイダンス、学校別進路説明会、共通テスト説明会**などを行う。また、**インターンシップや就職希望者会社見学**も実施。
・希望者を対象に補習を実施している。

★**卒業生の進路状況**
＜卒業生277名＞
大学186名、短大9名、専門学校42名、就職9名、その他31名

★**卒業生の主な進学先**
青山学院大、亜細亜大、学習院大、國學院大、工学院大、国士舘大、駒澤大、成蹊大、成城大、専修大、中央大、津田塾大、帝京大、東海大、東洋大、獨協大、日本大、法政大、武蔵大、明治大、立教大

[トピックス]

・昭和53年創立。「心身共に健全で、広い視野と豊かな人間性をそなえ、世界の平和と繁栄に貢献できる人間を育成する」ことを**教育目標**としている。
・**国際理解教育**　英語圏への訪問研修、および、諸外国の中高生とのオンライン国際交流を行っている。また、種々の国際理解講座も実施している。
・「ＥＢＳ」という呼び方の**朝の10分の学習時間**を設置している。また、**実用英語技能検定**に挑戦する生徒も多くいる。
・**インクルーシブ教育実践推進校**に指定されている。また、**外国につながりのある生徒**も在籍しており、多様な学びを推進している。

[学校見学] (令和5年度実施内容)

★学校説明会　8・9・11月各1回
★学校へ行こうDay　10月1回
★「在県外国人等特別募集」対象学校説明会　12月1回
★欅翔祭文化部門　9月

入試！インフォメーション

受検状況	年　度	学科・コース名	募集人員	志願者数	受検者数	合格者数	倍　率
	R6	普　通	269	322	316(2)	269	1.17
	R5	普　通	268	275	274(2)	268	1.01
	R4	普　通	268	309	307	268	1.15

県立 相模田名 高等学校

さがみたな

https://www.pen-kanagawa.ed.jp/sagamitana-h/

☎ 252-0244　相模原市中央区田名 6786-1
☎ 042-761-3339
交通　JR 横浜線相模原駅・淵野辺駅・橋本駅　バス
　　　JR 相模線上溝駅　バス　番田駅　徒歩 25 分

普通科

制　服　あり

[カリキュラム]　◇三学期制◇

・50分授業を実施。
・2年次より科目選択制を導入し、**文系・理系**に分かれて学習する。
・インターネットなどを活用した情報教育に力を入れている他、1、2年次の数学Ⅰ、数学A、英語コミュニケーションⅠ・Ⅱでは3段階に分けた**習熟度別授業**を行っている。
・「わかる・できるが実感できる授業」を目指し、全職員が生徒の個性に応じた指導をしている。
・神奈川工科大、神奈川大、桜美林大、東京家政学院大などとの**高大連携**を実施。**大学の授業を受講して必要な条件を満たせば高校の単位として認定される**ほか、神奈川工科大のサマースクールへの参加や神奈川大のキャリア教育講座を受講することなども可能となっている。

[部活動]

・約6割が参加。
・**弓道部**は全国大会や関東大会に出場した実績がある。他の部活動も日々鍛錬をし、**演劇部**が県高校発表会で優秀賞を受賞（令和2年度）するなど、その成果を見せている。
・最近の主な実績は以下のとおり。
＜令和5年度＞
弓道部が県総体で女子団体6位・女子個人6位、関東個人選抜大会出場、県新人戦で男子団体7位、全国選抜県予選で男子個人7位などの成績を収めた。
＜令和4年度＞
弓道部が関東大会に男子・女子団体で出場。全国遠的の大会に女子団体で出場した。**茶道部**が全国高校総合文化祭に出場した。

★設置部（※は同好会）

陸上競技、野球、サッカー、ハンドボール、テニス、バレーボール、バスケットボール、バドミントン、剣道、柔道、弓道、ダンス、卓球、茶道、コンピュータ、芸術、軽音楽、吹奏楽、演劇、※料理

[行　事]

武道大会は**武道教育**にも熱心な本校ならではのもの。1・2年生が柔道、剣道、弓道のうちどれか一つを選択履修し、最後にここで技を競いあう。
4月　新入生歓迎会、社会見学
7月　球技大会
9月　相名祭（体育祭・文化祭）
10月　修学旅行（2年）
11月　ロードレース大会、キウイ収穫祭
12月　球技大会
3月　武道大会、球技大会

[進　路]

・1年次には専門学校講師による「**職業体験型進路説明会**」を実施。
・2年次以降は**進路適性検査**などを実施。
・神奈川大、神奈川工科大、桜美林大、東京家政学院大と**高大連携**を実施。これらの大学の授業を受けて、条件を満たせば、高校の単位として認定される。

★卒業生の進路状況（令和5年3月）

＜卒業生269名＞
大学129名、短大16名、専門学校81名、就職32名、その他11名

★卒業生の主な合格実績

桜美林大、神奈川大、神奈川工科大、関東学院大、駒澤大、相模女子大、多摩大、鶴見大、帝京大、田園調布学園大、東京工芸大、東洋大、日本大、文教大、法政大、明星大、横浜商科大、和光大

♣指定校推薦枠のある大学・短大など♣

桜美林大、神奈川工科大、杏林大、国士舘大、実践女子大、帝京大、東海大、東京医療保健大　他

[トピックス]

・令和4年度から3年間「教育課程研究開発校（シチズンシップ教育）」の指定を受けている。
・頭髪や服装、挨拶、「自転車」交通ルール、授業中の携帯電話使用など、生活面・学習面に関して家庭とも協力した指導を行っている。また、「早寝・早起き・朝ごはん」をスローガンとした**食育**にも取り組んでいる。

[学校見学]（令和5年度実施内容）

★学校説明会　8・10・11・12月　各1回
★部活動体験　8月1回
★相名祭　9月
★学校見学は学校行事日を除き随時可（要連絡）

入試！インフォメーション

受検状況	年　度	学科・コース名	募集人員	志願者数	受検者数	合格者数	倍　率
	R6	普　通	279	343	340	279	1.23
	R5	普　通	318	344	343	318	1.08
	R4	普　通	278	285	283	279	1.01

県立 **相模原城山** 高等学校
（さがみ はら しろやま）

https://www.pen-kanagawa.ed.jp/s-shiroyama-h/

〒252-0116　相模原市緑区城山 1-26-1
☎ 042-782-6565
交通　ＪＲ横浜線・相模線・京王線橋本駅　バス

普通科

単位制

制　服　あり

[カリキュラム]◇二学期制◇
・1年次は芸術を除いて全員が共通の科目を学習する。
・2年次は8単位の必修選択科目と2単位の自由選択科目が設置される。
・3年次には文学国語、政治・経済、体育、英語コミュニケーションⅢ以外はすべて**選択科目**となり、希望する進路に応じた学習をすることができる。
・2・3年次の自由選択科目には「**ロボットプログラムの基礎**」や「**多文化フィールドワーク**」という短期集中講座が開講される。

[部活動]
・ひまわりクラブは幼児教育の科目選択者（3年生）を中心に保育園などで人形劇の公演や文化祭への招待などを行っている。**おひさまクラブ**はその活動を1・2年生でも行うもの。
・最近の主な実績は以下のとおり。
※旧・城山高校のデータ
＜令和4年度＞
野球部が選手権大会県予選で県ベスト16に進出した。
＜令和3年度＞
書道部が全日本高校書道コンクールで4席優秀賞を、**放送部**がNHK杯神奈川大会のラジオドラマ部門で奨励賞をそれぞれ受賞した。**卓球部**が関東予選と総体予選の男子団体で県ベスト16、**ハンドボール部**が新人戦で県ベスト16、**男子バレーボール部**が関東予選で県ベスト32の成績をそれぞれ収めた。
★設置部（※は同好会など）
野球、バドミントン、陸上競技、サッカー、バレーボール（男女）、ハンドボール、卓球、バスケットボール（男女）、剣道、テニス、ソフトテニス、ダンス、美術、書道、演劇、放送、吹奏楽、軽音楽、茶道、創作、生物、※水泳、※料理研究、※パソコン、※ひまわりクラブ、※おひさまクラブ

[行　事]
5月　遠足（1・3年）、学年行事（2年）
9月　輝城祭（文化の部）、遠足（2年）
10月　修学旅行（2年）、地域貢献デー
11月　輝城祭（体育の部）
12月　球技大会

[進　路]（令和5年3月）
※旧・城山高校のデータ
★卒業生の進路状況
＜卒業生258名＞
大学60名、短大22名、専門学校110名、就職43名、その他23名
★卒業生の主な進学先
麻布大、桜美林大、神奈川大、神奈川工科大、相模女子大、松蔭大、杉野服飾大、高千穂大、多摩大、鶴見大、帝京大、帝京科学大、田園調布学園大、桐蔭横浜大、東京医療学院大、東京工芸大、東京農業大、東京福祉大、日本大、人間総合科学大、法政大、明星大、和光大
♣指定校推薦枠のある大学・短大など♣
麻布大、神奈川大、神奈川工科大、工学院大、産業能率大、専修大、大東文化大、拓殖大、玉川大、中央大、帝京大、二松學舎大、日本大、法政大、明星大、立正大　他

[トピックス]
・令和5年4月、県立城山高校と県立相模原高校が再編・統合され、**単位制普通科高校**として開校した。
・旧・城山高校は平成28年度にＩＣＴ**利活用授業研究推進校**に指定されており、授業でG Suiteやロイロノートを使用。生徒はスマートフォンやiPad、chrome bookを使って授業を受ける。同指定は相模原城山高校に受け継がれた。
・旧・相模原高校の受けていた**プログラミング教育研究推進校**の指定を引き継いだ。
・47,000㎡の広大な敷地に、第1、第2グラウンド（野球場）がある。
・ボランティア活動として、学校前道路脇に「**ふれあい花壇**」を作り、地域環境美化に貢献している。
・地域との結合の一環として、幼児教育選択生徒を中心に、「ひまわりクラブ」が人形劇を創作し、地域のこどもセンター等で公演を行う。
・神奈川工科大学と高大連携協定を結んでおり、令和5年度には「ロボット制御プログラミング」の講座が開かれた。

[学校見学]（令和5年度実施内容）
★学校説明会　8・11月各1回
★オープンスクール　10月1回
★学校見学会　12月1回
★輝城祭文化の部　9月　見学可

入試！インフォメーション

受検状況	年　度	学科・コース名	募集人員	志願者数	受検者数	合格者数	倍　率
	R6	普　通	279	333	328	279	1.18
	R5	普　通	278	284	284	278	1.02
	R4	普　通	278	302	301	279	1.08

県立 津久井(つくい) 高等学校

普通科
福祉科

https://www.pen-kanagawa.ed.jp/tsukui-h/

☎ 252-0159　相模原市緑区三ケ木272-1
☎ 042-784-1053
交通　ＪＲ中央線相模湖駅、ＪＲ横浜線・相模線・京王線橋本駅　バス

制服　あり

[カリキュラム] ◇三学期制◇

各生徒の個性を伸ばすための**多様な選択科目の設置**と、基礎学力向上のための**少人数学習**を特色とする。

★普通科

・1年次の「数学Ⅰ」「コミュニケーション英語Ⅰ」では、習熟度別少人数のクラス編成で学び直しなども行いながら、わかりやすく、ていねいな学習指導を行う。

・選択科目では、「理数探求基礎」「ファッション造形基礎」「スポーツⅡ」「器楽」といった専門的な学習ができる科目や、「コミュニティ・イベント」「津久井の環境と産業」といった地域密着の学校独自科目もあり、生徒の進路や興味・関心に合わせた選択ができるため、進学にも就職にも対応できる教育課程である。

・資格取得につながる科目など、卒業後実際に役に立つ授業を数多く設置している。

★福祉科

・2年生修了時に**介護職員初任者研修課程**、3年生で**介護福祉士国家試験受験資格**を取得することができる（神奈川県の**県立高校では唯一**）。そのために卒業までに必要となる単位数は100単位以上。

・行政や医療などの外部専門機関と連携し、短期集中講座を開講するなど、多様な学習の機会が設けられる。

・かつての社会福祉コースにおける学習内容は**高齢者福祉**が中心だったが、積極的に障害者福祉施設や児童福祉施設の訪問なども行い、福祉について幅広く学んでいる。

・3年生の**国家試験対策講座**（放課後や長期休業中）や年2回の模擬試験・個別面談など、きめ細かい指導で介護福祉士国家試験合格を支援している。

・平成27年度から3年間**神奈川県高校生介護技術コンテスト**で連続優勝し、県代表として関東大会に出場した。

・令和4年度、**関東地区高校生介護技術コンテスト**で最優秀校を受賞し、全国産業教育フェア青森大会に関東地区代表として出場した。

[部活動]

・**ボート部**は全国選抜大会優勝（平成23年度）、全日本ジュニア大会優勝（24年度）、インターハイ準優勝（26年度）、関東大会第3位（令和3年度）などの実績を誇る強豪。

・**茶華道部**は地域の障害者施設と交流を行っており、県教育委員会から表彰を受けた。

★設置部

野球、陸上競技、サッカー、ソフトテニス、ボート、バレーボール、バスケットボール、バドミントン、卓球、剣道、柔道、ダンス、茶華道、書道、美術、吹奏楽、軽音楽、漫画研究、技芸、演劇、自然科学、情報研究

[行　事]

・**強歩大会**（4月）は近所の山へ全員でハイキングするユニークな行事。

・常磐祭文化の部を9月、体育の部を10月に実施。その他、修学旅行や社会見学（10月）、芸術鑑賞会（11月）、クリスマス芸術祭（12月）、学年レク（1月）などを行う。

[進　路]（令和5年3月）

進学と就職のそれぞれに対応した夏季講習、各種のガイダンス、個別面談など、親身な進路指導を行っている。

★卒業生の進路状況

＜卒業生101名＞
大学6名、短大6名、専門学校22名、就職52名、その他15名

★卒業生の主な進学先

神奈川工科大、松蔭大、田園調布学園大、横浜美術大

[トピックス]

・明治35年に創立された津久井郡立乙種蚕業学校を基盤とし、昭和21年津久井高等学校を創立。平成8年に専門コースとして「社会福祉コース」を設置した（平成25年、「**福祉科**」に改編）。卒業生は地域の福祉施設で活躍している。

・「**本校が育てたい生徒の姿**」
　　（全日制普通科・福祉科共通）
○基本的な生活習慣を身に付け、言動・行動を律することのできる生徒
○意欲をもってチャレンジする気持ちを持つ生徒
○他者とのコミュニケーションを大切にする生徒
　　（全日制福祉科）
○福祉分野に対する関心・意欲の高い生徒
○福祉職（介護福祉士等）を目指す意思を持つ生徒

・令和4年度から令和6年度、神奈川県の「**教育課程研究開発校（総合的な探求の時間）**」地域研究の指定を受けた。

[学校見学]（令和5年度実施内容）

★学校説明会　8・12月各1回
★福祉科体験入学　9・11月各1回
★文化祭　9月
★学校見学は可・指定日時有（要連絡）

入試！インフォメーション

受検状況	年　度	学科・コース名	募集人員	志願者数	受検者数	合格者数	倍　率
	R6	普　通	159	87	86	87	1.00
		福　祉	39	8	8	8	1.00
	R5	普　通	158	105	104	104	1.00
		福　祉	39	29	29	29	1.00

学校ガイド

＜定時制・通信制＞

学校を紹介したページの探し方については、2ページ
「この本の使い方＜知りたい学校の探し方＞」を参照して
ください。

普通科

県立 横浜明朋 高等学校
（よこはままめいほう）

https://www.pen-kanagawa.ed.jp/y-meiho-h/

〒234-0054　横浜市港南区港南台9-18-1
☎ 045-836-1680
交通　JR京浜東北・根岸線港南台駅　徒歩10分

単位制
定時制（二部制）
制　服　あり

[カリキュラム] ◇二学期制◇
・45分×4限が基本。
・4年間での卒業が原則であるが、午前部・午後部間での部間併修や学校外の学修の単位認定などの制度を活用し、卒業に必要な74単位を修得することで3年間での卒業も可能。
・1、2年次は、必履修科目を多く学習し、生徒一人ひとりの興味・関心を広げる。
・1年次の芸術科目は、音楽Ⅰ・美術Ⅰ・書道Ⅰの中から選択。
・毎日10分間の学びの時間「スタート」を設定。学習の基本となる集中力・語彙力・読解力・聞き取る力を養成するとともに、社会に関心を持ち、社会とつながることを目的とした時事問題を理解する活動を行う。
・1年次では、中学校までの学習内容を学び直す授業進度としている。特に1年次前期は、数学と英語で中学校での学習の定着を図る。さらに、国語・数学・英語の基礎学力を一層確実なものにする「国語入門」「数学入門」「英語入門」を自由選択科目に設置。
・外国につながる生徒を対象に「日本語」の授業を自由選択科目に設置。1年次から3年次まで履修することができ、3年次で選択できる「日本語C」の授業では、日本語能力試験N3合格程度の日本語能力習得を目指している。
・3・4年次は、必履習科目と総合（みらい）以外の科目は興味や関心、進学・就職などの進路希望に応じて選択する。

[部活動]
・平日の部活動は、午後部の授業終了後が主な活動時間となる。
・最近の主な実績は以下のとおり。
　＜令和5年度＞
　全国定通大会に男子ソフトテニス部、女子ソフトテニス部、剣道部、陸上競技部が出場した。

★設置部
硬式野球、サッカー、陸上競技、バスケットボール、バドミントン、ダンス、剣道、バレーボール、卓球、ソフトテニス、弓道、吹奏楽、美術、軽音楽、情報処理、写真、演劇、調理、書道、合唱

[行　事]
校外研修、文化祭、百人一首大会、球技大会、研修旅行（2年）を実施。

[進　路]（令和5年3月）
★キャリア教育
・1年次「自分を知り、他者を知る」、2年次「社会を知り、働く意義を考える」、3・4年次「将来を考え、社会とつながる」といった目標を定め、系統的なキャリア教育を行う。
・社会生活実践力を育成するため、総合的な探究の時間「みらい」を中心とし、教科学習・特別活動を相互に関連させながら、発達段階に応じてステップアップを図るキャリア学習を行う。全年次において分野別進路ガイダンスを実施している。

★生徒支援
・ルール・マナーを大切にし、生活指導を重視することで、安心してすごせる学校づくりを進める。
・定時制高校であるが制服を定め、学校・地域への帰属意識や高校生としての自覚を高める。
・「かかわる・寄り添う・見守る」姿勢で生徒一人ひとりを支援する。

★卒業生の進路状況
　＜卒業生152名＞
　大学18名、短大1名、専門学校51名、就職48名、その他34名

★卒業生の主な進学先
桜美林大、相模女子大、湘南工科大、帝京科学大、田園調布大、桐蔭横浜大、東京工芸大、二松學舍大、日本経済大、横浜芸術大、横浜商科大

[トピックス]
・平成26年、二部制の昼間定時制高校として開校。午前部と午後部のほか、午前部と午後部をつなぐ時間として、両部の生徒が委員会活動を行う時間であるブリッジタイムを設定。
・昼間の時間帯に1日4時間の授業を受け、ゆっくりじっくりきめ細かく学習し、自らの可能性を切り拓くことができる「フロンティアスクール」（神奈川県立の多部制定時制高校の愛称）。
・指定校も多数あり、単位制の仕組みを活かした進学できる昼間定時制高校である。

[学校見学]（令和5年度実施内容）
★施設見学会　8月2回
★学校説明会　11・12・1月各1回
★在県外国人等特別募集対象学校説明相談会　12月1回

入試！インフォメーション

受検状況	年　度	学科・コース名	募集人員	志願者数	受検者数	合格者数	倍　率
	R6	普通・午前部	133	100	97(1)	97	1.00
		普通・午後部	133	41	40(1)	39	1.00
	R5	普通・午前部	133	116	113	113	1.00
		普通・午後部	133	31	31	31	1.00

横浜市立 横浜総合 高等学校

よこはまそうごう

総合学科

https://www.edu.city.yokohama.lg.jp/school/hs/y-sogo/

〒232-0061　横浜市南区大岡2-29-1
☎ 045-744-1900
交通　横浜市営地下鉄弘明寺駅　徒歩3分
　　　京浜急行線弘明寺駅　徒歩10分

単位制

定時制（三部制）

[カリキュラム] ◇二学期制◇
・定時制課程のため、1日4時限学習し、4年間をかけて卒業に必要な単位を修得するのが基本だが、「**プラスの授業**」として他の部の時間帯の授業を選択することにより、**3年間で卒業することが可能**である。
・2年次以降は、**ビジネス・エンジニア・生活文化**の3系列に分類される総合選択科目群や自由に選択できる科目群から、進路の希望や興味・関心に合わせて選択が可能である。

★ビジネス系列
経済、法律、会計のしくみや情報処理の技術などを学ぶ。主な科目は「経済活動と法」「簿記」など。簿記やワープロなどの資格取得にも挑戦可能。

★生活文化系列
衣食住について体験しながら学ぶ。主な科目は「ファッション」「フードデザイン」「カラーデザイン」など。

★エンジニア系列
機械や自動車、電気や住居などについて体験的に学ぶ。主な科目は「工業技術基礎」「ものづくりA・B・C」など。

[部活動]
最近の主な実績は以下のとおり。
＜令和4年度＞
全国定時制通信制体育大会において、**バドミントン部**が女子団体優勝、**剣道部**が団体準優勝、**ソフトテニス部**が団体3位という成績を収めた。
＜令和3年度＞
全国定時制通信制体育大会において、陸上競技部が800mで2位、砲丸投げで3位。**卓球部**が3位。バド

ミントン部が女子団体で準優勝した。

★設置部（※は同好会）
吹奏楽、バスケットボール、ソフトテニス、バドミントン、ボクシング、ダンス、陸上競技、剣道、サッカー、ボランティア、うた、書道、アコースティックミュージック、美術、脱出ゲーム、吹奏楽、軽音楽、鉄道研究、企画、※アニメ・ゲーム、※漫画・イラスト、※ビジネス資格研究、※ものづくり、※百人一首

[行　事]
・「より具体的な進路イメージ」や「未知の分野との出会い」を生徒に提供するため、大規模な職業体験・職業ガイダンスである「**横総未来博**」を開催。例年、70以上の一般企業・大学・専門学校の協力を得て実施している。
・新入生歓迎行事、スポーツ祭、横総祭（文化祭）、国際理解教室、卒業生を送る会の他、生徒会主催行事として、遠足、バス遠足を実施。

[進　路]（令和5年3月）
・1年次より**適性検査、進路説明会、各種講座**（作文や面接マナー）を実施し、進路選択指導のほか**個別相談**にも対応。
・**検定・資格取得**に対応した講座の開講や**インターンシッププログラム**（起業・役所・被災地等）を実施している。この他にもあらゆる機会を通じて**キャリア教育**を行っている。

★卒業生の進路状況
＜卒業生232名＞
大学37名、短大1名、専門学校98名、就職41名、その他55名

★卒業生の主な進学先
麻布大、桜美林大、神奈川大、鎌倉女子大、関東学院大、相模女子大、産業能率大、湘南医療大、鶴見大、帝京大、田園調布学園大、東海大、東京工芸大、日本女子体育大、文教大、ヤマザキ動物看護大、和光大

[トピックス]
・県内初の**午前・午後・夜間の三部制**をとる総合学科高校として、平成14年に開校した。自分のライフスタイルにあわせた学び方ができる。
・毎週水曜日に1階のフリースペースでカフェ型式の交流・相談の場として「**ようこそカフェ**」を開催している。
・ボランティアや地域清掃、高齢者との交流といった**社会貢献**や、弘明寺商店街や南区におけるイベントへの参加など、**地域との連携**に力を入れている。

[学校見学]（令和5年度実施内容）
★個別相談会　8月2回（予約制）
★学校説明会　11月1回
★進路相談会　12月3回

入試！インフォメーション

受検状況	年　度	学科・コース名	募集人員	志願者数	受検者数	合格者数	倍　率
	R6	総合I部	144	165	165	144	1.15
		総合II部	98	102	100	98	1.03
		総合III部	108	39	39	56	0.70
	R5	総合I部	144	156	156	144	1.08
		総合II部	98	148	147	98	1.50
		総合III部	108	36	35	88	0.40

県立 川崎 (かわさき) 高等学校

https://www.pen-kanagawa.ed.jp/kawasaki-h/

〒210-0845　川崎市川崎区渡田山王町22-6
☎ 044-344-6857
交通　ＪＲ南武線支線(浜川崎線)川崎新町駅　徒歩3分
　　　ＪＲ京浜東北線・東海道線・南武線川崎駅　バス
　　　京浜急行線八丁畷駅　徒歩13分

普通科

| 単位制 |
| フレキシブルスクール |
| 定時制 |
| 制　服　標準服あり |

[カリキュラム] ◇二学期制◇
・90分授業。
・入学時より担任・チューターが親身にきめ細かく指導している。
・3校時から6校時が定時制の時間帯であり、3〜4校時には全日制と共通の多彩な選択科目がある。また、2年次以上は午前中の授業の受講も可能。
・定時制の課程のみで3年間で卒業することができる。

[部活動]
・写真部は過去に全国高校総合文化祭で県代表となったことが3回ある。
・最近の主な実績は以下のとおり。
＜令和4年度＞
　吹奏楽部が川崎吹奏楽コンクールで銀賞を受賞した。

★設置部(※は同好会)
　剣道、サッカー、卓球、ソフトテニス、テニス、バスケットボール、バドミントン、ESS、イラスト研究、競技かるた、クッキング、コンピュータ、茶道、写真、手芸、将棋、書道、陶芸、吹奏楽、美術、文芸、放送、ボランティア、漫画研究、養蜂、※演劇、※多文化クラブ

[行　事]
5月　校外活動、体育祭
6月　生活体験発表会
9月　輝葉祭(文化祭)、市内定時制弁論大会
10月　研修旅行
12月　校外学習

[進　路]
・分野別進路ガイダンスや保護者のための大学進学講座を実施。
・職業体験講座や長期休業中の進路補習を行っている。
・進路指導室では担任・チューターによる進路指導が行われている。

★卒業生の進路状況(令和5年3月)
　＜卒業生50名＞
　大学10名、短大2名、専門学校12名、就職8名、その他18名

★卒業生の主な合格実績
　桜美林大、神奈川大、関東学院大、駒澤大、女子美術大、東洋大、酪農学園大、神奈川県立産業技術短期大学校

♣指定校推薦枠のある大学・短大など♣
　麻布大、桜美林大、神奈川大、鎌倉女子大、関東学院大、工学院大、国士舘大、駒澤大、女子美術大、専修大、拓殖大、多摩大、玉川大、鶴見大、帝京大、桐蔭横浜大、東海大、東京工科大、東京工芸大、東京電機大、東京都市大、東京農業大、立正大　他

[トピックス]
・フレキシブルスクール(単位制普通科高校)として平成26年度に10周年を迎えた。全定一体の全国的に珍しい学校運営を行っている。
・社会人聴講生の受け入れや県川公開講座・セミナーを通じて地域や社会に開かれた学習を実施している。公開講座は「手話入門」「工芸と書」「プリザーブドフラワー」の3講座が開講された。
・単位制普通科・多彩な選択科目・標準服などすべて全定共通だが、以下の定時制独自の制度がある。

★定通併修
　県立横浜修悠館高校と提携し、本校に在籍しながら通信制の授業を受講できる。

★定時制チューター
　生徒自らの進路実現のため、興味や進路希望によってチューター(もう1人の担任)を選べる。履修指導や面接練習、交流会などを共に行う。

★定時制学力向上プログラム
　国数英の基幹科目について、進学に必要な基礎力を鍛えると同時に、就職に必要な一般教養を身につける。

[学校見学] (令和5年度実施内容)
★学校見学会　10・12月各1回
★夜の授業見学会　＜一般向け＞11・12月各1回　＜外国につながりのある生徒向け＞10月1回
★輝葉祭　9月　見学可

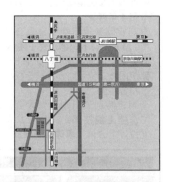

入試！インフォメーション

受検状況	年　度	学科・コース名	募集人員	志願者数	受検者数	合格者数	倍　率
	R6	普　通	70	73	71	72	1.00
	R5	普　通	70	55	55	55	1.00
	R4	普　通	70	72	72	72	1.00

川崎市立 川崎（かわさき）高等学校

普通科

定時制

https://kawasaki-edu.jp/5/70202kawasaki-tei/

〒210-0806　川崎市川崎区中島 3-3-1
☎ 044-244-4981
交通　ＪＲ京浜東北線・東海道線・南武線川崎駅、京浜急行線京急川崎駅　バス
京浜急行線大師線港町駅　徒歩 12 分

[カリキュラム] ◇三学期制◇
★＜一般コース＞
・令和３年度より、昼間部のみ募集。
・個に応じた指導・支援がなされている。１年次の授業は**少人数クラス編制**できめ細かい指導が行われる。３年次には「国語応用」「数学Ｂ」「地理研究」「物理基礎」「実務情報」「グローバル英語」の中から必要なものを選択して学習する。
・高等学校卒業程度認定試験の合格科目や「英検」「漢検」などの技能審査の成果の単位認定を併せて利用すれば、**３年間で卒業も可能**である。
・時程は以下のとおり。
＜昼間部（月火木金）＞
14:15～14:25　ＳＨＲ
14:25～　　　１時限
15:10～　　　２時限
16:00～　　　３時限
16:45～　　　４時限
17:25～17:35　清掃・ＳＨＲ
＜昼間部（水）＞
15:50～16:00　ＳＨＲ
16:00～　　　１時限
16:45～　　　２時限
17:40～　　　３時限
18:25～　　　４時限
19:05～19:15　清掃・ＳＨＲ
★＜日本語学習コース＞
・主に日本語を母語とせず、学習に困難が予想される生徒に対応している。

[部活動]
・最近の主な実績は以下のとおり。
＜令和４年度＞
バドミントン部が全国定通大会の男子団体で優勝した。陸上部とバレーボール部男子も全国定通大会に出場した。音楽部が県定通芸術祭（軽音楽）で優秀賞を受賞した。
＜令和３年度＞
サッカー部が川崎地区定時制大会準優勝、バスケットボール部が川崎地区大会男子の部優勝、バドミントン部が県定通大会男子団体３位・女子団体優勝などの成績を収めた。
★設置部
軟式野球、卓球、陸上競技、サッカー、バスケットボール、バレーボール、バドミントン、音楽、美術

[行　事]
4月　社会見学
5月　修学旅行（4年）
6月　体育祭
7月　校内弁論大会
10月　文化祭
11月　校外学習
2月　送別会

[進　路] (令和５年３月)
キャリア教育の一環として、大学教授、企業人、NPO法人、卒業生などを外部講師として招き、**講話や体験学習**を通して自分と社会のつながりを考える機会を設けている。
★卒業生の進路状況
＜卒業生63名＞
大学２名、短大０名、専門学校14名、就職23名、その他24名
★卒業生の主な合格実績
神奈川工科大、日本大、県立産業技術短期大学校

[トピックス]
・昭和23年に定時制課程が設置。教育方針として「ふれあいを重視し、生徒に自信を持たせる教育」「最後まで見守る教育」「きめの細かい弾力性のある教育」を目指している。
・生徒たちが卒業後の自分の生き方を考えていく機会として、年間を通した「**キャリア教育プログラム**」の中で、**事業所見学、職業体験、NPO法人を招いた語り合いの場**などを実施。
・平成26年に新校舎に移転し、全日制高校、定時制高校、附属中学校、南部療育センターからなる６階建ての**大型複合教育施設**となった。
・令和５年度入学生より**日本語学習コース**を設置。

[学校見学] (令和５年度実施内容)
★学校説明会　11月１回
★在県外国人等特別募集　学校説明会
**　12月１回**
★文化祭　10月　限定公開
★個別の学校見学は対応可（要相談）

入試！インフォメーション

受検状況	年度	学科・コース名	募集人員	志願者数	受検者数	合格者数	倍率
	R6	普通・昼間部	132	66	65	66	1.00
	R5	普通・昼間部	132	76	76	76	1.00
	R4	普通・昼間部	140	55	55	55	1.00

県立 厚木清南 高等学校

あつぎせいなん

普通科

単位制
フレキシブルスクール
定時制
制　服　標準服あり

https://www.pen-kanagawa.ed.jp/atsugiseinan-h/

〒243-0021　厚木市岡田1-12-1
☎ 046-228-1608
交通　小田急線本厚木駅　徒歩13分

[カリキュラム] ◇二学期制◇

・定時制の講座は、3・4・5・6限（13:15～20:45）が基本的な時間帯。制限はあるが、1・2限の授業も履修が可能。

・授業は**1時限90分の少人数制**が基本。数学Ⅰ・英語コミュニケーションⅠなどの授業では**習熟度別授業**を実施している。学習する科目には、必履修科目以外に豊富な自由選択科目があり、一人ひとりの生徒が自分の**興味・関心・進路希望**に応じた選択ができる。

・生徒は自分の興味・関心や進路希望に応じて作った**フレキシブルな独自の時間割**をもとに、通常は4年間で卒業する。ただし、全日制の授業や通信制の科目を履修したり（**全日制・通信制との課程間併修制度**）、上に述べた制度を活用するなどして**74単位以上**取得することで、**3年で卒業**することもできる。

・**高等学校卒業程度認定試験の合格科目**、ボランティア活動、校外講座、就職体験活動、スポーツ・文化活動といった**学校外の活動**を、単位認定する制度がある。

・**学校間連携**の一環として、町田デザイン専門学校、岩谷学園および湘北短大で所定の科目を受講すると、それも単位として認められる。

・**英語、漢字、数学**などの検定に関しては、合格した級に応じて所定の単位を認定する。

[部活動]

部活動は自由参加。6限終了時の20時45分から最終下校時刻の22時15分までが活動時間。

★設置部（※は同好会）

陸上競技、サッカー、バスケットボール、バドミントン、卓球、ダンス、軟式野球、茶道、美術、写真、軽音楽、歴史研究、※フォークソング、※総合科学、※ハンドメイド

[行　事]

5月	遠足
9月	研修旅行、スポーツ大会
10月	SEINAN祭（文化祭）
2月	神奈川県定通生徒作品展
3月	芸術鑑賞会

[進　路]（令和5年3月）

・全日・定時共用の**進路指導室、ガイダンス室、資料室**がある。定期的に就職・進学ともに講習や面談を行うなど、**充実したキャリア教育**を実施。

・1年次で、自身の進路について考える学校設定科目**キャリアデザイン**を履修し、2年次には、**インターンシップ**への参加を推奨。将来を見据えた進路選択を支援している。

・外部講師や卒業生を招いての講演会も行っている。

・夏期休業中には**夏期講習や集中講座**を実施している。

★卒業生の進路状況

＜卒業生67名＞
大学8名、短大1名、専門学校9名、就職44名、その他5名

★卒業生の主な進学先

神奈川大、鎌倉女子大、相模女子大、東海大、東京工芸大、文教大、立正大、産業技術短期大学校

[トピックス]

・昭和24年に厚木東高校定時制として発足。その後厚木南高校に引き継が

れ、**県央地域最大の定時制高校**として多くの卒業生を輩出してきた。平成17年に厚木清南高校と名称を変更、**単位制フレキシブルスクール**として再出発した。

・**県内唯一の3課程**（全日制・定時制・通信制）併設型フレキシブルスクールである。

・**工芸教室**では陶芸・革工芸、木工工芸を学ぶことができる。

・2万冊の蔵書を持ちDVDの視聴が可能な図書室をはじめ、最新のコンピュータを完備したPC教室やCALL教室、トレーニングルーム、映画館並の視聴覚室など、**充実した設備を誇る**。

・標準服はあるが服装は**自由**。

[学校見学]（令和5年度実施内容）

★定通合同説明会　12月1回
★学校説明会　1月1回
★学校見学は随時可（要連絡）

入試！インフォメーション

受検状況	年　度	学科・コース名	募集人員	志願者数	受検者数	合格者数	倍　率
	R6	普　通	105	46	45	45	1.00
	R5	普　通	105	105	105	105	1.00
	R4	普　通	105	59	58	58	1.00

普通科

県立 相模向陽館 高等学校
さがみ こう よう かん

https://www.pen-kanagawa.ed.jp/sagamikoyokan-h/

〒252-0003 座間市ひばりが丘3-58-1
☎ 046-298-3455
交通　相模鉄道線さがみ野駅　徒歩18分
　　　相模鉄道線相模大塚駅　徒歩20分
　　　小田急線鶴間駅　徒歩25分

単位制
定時制（二部制）
制　服　標準服あり

[カリキュラム]◇二学期制◇
・45分4限が基本。
・卒業には3年間以上在籍し、必履修科目の履修と74単位の修得が必要。
・定通併修（横浜修悠館高校通信制課程の単位修得が可能）、技能審査やボランティア活動、校外講座、高等学校卒業程度認定試験の合格などによる単位認定を行うため、3年間での卒業も可能。
・「すこやか（総合的な探究の時間）」を中心に、体験や実習を取り入れながら「よりよい人間関係づくり」について学び、社会の中でたくましく生きてゆく力を身につけることをめざしている。
・学校設定科目として「ステップ」を設置。読む力・書く力・計算力を養い、基礎的な学力の向上をめざす。
・自由選択科目には、基礎・基本の定着、さらなる学力の向上、主体的な体験、共に育ち合う、これからの進路のための科目など、多種多様な目的に応じたものが用意される。

[部活動]
・令和5年度は、サッカー部、バレーボール部、バドミントン部、陸上部が定時制全国大会に出場した。
・畑部では自分たちで作った野菜を調理し、様々な料理に挑んでいる。
★設置部（※は同好会）
硬式野球、バドミントン、ハンドボール、バスケットボール、サッカー、テニス、卓球、バレーボール、陸上、ダンス、剣道、演劇、軽音楽、畑、茶道、吹奏楽、文芸、美術、まんが、料理、かるた、ハンドメイド、ゲーム制作研究、写真、合唱、※放送、※天文、※生物、※映像研究、※ボランティア、※模型

[行　事]
5月　遠足（全学年）
6月　体育祭
9月　宿泊研修（2年、3年）
10月　文化祭

[進　路]（令和5年3月）
・将来への学びを1年次より段階を追って計画的に実施。
・2年次・3年次の進路ガイダンスでは、生徒一人ひとりが興味を持っている分野の職業について、模擬体験を通して実際の仕事内容を学習する。また、大学進学希望者には、入試制度などについての説明会を外部講師を招いて実施する。
★卒業生の進路状況
＜卒業生156名＞
大学18名、短大2名、専門学校51名、就職51名、その他34名
★卒業生の主な進学先
桜美林大、神奈川工科大、関東学院大、相模女子大、松蔭大、湘南工科大、上武大、玉川大、東海大、桐蔭横浜大、東京工芸大、東京通信大、東洋英和女学院大、日本経済大、横浜美術大、和光大

[トピックス]
・平成22年、午前部・午後部の二部制の定時制高校として開校した。あたたかな人間関係づくりを大切にし、自信をもって社会に巣立つことができるよう生徒を支援していく学校である。
・午前部と午後部の間の時間帯を利用して、トライアルタイムを設置。学校行事や生徒会活動などの特別活動や、部活動やボランティア活動などの課外活動を行う。
・個に応じた支援教育の推進やガイダンス・カウンセリング機能の充実など、「多彩な教育活動」が展開される。
・同世代・異世代交流を促進し、確かな学びの場と機会を提供することで、「共に学び育ち合う教育」を充実させる。
・学校・家庭・地域の教育機能の充実と、地域による学校の応援団組織の設置・運営によって、「学びのネットワーク」の構築をめざす。

[学校見学]（令和5年度実施内容）
★学校説明会　8・10・12月各1回
★日本語を母語としない生徒のための高校進学ガイダンス　9・10月
★外国につながる生徒・保護者対象説明会　12月1回
★個別相談会　1月1回
★学校見学は随時可（要連絡）

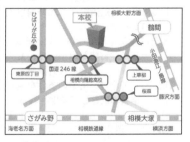

入試！インフォメーション

受検状況	年　度	学科・コース名	募集人員	志願者数	受検者数	合格者数	倍　率
	R6	普通・午前部	130	151	145	133	1.12
		普通・午後部	130	126	124	130	0.95
	R5	普通・午前部	130	139	138	131	1.06
		普通・午後部	130	83	81	87(1)	0.92

普通科

県立 横浜修悠館 高等学校
（よこはましゅうゆうかん）

https://www.pen-kanagawa.ed.jp/y-shuyukan-h/

☎ 245-0016　横浜市泉区和泉町 2563
☎ 045-800-3711
交通　相模鉄道いずみ中央駅　徒歩 10 分
　　　横浜市営地下鉄　下飯田駅　徒歩 15 分

単 位 制
通 信 制

[カリキュラム]　◇二学期制◇

- 自分のスタイル、ペースで学び、高校卒業資格が得られる**単位制**による「**通信制**」の高校である。
- 「レポート」と呼ばれる、本校の職員が作成した、教科書の内容に準拠した課題集を通した添削指導と、学校で教員から指導を受ける**スクーリング**が学習の中心。
- 「**平日講座**」……各自の時間割をもとに、スクーリングの中でのレポート完成を目指す講座。
- 「**日曜講座**」……日曜日に登校し、スクーリング出席回数は平日講座より少なくすませ、自学自習でレポートを完成させる講座。
- 「**IT講座**」……日曜日のスクーリングに出席して、最低出席回数を満たし、ITコンテンツを利用して自学自習でレポートを完成させ、主にオンラインでレポートを提出する講座。生徒は、科目ごとに、これらの学習形態を選ぶことができる。
- 自ら学ぶ力、思いやる力、社会と関わる力の育成をめざす。
- **総合的な探究の時間**（未来づくりⅠ～Ⅲ）を軸に、学習活動全体でキャリア教育を進める。
- 卒業のためには、**3 年以上の在籍、必履修科目すべての履修、74 単位以上の修得、特別活動への 30 時間以上の参加**が必要。
- 神奈川大学や岩崎学園、岩谷学園、町田デザイン＆建築専門学校、県立青少年センターなどで**校外講座**を聴講生として学び、所定の条件を満たすと、**卒業単位として認定**される。
- 個別指導の時間として「**レポート完成講座**」を週 2 回設定し、個々のニー

ズに対応。また、基礎から学び直したい人のための「トライ教室」や、外国につながる人のための「架け橋教室」などの、さまざまな**支援プログラム**を実施して多様な学習へのニーズに対応している。

[部活動]

部活動は希望制かつ学習状況が良好な者が参加。新入生は通信制での学習が身につく 6 月上旬以降に参加できる。

★設置部（※は同好会）
弓道、サッカー、卓球、ダンス、テニス、バスケットボール、バドミントン、陸上競技、囲碁・将棋、演劇、軽音楽、茶道、書道、美術、文芸、漫画研究、吹奏楽、フラワーアレンジメント、音楽研究、写真、※バレーボール

[行　事]

文化祭（希望者）、研修旅行（希望者・隔年実施）、遠足（希望者）などを実施。

[進　路]（令和 5 年 3 月）

進路説明会（5・11月）、個人面談月間（6・7・10・11月）、進路面接試験ガイダンス（7月）、就業体験活動（7月、希望者）、大学入学共通テスト出願説明会（9月）などを行う。

＜卒業生276名＞
大学40名、短大 8 名、専門学校50名、就職36名、その他132名

★卒業生の主な進学先
神奈川大、北里大、駒沢女子大、相模女子大、松蔭大、上智大、専修大、帝京大、法政大、横浜美術大、横浜女子短大

[トピックス]

- 平成20年度開校。平日講座やインターネットを通した学習など、**多様な学びのシステム**を活用できる、新しいタイプの通信制高校。
- 本校では次のような生徒を応援している。
  - ○いままで学校に行けなかったけど思いっきり学びたい。
  - ○自分のペースでゆっくりと学習していきたい。
  - ○夢を実現するために通信制の仕組みを活用したい。
- 学びたい生徒が**安心して学べる学校づくり**を推進している。そのため、「他人に迷惑をかける行為」や「授業中の態度」などの基本ルールについては特に強く指導する。
- 校内にボランティア委員会を設置。地域行事を中心に熱心に取り組んでいる。

[学校見学]（令和 5 年度実施内容）

- ★学校説明会　7・11・12・2月各 1 回（事前申込制）
- ★体験スクーリング　9月 1 回（事前申込制）
- ★文化祭　10月
- ★学校見学 7月～12月の指定日時に実施（事前申込制）

■ 入試！インフォメーション ■

受検状況	年　度	学科・コース名	募集人員	志願者数	受検者数	合格者数	倍　率
	R6	普　通	1250	395	377(2)	375	1.00
	R5	普　通	1250	331	324	324	1.00
	R4	普　通	1,000	324	313	312	1.00

※上の募集人数は共通選抜の対象分。全体の募集定員は 1,250。

県立 厚木清南 高等学校
あつぎせいなん

https://www.pen-kanagawa.ed.jp/atsugiseinan-h/

〒243-0021　厚木市岡田1-12-1
☎ 046-228-2015
交通　小田急線本厚木駅　徒歩13分

普通科

フレキシブルスクール
通信制
制　服　標準服あり

[カリキュラム] ◇二学期制◇

・単位制を導入。生徒は**レポート（報告課題）**や、**スクーリング（面接指導）**、**試験**を中心に独自の履修計画を立て、卒業を目指す。全日制や定時制の授業を受けることも可能。また半期ごとに単位を認定するので、**9月に卒業**することもできる。
・**連携校**の岩谷学園や町田デザイン専門学校で所定科目を受講した場合も**単位として認定**。
・3年以上在籍し（3年で卒業可能）、74単位以上の単位修得および特別活動時間30時間以上の出席により卒業となる。
・レポートは、教科書や学習書などを利用して自学自習で仕上げ、学校に提出して添削指導を受ける。
・有職者（パート、アルバイト含む）等には**教科書代金が後日還付される制度**があり、少ない負担で学習を続けることが可能。
・スクーリングでは、各教科の授業のほか、理科実験、体育・芸術科目の実技、家庭科目の実習などを行う。また、レポートでよくわからない部分を質問することもできる。一斉授業型の**日曜スクーリング**（年間18回）のほか、個別指導中心のスクーリングとして、**火曜教科スクーリング**（火曜、年間18回）、**夜間スクーリング**（年間7回）、**夏季スクーリング**（夏休み中3回実施）、**春季基礎スクーリング**（年間4回）があり、自分の学習ペースに合わせて利用することができる。このほかに、**学習相談の日**（年間25回、13:00～16:30）も設定されている。面接時間は認められないが、じっくり学習に取り組むことができ

る。
・10代から70代までさまざまな年代の生徒が学ぶ通信制課程では、「**託児室**」という日曜スクーリングへの出席を支援する有料サービスもある。
・テストは前期末・後期末に実施され、日曜日や平日に設定された年間14日間の中から受験する。

[部活動]

★設置部（※は同好会）
バスケットボール、卓球、ハイキング、バドミントン、ダンス、※ボールゲーム、調理、芸術、音楽、ハブール園芸、詩吟、※写真、※海外文化研究

[行　事]

4月　歓送迎のつどい
5月　ハイキング
7月　「先輩の話を聞こう」講演会
9月　映画鑑賞
10月　文化祭
11月　研修旅行、遠足
3月　卒業生を送る会

[進　路]（令和5年3月）

・1年次から3年次まで毎年進路説明会を実施。3年次5月の**進路説明会**以降の個別指導など、「**100人いたら100通りの進路**」をモットーに、進路希望の実現に向けて、きめ細かな指導をしている。
★卒業生の進路状況
＜卒業生78名＞
大学8名、短大6名、専門学校13名、就職14名、その他37名
★卒業生の主な進学先
神奈川大、相模女子大、産業能率大、

東海大、県立産業技術短期大学校

[トピックス]

・4月に、新入生を中心に国・数・英の3教科の基礎学力の向上を目指した**春季基礎スクーリング**を行っている。
・全定通一体型の**フレキシブルスクール**で、互いの課程の科目を学ぶことができる。入学式や文化祭は合同で行っている。

[学校見学]（令和5年度実施内容）

★通信制学校説明会　7・11・2月各1回
★通信制スクーリング公開　10月1回
★定時制・通信制合同学校説明会　12月1回
★通信制オンライン学校説明会　12月1回

入試！インフォメーション

受検状況	年　度	学科・コース名	募集人員	志願者数	受検者数	合格者数	倍　率
	R6	普　通	270	156	153(0)	153	1.00
	R5	普　通	270	127	124	123	1.00
	R4	普　通	216	93	90	90	1.00

※上の募集人数は共通選抜の対象分。全体の募集定員は270。

＜その他の定時制＞

※募集人員はすべて令和6年度入試のものです。
※所在地等は、全日制掲載ページをご参照ください。

①定時制普通科

学校名	募集人員	全日制掲載ページ	学校名	募集人員	全日制掲載ページ
横浜翠嵐(横浜市神奈川区)	105	46	横須賀(横須賀市)	70	124
希望ケ丘(横浜市旭区)	70	64	追浜(横須賀市)	70	128
横浜市立戸塚(横浜市戸塚区)	140	81	茅ケ崎(茅ヶ崎市)	70	146
川崎市立橘(川崎市中原区)	70	110	伊勢原(伊勢原市)	70	163
川崎市立高津(川崎市高津区)	70	121	津久井(相模原市緑区)	70	209

②定時制単位制普通科

学校名	募集人員	全日制掲載ページ	学校名	募集人員	全日制掲載ページ
湘南 (藤沢市)	70	139	小田原 (小田原市)	70	166
高浜 (平塚市)	70	155			

③定時制専門学科

学校名	科名	募集人員	全日制掲載ページ	学校名	科名	募集人員	全日制掲載ページ
神奈川工業 (横浜市神奈川区)	機械	70	44	川崎市立川崎総合科学 (川崎市幸区)	商業	35	109
	建設	35			クリエイト工学	35	
	電気	35		小田原城北工業(小田原市)	機械・電気	35	169

④定時制総合学科

学校名	募集人員	全日制掲載ページ	学校名	募集人員	全日制掲載ページ
磯子工業(横浜市磯子区)	70	94	秦野総合(秦野市)	70	161
向の岡工業(川崎市多摩区)	70	114	神奈川総合産業(相模原市南区)	105	196
横須賀市立横須賀総合(横須賀市)	70	133			

全日制　普通科（専門コース，クリエイティブコースを除く）

学校名	学科名等	学力検査	特色検査	第1次選考			
				比率			重点化 [調]は調査書 [学]は学力検査
				評定	学習の記録	学力検査	特色検査
鶴見	普通科	英国数理社	−	5	5	−	−
横浜翠嵐	普通科	英国数理社	自己表現	3	7	3	−
城郷	普通科	英国数理社	−	5	5	−	−
港北	普通科	英国数理社	−	5	5	−	−
新羽	普通科	英国数理社	−	6	4	−	−
岸根	普通科	英国数理社	−	5	5	−	−
霧が丘	普通科	英国数理社	−	5	5	−	−
白山	普通科	英国数理社	−	7	3	−	−
市ケ尾	普通科	英国数理社	−	5	5	−	[調] 音,美,保体,技・家のうち点数の高い1教科(×2)
元石川	普通科	英国数理社	−	5	5	−	−
川和	普通科	英国数理社	自己表現	4	6	1	−
荏田	普通科	英国数理社	−	6	4	−	[調] 音,美,保体,技・家のうち点数の高い1教科(×2)
新栄	普通科	英国数理社	−	5	5	−	−
希望ケ丘	普通科	英国数理社	自己表現	4	6	1	−
二俣川看護福祉	普通科	英国数理社	−	5	5	−	−
旭	普通科	英国数理社	−	5	5	−	−
松陽	普通科	英国数理社	−	5	5	−	−
横浜瀬谷	普通科	英国数理社	−	5	5	−	−
横浜平沼	普通科	英国数理社	自己表現	5	5	1	−
光陵	普通科	英国数理社	自己表現	5	5	1	−
保土ケ谷	普通科	英国数理社	−	7	3	−	−
舞岡	普通科	英国数理社	面接	5	5	3	−
上矢部	普通科	英国数理社	面接	5	5	2	−
金井	普通科	英国数理社	−	5	5	−	−
横浜南陵	普通科	英国数理社	−	5	5	−	−
柏陽	普通科	英国数理社	自己表現	3	7	2	−
横浜緑ケ丘	普通科	英国数理社	自己表現	4	6	2	−
横浜立野	普通科	英国数理社	−	5	5	−	−
横浜氷取沢	普通科	英国数理社	−	4	6	−	−
横浜市立桜丘	普通科	英国数理社	−	3	7	−	−
横浜市立南	普通科	英国数理社	−	4	6	−	[学] 英(×1.5)
横浜市立金沢	普通科	英国数理社	−	3	7	−	[学] 英(×1.5),数(×1.2)
新城	普通科	英国数理社	−	5	5	−	−
住吉	普通科	英国数理社	−	4	6	−	−
川崎北	普通科	英国数理社	−	5	5	−	−
多摩	普通科	英国数理社	自己表現	4	6	2	−
生田	普通科	英国数理社	−	5	5	−	−
百合丘	普通科	英国数理社	−	5	5	−	−
生田東	普通科	英国数理社	−	4	6	−	−

全日制　普通科（専門コース，クリエイティブコースを除く）

学校名	学科名等	第2次選考			
		比率			重点化 [調]は調査書 [学]は学力検査
		学力検査	主体的に学習に取り組む態度・評価	特色検査	
鶴見	普通科	8	2	−	−
横浜翠嵐	普通科	8	2	2	−
城郷	普通科	8	2	−	−
港北	普通科	8	2		−
新羽	普通科	8	2		−
岸根	普通科	8	2	−	−
霧が丘	普通科	8	2		−
白山	普通科	5	5		−
市ケ尾	普通科	8	2	−	−
元石川	普通科	8	2	−	−
川和	普通科	7	3	1	−
荏田	普通科	6	4	−	[調] 音,美,保体,技・家のうち点数の高い1教科(×2)
新栄	普通科	8	2	−	−
希望ケ丘	普通科	8	2	1	−
二俣川看護福祉	普通科	8	2	1	−
旭	普通科	8	2	−	−
松陽	普通科	8	2	−	−
横浜瀬谷	普通科	8	2	−	−
横浜平沼	普通科	8	2	2	−
光陵	普通科	8	2	1	−
保土ケ谷	普通科	7	3	−	−
舞岡	普通科	7	3	5	−
上矢部	普通科	8	2	5	−
金井	普通科	8	2	−	−
横浜南陵	普通科	8	2	−	−
柏陽	普通科	8	2	2	−
横浜緑ケ丘	普通科	8	2	2	−
横浜立野	普通科	8	2		−
横浜氷取沢	普通科	8	2	−	−
横浜市立桜丘	普通科	8	2		−
横浜市立南	普通科	8	2	−	[学] 英(×1.5)
横浜市立金沢	普通科	8	2	−	[学] 英(×1.5),数(×1.2)　[調] 英(×1.5),数(×1.2)
新城	普通科	8	2	−	−
住吉	普通科	8	2	−	−
川崎北	普通科	8	2	−	−
多摩	普通科	8	2	2	−
生田	普通科	8	2	−	−
百合丘	普通科	8	2	−	−
生田東	普通科	8	2	−	−

学校名	学科名等	学力検査	特色検査	第1次選考				
				比率			重点化 [調]は調査書 [学]は学力検査	
				評定	学習の記録 学力検査	特色検査		
菅	普通科	英国数理社	－	5	5	－	－	
麻生	普通科	英国数理社	－	5	5	－	－	
川崎市立橘	普通科	英国数理社	面接	4	6	2	－	
川崎市立高津	普通科	英国数理社	－	5	5	－	－	
川崎市立幸	普通科	英国数理社	－	5	5	－	－	
横須賀	普通科	英国数理社	自己表現	3	7	1	[調] 英,国,数(×2)	
横須賀大津	普通科	英国数理社	－	4	6	－	－	
追浜	普通科	英国数理社	－	4	6	－	－	
津久井浜	普通科	英国数理社	－	5	5	－	－	
逗子葉山	普通科	英国数理社	－	5	5	－	－	
鎌倉	普通科	英国数理社	自己表現	4	6	1	－	
七里ガ浜	普通科	英国数理社	－	4	6	－	－	
大船	普通科	英国数理社	－	3	7	－	[学] 英(×1.5)国,数のうち点数の高い1教科(×1.5)	
湘南	普通科	英国数理社	自己表現	4	6	2	－	
藤沢西	普通科	英国数理社	－	4	6	－	－	
湘南台	普通科	英国数理社	－	5	5	－	－	
茅ケ崎	普通科	英国数理社	－	5	5	－	－	
茅ケ崎北陵	普通科	英国数理社	自己表現	4	6	1	－	
鶴嶺	普通科	英国数理社	－	4	6	－	－	
茅ケ崎西浜	普通科	英国数理社	－	6	4	－	－	
寒川	普通科	英国数理社	－	7	3	－	－	
平塚江南	普通科	英国数理社	自己表現	3	7	1	－	
高浜	普通科	英国数理社	－	5	5	－	－	
大磯	普通科	英国数理社	－	4	6	－	－	
二宮	普通科	英国数理社	－	6	4	－	－	
秦野	普通科	英国数理社	－	4	6	－	－	
秦野曽屋	普通科	英国数理社	－	6	4	－	－	
伊勢原	普通科	英国数理社	－	5	5	－	－	
伊志田	普通科	英国数理社	－	5	5	－	－	
小田原東	普通科	英国数理社	－	5	5	－	－	
西湘	普通科	英国数理社	－	5	5	－	－	
足柄	普通科	英国数理社	－	5	5	－	－	
山北	普通科	英国数理社	－	5	5	－	－	
厚木	普通科	英国数理社	自己表現	4	6	2	－	
厚木王子	普通科	英国数理社	－	5	5	－	－	
厚木北	普通科	英国数理社	－	6	4	－	－	
厚木西	普通科	英国数理社	－	5	5	－	－	
海老名	普通科	英国数理社	－	3	7	－	－	
有馬	普通科	英国数理社	－	5	5	－	[調] 英(×1.2)	

学校名	学科名等	第2次選考			
		比率			重点化 [調]は調査書 [学]は学力検査
		学力検査	主体的に学習に取り組む態度 評価	特色検査	
菅	普通科	8	2	−	−
麻生	普通科	8	2	−	−
川崎市立橘	普通科	8	2	3	−
川崎市立高津	普通科	6	4	−	−
川崎市立幸	普通科	5	5	−	−
横須賀	普通科	8	2	1	−
横須賀大津	普通科	8	2	−	−
追浜	普通科	8	2	−	−
津久井浜	普通科	8	2	−	−
逗子葉山	普通科	8	2	−	−
鎌倉	普通科	8	2	1	−
七里ガ浜	普通科	8	2	−	−
大船	普通科	8	2	−	−
湘南	普通科	8	2	2	−
藤沢西	普通科	6	4	−	−
湘南台	普通科	8	2	−	−
茅ケ崎	普通科	8	2	−	−
茅ケ崎北陵	普通科	8	2	1	−
鶴嶺	普通科	7	3	−	−
茅ケ崎西浜	普通科	8	2	−	−
寒川	普通科	5	5	−	−
平塚江南	普通科	8	2	1	−
高浜	普通科	7	3	−	−
大磯	普通科	8	2	−	−
二宮	普通科	6	4	−	−
秦野	普通科	8	2	−	−
秦野曽屋	普通科	8	2	−	−
伊勢原	普通科	8	2	−	−
伊志田	普通科	8	2	−	−
小田原東	普通科	7	3	−	−
西湘	普通科	8	2	−	−
足柄	普通科	8	2	−	−
山北	普通科	7	3	−	[調] 音,美,保体,技・家のうち　点数の高い2教科(×2)
厚木	普通科	7	3	2	−
厚木王子	普通科	8	2	−	−
厚木北	普通科	8	2	−	−
厚木西	普通科	7	3	−	−
海老名	普通科	8	2	−	−
有馬	普通科	8	2	−	[学] 英(×2)

学校名	学科名等	学力検査	特色検査	第1次選考			重点化 [調]は調査書 [学]は学力検査
				比率			
				学習の記録評定	学力検査	特色検査	
愛川	普通科	英国数理社	面接	6	4	2	―
大和	普通科	英国数理社	自己表現	4	6	1	―
大和南	普通科	英国数理社	―	5	5	―	―
大和西	普通科	英国数理社	―	4	6	―	[調] 英(×2)
座間	普通科	英国数理社	―	4	6	―	―
綾瀬	普通科	英国数理社	―	6	4	―	―
綾瀬西	普通科	英国数理社	―	6	4	―	―
麻溝台	普通科	英国数理社	―	5	5	―	―
上鶴間	普通科	英国数理社	―	5	5	―	―
上溝	普通科	英国数理社	―	5	5	―	―
相模原	普通科	英国数理社	自己表現	5	5	1	―
上溝南	普通科	英国数理社	―	5	5	―	―
橋本	普通科	英国数理社	―	5	5	―	―
相模田名	普通科	英国数理社	―	7	3	―	―
津久井	普通科	英国数	自己表現	6	4	3	―

全日制　専門学科（農業に関する学科）

学校名	学科名等	学力検査	特色検査	学習の記録評定	学力検査	特色検査	重点化
平塚農商	都市農業科	英国数理社	―	6	4	―	―
	都市環境科	英国数理社	―	6	4	―	―
	食品科学科	英国数理社	―	6	4	―	―
	農業総合科	英国数理社	―	6	4	―	―
相原	畜産科学科	英国数理社	―	5	5	―	―
	食品科学科	英国数理社	―	5	5	―	―
	環境緑地科	英国数理社	―	5	5	―	[調] 美,技・家(×2)
中央農業	園芸科学科	英国数理社	面接	5	5	2	―
	畜産科学科	英国数理社	面接	5	5	2	―
	農業総合科	英国数理社	面接	5	5	2	―

全日制　専門学科（工業に関する学科）

学校名	学科名等	学力検査	特色検査	学習の記録評定	学力検査	特色検査	重点化
神奈川工業	機械科	英国数理社	―	5	5	―	―
	建設科	英国数理社	―	5	5	―	―
	電気科	英国数理社	―	5	5	―	―
	デザイン科	英国数	実技	5	5	5	[調] 美(×2)
商工	総合技術科	英国数	面接	6	4	3	―
磯子工業	機械科	英国数理社	―	4	6	―	―
	電気科	英国数理社	―	4	6	―	―
	建設科	英国数理社	―	4	6	―	―
	化学科	英国数理社	―	4	6	―	―
川崎工科	総合技術科	英国数理社	―	6	4	―	―

学校名	学科名等	第2次選考			
		比率			重点化 [調]は調査書 [学]は学力検査
		学力検査	主体的に学習に取り組む態度の評価	特色検査	
愛川	普通科	5	5	2	－
大和	普通科	8	2	2	－
大和南	普通科	8	2	－	－
大和西	普通科	8	2	－	－
座間	普通科	8	2	－	－
綾瀬	普通科	7	3	－	－
綾瀬西	普通科	7	3	－	－
麻溝台	普通科	8	2	－	－
上鶴間	普通科	8	2	－	－
上溝	普通科	8	2	－	[学] 英(×2)　国,数のうち点数の高い　1教科(×2)
相模原	普通科	8	2	2	－
上溝南	普通科	8	2	－	－
橋本	普通科	8	2	－	－
相模田名	普通科	8	2	－	－
津久井	普通科	6	4	3	－

全日制　専門学科（農業に関する学科）

学校名	学科名等	学力検査	主体的に学習に取り組む態度の評価	特色検査	重点化
平塚農商	都市農業科	7	3	－	－
	都市環境科	7	3	－	－
	食品科学科	7	3	－	－
	農業総合科	7	3	－	－
相原	畜産科学科	8	2	－	－
	食品科学科	8	2	－	－
	環境緑地科	8	2	－	－
中央農業	園芸科学科	7	3	2	－
	畜産科学科	7	3	2	－
	農業総合科	7	3	2	－

全日制　専門学科（工業に関する学科）

学校名	学科名等	学力検査	主体的に学習に取り組む態度の評価	特色検査	重点化
神奈川工業	機械科	8	2	－	－
	建設科	8	2	－	－
	電気科	8	2	－	－
	デザイン科	8	2	5	－
商工	総合技術科	8	2	2	－
磯子工業	機械科	8	2	－	－
	電気科	8	2	－	－
	建設科	8	2	－	－
	化学科	8	2	－	－
川崎工科	総合技術科	7	3	－	－

学校名	学科名等	学力検査	特色検査	第1次選考			重点化 [調]は調査書 [学]は学力検査
				比率			
				学習の記録 評定	学力検査	特色検査	
向の岡工業	機械科	英国数理社	−	4	6	−	−
	建設科	英国数理社	−	4	6	−	−
	電気科	英国数理社	−	4	6	−	−
横須賀工業	機械科	英国数理社	−	5	5	−	−
	電気科	英国数理社	−	5	5	−	−
	建設科	英国数理社	−	5	5	−	−
	化学科	英国数理社	−	5	5	−	−
平塚工科	総合技術科	英国数理社	−	5	5	−	−
藤沢工科	総合技術科	英国数理社	面接	6	4	3	[調] 美,技・家のうち点数の高い1教科(×2)
小田原城北工業	機械科	英国数理社	−	6	4	−	[調] 数,理,技・家(×2)
	建設科	英国数理社	−	6	4	−	[調] 数,理,技・家(×2)
	電気科	英国数理社	−	6	4	−	[調] 数,理,技・家(×2)
	デザイン科	英国数理社	−	6	4	−	[調] 数,理,美(×2)
川崎市立 川崎総合科学	情報工学科	英国数理社	−	5	5	−	−
	総合電気科	英国数理社	−	5	5	−	−
	電子機械科	英国数理社	−	5	5	−	−
	建設工学科	英国数	自己表現	5	5	3	−
	デザイン科	英国数	実技	5	5	4	[調] 美(×2)

全日制　専門学科（商業に関する学科）

学校名	学科名等	学力検査	特色検査	学習の記録 評定	学力検査	特色検査	重点化
商工	総合ビジネス科	英国数	面接	6	4	3	−
平塚農商	総合ビジネス科	英国数理社	−	6	4	−	−
小田原東	総合ビジネス科	英国数理社	−	5	5	−	−
相原	総合ビジネス科	英国数理社	−	5	5	−	−
厚木王子	総合ビジネス科	英国数理社	−	5	5	−	−
横浜市立 横浜商業	商業科	英国数理社	−	5	5	−	−
	スポーツマネ ジメント科	英国数理社	実技	5	5	5	[調] 保体(×2)
川崎市立幸	ビジネス教養科	英国数理社	−	5	5	−	−

全日制 専門学科（水産に関する学科）

学校名	学科名等	学力検査	特色検査	学習の記録 評定	学力検査	特色検査	重点化
海洋科学	船舶運航科	英国数理社	自己表現	5	5	2	−
	水産食品科	英国数理社	自己表現	5	5	2	−
	無線技術科	英国数理社	自己表現	5	5	2	−
	生物環境科	英国数理社	自己表現	5	5	2	−

全日制　専門学科（家庭に関する学科）

学校名	学科名等	学力検査	特色検査	学習の記録 評定	学力検査	特色検査	重点化
川崎市立川崎	生活科学科	英国数理社	面接	6	4	5	[調] 国(×1.5),技・家(×2)　[学] 国(×2)

学校名	学科名等	第2次選考			重点化 [調]は調査書 [学]は学力検査
		比率			
		学力検査	主体的に学習に取り組む態度の評価	特色検査	
向の岡工業	機械科	8	2	−	−
	建設科	8	2	−	−
	電気科	8	2	−	−
横須賀工業	機械科	5	5	−	−
	電気科	5	5	−	−
	建設科	5	5	−	−
	化学科	5	5	−	−
平塚工科	総合技術科	8	2	−	−
藤沢工科	総合技術科	8	2	3	−
小田原城北工業	機械科	7	3	−	−
	建設科	7	3	−	−
	電気科	7	3	−	−
	デザイン科	7	3	−	−
川崎市立川崎総合科学	情報工学科	8	2	−	−
	総合電気科	8	2	−	−
	電子機械科	8	2	−	−
	建設工学科	8	2	5	−
	デザイン科	8	2	5	−

全日制　専門学科（商業に関する学科）

学校名	学科名等	学力検査	主体的に学習に取り組む態度の評価	特色検査	重点化
商工	総合ビジネス科	8	2	2	−
平塚農商	総合ビジネス科	7	3	−	−
小田原東	総合ビジネス科	7	3	−	−
相原	総合ビジネス科	8	2	−	−
厚木王子	総合ビジネス科	8	2	−	−
横浜市立横浜商業	商業科	8	2	−	−
	スポーツマネジメント科	5	5	5	[調] 保体（×2）
川崎市立幸	ビジネス教養科	5	5	−	−

全日制 専門学科（水産に関する学科）

学校名	学科名等	学力検査	主体的に学習に取り組む態度の評価	特色検査	重点化
海洋科学	船舶運航科	5	5	2	−
	水産食品科	5	5	2	−
	無線技術科	5	5	2	−
	生物環境科	5	5	2	−

全日制 専門学科（家庭に関する学科）

学校名	学科名等	学力検査	主体的に学習に取り組む態度の評価	特色検査	重点化
川崎市立川崎	生活科学科	7	3	5	[調] 技・家（×2）　[学] 国（×2）

学校名	学科名等	学力検査	特色検査	第1次選考			重点化 [調]は調査書 [学]は学力検査
				比率			
				評定 学習の記録	学力検査	特色検査	

全日制　専門学科（福祉に関する学科）

学校名	学科名等	学力検査	特色検査	評定	学力検査	特色検査	重点化
二俣川看護福祉	福祉科	英国数理社	－	5	5	－	－
横須賀南	福祉科	英国数理社	面接	5	5	2	－
津久井	福祉科	英国数	自己表現	6	4	3	－
川崎市立川崎	福祉科	英国数理社	面接	6	4	5	－

全日制　専門学科（理数に関する学科）

学校名	学科名等	学力検査	特色検査	評定	学力検査	特色検査	重点化
川崎市立川崎総合科学	科学科	英国数理社	－	4	6	－	[学] 数,理（×1.5）

全日制　専門学科（体育に関する学科）

学校名	学科名等	学力検査	特色検査	評定	学力検査	特色検査	重点化
厚木北	スポーツ科学科	英国数理社	実技面接※	5	5	5	－
川崎市立橘	スポーツ科	英国数理社	実技	5	5	5	－

※　厚木北高校スポーツ科学科の特色検査の得点は、実技検査：面接＝4：1で取り扱います。

全日制　専門学科（美術に関する学科）

学校名	学科名等	学力検査	特色検査	評定	学力検査	特色検査	重点化
白山	美術科	英国数	実技	6	4	4	[調] 美（×2）
上矢部	美術科	英国数	実技面接※	7	3	5	[調] 美（×2）

※　上矢部高校美術科の特色検査の得点は、実技検査：面接＝4：1で取り扱います。

全日制　専門学科（国際に関する学科）

学校名	学科名等	学力検査	特色検査	評定	学力検査	特色検査	重点化
横浜市立横浜商業	国際学科	英国数理社	面接	5	5	2	[調] 英（×2）　[学] 英（×2）
川崎市立橘	国際科	英国数理社	面接	4	6	2	[調] 英（×2）　[学] 英（×2）

単位制による全日制　普通科（専門コースを除く。）

学校名	学科名等	学力検査	特色検査	評定	学力検査	特色検査	重点化
神奈川総合	単位制普通科 個性化コース	英国数理社	－	3	7	－	[学] 点数の高い1教科（×2）
	単位制普通科 国際文化コース	英国数＋理社 から1教科選択	自己表現	4	6	2	[学] 英（×2）
横浜緑園	単位制普通科	英国数理社	－	5	5	－	－
横浜桜陽	単位制普通科	英国数理社	－	5	5	－	[調] 点数の高い2教科（×2）　[学] 点数の高い1教科（×2）
横浜清陵	単位制普通科	英国数理社	－	4	6	－	－
横浜栄	単位制普通科	英国数理社	－	4	6	－	－
川崎	単位制普通科	英国数理社	－	5	5	－	－
大師	単位制普通科	英国数理社	－	5	5	－	[調] 音,美,保体,技・家のうち点数の高い1教科（×2）
三浦初声	単位制普通科	英国数理社	－	6	4	－	
藤沢清流	単位制普通科	英国数理社	－	4	6	－	
平塚湘風	単位制普通科	英国数理社	－	6	4	－	－
小田原	単位制普通科	英国数理社	自己表現	4	6	1	－
厚木清南	単位制普通科	英国数理社	－	6	4	－	－
相模原城山	単位制普通科	英国数理社	－	6	4	－	－
相模原弥栄	単位制普通科	英国数理社	－	5	5	－	－
横浜市立東	単位制普通科	英国数理社	－	4	6	－	[学] 英（×1.5）
横浜市立戸塚	単位制普通科 一般コース	英国数理社	－	5	5	－	－

学校名	学科名等	第2次選考			
		比率			重点化 [調]は調査書 [学]は学力検査
		学力検査	主体的に学習に取り組む態度 評価	特色検査	

全日制　専門学科（福祉に関する学科）

学校名	学科名等	学力検査	主体的に学習に取り組む態度 評価	特色検査	重点化
二俣川看護福祉	福祉科	8	2	－	－
横須賀南	福祉科	5	5	2	－
津久井	福祉科	6	4	3	－
川崎市立川崎	福祉科	4	6	5	－

全日制　専門学科（理数に関する学科）

学校名	学科名等	学力検査	態度	特色検査	重点化
川崎市立川崎総合科学	科学科	8	2	－	[学] 数,理（×1.5）

全日制　専門学科（体育に関する学科）

学校名	学科名等	学力検査	態度	特色検査	重点化
厚木北	スポーツ科学科	8	2	5	－
川崎市立橘	スポーツ科	5	5	5	－

全日制　専門学科（美術に関する学科）

学校名	学科名等	学力検査	態度	特色検査	重点化
白山	美術科	5	5	5	[調] 美（×2）
上矢部	美術科	3	7	5	－

全日制　専門学科（国際に関する学科）

学校名	学科名等	学力検査	態度	特色検査	重点化
横浜市立横浜商業	国際学科	8	2	2	[調] 英（×2）　[学] 英（×2）
川崎市立橘	国際科	8	2	3	[調] 英（×2）　[学] 英（×2）

単位制による全日制　普通科（専門コースを除く。）

学校名	学科名等	学力検査	態度	特色検査	重点化
神奈川総合	単位制普通科個性化コース	8	2	－	[学] 点数の高い1教科（×2）
	単位制普通科国際文化コース	8	2	2	[学] 英（×2）
横浜緑園	単位制普通科	8	2	－	－
横浜桜陽	単位制普通科	6	4	－	[学] 点数の高い1教科（×2）
横浜清陵	単位制普通科	7	3	－	－
横浜栄	単位制普通科	8	2	－	－
川崎	単位制普通科	8	2	－	－
大師	単位制普通科	8	2	－	－
三浦初声	単位制普通科	6	4	－	－
藤沢清流	単位制普通科	8	2	－	－
平塚湘風	単位制普通科	7	3	－	－
小田原	単位制普通科	8	2	1	－
厚木清南	単位制普通科	8	2	－	－
相模原城山	単位制普通科	7	3	－	－
相模原弥栄	単位制普通科	8	2	－	－
横浜市立東	単位制普通科	8	2	－	[学] 英（×1.5）
横浜市立戸塚	単位制普通科一般コース	8	2	－	

学校名	学科名等	学力検査	特色検査	第1次選考			重点化 [調]は調査書 [学]は学力検査
				比率			
				評定	学力検査	特色検査	

単位制による全日制　普通科　専門コース

学校名	学科名等	学力検査	特色検査	評定	学力検査	特色検査	重点化
横浜市立戸塚	単位制普通科 音楽コース	英国数理社	実技	5	5	4	－

単位制による全日制　総合学科

学校名	学科名等	学力検査	特色検査	評定	学力検査	特色検査	重点化
鶴見総合	総合学科	英国数理社	－	6	4	－	[調] 点数の高い1教科(×2)
金沢総合	総合学科	英国数理社	－	5	5	－	[調] 点数の高い1教科(×2)
麻生総合	総合学科	英国数理社	面接	6	4	2	
藤沢総合	総合学科	英国数理社	－	5	5	－	[調] 点数の高い1教科(×2)
秦野総合	総合学科	英国数理社	－	5	5	－	[調] 点数の高い1教科(×2)
座間総合	総合学科	英国数理社	－	5	5	－	[調] 英(×2)　英以外の点数の高い1教科(×2)
横浜市立みなと総合	総合学科	英国数理社	－	5	5	－	
横須賀市立横須賀総合	総合学科	英国数理社	－	5	5	－	

単位制による全日制　専門学科（農業に関する学科）

学校名	学科名等	学力検査	特色検査	評定	学力検査	特色検査	重点化
三浦初声	都市農業科	英国数理社	－	6	4	－	－
吉田島	都市農業科	英国数理社	面接	6	4	2	
	食品加工科	英国数理社	面接	6	4	2	
	環境緑地科	英国数理社	面接	6	4	2	

単位制による全日制　専門学科（家庭に関する学科）

学校名	学科名等	学力検査	特色検査	評定	学力検査	特色検査	重点化
吉田島	生活科学科	英国数理社	面接	6	4	2	[調] 技・家(×2)

単位制による全日制　専門学科（理数に関する学科）

学校名	学科名等	学力検査	特色検査	評定	学力検査	特色検査	重点化
横浜市立横浜サイエンスフロンティア	理数科	英国数理社	自己表現	3	7	2	[調] 英,数,理(×2)　[学] 数,理(×2)

単位制による全日制　専門学科（体育に関する学科）

学校名	学科名等	学力検査	特色検査	評定	学力検査	特色検査	重点化
相模原弥栄	スポーツ科学科	英国数理社	実技	5	5	5	[調] 保体(×2)

単位制による全日制　専門学科（音楽に関する学科）

学校名	学科名等	学力検査	特色検査	評定	学力検査	特色検査	重点化
相模原弥栄	音楽科	英国数	実技	5	5	5	[調] 音(×2)

単位制による全日制　専門学科（美術に関する学科）

学校名	学科名等	学力検査	特色検査	評定	学力検査	特色検査	重点化
相模原弥栄	美術科	英国数	実技	5	5	5	[調] 美(×2)

単位制による全日制　専門学科（総合産業に関する学科）

学校名	学科名等	学力検査	特色検査	評定	学力検査	特色検査	重点化
神奈川総合産業	総合産業科	英国数理社	－	4	6	－	[調] 英,数,理(×2)

単位制による全日制　専門学科（舞台芸術に関する学科）

学校名	学科名等	学力検査	特色検査	評定	学力検査	特色検査	重点化
神奈川総合	舞台芸術科	英国数＋理社 から1教科選択	自己表現実技※	4	6	4	－

※神奈川総合高校舞台芸術科の特色検査の得点は、自己表現検査：実技検査＝1：2で取り扱います。

学校名	学科名等	第2次選考			
		比率			重点化 [調]は調査書 [学]は学力検査
		学力検査	主体的に学習に取り組む態度の評価	特色検査	

単位制による全日制　普通科　専門コース

学校名	学科名等	学力検査	主体的に学習に取り組む態度の評価	特色検査	重点化
横浜市立戸塚	単位制普通科 音楽コース	8	2	5	－

単位制による全日制　総合学科

学校名	学科名等	学力検査	主体的に学習に取り組む態度の評価	特色検査	重点化
鶴見総合	総合学科	8	2	－	－
金沢総合	総合学科	8	2	－	－
麻生総合	総合学科	4	6	2	－
藤沢総合	総合学科	7	3	－	－
秦野総合	総合学科	7	3	－	－
座間総合	総合学科	8	2	－	[調] 英(×2)　英以外の点数の高い1教科(×2)
横浜市立みなと総合	総合学科	8	2	－	－
横須賀市立横須賀総合	総合学科	8	2	－	－

単位制による全日制　専門学科（農業に関する学科）

学校名	学科名等	学力検査	主体的に学習に取り組む態度の評価	特色検査	重点化
三浦初声	都市農業科	6	4	－	－
吉田島	都市農業科	6	4	2	－
	食品加工科	6	4	2	－
	環境緑地科	6	4	2	－

単位制による全日制　専門学科（家庭に関する学科）

学校名	学科名等	学力検査	主体的に学習に取り組む態度の評価	特色検査	重点化
吉田島	生活科学科	6	4	2	[調] 技・家(×2)

単位制による全日制　専門学科（理数に関する学科）

学校名	学科名等	学力検査	主体的に学習に取り組む態度の評価	特色検査	重点化
横浜市立横浜 サイエンスフロンティア	理数科	8	2	2	[調] 英,数,理(×2)　[学] 数,理(×2)

単位制による全日制　専門学科（体育に関する学科）

学校名	学科名等	学力検査	主体的に学習に取り組む態度の評価	特色検査	重点化
相模原弥栄	スポーツ科学科	7	3	5	[調] 保体(×2)

単位制による全日制　専門学科（音楽に関する学科）

学校名	学科名等	学力検査	主体的に学習に取り組む態度の評価	特色検査	重点化
相模原弥栄	音楽科	7	3	5	[調] 音(×2)

単位制による全日制　専門学科（美術に関する学科）

学校名	学科名等	学力検査	主体的に学習に取り組む態度の評価	特色検査	重点化
相模原弥栄	美術科	7	3	5	[調] 美(×2)

単位制による全日制　専門学科（総合産業に関する学科）

学校名	学科名等	学力検査	主体的に学習に取り組む態度の評価	特色検査	重点化
神奈川総合産業	総合産業科	8	2	－	－

単位制による全日制　専門学科（舞台芸術に関する学科）

学校名	学科名等	学力検査	主体的に学習に取り組む態度の評価	特色検査	重点化
神奈川総合	舞台芸術科	5	5	5	－

単位制による全日制　専門学科（国際関係に関する学科）

学校名	学科名等	学力検査	特色検査	選抜方法
横浜国際	国際科 （国際バカロレアコースを除く。）	英国数理社	自己表現	①調査書の学習の記録について （第2学年の9教科の評定（英語×2）の合計）＋（第3学年の9教科の評定（英語×2）の合計）×2で点数化する。（H＝100点満点に換算する。） ②調査書における観点別学習状況の評価で、第3学年の各教科の「主体的に学習に取り組む態度」の評価をA＝3点、B＝2点、C＝1点として点数化し合計する。（K＝100点満点に換算する。） ③学力検査について、5教科の得点（英語×2）を合計する。（G＝100点満点に換算する。） ④特色検査（自己表現検査）について、観点ごとに評価し点数化する。（T＝100点満点に換算する。） 【第1回目の選考】※選考対象は、単位制国際科（国際バカロレアコースを除く。）を第1希望とする者次の式から算出した数値をS1値とし、S1値の高い者から募集人員の80％まで総合的に選考する。 　S1（1100点満点）＝（H×4）＋（G×6）＋（T×1） 【第2回目の選考】※選考対象は、単位制国際科（国際バカロレアコースを除く。）を第1希望とし、第1回目の選考において合格していない者及び単位制国際科国際バカロレアコースを第1希望とし、合格していない者の中で、単位制国際科（国際バカロレアコースを除く。）を第2希望とする者次の式から算出した数値をS2値とし、S2値の高い者から募集人員まで総合的に選考する。 　S2（1000点満点）＝（G×8）＋（K×2）
	国際科 国際バカロレアコース	英国数理社	自己表現	①調査書の学習の記録について （第2学年の9教科の評定の合計）＋（第3学年の9教科の評定の合計）×2で点数化する。（H＝100点満点に換算する。） ②学力検査について、5教科の得点（英語×2）を合計する。（G＝100点満点に換算する。） ③特色検査（自己表現検査）について、観点ごとに評価し点数化する。（T＝100点満点に換算する。） 【選考】次の式から算出した数値をS値とし、S値の高い者から総合的に選考する。 　S（1200点満点）＝（H×4）＋（G×6）＋（T×2） 　なお、海外帰国生徒特別募集における単位制国際科国際バカロレアコースにおいて、欠員が生じた場合は、その欠員分を加えて合格者を決定する。

全日制　普通科　クリエイティブスクール

学校名	学科名等	実施する検査	選抜方法
田奈	普通科	面接 自己表現検査	①調査書における観点別学習状況の評価で、第2学年と第3学年の各教科の「主体的に学習に取り組む態度」の評価をA＝5点、B＝3点、C＝1点として点数化し合計する。（K＝50点満点に換算する。） ②面接について、観点ごとに点数化し合計する。（M＝20点満点） ③自己表現検査について、観点ごとに評価し点数化する。（T＝30点満点） 【選考】次の式から算出した数値をS値とし、S値の高い者から総合的に選考する。 　S（100点満点）＝K＋M＋T
釜利谷	普通科	面接 自己表現検査	①調査書における観点別学習状況の評価で、第2学年の各教科の「主体的に学習に取り組む態度」の評価をA＝2点、B＝1点とし、第3学年の各教科の「主体的に学習に取り組む態度」の評価をA＝4点、B＝2点として点数化し合計する。（K＝60点満点に換算する。） ②面接について、観点ごとに点数化し合計する。（M＝25点満点） 　※面接シートは面接の際の参考資料で、直接に選考資料にはしない。 ③自己表現検査について、観点ごとに評価し点数化する。（T＝15点満点） 【選考】次の式から算出した数値をS値とし、S値の高い者から総合的に選考する。 　S（100点満点）＝K＋M＋T
横須賀南	普通科	面接 自己表現検査	①調査書における観点別学習状況の評価で、第2学年の各教科の「主体的に学習に取り組む態度」の評価をA＝5点、B＝3点とし、第3学年の各教科の「主体的に学習に取り組む態度」の評価をA＝10点、B＝6点として点数化し合計する。（K＝50点満点に換算する。） ②面接について、観点ごとに点数化し合計する。（M＝20点満点） ③自己表現検査について、観点ごとに評価し点数化する。（T＝30点満点） 【選考】次の式から算出した数値をS値とし、S値の高い者から総合的に選考する。 　S（100点満点）＝K＋M＋T
大井	普通科	面接 自己表現検査	①調査書における観点別学習状況の評価で、第2学年の各教科の「主体的に学習に取り組む態度」の評価をA＝10点、B＝5点、C＝1点とし、第3学年の各教科の「主体的に学習に取り組む態度」の評価をA＝20点、B＝10点、C＝2点として点数化し合計する。（K＝60点満点に換算する。） ②面接について、観点ごとに点数化し合計する。（M＝20点満点） ③自己表現検査について、観点ごとに評価し点数化する。（T＝20点満点） 【選考】次の式から算出した数値をS値とし、S値の高い者から総合的に選考する。 　S（100点満点）＝K＋M＋T
大和東	普通科	面接 自己表現検査	①調査書における観点別学習状況の評価で、第2学年、第3学年の各教科の「主体的に学習に取り組む態度」の評価をA＝3点、B＝2点、C＝1点として点数化し合計する。（K＝54点満点） ②面接について、観点ごとに点数化し合計する。（M＝20点満点） ③自己表現検査について、観点ごとに評価し点数化する。（T＝20点満点） 【選考】次の式から算出した数値をS値とし、S値の高い者から総合的に選考する。 　S（94点満点）＝K＋M＋T

単位制による全日制　専門学科（国際関係に関する学科）

学校名	学科名等	選抜方法
横浜国際	国際科 （国際バカロレアコースを除く。）	**実技検査の評価の観点** 「特色検査の概要」参照
	国際科 国際バカロレアコース	**自己表現検査の評価の観点** 「特色検査の概要」参照

全日制　普通科　クリエイティブスクール

学校名	学科名等	観点	提出書類
田奈	普通科	面接の評価の観点 ・入学希望の理由　・高校生活に対する意欲と積極性　・面接への取組姿勢 自己表現検査の評価の観点 ・事前準備　・本校の特色等の理解　・高校生活に対する意欲と積極性	クリエイティブスクール用面接シート
釜利谷	普通科	面接の評価の観点 ・入学希望の理由　・学習・生活・部活動に対する意欲 ・物事に対して地道に努力をする姿勢　・誠実な態度 自己表現検査の評価の観点 ・事前準備　・取組姿勢　・理解力	クリエイティブスクール用面接シート
横須賀南	普通科	面接の評価の観点 ・入学希望の理由　・高校での学習活動、学校生活に対する意欲　・面接の態度 自己表現検査の評価の観点 ・事前準備　・意欲、取組姿勢　・協調性	クリエイティブスクール用面接シート
大井	普通科	面接の評価の観点 ・入学希望の理由　・これまでの生活や活動に対する意欲と積極性 ・高校での教科・科目等に対する学習意欲　・面接の態度 自己表現検査の評価の観点 ・事前準備　・理解力　・取組姿勢	クリエイティブスクール用面接シート
大和東	普通科	面接の評価の観点 ・入学希望の理由　・高校生活に対する意欲と積極性 ・これまでの活動に対する意欲　・面接にのぞむ姿勢 自己表現検査の評価の観点 ・事前準備　・理解力　・表現力　・取組姿勢	クリエイティブスクール用面接シート

<自己表現検査>

学校名	学科名等	評価の観点	検査の概要
横浜翠嵐	普通科	・論理的思考力・判断力・表現力 ・情報活用能力 ・創造力及び想像力 ・科学的思考力・判断力・表現力	○　提示された文章や資料を読み取り、中学校までに習得した知識・技能を教科横断 的に活用して、問題を解決する思考力・判断力・表現力や創造力等を把握するため の検査を行う。 　　なお、横浜国際高等学校国際科国際バカロレアコースについては、自分の考えを150～200語程度の英語で記述する問題を含む。 　・検査時間は60分とする。
川和	普通科		
希望ケ丘	普通科		
横浜平沼	普通科		
光陵	普通科		
柏陽	普通科		
横浜国際	単位制国際科 (国際バカロレアコースを除く。)		
	単位制国際科 国際バカロレアコース		
横浜緑ケ丘	普通科		
多摩	普通科		
横須賀	普通科		
鎌倉	普通科		
湘南	普通科		
茅ケ崎北陵	普通科		
平塚江南	普通科		
小田原	単位制普通科		
厚木	普通科		
大和	普通科		
相模原	普通科		

※令和6年度神奈川県公立高等学校入学者選抜における特色検査について、すべての学力向上進学重点校とすべての学力向上進学重点校エントリー校の県立高等学校において、共通問題と共通選択問題を用いて実施します。

田奈	普通科	・事前準備 ・本校の特色等の理解 ・高校生活に対する意欲と積極性	○　事前に与えられた本校の特色やグランドデザイン及び高校生活に対する意欲 などに関するテーマについて自分の考えをまとめ、50分で記述する。 ・鉛筆と消しゴムを持参する。 ・記述する用紙は学校で用意する。 ・事前に準備した下書き等を利用することはできない。
釜利谷	普通科	・事前準備 ・取組姿勢 ・理解力	○　面接の前に日本語による2つのスピーチを行う。 ・スピーチ1 　検査当日提示された3つのテーマのうちから1つを選び、30分程度で自分の考えをまとめたメモを作成して、メモを見ながら2～3分のスピーチを行う。 ・スピーチ2 「あなたがこれまでに真剣に取り組んだことや意欲的に取り組んだこと」をテーマに2～3分のスピーチを行う。
横須賀南	普通科	・事前準備 ・意欲、取組姿勢 ・協調性	○　募集期間の初日に示されたテーマについて事前に自分の考えをまとめ、検査当日そのテーマについてグループで話し合いを行う。 ・検査時間は30分程度とする。
大井	普通科	・事前準備 ・理解力 ・取組姿勢	○　志願時と検査当日に提示されたテーマについて、それぞれ日本語によるスピーチを行う。 ・志願時に提示されたテーマについて、自分の考えをまとめ3分程度のスピーチを行う。 ・検査当日に提示されたテーマについて、検査開始までの30分程度で自分の考えをまとめ2分程度のスピーチを行う。
大和東	普通科	・事前準備　・取組姿勢 ・理解力　　・表現力	○　志願時に発表するテーマについて、自分の考えを2分程度にまとめ、日本語でスピーチを行い、それに関する質問に答える。
津久井	普通科	・アドミッション・ポリシーに対する理解 ・アドミッション・ポリシーに沿った自己実現に向けての意欲	○　本校のアドミッション・ポリシーに示された内容を実現するために、高校生活3年間をどのようにして過ごそうと考えているのかを具体的に述べ、質疑応答を行う。 ・検査時間は10分(自己表現5分程度、質疑応答5分程度)とする。
	福祉科		

学校名	学科名等	評価の観点	検査の概要
川崎市立川崎総合科学	建設工学科	・自己を認識する力 ・自分の人生を選択する力 ・表現する力	○ 自分自身のこと(得意なことやこれまで取り組んできたことなど)、建設工学科での抱負や入学後の目標、卒業後の進路などについて個人ごとに発表形式で自己表現する。 ・受検者は、検査場(待機室)において自己表現カードを作成し提出する。 ・提出した自己表現カードをもとに自己表現(発表)を実施する。 ・自己表現カードの作成時間及び自己表現(発表)の時間等は次のとおりとする。 ア 自己表現カードの作成時間 15分 イ 自己表現・質疑応答の時間 6分程度 ・自己表現カードに書かれた内容など自己表現カード自体は、自己表現(発表)の評価の対象としない。
海洋科学	船舶運航科 水産食品科 無線技術科 生物環境科	・事前準備 ・意欲、取組姿勢 ・理解力 ・協調性	○ 本校のアドミッション・ポリシーに基づく、3分程度のスピーチ ・本校における学び、資格取得、高校卒業後の進路実現などに対する意欲、職業人として必要な規範意識や礼儀、思いやりなどに対する姿勢、部活動や生徒会活動など教科外活動への意欲などをまとめて、3分程度のスピーチを行う。 ・原稿や作品等の持ち込み不可。
神奈川総合	単位制普通科国際文化コース	・理解力 ・表現力 ・創造性	○ 国際的なテーマについて、原則として7人でグループ討論を行う。 ・テーマは、当日の検査開始30分前に提示する。 ・初めに、グループで自由討論を14分間行う。その後、意見発表を1人45秒以内で行う。
	単位制舞台芸術科	・理解力 ・表現力 ・創造性	○ 表現に関するテーマについて、原則として7人でグループ討論を行う。 ・テーマは、出願時に提示する。 ・初めに、グループで自由討論を14分間行う。その後、意見発表を1人45秒以内で行う。
横浜市立横浜サイエンスフロンティア	単位制理数科	・読解力 ・課題設定力 ・情報活用力 ・課題解決力	○ 理科・数学・英語など各教科の基礎的・基本的な知識・技能を広く活用し、与えられた教科横断的な課題に対して、提示された資料をもとに記述する。 ・検査時間は60分とする。

＜実技検査＞

学校名	学科名等	評価の観点	検査の概要
神奈川工業	デザイン科	・完成への意欲 ・表現の技術 ・空間と形状の把握	○ 与えられた題材を鉛筆でデッサン(素描)する。 ・鉛筆(2H〜4B程度)、消しゴム(練り消しゴム可)を持参する。 ・鉛筆削り用のカッターナイフを持参してもよい。 ・題材及び用紙(B4画用紙)は学校で用意する。 ・検査時間は90分とする。
白山	美術科	・形の把握力 ・調子による表現力 ・画面構成力	○ 与えられた題材を鉛筆デッサン(素描)する。 ・鉛筆(濃さを変えて数本)と消しゴム(練り消しゴムも可)を持参する。 ・用紙(B4画用紙)は学校で用意する。 ・検査時間は60分とする。
上矢部	美術科	・形を把握する力 ・画面構成力や明暗の調子、質感を表現する力 ・しっかりと描きこもうとする力	○ 与えられた題材を鉛筆でデッサン(素描)する。 ・鉛筆(2H〜4Bの範囲で使用可)、練り消しゴム(消しゴムも可)を持参する。 ・鉛筆削り用のカッターナイフを持参してもよい。 ・題材及び用紙(B4画用紙)は学校で用意する。 ・検査時間は90分とする。
厚木北	スポーツ科学科	・運動の能力 ・技能力	○ 共通種目:敏捷性テスト(反復横とび)、瞬発力テスト(立ち幅とび) ○ 専門種目:スポーツ科学科で学習する次の内容のうち(　)内の10種目の中から1種目を選択し、その種目についての技能を検査する。 ・測定競技(陸上競技)・・・走・跳・投の各種目から1種目を選択する。 ・ゴール型球技(サッカー、バスケットボール、ハンドボール) ・ネット型球技(バレーボール、ソフトテニス、バドミントン) ・ベースボール型球技(ソフトボール) ・ターゲット型球技(ゴルフ) ・武道(柔道)
川崎市立川崎総合科学	デザイン科	・完成への意欲、集中力 ・描写の技術 ・表現力	○ 与えられた題材を鉛筆でデッサン(素描)する。 ・鉛筆(H〜2B程度)、消しゴム(練り消しゴム可)を持参する。 ・題材及び用紙(B4画用紙)は学校で用意する。 ・検査時間は90分とする。

学校名	学科名等	評価の観点	検査の概要
横浜市立 横浜商業	スポーツマネジメント科	・正確性（技術の確かさ、正確度） ・技能力（技能の高さ、専門性）	○ 次の実技検査種目の中から1種目を選択し、実技検査を行う。 ・ベースボール型球技（ソフトボール） ・ネット型球技（卓球、ソフトテニス、バレーボール） ・ゴール型球技（バスケットボール、サッカー） ・基礎運動実技
川崎市立橘	スポーツ科	・運動の能力 ・技能の正確性	○ 選択種目：サッカー、バレーボール、バスケットボール、陸上競技、剣道、ソフトテニス、ソフトボール 以上の7種目から1種目選択する。 ※ただし陸上競技については「短距離走、長距離走、障害走、走幅跳、走高跳、投てき」から1種目選択する。 ・実技検査は60分間とする。
横浜市立 戸塚	単位制普通科音楽コース	・演奏技術 ・演奏表現 ・曲の完成度	○ 入学後、主に取り組む楽器で、次の内容を演奏する。 ・演奏時間は1人につき①②合わせて約3分とする。 ・課題によっては途中で演奏を止める場合がある。 　　　　　　①音階　　②課題曲 ・音階の詳しい内容・課題曲については、戸塚高校ホームページ及び学校説明会にて提示する。 （受検可能な楽器） 　フルート、オーボエ、ファゴット、B♭クラリネット、バスクラリネット、アルトサキソフォン、テナーサキソフォン、バリトンサキソフォン、トランペット、ホルン、トロンボーン、バストロンボーン、ユーフォニアム、テューバ、打楽器(スネアドラムとマリンバ、又はマリンバのみ)、ピアノ
相模原弥栄	単位制音楽科	・演奏技術 ・演奏表現 ・楽曲の完成度	○ 専攻とする器楽又は声楽の実技検査 ・専攻については以下の通りとする。 　ピアノ専攻 　管弦打楽器専攻：フルート、オーボエ、クラリネット、サクソフォーン、ファゴット、ホルン、トランペット、トロンボーン、ユーフォニアム、テューバ、ヴァイオリン、ヴィオラ、チェロ、コントラバス、クラシックギター、ハープ、小太鼓、マリンバ 　電子オルガン専攻 　声楽専攻 ・専攻ごとに指定された課題を演奏する。課題については相模原弥栄高校HP及び学校説明会にて提示する。
	単位制美術科	・表現の技術・表現の工夫	○ 与えられた題材3つを鉛筆デッサン（素描）する。 ・鉛筆（2H、H、F、HB、B、2B、3B、4Bの範囲で使用可）を持参する。 ・練り消しゴム、鉛筆削り用のカッターナイフを持参してもよい。 ・B4画用紙は学校で用意する。 ・検査時間は60分とする。
	単位制スポーツ科学科	・基礎身体運動技能 ・専門競技運動技能	○ 実技検査 1）基礎身体運動技能（全受検者共通） 　　走力・跳力・投力 2）専門競技運動技能（必修選択） 　　バレーボール、バスケットボール、バドミントン、サッカー、陸上競技、剣道、ベースボール型実技、総合運動技能(筋力、筋持久力、巧緻性、柔軟性、調整力) 　　以上の8種目から1種目を選択し、技能検査を行う。 　　※ただし、陸上競技については、「短距離走、中・長距離走、ハードル走、跳躍、投てき」から1種目を選択する。
神奈川総合	単位制舞台芸術科	○ 身体表現 ・身体を動かす能力 ・表現の創意工夫 ○ 演技表現 ・ことばで伝える能力 ・表現の創意工夫	○ 身体表現 ・出願時に与えられた「歩く」、「走る」、「ジャンプする」などの動作を連続して行う。 ○ 演技表現 ・出願時に与えられた課題文(戯曲または会話の入った文章)を声に出して読む。

総索引

※校名は「県立」「市立」を除いた部分で配列されています。県立と市立で同一校名の高校、および市立高校については、校名のあとに「県立」「○○市立」と記載しております。
※校名のあとの「全」は全日制、「定」は定時制、「通」は通信制の略です。特に記載のない高校は全日制のみの設置校です。

東京学参の
中学校別入試過去問題シリーズ

*出版校は一部変更することがあります。一覧にない学校はお問い合わせください。

東京ラインナップ

あ 青山学院中等部（L04）
　　麻布中学（K01）
　　桜蔭中学（K02）
　　お茶の水女子大附属中学（K07）
か 海城中学（K09）
　　開成中学（M01）
　　学習院中等科（M03）
　　慶應義塾中等部（K04）
　　啓明学園中学（N29）
　　晃華学園中学（N13）
　　攻玉社中学（L11）
　　国学院大久我山中学
　　　（一般・CC）（N22）
　　　（ＳＴ）（N23）
　　駒場東邦中学（L01）
さ 芝中学（K16）
　　芝浦工業大附属中学（M06）
　　城北中学（M05）
　　女子学院中学（K03）
　　巣鴨中学（M02）
　　成蹊中学（N06）
　　成城中学（K28）
　　成城学園中学（L05）
　　青稜中学（K23）
　　創価中学（N14）★
た 玉川学園中学部（N17）
　　中央大附属中学（N08）
　　筑波大附属中学（K06）
　　筑波大附属駒場中学（L02）
　　帝京大中学（N16）
　　東海大菅生高中等部（N27）
　　東京学芸大附属竹早中学（K08）
　　東京都市大付属中学（L13）
　　桐朋中学（N03）
　　東洋英和女学院中学部（K15）
　　豊島岡女子学園中学（M12）
な 日本大第一中学（M14）

日本大第三中学（N19）
日本大第二中学（N10）
は 雙葉中学（K05）
　　法政大学中学（N11）
　　本郷中学（M08）
ま 武蔵中学（N01）
　　明治大付属中野中学（N05）
　　明治大付属八王子中学（N07）
　　明治大付属明治中学（K13）
ら 立教池袋中学（M04）
わ 和光中学（N21）
　　早稲田中学（K10）
　　早稲田実業学校中等部（K11）
　　早稲田大高等学院中学部（N12）

神奈川ラインナップ

あ 浅野中学（O04）
　　栄光学園中学（O06）
か 神奈川大附属中学（O08）
　　鎌倉女学院中学（O27）
　　関東学院六浦中学（O31）
　　慶應義塾湘南藤沢中等部（O07）
　　慶應義塾普通部（O01）
さ 相模女子大中学部（O32）
　　サレジオ学院中学（O17）
　　逗子開成中学（O22）
　　聖光学院中学（O11）
　　清泉女学院中学（O20）
　　洗足学園中学（O18）
　　捜真女学校中学部（O29）
た 桐蔭学園中等教育学校（O02）
　　東海大付属相模高中等部（O24）
　　桐光学園中学（O16）
な 日本大中学（O09）
は フェリス女学院中学（O03）
　　法政大第二中学（O19）
や 山手学院中学（O15）
　　横浜隼人中学（O26）

千・埼・茨・他ラインナップ

あ 市川中学（P01）
　　浦和明の星女子中学（Q06）
か 海陽中等教育学校
　　　（入試Ⅰ・Ⅱ）（T01）
　　　（特別給費生選抜）（T02）
　　久留米大附設中学（Y04）
さ 栄東中学（東大・難関大）（Q09）
　　栄東中学（東大特待）（Q10）
　　狭山ヶ丘高校付属中学（Q01）
　　芝浦工業大柏中学（P14）
　　渋谷教育学園幕張中学（P09）
　　城北埼玉中学（Q07）
　　昭和学院秀英中学（P05）
　　清真学園中学（S01）
　　西南学院中学（Y02）
　　西武学園文理中学（Q03）
　　西武台新座中学（Q02）
　　専修大松戸中学（P13）
た 筑紫女学園中学（Y03）
　　千葉日本大第一中学（P07）
　　千葉明徳中学（P12）
　　東海大付属浦安高中等部（P06）
　　東邦大付属東邦中学（P08）
　　東洋大附属牛久中学（S02）
　　獨協埼玉中学（Q08）
な 長崎日本大中学（Y01）
　　成田高校付属中学（P15）
は 函館ラ・サール中学（X01）
　　日出学園中学（P03）
　　福岡大附属大濠中学（Y05）
　　北嶺中学（X03）
　　細田学園中学（Q04）
や 八千代松陰中学（P10）
ら ラ・サール中学（Y07）
　　立命館慶祥中学（X02）
　　立教新座中学（Q05）
わ 早稲田佐賀中学（Y06）

公立中高一貫校ラインナップ

北海道 市立札幌開成中等教育学校（J22）
宮城 宮城県仙台二華・古川黎明中学校（J17）
　　市立仙台青陵中等教育学校（J33）
山形 県立東桜学館・致道館中学校（J27）
茨城 茨城県立中学・中等教育学校（J09）
栃木 県立宇都宮東・佐野・矢板東高校附属中学校（J11）
群馬 県立中央・市立四ツ葉学園中等教育学校・
　　市立太田中学校（J10）
埼玉 市立浦和中学校（J06）
　　県立伊奈学園中学校（J31）
　　さいたま市立大宮国際中等教育学校（J32）
　　川口市立高等学校附属中学校（J35）
千葉 県立千葉・東葛飾中学校（J07）
　　市立稲毛国際中等教育学校（J25）
東京 区立九段中等教育学校（J21）
　　都立大泉高等学校附属中学校（J28）
　　都立両国高等学校附属中学校（J01）
　　都立白鷗高等学校附属中学校（J02）
　　都立富士高等学校附属中学校（J03）

都立三鷹中等教育学校（J29）
都立南多摩中等教育学校（J30）
都立武蔵高等学校附属中学校（J04）
都立立川国際中等教育学校（J05）
都立小石川中等教育学校（J23）
都立桜修館中等教育学校（J24）
神奈川 川崎市立川崎高等学校附属中学校（J26）
　　県立平塚・相模原中等教育学校（J08）
　　横浜市立南高等学校附属中学校（J20）
　　横浜サイエンスフロンティア高校附属中学校（J34）
広島 県立広島中学校（J16）
　　県立三次中学校（J37）
徳島 県立城ノ内中等教育学校・富岡東・川島中学校（J18）
愛媛 県立今治東・松山西中等教育学校（J19）
福岡 福岡県立中学校・中等教育学校（J12）
佐賀 県立香楠・致遠館・唐津東・武雄青陵中学校（J13）
宮崎 県立五ヶ瀬中等教育学校・宮崎西・都城泉ヶ丘高校附属中学校（J15）
長崎 県立長崎東・佐世保北・諫早高校附属中学校（J14）

公立中高一貫校
「適性検査対策」
問題集シリーズ

総合編　作文問題編　資料問題編　数と図形編　生活と科学編　実力確認テスト編

私立中・高スクールガイド

ザ　THE 私立

私立中学＆高校の学校生活がわかる！

東京学参の
高校別入試過去問題シリーズ

*出版校は一部変更することがあります。一覧にない学校はお問い合わせください。

東京ラインナップ

あ 愛国高校(A59)
青山学院高等部(A16)★
桜美林高校(A37)
お茶の水女子大附属高校(A04)
か 開成高校(A05)★
共立女子第二高校(A40)★
慶應義塾女子高校(A13)
啓明学園高校(A68)★
国学院高校(A30)
国学院大久我山高校(A31)
国際基督教大高校(A06)
小平錦城高校(A61)★
駒澤大高校(A32)
さ 芝浦工業大附属高校(A35)
修徳高校(A52)
城北高校(A21)
専修大附属高校(A28)
創価高校(A66)★
た 拓殖大第一高校(A53)
立川女子高校(A41)
玉川学園高等部(A56)
中央大高校(A19)
中央大杉並高校(A18)★
中央大附属高校(A17)
筑波大附属高校(A01)
筑波大附属駒場高校(A02)
帝京大高校(A60)
東海大菅生高校(A42)
東京学芸大附属高校(A03)
東京農業大第一高校(A39)
桐朋高校(A15)
都立青山高校(A73)★
都立国立高校(A76)★
都立国際高校(A80)★
都立国分寺高校(A78)★
都立新宿高校(A77)★
都立墨田川高校(A81)★
都立立川高校(A75)★
都立戸山高校(A72)★
都立西高校(A71)★
都立八王子東高校(A74)★
都立日比谷高校(A70)★
な 日本大櫻丘高校(A25)
日本大第一高校(A50)
日本大第三高校(A48)
日本大第二高校(A27)
日本大鶴ヶ丘高校(A26)
日本大豊山高校(A23)
は 八王子学園八王子高校(A64)
法政大高校(A29)
ま 明治学院高校(A38)
明治学院東村山高校(A49)
明治大付属中野高校(A33)
明治大付属八王子高校(A67)
明治大付属明治高校(A34)★
明法高校(A63)
わ 早稲田実業学校高等部(A09)
早稲田大高等学院(A07)

神奈川ラインナップ

あ 麻布大附属高校(B04)
アレセイア湘南高校(B24)
か 慶應義塾高校(A11)
神奈川県公立高校特色検査(B00)
さ 相洋高校(B18)
た 立花学園高校(B23)
桐蔭学園高校(B01)

東海大付属相模高校(B03)★
桐光学園高校(B11)
な 日本大高校(B06)
日本大藤沢高校(B07)
は 平塚学園高校(B22)
藤沢翔陵高校(B08)
法政大国際高校(B17)
法政大第二高校(B02)★
や 山手学院高校(B09)
横須賀学院高校(B20)
横浜商科大高校(B05)
横浜市立横浜サイエンスフロ
ンティア高校(B70)
横浜翠陵高校(B14)
横浜清風高校(B10)
横浜創英高校(B21)
横浜隼人高校(B16)
横浜富士見丘学園高校(B25)

千葉ラインナップ

あ 愛国学園大附属四街道高校(C26)
我孫子二階堂高校(C17)
市川高校(C01)★
か 敬愛学園高校(C15)
さ 芝浦工業大柏高校(C09)
渋谷教育学園幕張高校(C16)★
翔凜高校(C34)
昭和学院秀英高校(C23)
専修大松戸高校(C02)
た 千葉英和高校(C18)
千葉敬愛高校(C05)
千葉経済大附属高校(C27)
千葉日本大第一高校(C06)★
千葉明徳高校(C20)
千葉黎明高校(C24)
東海大付属浦安高校(C03)
東京学館高校(C14)
東京学館浦安高校(C31)
な 日本体育大柏高校(C30)
日本大習志野高校(C07)
は 日出学園高校(C08)
や 八千代松陰高校(C12)
ら 流通経済大付属柏高校(C19)★

埼玉ラインナップ

あ 浦和学院高校(D21)
大妻嵐山高校(D04)★
か 開智高校(D08)
開智未来高校(D13)★
春日部共栄高校(D07)
川越東高校(D12)
慶應義塾志木高校(A12)
さ 埼玉栄高校(D09)
栄東高校(D14)
狭山ヶ丘高校(D24)
昌平高校(D23)
西武学園文理高校(D10)
西武台高校(D06)

た 東京農業大第三高校(D18)
は 武南高校(D05)
本庄東高校(D20)
や 山村国際高校(D19)
ら 立教新座高校(A14)
わ 早稲田大本庄高等学院(A10)

北関東・甲信越ラインナップ

あ 愛国学園大附属龍ヶ崎高校(E07)
宇都宮短大附属高校(E24)
か 鹿島学園高校(E08)
霞ヶ浦高校(E03)
共愛学園高校(E31)
甲陵高校(E43)
国立高等専門学校(A00)
さ 作新学院高校
　　（トップ英進・英進部）(E21)
　　（情報科学・総合進学部）(E22)
常総学院高校(E04)
た 中越高校(R03)*
土浦日本大高校(E01)
東洋大附属牛久高校(E02)
な 新潟青陵高校(R02)
新潟明訓高校(R04)
日本文理高校(R01)
は 白鷗大足利高校(E25)
ま 前橋育英高校(E32)
や 山梨学院高校(E41)

中京圏ラインナップ

あ 愛知高校(F02)
愛知啓成高校(F09)
愛知工業大名電高校(F06)
愛知みずほ大瑞穂高校(F25)
暁高校（3年制）(F50)
鶯谷高校(F60)
栄徳高校(F29)
桜花学園高校(F14)
岡崎城西高校(F34)
か 岐阜聖徳学園高校(F62)
岐阜東高校(F61)
享栄高校(F18)
さ 桜丘高校(F36)
至学館高校(F19)
椙山女学園高校(F10)
鈴鹿高校(F53)
星城高校(F27)★
誠信高校(F33)
清林館高校(F16)★
た 大成高校(F28)
大同大大同高校(F30)
高田高校(F51)
滝高校(F03)★
中京高校(F63)
中京大附属中京高校(F11)★

公立高校入試対策問題集シリーズ

- 目標得点別・公立入試の数学（基礎編）
- 実戦問題演習・公立入試の数学（実力錬成編）
- 実戦問題演習・公立入試の英語（基礎編・実力錬成編）
- 形式別演習・公立入試の国語
- 実戦問題演習・公立入試の理科
- 実戦問題演習・公立入試の社会

た 中部大春日丘高校(F26)★
は 中部大第一高校(F32)
津田学園高校(F54)
東海高校(F04)★
東海学園高校(F20)
東邦高校(F12)
同朋高校(F22)
豊田大谷高校(F35)
な 名古屋高校(F13)
名古屋大谷高校(F23)
名古屋経済大市邨高校(F08)
名古屋経済大高蔵高校(F05)
名古屋女子大高校(F24)
名古屋たちばな高校(F21)
日本福祉大付属高校(F17)
人間環境大附属岡崎高校(F37)
は 光ヶ丘女子高校(F38)
誉高校(F31)
ま 三重高校(F52)
名城大附属高校(F15)

宮城ラインナップ

さ 尚絅学院高校(G02)
聖ウルスラ学院英智高校(G01)★
聖和学園高校(G05)
仙台育英学園高校(G04)
仙台城南高校(G06)
仙台白百合学園高校(G12)
た 東北学院高校(G03)★
東北学院榴ヶ岡高校(G08)
東北高校(G11)
東北生活文化大高校(G10)
常盤木学園高校(G07)
は 古川学園高校(G13)
ま 宮城学院高校(G09)

北海道ラインナップ

さ 札幌光星高校(H06)
札幌静修高校(H09)
札幌第一高校(H01)
札幌北斗高校(H04)
札幌龍谷学園高校(H08)
は 北海高校(H03)
北海学園札幌高校(H07)
北海道科学大高校(H05)
ら 立命館慶祥高校(H02)

★はリスニング音声データのダウンロード付き。

高校入試特訓問題集シリーズ

- 英語長文難関攻略33選（改訂版）
- 英語長文テーマ別難関攻略30選
- 英文法難関攻略20選
- 英語難関徹底攻略33選
- 古文完全攻略63選（改訂版）
- 国語融合問題完全攻略30選
- 国語長文難関徹底攻略30選
- 国語知識問題完全攻略13選
- 数学の図形と関数・グラフの融合問題完全攻略272選
- 数学難関徹底攻略700選
- 数学の難問90選
- 数学　思考力―規則性とデータの分析と活用―

都道府県別公立高校入試過去問シリーズ

- 全国47都道府県別に出版
- 最近数年間の検査問題収録
- リスニングテスト音声対応

― 参 考 資 料 ―

「令和6年度神奈川県公立高等学校入学者選抜　募集案内」
（神奈川県教育委員会）
神奈川県教育委員会・公式ホームページ
神奈川県公立高等学校　各校学校案内等資料・公式ホームページ

●この本の内容についてのお問い合わせは、

03-3794-3002

（東京学参）
までお願いいたします。

公立高校入試完全ガイド　2025年
神奈川県
ISBN978-4-8141-3303-1

2024年7月29日　第1版

発行所：東京学参株式会社
東京都目黒区東山2－6－4　〒153－0043
編集部　ＴＥＬ．03（3794）3002
　　　　ＦＡＸ．03（3794）3062
営業部　ＴＥＬ．03（3794）3154
　　　　ＦＡＸ．03（3794）3164
　　　　ＵＲＬ．https://www.gakusan.co.jp/
　　　　Ｅ-mail　shoten@gakusan.co.jp
印刷所　株式会社シナノ

Printed in Japan ©　　東京学参　2024

□ 中央大学とつながる

92%

（2024年春卒業生　中央大学内部推薦実績）
条件を満たせば他大学受験も可能なので、
ほぼ100%の生徒が現役で大学へと進学します。

□ 社会とつながる

卒業論文・理数探究

3年次に文コースは卒業論文、理コースは
理数探究で、社会とつながる大人としての
視野を獲得します。

□ 世界とつながる

海外研修

イギリス・オーストラリア・ニュージーランド
・韓国・マレーシア。学年も期間も目的も
さまざまな研修を準備しています。

あなたらしく始める、
あたらしいステップ。

学校説明会＜要予約＞

2024年 7 月 20 日 （土）
2024年 8 月 24 日 （土）
2024年 8 月 25 日 （日）
2024年 12 月 14 日 （土）

中央大学から世界へ。15歳から始める7年間の高大一貫教育。

本校から中央大学への内部推薦は昨年度実績92%。
ほとんどの生徒が中央大学へ進学する、フルスペックの「高大一貫教育校」です。受験に特化しないカリキュラムを
通じて、文系・理系を問わず、「自ら考える力」を育んでいきます。附属中学を設置しない、全員が高校から入学す
る本校は、「15歳から始める高大一貫教育」の学校です。

中央大学杉並高等学校

CHUSUGI
CHUO UNIV. SUGINAMI HIGH SCHOOL

〒167-0035　東京都杉並区今川2-7-1
TEL 03-3390-3175　FAX 03-3396-1682
URL https://chusugi.jp　MAIL go@chusugi.jp

■ JR・東京メトロ荻窪駅から西武バスで8分

■ 西武新宿線上井草駅から徒歩12分

ほぼ毎日学校見学を行っております。
ご予約は下記QRコードまたはホームページから。

中学・高校ホームページ

三代目キャラクター「日和かっぱ」生徒作

2024年度学校説明会　要予約（ホームページから）

		日出学園中学校	日出学園高等学校
入試説明会	推薦	**10月26日**（土）14:00〜	**11月16日**（土）14:00〜
	一般	**12月14日**（土）14:00〜	
学校見学 学校説明		平日　17:00〜 ほぼ毎日実施。要予約。	

※上履きをご持参ください。

体 育 祭　**6月11日**（火）9:00〜

学園祭（日出祭）　**10月5日**（土）、**6日**（日）9:00〜

※左記2つの行事は、中学高校合同です。
※「体育祭」・「学園祭」のみ予約は不要です。
　入試相談コーナーもございます。

京成本線「菅野駅」から徒歩5分。
東京に隣接した中・高一貫校。

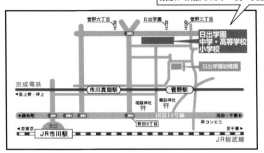

日出学園
中 学 校・高 等 学 校

併設校：日出学園幼稚園、日出学園小学校

high.hinode.ed.jp

【現住所】〒272-0824　千葉県市川市菅野3-23-1

お問い合わせ　TEL.047-324-0071

JR総武線市川駅（快速停車）より徒歩15分
JR総武線市川駅（快速停車）より市川学園行きバス5分日出学園下車
京成電鉄菅野駅（各停のみ停車）より徒歩5分
JR常磐線松戸駅より国分経由市川行き バス20分菅野6丁目下車徒歩5分

グローバルコース
世界に目を向け挑戦する

進学コース
自分の未来を創造する

芸術コース
創作で自分を表現する

学校法人　鹿島学園
鹿島学園高等学校

〒314-0042　茨城県鹿嶋市田野辺141番地9
TEL：0299-83-3211（代表）
TEL：0299-83-3215（入試広報部直通）
FAX：0299-83-3219
URL：https://kgh.ed.jp/
e-mail：info@kgh.ed.jp

生徒・保護者対象入試説明会
10/19(土)・10/26(土)・11/2(土)・11/9(土)
時間/10：00～　学校説明・入試説明・個別相談

2025年度　入学試験日程		
推薦入試 1/9(木)	課題作文 面接	**一般入試** 1/18(土)
		単願：国・数・英、面接 併願：国・数・英・理・社 （グローバルコースは面接あり）

全国47都道府県を完全網羅

全国公立高校入試過去問題集シリーズ

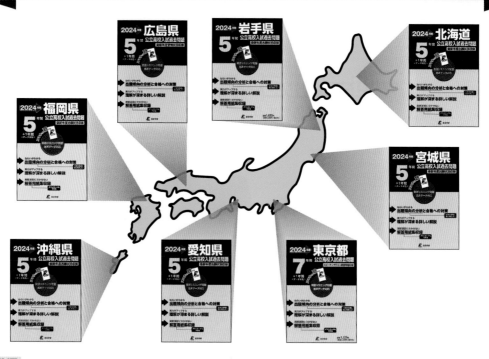

POINT

① **入試攻略サポート**
- 出題傾向の分析×**10年分**
- 合格への対策アドバイス
- 受験状況

② **便利なダウンロードコンテンツ** (HPにて配信)
- 英語リスニング問題音声データ
- 解答用紙

③ **学習に役立つ**
- 解説は全問題に対応
- 配点
- 原寸大の解答用紙を
  ファミマプリントで販売
  ※一部の店舗で取り扱いがない場合がございます。

最新年度の発刊情報は
HP (https://www.gakusan.co.jp/) をチェック!

東京学参
gakusan.co.jp

https://www.gakusan.co.jp/

全国の書店、またはECサイトにて
ご購入ください。